AMRA

CHAMUEL SCHAUFFERT

Deine Seelenheimat im Universum

Die Seelensphären und ihre Geschöpfe

Entdecke, wer du wirklich bist!

AMRA

Besuchen Sie unseren Shop:
www.AmraVerlag.de

Ihre 80-Minuten-Gratis-CD erwartet Sie.
Unser Geschenk an Sie … einfach anfordern!

Eine Originalausgabe im AMRA Verlag
Auf der Reitbahn 8, D-63452 Hanau
Hotline: +49 (0) 61 81 – 18 93 92
Service: Info@AmraVerlag.de

Herausgeber & Lektor	Michael Nagula
Textredaktion	Renate Schilling
Einbandgestaltung	Guter Punkt
Layout & Satz	Birgit Letsch
Druck	CPI books GmbH

ISBN Hardcover 978-3-95447-518-6
ISBN eBook 978-3-95447-519-3

Die hier vorgestellten Informationen, Ratschläge und Übungen sind natürlich subjektiv. Sie wurden zwar nach bestem Wissen und Gewissen geprüft, dennoch übernehmen Verfasser und Verlag keinerlei Haftung für Schäden gleich welcher Art, die sich direkt oder indirekt aus dem Gebrauch der Informationen, Tipps, Ratschläge oder Übungen ergeben. Im Zweifelsfall sollte ärztlicher Rat eingeholt werden.

Inhalt

Einleitung

Solange ich zurückdenken kann, hat mich das Menschsein fasziniert. Warum sind die Leute unterschiedlich, und wieso verstehe ich manche Menschen und andere gar nicht? Was bringt mich dazu, jemanden sympathisch zu finden, obwohl ich ihn gar nicht kenne, und wie kommt es, dass ich bei manchen Menschen ein ungutes Gefühl entwickle, dem nichts Äußerliches zugrunde liegt? Was genau macht den Unterschied aus?

Und warum kommen Menschen auf die Erde und warum gehen sie wieder? Wozu sollte dieses Kommen und Gehen gut sein? Ich fand es unbeschreiblich mühevoll, auf die Erde zu kommen und erwachsen zu werden, und dann soll ich nach einigen Jahren einfach so wieder sterben?

Ausgelöst wurden diese Fragen, als ich etwa zehn Jahre alt war und ein Kind in meiner unmittelbaren Nachbarschaft verstarb. Im Gegensatz zu anderen freute ich mich und dachte: *Cool, sie hat es geschafft!* Diesen Gedanken behielt ich aber wohlweislich für mich, denn mein Umfeld reagierte ein klein wenig anders. Ich konnte die Reaktion der Erwachsenen nicht mit meiner in Einklang bringen und fing an, mich mit dem Thema Menschsein näher zu beschäftigen.

Sehr weit bin ich damals nicht gekommen, schlicht weil ich mit niemandem darüber sprach. Was ich jedoch zu verstehen begann, war, dass alles, was mir auf der Erde begegnet, beseelt ist: Pflanzen ebenso wie Tiere, Wasser ebenso wie Luft oder Erde, Steine, Erze oder Metalle. Die Erde ist gleichfalls pure Energie/Seele.

Irgendwann holte mich der tägliche Wahnsinn mit Schule, Familie und Sport wieder ein, und das Thema »Was ist der Sinn des Lebens?« rückte leider in ziemlich weite Ferne. Wirklich los ließ es mich jedoch nie mehr.

Die Faszination unseres Ursprungs bewegt nicht nur mich. Sie bewegt die Menschheit. Was geschah vor unserem Erscheinen auf der Erde, und was geschieht mit unserer Seele nach dem Verlassen des Körpers? Ganz genau erkennen wir das natürlich erst, wenn wir im unmittelbaren Prozess des Geschehens sind. Eine Ahnung haben die meisten Menschen dennoch. Schließlich glauben viele Religionen und Kulturen an ein Weiterleben nach dem Verlassen des Körpers. Und auch ich war immer der festen Überzeugung, dass dieses Menschsein nur ein kleiner Unfall ist und wir danach endlich wieder unsere wahre Form annehmen können.

Mein Drang, mehr über unsere Herkunft zu erfahren, erwachte zu neuem Leben, als der Prozess meines spirituellen Erwachens begann. Die Erde und alles, was darauf existiert, ist spannend, und die Art unseres Seins auf der Erde zog mich in ihren Bann. Das große Ganze im Zusammenspiel ist außerordentlich aufregend. Ich wollte mehr wissen und begann tiefer zu graben.

Durch ein persönliches Ereignis kam ich mit einer Weisheit in Berührung, die ich heute Seelensphäre oder Seelenheimat nenne. Das Erforschen der Seelensphären ließ mich umfassender in die spirituelle Schöpfungsgeschichte unseres Universums eintauchen. Die Entwicklung und Weisheit der unterschiedlichen Seelen und ihre Charaktere berühren mich immer noch bis ins Innerste, denn die verschiedenen »Welten« in unserem Universum besitzen eine Schönheit und Kraft, die in *allem* lebt.

Dieses Wissen möchte ich in diesem Buch vermitteln. Denn wir alle stammen aus unterschiedlichen Seelensphären, und uns wird auf der Erde die Freiheit geschenkt, unsere universale Schöpfung aus diversen Blickwinkeln zu erfahren. Im März des Jahres 2015 wurde das vorerst letzte Seelensphären-Tor geöffnet. Daher sind aktuell zwölf Seelensphären aktiv auf der Erde vertreten:

- Lemurien-Sphäre
- Regenbogen-Sphäre
- Feen & Elfen-Sphäre
- Wal & Delphin-Sphäre
- Sirius-Sphäre
- Orion-Sphäre
- Plejaden-Sphäre
- Larimar-Sphäre
- Sun & Star-Sphäre
- Zamarah-Sphäre
- Ansara-Sphäre
- Engel-Sphäre

Wir alle gemeinsam dürfen uns bewusst sein, was für ein faszinierendes Geschenk das Leben auf der Erde ist.

Die kosmische Liebe auf unterschiedlichste Weise auf der Erde zu entdecken und ausprobieren zu dürfen, ist eine überaus großzügige Gnade von Gaia. Hier auf der Erde haben wir die Möglichkeit, zwölf verschiedene Seelensphären auf *einer* Ebene zu erfahren. Was für ein fantastisches Abenteuer!

Mir ist bewusst, dass es verschiedene Konzepte dazu gibt, wie das Universum entstand, aufgebaut ist und funktioniert. Einer sagt dies, der andere das, und der nächste ist der Meinung, das sei alles falsch und wir seien nur Zufall.

Vielleicht gelingt es dir, deinen Geist für neue Möglichkeiten zu öffnen. Nichts ist in der göttlichen Schöpfung unmöglich. Vor tausend Erdenjahren wäre ein Leben, wie wir es heute führen, unvorstellbar gewesen. Erscheint dir eine Wahrheit vollkommen unvorstellbar, dann bedenke, dass je nach Aussicht und Blickwinkel die Dinge anders erscheinen. Keine Ansicht ist einfach nur falsch, und keine ist einfach nur richtig. Es handelt sich immer um unterschiedliche Aspekte von dem, was ist.

Jedes Wesen hat das Recht auf seine Meinung und seine Ansichten. Gerade das ist es, was unser Universum göttlich werden lässt, denn es spiegelt die unterschiedliche Natur der verschiedenen Seelensphären wider. Ist dir deine Seelensphäre nicht gegenwärtig, dann ist das ein wundervoller Grund, dieses Buch zu erforschen. Vielleicht fühlst du dich zu einer Seelensphäre besonders hingezogen. Ist das der Fall, kann das Folgendes bedeuten:

1. Du kommst aus dieser Seelensphäre.
2. Dein Seelenzwilling oder Seelenpartner kommt aus dieser Sphäre.
3. Du benötigst diese Energie gerade in einem hohen Ausmaß.
4. Diese Seelensphäre hat beschlossen, dich auf besondere Weise zu unterstützen.

Mir ist bewusst, dass dieses Buch so manches spirituelle Konzept über Bord wirft. Wenn du dich mit manchen meiner Aussagen nicht anfreunden kannst, dann überspringe einfach ein Kapitel oder lass das Buch ruhen. Das Wissen wird in dir weiterwirken und wird nach und nach seine tiefgreifende Energie entfalten.

Du solltest dich niemals zwingen, etwas verstehen zu müssen. Du hast das Recht, deine Wahrheit auf deine Weise zu leben. Lass dir niemals vorschreiben, was du zu glauben hast.

Es ist jederzeit ein »Du darfst«, sofern du willst.

Du bist einzigartig, und daher wirst du die Informationen in diesem Buch auf deine Art nutzen. Jeder Weg, den du beschreitest, ist dein Weg, und jede Aussage von mir nur ein Samenkorn, das du wachsen lassen kannst. Meine Empfehlung: Ignoriere, was dich nicht berührt, und lebe, was dich bewegt.

Wir alle werden von feinstofflichen Seelen begleitet. Die Betonung liegt hier auf *begleitet*. Weder Seraphim wie Michael, Raphael oder Uriel noch Avatare wie Rowena, Buddha oder Saint Germain werden dir Wünsche erfüllen. Die Erfüllung deiner Wünsche liegt absolut in deiner eigenen Verantwortung.

Deine Begleiter werden darauf bedacht sein, dass du deinen eigenen Willen wahrnimmst und ausführst. Sie werden dich unterstützen, dich manchmal ein Stück des Weges tragen, jedoch werden sie niemals deinen Weg für dich beschreiten!

Die eigene Wahrheit zu finden endet in unendlicher Freude – doch suche sie nicht verbissen, sondern mit Leichtigkeit! Dieses Buch möchte dir dabei helfen.

Du bist herzlich eingeladen, die Sphären der Seelenheimat-Energien zu erforschen und dir dabei neu zu begegnen.

Viel Freude und Erkenntnis beim Entdecken deiner wahren Heimat im Universum!

Deine Chamuel

ANFANG und ENDE

Wo ist der Anfang und wo das Ende? Nun, ich denke, es gibt weder das eine noch das andere. Unser Universum ist entstanden und es wird vergehen. Das bedeutet jedoch nur, dass wir nicht mehr in der Form existieren, in der wir gerade sind.

Wir lösen uns auf und verschmelzen mit der Einheit, bis ein neues Universum entsteht, in dem wir wirken.

Letztlich ist alles ein gigantischer Energiekreislauf. Es gibt keinen Anfang und kein Ende, sondern nur ein Erfahren und Lernen. Einzig unser irdisches Bewusstsein lässt uns glauben, dass es ein Gestern und ein Morgen gibt. In Wahrheit gibt es nur das *Jetzt*, den Augenblick oder den Moment.

Unser Universum entstand, und mit ihm – im selben Jetzt – entstand unser kosmisches Dasein. Es bildeten sich Energiezentren – ich nenne sie »Seelensphären«. In ihnen ist das Herzzentrum oder der goldene Kern unserer Seele verankert. Bewegen wir uns im Universum, dann verlassen wir unsere Sphäre und kehren nach dem Abenteuer wieder in die Seelensphäre zurück.

In unserem Universum gibt es Millionen von Seelensphären, und auf der Erde sind zwölf von ihnen aktiv. Aus diesen Sphären inkarniert alles, was wir auf der Erde sehen, und auch manches, was wir als Menschen nicht sehen können. Im Rahmen meiner spirituellen Arbeit wurde mir viele Male die Ehre zuteil, den Seelen mitteilen zu dürfen, welcher Seelensphäre sie angehören. Diese berührenden

Begegnungen zeigten mir, wie außerordentlich wichtig das Wissen über unseren universalen Ursprung ist.

Es wäre mir eine Freude, dich mit diesem Buch darin zu unterstützen, deine wahrhaftige Identität zu entdecken. Wenn du möchtest, wird dich dieses Buch ein Stück des Weges zu dir selbst begleiten. Durch das Lesen und das Eintauchen in die Seelensphären gewinnst du fühlbare Erkenntnisse. Deine Erinnerungen an dich selbst werden dich beflügeln, deine Stärken zu entdecken und erfüllt auf der Erde zu leben. Selbstverständlich gibt es in jeder Sphäre Energien, die dir vertraut sind und zu denen du dich hingezogen fühlst, denn letztlich sind wir alle eins. Dennoch bist du einer Sphäre angehörig und bleibst ihr treu, bis wir wieder in die Einheit eintauchen.

Die Seelensphären senden eine Vielzahl unterschiedlicher Daseinsformen und Wesensarten auf die Erde. Die Charaktere könnten dabei unterschiedlicher nicht sein. Nur einige wenige Beispiele sind die Tiere, die Kristalle, das Wasser, die Bäume und natürlich die Licht- sowie die Engelwesen. Mit unbeschreiblicher galaktischer Kreativität bereichern die verschiedenen Wesensarten der Seelensphären das Leben auf der Erde. Alle Körperformen auf der Erde, gleich ob Pflanzen, Tiere, Menschen oder Kristalle, sind in den Seelensphären existent. Auf der Erde gibt es nichts, was nicht bereits im Universum seinen Ursprung findet! Das gilt sowohl für die Formen der »Materie« wie für unsere Gedankenwelt.

Allerdings inkarnieren nicht alle Wesen aus den Sphären ins irdische Matrixfeld. Auf der Erde ist nur ein geringer Anteil der Wesenheiten aus den Seelensphären vorhanden. Im Durchschnitt inkarnieren lediglich ein Drittel der Wesensarten aus den Seelensphären. Die Seelensphären sind millionenfach kreativer, als es auf der Erde den Anschein erweckt.

Wir alle können wesentlich zur Bewusstwerdung der eigenen Seelensphäre beitragen. Jeder Einzelne auf der Erde hat eine vollkommene Verbindung zu seiner Seelensphäre. Je mehr du dich mit deiner Bewusstwerdung auf der Erde beschäftigst, desto intensiver trägst du persönlich zur Weiterentwicklung in deiner Sphäre bei.

Doch bevor wir tiefer in die Welt der Seelensphären eintauchen, ist es sinnvoll, erst einmal das Universum insgesamt sowie das Projekt Erde näher zu betrachten.

Von der Einheit zum Universum

Ich unterscheide unser Dasein in zwei Kategorien. Einerseits gibt es die Einheit, aus der wir alle kommen und in die wir eines Tages wieder zurückkehren. Andererseits gibt es das Universum. Das Universum entspricht einer Luftblase innerhalb des riesigen Ozeans der Einheit, aus dem es entstand.

Die Einheit bedeutet für mich die Quelle oder das Energiezentrum – auch als Gott bezeichnet –, aus dem alles hervorgeht, und sie umfasst alle Seelen, die jemals erschaffen wurden. Hier im Buch differenziere ich Gott und Einheit. Gott betrachte ich als das schöpferische Prinzip der Einheit im Zentrum des vollkommenen, liebenden Bewusstseins aller Seelen.

Selbstverständlich existiert unser Universum ebenfalls innerhalb der Einheit, doch es ist durch eine feine Membran von der Einheit abgeschirmt. Unser Universum treibt wie eine Luftblase im Meer der Einheit, von dem es umgeben ist.

Auch wenn unser Universum momentan nicht fähig ist, wieder in die Einheit einzutauchen, streben wir als »Universianer« doch unaufhörlich auf die Einheit zu. Dabei ist die gesamte universelle Schöpfung durch eine Silberschnur mit der Einheit und mit Gott verbunden. Aufgrund unserer speziellen Situation ist es uns zwar verwehrt, das absolute Einheitszentrum zu berühren, doch sind wir *nicht wirklich* getrennt!

Aus der Einheit fließt ein stetiger Strom göttlicher Weisheit und Liebe in unser Universum, jedoch fließt keine Energie aus dem Universum in die Einheit zurück.

Wir besitzen in unserem Innersten den elementaren, unbezwingbaren Willen, uns mit der Einheit zu vereinigen und wieder zu verschmelzen. Jeglicher Bewusstseinsprozess dient dem Ziel, mit der Einheit eins zu werden. Welchen Weg wir auch wählen, letzten Endes gelangen wir an die universale Grenze zur Einheit. Sobald alle Wesenheiten in unserem Kosmos ihre eigene Göttlichkeit erkannt haben, werden wir in einer fließenden Bewegung wieder eins mit der Einheit.

Wir verschmelzen hierbei mit der Liebe, die wir sind.

Die Schöpfung und das Universum

Gott und die Schöpfung in verständlichen Worten zu beschreiben ist keine leichte Aufgabe. Ich möchte dennoch einmal den Versuch starten, das Prinzip der universalen Schöpfung und der Seelensphären darzustellen. So viele Seelen es gibt, so viele Sichtweisen gibt es. Alles zusammen ergibt die Schöpfung.

Gott ist das absolute, allumfassende liebende BEWUSSTSEIN und bildet eine Einheit mit allem, was ist. Gott ist Liebe und Weisheit. Gott ist existierende, denkende, handelnde Energie und besteht aus absoluter, vollkommener LIEBE.

Gott ist sich seines allumfassenden SEINS einschließlich seiner Schöpfung, der Einheit, bewusst.

Auf der Erde herrscht das gleiche Prinzip. Alles, was auf der Erde existiert, macht unsere Erde aus. Der einzige Unterschied zur Einheit besteht darin, dass die Einheit unendlich ist.

Göttliches Liebes-Bewusstsein ist ALLES und NICHTS. Niemals gibt es eine andere Energie im Bewusstsein des Zentrums als LIEBE, und es ist wichtig, diesen Gedanken immer in sich zu tragen. Daraus ergibt sich, dass Gott frei von Bewertung und Leid ist. Gott ist nicht fähig, solche »Gedanken« zu ersinnen.

Unser Verständnis von Gott muss entsprechend revidiert werden. Das Zentrum, oder Gott, ist Liebe, und diese Liebe steht uns jederzeit zur Verfügung, wo immer wir uns befinden. Wir sind immer mit unserer Quelle verbunden.

Aktuell fließt nichts, was in unserem Universum existiert, in die Einheit zurück. Das bedeutet, dass sich unser Universum weiterhin in der Ausdehnungsphase befindet.

Das ist irdisch-wissenschaftlich nachgewiesen. Wir können das auch als Ausatmungsphase betrachten, auf die irgendwann in der Zukunft die Einatmungsphase folgen wird.

Es gibt in unserem Universum (oder Kosmos) keine zentrale Quelle, aus der die göttliche Energie strömt, vielmehr strömt die Energie aus der Einheit gleichmäßig in unser Universum ein und verteilt sich in alle Winkel. Der intensivste Energiestrahl aus der Einheit dringt durch die Membran in der Engel-Sphäre ein. Hier ist die Abgrenzung zur Einheit sehr fein und daher durchlässiger. Nachdem die Engel die Energie ins Universum geleitet haben, sind unterschiedliche Wesen daran beteiligt, die Energie im Kosmos zu verteilen. Jedes Wesen kann, soll und darf die Energie nach eigenem Ermessen für sich nutzen, denn in unserem Universum repräsentieren wir alle die göttliche Schöpferkraft. Alle gemeinsam erschaffen wir durch die Nutzung der göttlichen Energie unsere Realität.

Das Wissen um unsere eigene Schöpfungskraft lässt uns erkennen, dass wir das Universum mit seinen Seelensphären und Projekten selbst kreieren und fähig sind, alles zu erschaffen, was wir wollen. Eines können wir allerdings nicht: Wir sind nicht befähigt, neue Wesen zu schöpfen! Dies geschieht ausschließlich im Zentrum der Einheit. Die göttliche Seelenschöpferkraft besitzt nur das Zentrum der Quelle.

Das bedeutet, dass alle Seelen in unserem Universum seit Anbeginn vorhanden sind. Keine kommt hinzu und keine verlässt das Universum. Wir sitzen alle bis zur Auflösung des Kosmos in einem gemeinsamen Boot. Und obwohl die Quelle oder Gott nicht in unserem Universum unmittelbar als Zentrum vorhanden ist, ist sich Gott aller Wesenheiten seiner Schöpfung allzeit bewusst. Gott hält die Verbindung durch eine Silberschnur aufrecht, und durch diese Silberschnur werden wir direkt vom Zentrum aus mit Liebe gespeist. Die Silberschnur besteht zwischen Gott/der Einheit und unserem jeweiligen

Urkern im Universum. Unser Urkern ist einer Seelensphäre zugeordnet und wird darin gehütet. Die Seelensphäre ist unsere Seelenheimat, solange wir in diesem Universum leben. Sie ist das Zentrum, in das wir nach einer Inkarnation immer wieder zurückkehren. In den Seelensphären vollbringen wir den Prozess unserer Bewusstwerdung. Dort findet auch unser Aufstiegsprozess statt.

Sprichst du im Universum zu Gott, wird deine Botschaft entweder von einem Seraphim-Engel oder einem Avatar-Lichtwesen empfangen. Ich befürchte, dass Gott für jegliche Art von Reklamationen oder Jammern taub ist. Für Liebesgeflüster ist er jedoch absolut offen. Richtet ein Mensch beispielsweise ein Gebet, eine Bitte oder einen Dank an Gott, werden diese Botschaften meist von Seraphim Michael empfangen. Er gilt als göttlicher Stellvertreter und ist dafür zuständig, die Koordination des Universums zu managen. Er leitet die Energie an die geistigen Begleiter der inkarnierten Wesen weiter, und diese entscheiden, wie sie optimal unterstützen können. Ist eine Bitte mit deinem jetzigen Lebensplan nicht vereinbar, wird sie für dich unerfüllt bleiben. Letztlich erfüllt die Energie in unserem Universum alle Bedürfnisse und Wünsche, die wir jemals geäußert haben, nur der Zeitpunkt und der Ort variieren. Wünsche, die anderen Seelen Schaden zufügen, werden generell nicht erfüllt und fließen postwendend zum Absender zurück.

Die Entstehung des Universums

Unser Universum ist lediglich eines von Millionen Universen im Sein der Einheit. Und jedes einzelne Universum hat seinen besonderen Zauber, so auch unseres.

Das Universum erscheint, von der Erde aus betrachtet, unendlich. Doch von der wahrhaftigen Unendlichkeit der Einheit aus gesehen ist es nicht größer als eine winzige Luftblase im Ozean. Der Ozean ist die Einheit, die kleine Luftblase ist unser Universum. Das Universum (also die Luftblase) ist rundherum umgeben von der göttlichen Liebe, der Einheit (dem Ozean). Wir schweben mit unserem Universum im Ozean der Einheit, treiben im Meer der Liebe. Innerhalb des Universums leben die verschiedenen Wesenheiten und bilden zusammen die Seelensphären und alles, was noch in unserem Universum existiert.

In der unendlichen Einheit formen sich durch Liebeswellen ständig sanfte oder auch mal gewaltige Energiestrudel, die der Beginn eines jeden Universums sind. Das ist vergleichbar mit dem irdischen Ozean, der verschieden starke Wellen erzeugt, in denen Milliarden von Luftbläschen entstehen. Liebeswellen entstehen in diversen Bereichen der Einheit und setzen sich aus unterschiedlichen Aspekten der Schöpfung zusammen. Aufgrund der unterschiedlichen Zusammensetzung der Energien sind alle Universen verschieden. Was alle Universen verbindet, ist die Tatsache, dass sie sich nach einer gewissen »Zeit« von selbst wieder auflösen und nahtlos und ohne große Hindernisse in die Einheit eingliedern. Sie verschmelzen mit anderen Aspekten der Quelle und treiben im Strom der unendlichen Liebe dahin, bis sie von einer neuen Welle getroffen werden und ein neues Universum entsteht. Das ist ein normaler Vorgang, den wir alle schon millionenfach erlebt haben.

Unser Universum ist anders, da wir es nicht einfach verlassen können, um wieder in die Unendlichkeit der Einheit einzutauchen. Wir sind das Universum der Polarität. Wie alle anderen Universen entstanden wir durch eine Liebeswelle, doch diese war besonders gigantisch, sozusagen ein Liebes-Tsunami von kolossalem Ausmaß. Die Wesen am Ort des Geschehens tauchten mit ihrer gesamten Seele in den Energiestrudel ein – und fanden sich im Universum wieder. Einige Seelen am Rande des Geschehens tauchten nur mit der Hälfte ihrer Seelenanteile ins Universum ein. Sie bilden eine Ausnahme gegenüber allen anderen Wesen und werden auf der Erde auch gerne als Engel bezeichnet.

Engel sind keine besonders »heiligen« Seelen, sie sind nur intensiver mit der Quelle verbunden als Seelen, die mit ihren gesamten Seelenanteilen ins Universum eingetaucht sind.

Die Liebeswelle traf uns vollkommen unvorbereitet, und mit einem Schlag – dem Urknall –, war Chaos entstanden. Das Entstehen unseres Universums hatte eine nie dagewesene Wucht. Die Auswirkung ist vergleichbar mit einer kolossalen Lawine, die mit Lichtgeschwindigkeit den Mount Everest hinunter donnert. Alle Wesen, alle göttlichen Aspekte, flogen kreuz und quer, und das pure göttliche Chaos erfasste die Wesen und schleuderte alle wild durcheinander. Viele Seelen wurden vom Chaos komplett erfasst und verloren die Kontrolle über ihre vollkommene Bewusstheit. Manchen Seelen gelang es, ihre Bewusstheit aufrechtzuerhalten. Sie bemühten sich, einen vagen Überblick über die Lage zu erlangen.

Zum ersten Mal in der Historie der Unendlichkeit entstand ein Ungleichgewicht, wodurch eine Distanz zwischen den Seelen geschaffen wurde. Das Thema unseres Universums begann sich zu offenbaren: der Beginn der Polarität. Schnell war ersichtlich, dass die Wesen, die ihr Bewusstsein verloren hatten, umgehend und dringend Hilfe benötigten. Die Frage war, wie ihnen Hilfe gebracht werden konnte. Eine Lösung musste gefunden werden.

Seraphim Luzifer startete den Versuch, in die tieferen Bewusstseinsebenen abzutauchen, doch er scheiterte, da er nicht fähig war, seine Schwingung so weit abzusenken. Avatar Saint Germain versuchte sich als Nächster, gleichfalls erfolglos. Auch er war nicht fähig, sein hohes Bewusstsein im notwendigen Maße zu verringern.

Mittlerweile begann sich das Universum unaufhaltsam zu verdichten und zu formen, was eine weitere Distanz zwischen allen Wesen hervorrief. Die Konsequenz war die unaufhaltsame Abtrennung von der Einheit. Es entstand eine hauchdünne Membran, gleich einem feinen, undurchdringlichen Energiefilm, zwischen Universum und Einheit, so dass sich das Tor zur Einheit unaufhaltsam schloss. Keine Seele war fähig, diesen Prozess aufzuhalten.

Ein weiterer verzweifelter Versuch wurde gestartet, das Unaufhaltsame doch noch abzuwenden. Drei Seraphim-Engel übernahmen diese Aufgabe: Seraphim Michael, Seraphim Zadkiel und Seraphim Luzifer. Einer von ihnen sollte seine Schwingung den

Wesen angleichen, um ihnen zu Hilfe kommen zu können. Ziel war es, sie durch Berühren wieder in ihr vollkommenes Bewusstsein zu führen. Luzifer übernahm freiwillig die schwierige Aufgabe, seine Energie zu reduzieren, was ohne Hilfe von außen unmöglich war. In Ermangelung von Erfahrung mit einer solchen Situation schien das Verschieben des innersten Kerns der Liebe von Luzifer zu Zadkiel die einfachste Lösung.

Seraphim Zadkiel und Seraphim Luzifer sind Zwillingsseelen. Daher besitzen sie ein gemeinsames Zentrum der Liebe, in dem der goldene Funke der Göttlichkeit verankert ist. Seraphim Michael sah keine andere Möglichkeit, als augenblicklich zu handeln. Er verschob Luzifers Hälfte des Herzzentrums vollständig auf die Seite seines Zwillings Zadkiel. Schlagartig sank Seraphim Luzifer auf die tiefste Ebene des Universums hinab, doch gleichzeitig erhob er sich über alle Wesen im Kosmos, da er bis auf die Herzqualität keine seiner Fähigkeiten verloren hatte.

Die Auswirkungen auf das gesamte Universum, und somit auch auf die Einheit, waren unvorhergesehen. Alle waren überrascht und völlig rat- und hilflos.

Bevor auch nur ein Wesen die Konsequenzen dieser Handlung erfassen konnte, war Luzifer in die tiefen ebenso wie in die höheren Dimensionen des Universums eingetaucht und ward nicht mehr gesehen. Er löste sich auf und gleichzeitig verdichtete er sich. Dabei entstand die Luzifer-Sphäre, ein in sich abgeschlossenes Energiefeld im Universum.

Das geschah zeitgleich mit dem Urknall, als sich die Membran zur Einheit ruckartig und komplett verschloss. Das heißt, dass sich der feine Energiefilm vollständig um unser Universum schloss. Bis auf einen kleinen Spalt gibt es weder für uns noch für die Einheit ein Durchkommen. Dieser kleine Spalt befindet sich in der Engel-Sphäre und wird von Engeln sorgsam gehütet. Kein Wesen außer den Seraphim-Engeln darf sich diesem Spalt nähern. Ihn zu berühren oder sogar hindurch zu fliegen ist auch den Seraphim-Engeln unmöglich.

Mit diesem Prozess änderte sich schlagartig und unwiderruflich die Schwingung unseres Universums. Ab jetzt gab es zwei Seiten. Eine nie da gewesene Energie durchströmte das Universum: die Energie der Polarität.

Luzifer war fortan für alle Seelen unerreichbar und dennoch in allen Winkeln spürbar. Luzifer wurde zu dem, wie wir ihn heute kennen, zu purer Illusion. Seraphim Zadkiel besaß das gesamte Herzzentrum, Luzifer nichts mehr. Anstatt im Einklang leben sie nun in Trennung. Alles und Nichts. Liebe und Illusion. Beendet wird dieser Zustand, sobald alle Seelen ihren Bewusstwerdungsprozess abgeschlossen haben.

Aus diesem Akt entstanden in unserem Universum die Dimensionen mit ihren Ebenen. Die Schwingung der Polarität ist von der ersten bis hinauf in die elfte Dimension spürbar. Einzig die zwölfte Dimension ist davon ausgenommen. In der zwölften Dimension gibt es keine Trennung und damit auch keine Polarität, alle Wesen sind eins. Bis auf eine Ausnahme: Luzifer und Zadkiel. Der eine besitzt die Liebe seines Zwillings in sich, der andere weiß nicht, dass er keine Liebe mehr besitzt, und lebt Illusion. So sind sie beide weiterhin Seraphim-Engel und in der zwölften Dimension vorhanden, ohne dass sie einander im Einssein begegnen.

So nahm die Geschichte unseres Universums ihren Anfang und dauert bis heute an.

Der Aufbau unseres Universums

Nach einer ersten Betrachtung war klar, dass unser Universum einen Weg beschreiten würde, der gänzlich neu war. Alle Erfahrungen, die wir in der Einheit gemacht hatten, waren mit einem Schlag bedeutungslos. Keine einzige Seele konnte aus einem Erfahrungsschatz schöpfen. Alles, wirklich alles, war neu.

Es gab noch immer vollkommen bewusste Seelen, sogenannte Avatare und Seraphim, die augenblicklich begannen, das Chaos mit ihrer Bewusstheit zu ordnen. Sie unternahmen verschiedene Versuche, die Verwirrung zu reduzieren und die Ordnung wiederherzustellen. Alle verbliebenen Avatare und Seraphim tasteten dazu mit ihrem Bewusstsein das jetzt in unterschiedliche Bewusstseinsstufen eingeteilte Universum ab. Sie erforschten die Tiefen des Kosmos, um einen genauen Überblick zu erhalten.

Seraphim Michael richtete sein Bewusstsein gänzlich auf Luzifer, um den Prozess der Aufspaltung wieder rückgängig zu machen, doch seine Bemühungen waren vergebens. Bis heute weist Michael Luzifer in seine Schranken, mehr ist nicht möglich. Hierdurch ist Seraphim Michael im gesamten Universum aktiv und wurde daher zum »göttlichen Stellvertreter« erwählt. Ihm obliegt die Führung unseres Universums. Dieser Aufgabe kommt er bis heute nach.

Avatare (diese Bezeichnung steht für den höchsten Bewusstseinsgrad eines Lichtwesens) begannen, ihre Aufmerksamkeit dem Universum mit seinen nun zwölf Dimensionen und Ebenen zu schenken. Die Ebene, aus der heraus sie agierten, nenne ich zwölfte Dimension. Von hier aus durchstreiften sie mit ihrer bewussten Energie das Universum und erkundeten die Lage der Seelen, die einem Bewusstseinsverlust unterlagen.

Unter den Engeln waren einzig die Seraphim-Engel fähig, aus ihrem Energiefeld ins Universum einzutauchen und diese Aufgabe wahrzunehmen. Die Engel-Sphäre existiert, im Gegensatz zu allen anderen Sphären, nur in der zwölften Dimension, auch wenn nicht alle Engel Seraphim sind. Heute arbeiten Engel aller Bewusstseinsstufen im Universum. Wie sie die Sphäre verlassen, dazu mehr im Kapitel über die Seelensphären. Nur Seraphim Michael war von Anfang an fähig, die Engel-Sphäre zu verlassen und mit den Avataren zu arbeiten.

Mit dem Vorgang des Urknalls spaltete sich die Energie in Schwingungsfrequenzen auf, und es entstanden voneinander abgetrennte Abstufungen/Dimensionen, gleich einem riesigen Wolkenkratzer mit zwölf gigantischen Stockwerken, jedes Stockwerk eine Dimension. Durch Herabsenken der Schwingung, gleichbedeutend mit einem Bewusstseinsverlust, klappte das Universum wie eine Ziehharmonika auseinander. Die Auseinanderfaltung unseres Universums schritt weiter voran, bis sich letzten Endes ein System von 12 mal 12 Bewusstseinsstufen herauskristallisierte, also zwölf Dimensionen mit je zwölf Ebenen. Die verschiedenen Dimensionen und Ebenen befinden sich überall in unserem Universum und nehmen keine besondere Position ein. Es gibt keine speziellen »Plätze«, an denen beispielsweise die fünfte Dimension vorherrscht oder die siebte oder die zwölfte. Das Universum ist allzeit in Bewegung, nichts ist starr.

Das Auseinanderfalten erschwerte eine direkte und klare Kommunikation immens. Eine gänzlich unbekannte Komponente der Göttlichkeit war entstanden. Seelen aus der zwölften Dimension beobachteten die Entwicklung, ohne dass sie auch nur den Hauch einer Chance hatten, etwas dagegen zu unternehmen. Sie verfolgten, wie verschiedene Wesen unaufhaltsam in die unteren Schwingungsebenen gezogen wurden und mehr und mehr ihr Bewusstsein verloren. Doch sie waren unfähig, in den laufenden Prozess einzugreifen. Erstens wussten sie nicht, wie sie dabei vorgehen sollten, und zweitens waren sie noch nicht in der Lage, die zwölfte Dimension zu verlassen. Sie konnten nur ihre Energie, ähnlich einem Laserstrahl, in alle Dimensionen senden und so die Entwicklung beobachten.

Realisierbar wurde die Kontaktaufnahme erst durch Luzifer. Er existierte von der ersten bis zur zwölften Dimension gleichzeitig. Somit schuf er die Basis für die Verbindung zu allen Schwingungsebenen. Die Möglichkeit der Verbindung ergibt sich ausschließlich aus seiner Art der Existenz. Normalerweise existiert eine Seele nur in der Dimension, in der ihr Bewusstsein sich entfaltet hat. Nicht so Luzifer. Aufgrund des Verschiebens seines goldenen Funkens der Liebe in Zadkiel breitete er sich in alle Dimensionen aus. Er besitzt sowohl die niedrigste wie auch die höchste Schwingung. Einzig die Fähigkeit zur Liebe fehlt ihm. Das ist der Grund, warum er keinen Aufstiegsprozess benötigt.

Alle anderen Wesen, die außerhalb der zwölften Dimension leben, müssen einen Bewusstwerdungsprozess durchlaufen. Das größte Hindernis für einen schnellen Aufstieg ist, dass Seelen der unteren Dimensionen keinen Zugriff auf die höheren Dimensionen besitzen. In ihnen schlummert lediglich eine Ahnung davon, dass es mehr geben muss als das, was sie gerade wahrnehmen. Die in uns verborgene Erinnerung an das »Paradies« strahlt allerdings mit einer ungebrochenen Kraft und beflügelt uns, immer weiter voranzuschreiten.

Nachdem sich das Universum in unterschiedliche Bewusstseinsgrade unterteilt hatte, bestand weiterhin die Problematik, dass alle Wesen chaotisch in ihren Dimensionen herumschwirrten. Das Problem löste sich nach und nach auf, indem sich Seelen mit einer gemeinsamen Grundschwingung zusammenfanden, sich verbanden und jeweils ein Energiefeld bildeten. Alles in unserem Universum besitzt seine ureigene Schwingung, jedoch gibt es Seelen, die eine gemeinsame Grundschwingung in sich tragen. Sie schwingen sozusagen auf der gleichen Wellenlänge. Das Energiefeld, in dem sie sich zusammenfanden, könnte man universale Heimat oder »kosmisches Zuhause« nennen. Nachdem alle Wesen ihr »Zuhause« gefunden hatten, schlossen sich die jeweiligen Energiefelder, und die Seelensphären waren entstanden. Es gibt in unserem Universum Millionen von Seelensphären, und zwölf von ihnen bilden das Projekt »Erde«.

Die Seelensphären sind ein Teil unseres Universums, jedoch füllen sie das Universum nicht gänzlich aus. Es gibt viele Projekte außerhalb der Seelensphären, im freien Universum. Diese sind jederzeit für alle sichtbar, in Form von Sternen-, Sonnen- und Planetenwesen (diese habe ich in der Sun & Star-Sphäre zusammengefasst, doch eigentlich befinden sie sich im freien Universum). Ebenso zählen Asteroiden, Kometen und dergleichen dazu. Mit ihnen zusammen gestalten wir Projekte, wie beispielsweise unser Projekt Erde. Unser Universum ist unglaublich vielfältig, und meine Beschreibung gibt nur einen winzig kleinen Ausschnitt aus den unendlichen Möglichkeiten wieder. Das Universum unterliegt einem stetigen Bewusstseinswandel. Die Bewegung des Universums gerät niemals in Stillstand.

Wellen der Veränderung bewegen sich durch alle Dimensionen und Ebenen. Die einzelnen Dimensionen sind nicht wirklich getrennt, die Übergänge sind fließend.

Unsere momentane Situation ist die Ausatmungsphase. Das bedeutet, dass Energie aus der Einheit ins Universum fließt. Eines Tages wird jedoch ein Stillstand eintreten. Das ist der Augenblick, in dem wir alle (außer Luzifer) unsere Bewusstwerdung vollendet haben und bereit für die Rückkehr in die Einheit sind. Dann hält das Universum den Atem an. Für einen Augenblick steht dann die universale Schöpfung still. Nachdem die Schöpfung angehalten wurde, beginnt Gott mit der Einatmungsphase. Das Universum löst sich auf, und wir verschmelzen wieder mit der Einheit. Ist der Vorgang der Rückkehr in die Einheit beendet, entsteht nochmals ein kurzer Atemstillstand, bevor auch Luzifer in die Einheit zurückbefördert wird. Dieser Verschmelzungsakt geschieht mit einer gewaltigen Explosion, in der sich das gesamte Universum auflöst.

Projekte in unserem Universum

In unserem Universum geschieht es immer wieder, dass unterschiedliche Wesen sich verbinden und an der Idee eines Projektes feilen. Ein Spiel wird kreiert. Alle, die möchten, dürfen mitspielen, solange sie sich an die Regeln (kosmische Gesetze) halten. Es ist Seelen zum Beispiel nicht erlaubt, ein Projekt einfach zu verlassen. Können die Regeln nicht eingehalten werden, wird das Spielfeld verändert. Die Regeln bleiben immer gleich, nur die Umstände erscheinen anders.

Innerhalb des Energiefeldes eines Projekts sind mehrere Spielfelder vorhanden, wie zum Beispiel die Erde und ihr Abkommen mit den Seelensphären und anderen Planeten. Meistens ist eine

Galaxie ein großes übergeordnetes Projekt. Persönliche Spielregeln werden je nach der Lebensaufgabe eines Projekts festgelegt. Nicht nur Lichtwesen besitzen persönliche »Spielpläne« und Gesetze, das gleiche gilt für jedes einzelne Projekt, für alle Galaxien und Seelensphären im Universum. Mit irdischen Worten: Es gibt galaktische Richtlinien (göttliche Gesetze), die befolgt werden müssen. Jeder Kanton/jedes Bundesland (Galaxie) hat jedoch die Möglichkeit, diese Richtlinien in einem gewissen Rahmen auszulegen, wie es seinen Plänen und Gegebenheiten entspricht. Der Rahmen bleibt bestehen. Innerhalb des Rahmens besteht Raum für Individualität oder besondere Bedürfnisse.

Innerhalb des gesamten Universums gelten immer die gleichen, nicht wandelbaren kosmischen Gesetze. Sie sind für *alle* im Kosmos gültig und müssen von der gesamten Schöpfung eingehalten werden. Einzige Ausnahme: Luzifer. Verlässt er seine Sphäre, so ist auch er dazu verpflichtet, die Gesetze zu beachten, was er allerdings nicht macht. Er überschreitet Grenzen nach seinem Gutdünken, was ihm eigentlich nicht zusteht. Er ignoriert jegliche Regeln und handelt nur nach eigenem Gutdünken.

Die Einhaltung der kosmischen Gesetze im Universum wird durch verschiedene kosmische Räte gewährleistet. Im Universum gibt es in allen Dimensionen und Ebenen kosmische Räte. Sie beobachten die Bewusstwerdung aller Seelen im Universum. Eine Bevorzugung einzelner Wesen ist nicht erlaubt, ganz gleich, ob sie Seraphim Raphael, Avatar Saint Germain oder Pegasus heißen. Es gelten in unserem Universum für alle Wesen die gleichen Gesetze. Auch für besondere Umstände oder Verstrickungen gelten die Regeln. Auf Milde aufgrund eines unglücklichen Zusammentreffens verschiedener Umstände kann keiner hoffen. Das Universum ist klar und eindeutig, was seine Gesetze angeht, und ein Umdeuten der Gesetze ist ausgeschlossen.

Ein universaler kosmischer Rat besteht aus Millionen von Wesen. Im universalen kosmischen Rat wird jede Wesensart durch einen Avatar beziehungsweise Seraphim vertreten.

Beispiele dafür sind:

~ Seraphim Michael für die Engel
~ Avatar Saint Germain für die Lichtwesen
~ Avatar Pegasus für Einhörner
~ Avatar Korana für Sterne und Planeten
~ Avatar Tujmur für Drachen
~ und so weiter ...

Das Projekt ERDE

Für uns ein ganz besonderes Projekt ist natürlich das Projekt Erde, das wir nun etwas näher betrachten wollen.

Jetzt, in diesem Moment, ist das Leben auf der Erde unsere greifbare Realität. Wir sind vollkommen ins Menschsein eingetaucht und geben uns unserem Sein auf der Erde hin. Wir werden geboren, leben unser Dasein und verlassen den Körper wieder. So viel ist bekannt. Doch was war davor und was kommt danach, und wie komme ich auf die Erde und wohin gehe ich nach diesem Abenteuer?

Dass dieses Leben auf der Erde zeitlich begrenzt ist, ist für jeden ersichtlich. Ausgehend von dieser Realität gehen wir nun Schritt für Schritt rückwärts, um letztlich an den Ausgangspunkt unserer Reise zu gelangen. Wir werfen einen Blick zurück, damit es leichter wird, das Jetzt zu verstehen.

Schauen wir auf unseren Ursprung im Universum, können wir die Gegenwart und die Zukunft besser nach unseren Vorstellungen gestalten. Das Wissen darum, wie, wo und wer wir sind, erleichtert es jedem, sich selbst und seine Mitmenschen zu verstehen. Und wer für sich selbst ein Verständnis entwickelt, entwickelt auch ein Verständnis für das Universum, in dem wir alle leben.

Ganz ursprünglich kommen wir alle aus der Einheit. Aufgrund einer gigantischen Liebeswelle bildete sich eine Luftblase – genannt Universum –, in die wir hineinpurzelten. Das Universum ist nun unsere Heimat, bis wir eines Tages wieder in die Einheit zurückkehren. Bis dahin werden wir noch einige Abenteuer erleben, unter anderem auf der Erde. Gaia (so der Name unseres Planetenwesens Erde) wird von Seraphim Uriel als ein »Er« bezeichnet und nicht als eine »Sie«. Das bedeutet, dass die Schwingung Gaias eher männlicher und nicht weiblicher Natur ist. Sollte Gaia für dich weiblich sein, so behalte das jedoch ruhig bei.

Vor 12,7 Milliarden Jahren hat Gaia den Entschluss gefasst, sich für neue Wege zu öffnen. In Absprache mit der Seelensphäre Lemurien und mit Seraphim Uriel freute sich Gaia, am Projekt Erde teilzunehmen. Insgesamt zwölf Seelensphären schlossen sich dem Projekt Erde an. Das war sehr aufwendig ...

Bevor so ein Projekt gestartet werden kann, ist viel Kommunikation über den Aufbau und Ablauf nötig. Es braucht geraume Zeit für die Vorbereitung, und bis der Startschuss tatsächlich fällt, vergehen viele Millionen Jahre. Alles muss bis ins Detail aufeinander abgestimmt und miteinander abgesprochen werden. Nichts wird dem Zufall überlassen, denn alles im Universum greift ineinander.

Gaia erkannte, dass ihm durch die Teilnahme an diesem Projekt eine wundervolle Chance geboten wurde, seinen Aufwachprozess zu beschleunigen. Für ihn war es ein großer Schritt, hatte er doch noch nie aktiv an einem Projekt teilgenommen. Nachdem Gaia sein Begehren bekannt gegeben hatte, wurde begonnen, einen geeigneten Platz sowie geeignete Mitstreiter zu finden. Ideale Seelensphären waren bald gefunden, und auch der Ort des Geschehens war schnell eruiert. Unsere Galaxie ist recht jung, und Seraphim Uriel sah darin die perfekte Wirkungsstätte für Gaia und die teilnehmenden Seelensphären. Nachdem die Planungsphase abgeschlossen und alles vorbereitet war, wurde das Projekt in die Tat umgesetzt.

Unser Universum ist überaus belebt, und die Menschen sind nur ein kleiner Teil der Schöpfung. Es gibt Milliarden von verschiedenen Bewusstseinsformen, und alles wird durch voll entfaltete Wesen, genannt Avatare oder Seraphim-Engel, beobachtet und betreut. Ihnen ist es gestattet, in alle Belange einzugreifen, sofern es nötig sein sollte. Sie sind in kosmischen Räten vertreten, in denen das gesamte

Universum und seine Projekte koordiniert werden. In einem solchen Rat wurde das Projekt Gaia/Erde geboren und anschließend von den teilnehmenden Wesen umgesetzt. Die erste große Handlung bestand darin, zuerst einmal diejenigen Seelensphären ausfindig zu machen, die das Projekt mitgestalten wollten.

Diese Gruppe setzte sich wie folgt zusammen: Lemurien-Sphäre, Regenbogen-Sphäre, Elfen & Feen-Sphäre, Wal & Delphin-Sphäre, Sirius-Sphäre, Orion-Sphäre, Plejaden-Sphäre, Larimar-Sphäre, Sun & Star-Sphäre, Zamarah-Sphäre und Ansara-Sphäre. Die Engel-Sphäre war zu Anfang nicht als aktiv inkarnierende Gruppe mit eingebunden. Sie wollten das Projekt ausschließlich feinstofflich begleiten. Und nachdem alle Vorbereitungen abgeschlossen waren, konnte begonnen werden, das Projekt in materieller Form umzusetzen. Konkret bedeutet das, dass unser Sonnensystem entstand. Unser Sonnensystem bildet gemeinsam mit anderen Planetensystemen unsere Galaxie, und diese ist wiederum an andere Galaxien angeschlossen. So ergibt sich ein allumfassendes Projekt, an dem Milliarden von Wesen unterschiedlicher Herkunft und verschiedener Bewusstseinsstufen teilnehmen.

Vor etwa sieben Milliarden Jahren begann sich also unser heutiges Sonnensystem zu formen, und die einzelnen Planetenwesen nahmen darin ihre Position ein. Nach anfänglichem Gerangel war alles geordnet, und die zweite Phase begann. Nun verbanden die unterschiedlichen Seelensphären ihre Energie mit Gaia.

Alle Seelensphären sind ausschließlich feinstofflich, und der Prozess, Materie zu formen, gestaltet sich mitunter schwierig. Damit dieser Prozess harmonisch verlief, wurde ein schützendes Matrixfeld um Gaia aufgebaut. Sobald der Vorgang abgeschlossen war, waren alle Voraussetzungen für das Projekt geschaffen, und der Startschuss zum Abenteuer Erde war gefallen.

Am Anfang brachten sich die Seelensphären Zamarah, Lemurien sowie die Wal & Delphin-Sphäre aktiv ein, und besonders das Feuerwesen aus Zamarah, die Steinwesen aus Lemurien und das Wasserwesen aus der Wal & Delphin-Sphäre wechselten aus der Feinstofflichkeit in verdichtete Materie. Sie reduzierten ihre Energieschwingung und passten sich der dritten Dimension an. Der Wandlungsvorgang verlief nicht ganz reibungslos, da es immer wieder zu heftigen Energieausbrüchen kam. Hierbei sprengen die Wesen Materie ab, um sich anschließend wieder neu zu verdichten.

Nach und nach trafen weitere Wesen aus den Seelensphären ein und verbanden ihre Energie mit Gaia. Das erste Zeitalter auf dieser Welt, Lemurien, war geboren.

Das Projekt Erde hatte ein völlig neues Konzept, was bedeutet, dass keine Erfahrungswerte zur Verfügung standen. Die Verantwortlichen der jeweiligen Seelensphären waren bemühten, für unterschiedliche Wesen eine passende Form zu arrangieren, was manchmal zu chaotischen Verhältnissen führte. Mithilfe von *Learning by doing* wurden schneller passende Formen gefunden, welche die optimalen Bedingungen zur Entfaltung boten. Das Projekt entwickelte sich, und weitere Wesen fanden ihren Platz.

Entschließt sich eine Seele, eine Inkarnation auf der Erde zu durchlaufen, wählt sie ihre materielle Form. Der Prozess der Formfindung und -gestaltung hält immer noch an, denn es kommen immer wieder neue Wesen hinzu, und manche verlassen die Erde für immer. Dennoch verhält es sich bis heute so, dass nicht alle Seelen einer Inkarnation auf der Erde zustimmen, und es gibt Formen, die in keine Zeitepoche hineinpassen. Sie widmen sich anderen Aufgaben, bei denen ihre Art des Seins besser ins Konzept passt.

Das Projekt Erde ist ein aktiv gestalterisches Geschehen. Es ist immer in Bewegung, und die Formen sowie Energien werden sich weiterentwickeln und neue Spielfelder erschaffen. Sobald Gaia in die fünfte Dimension aufgestiegen ist, werden die Karten für die Wesensformen auf der Erde neu gemischt. Seelengruppen werden sich verabschieden, und dafür werden andere neu erscheinen. Die aktive Phase des Projekts ist noch lange nicht abgeschlossen. Selbst wenn Licht- und Engelwesen nicht mehr als Menschen auf der Erde Abenteuer erleben, werden andere Seelen das Projekt Erde weiterhin für ihren Aufwachprozess nutzen können. Hierbei stehen hohe

Avatare und Seraphim aus der feinstofflichen Ebene Gaia und dem Projekt Erde unermüdlich zur Seite.

Am eigentlichen Bewusstwerdungsprozess von Gaia sind die Wesen aus den Seelensphären wenig bis gar nicht beteiligt. Gaia kann jedoch durch die Vielfältigkeit einiges lernen und ihren Horizont erweitern. Und unser Nutzen besteht in der Erfahrungswelt, die wir auf der Erde vorfinden. Hierdurch sind wir verbunden, obwohl es zwei unterschiedliche Wege sind, die beschritten werden.

Je bewusster Gaia ist, desto höher ist die Schwingung, die ins Matrixfeld der Erde und in den Kosmos fließt.

Dieser Umstand gibt allen Wesen die Chance, ihr Bewusstsein ebenfalls zügig zu erhöhen.

ANMERKUNG

Am Projekt Erde sind auch Milliarden feinstofflicher Wesen beteiligt. Sie arbeiten unerlässlich mit und für alle inkarnierten Seelen. Seraphim-Engel beispielsweise holen alle Seelen in ihren Seelensphäre ab und begleiten sie als Geburtsengel auf die Erde. Avatare wie Buddha oder Pegasus stehen allzeit mit ihrer Energie und Weisheit zur Verfügung, zudem wachen sie über uns oder begleiten die Seelen in schwierigen Zeiten mit aktiven Handlungen ihrerseits. Dennoch darf nie vergessen werden, dass der freie Wille eines jeden Wesens mehr zählt als der Wille eines geistigen Begleiters. Kein Wesen ist eine Marionette, die bevormundet wird. Wer ein Meister werden will, muss seinen Weg zur Meisterschaft beschreiten und eigenmächtig lernen, ein Meister zu sein. Eine Inkarnation auf der Erde ist ein hervorragender Weg, seinen Meisterweg zu erfahren und seine vollkommene Meisterschaft zu erreichen.

Inkarnation auf die Erde

Es gibt Millionen von Projekten im Universum, die Erde ist nur eines davon. Die uns bekannten Seelensphären gestalten mitunter eigene Projekte, in die Seelen inkarnieren können. Beispiele dafür sind die Orion-, die Plejaden- oder auch die Sirius-Sphäre mit den gleichnamigen Sternbildern/Sternsystemen am Firmament. Zudem ist es möglich, in die einzelnen Seelensphären zu inkarnieren. Einzig die Engel-Sphäre bildet eine Ausnahme. In sie können nur Engelwesen eintauchen.

Es gibt vielseitige Wege, das Bewusstsein auch außerhalb der Seelensphären zu erweitern. Zudem ist es nicht zwingend nötig, zu inkarnieren, es besteht auch die Möglichkeit, im feinstofflichen Feld unseres Universums zu arbeiten, beispielsweise als geistiger Begleiter von Seelen oder von Projekten. Dennoch ist eine Inkarnation auf der Erde beliebt, besonders bei den teilnehmenden Seelensphären. In Ausnahmefällen kann auch einem Wesen aus einer nicht teilnehmenden Sphäre der Zutritt zur Erde erlaubt werden, was jedoch einen immensen Aufwand bedeutet.

Auf der Erde kann in sehr kurzer Zeit sehr viel erarbeitet werden. Wer ins Matrixfeld der Erde inkarniert, befindet sich sozusagen in der Meisterklasse.

Die Warteschlange ist lang, und so darf sich jedes Wesen glücklich schätzen, auf der Erde ein Abenteuer erleben zu dürfen.

Für eine Inkarnation muss einiges beachtet werden, daher läuft sie immer nach den gleichen Prinzipien ab. Das Inkarnationsverfahren gestaltet sich nach Dimension, Bewusstsein und Art der Sphäre. Für die Erde gilt Folgendes:

1. Die Seele muss eine Lernaufgabe wählen.
2. Der Lernschritt muss im kosmischen Rat der Seelensphäre und der Erde genehmigt werden.
3. Die Seele benötigt mehrere geistige Begleiter und einen Schutzengel.

4. Die Seele erwählt ihren Geburtsengel.
5. Es dürfen nur zwölf Seelenanteile in einem Körper auf der Erde inkarnieren.
6. Die Seele muss im kosmischen Rat der Erde ihr universales Wissen zurücklassen.
7. Die Seele erhält gegebenenfalls durch den kosmischen Rat einen Auftrag.

In der Seelensphäre des Wesens wird die Inkarnation besprochen. Hier gilt es zu beachten, dass das Leben auf der Erde in der Seelensphäre unbekannt ist. Einzig das Projekt und seine Energie sind sichtbar oder spürbar. Alles, was mit irdischen Gefühlen oder dem irdischen Sein zu tun hat, kann nicht außerhalb der Erde erfahren werden. Nur Wesen, die aktiv am Projekt Erde beteiligt sind, sind sich der Verhältnisse auf der Erde bewusst, also alle hier inkarnierten Seelen. Es ist Teil der Inkarnationserfahrung ...

Sind die Voraussetzungen für eine Inkarnation erfüllt, wird an deren Umsetzung gearbeitet. Bevor eine Inkarnation praktisch umgesetzt wird, stellt die Seele ihr Team zusammen, das aus insgesamt etwa drei- bis fünftausend Wesen aller Art besteht. In den meisten Fällen begleitet ein Team die Seele über mehrere Millionen Jahre. So wird ein kontinuierlicher Entfaltungsprozess gewährleistet. Jedoch steht es einer Seele frei, einen Wechsel innerhalb ihres Teams vorzunehmen, je nachdem, welche Energien sie für die Umsetzung ihrer Lernaufgaben benötigt. Steht das Inkarnationskonzept, muss es im kosmischen Rat der jeweiligen Sphäre genehmigt oder gegebenenfalls nochmals überarbeitet werden, doch meistens wird das Konzept akzeptiert. Das Konzept wird dann der Akasha-Chronik des Wesens hinzugefügt und ist somit ausführbar. Die Akasha-Chronik, auch als Buch des Lebens bezeichnet, ist das Gedächtnis eines Wesens außerhalb der Seelensphäre. Alles, was eine Seele im Universum erlebt, ist darin enthalten. Innerhalb der Seelensphären gibt es keine Akasha-Chronik.

Jedes Wesen hat nur *eine* Akasha-Chronik, gleichgültig, wie viele Male es außerhalb der Sphäre existiert hat. Die Akasha-

Chronik ist wie ein Haus mit verschiedenen Zimmern. Für eine Inkarnation steht ein Zimmer zur Verfügung. In diesem Raum ist alles gespeichert, was in der jeweiligen Inkarnation vorgesehen ist, und auch das, was dann tatsächlich erlebt wird. Entschließt sich eine Seele während einer Inkarnation zu einem Kurswechsel, so ist es möglich, die Akasha-Chronik umzuschreiben, was jedoch nicht allzu oft vorkommt. Die Beweggründe geben den Ausschlag. Oberflächlichkeit wird abgelehnt und ein weiterer Zutritt zum kosmischen Rat eventuell verwehrt.

Zum Verlassen der Seelensphäre für eine Inkarnation benötigt das Wesen einen Geburtsengel. Ist der Geburtsengel erwählt, kann die Inkarnationsreise beginnen. Der Seraphim-Engel umhüllt die Seelenanteile, die zur Inkarnation bereitstehen (für die Erde sind es zwölf) und löst sie vorsichtig aus der Seelenenergie des Urkerns heraus, der aus Millionen von Seelenanteilen besteht.

Der Geburtsengel bildet einen Energiestrahl zur Erde, und in diesem senkt er die Energie ab, bis sie sich dem Energieniveau des Zielortes, also der Erde, angepasst hat. Der Seraphim achtet darauf, dass die Seele an der Stelle ins irdische Matrixfeld eintaucht, an der die Inkarnation stattfindet. Ist der Moment der »Menschwerdung« gekommen, beginnt der Seraphim-Engel die Seelenanteile mit dem menschlichen Körper zu verbinden und sie in die Chakren einzufügen. Dieser Prozess birgt einige Hürden, da das Verbinden von vielen Faktoren abhängt. Etwa dreißig Prozent der Verfahren werden abgebrochen. In diesem Fall wird zu einem späteren Zeitpunkt ein erneuter Versuch gestartet, wobei das Wesen während der Wartephase nicht in die Seelensphäre zurückkehrt, sondern die werdende Mutter weiterhin begleitet. Sollte die Seele nur den Eintauchprozess erleben wollen, kehrt sie nach dem Berühren des irdischen Matrixfeldes sofort wieder in ihre Seelensphäre zurück. Dieses Prozedere gilt für alle Wesen gleichermaßen.

Das Einfügen der Seelenanteile in die Chakren geschieht nach einem geregelten Verfahren. Der erste Seelenanteil wird etwa sechs Wochen nach der Befruchtung der Eizelle ins Herz-Chakra eingefügt. Danach folgen Solarplexus-Chakra, Sexual-Chakra, Wurzel-Chakra, dann geht es weiter mit dem Hals-Chakra, dem Dritten Auge, dem Kronen-Chakra und weiter in die höheren Chakren, die außerhalb des materiellen Körpers liegen, also die Chakren acht bis zwölf. Das zwölfte Chakra liegt, geschützt durch das Sternentor, außerhalb der irdischen Matrixsphäre.

Dein sichtbarer, materieller Körper ist also nur ein Teil deines wahren menschlichen Körpers. Du besitzt für deine irdische Inkarnation zwölf Körper. Der erste Körper ist dein materieller Körper. Alle anderen Körper sind feinstofflicher Natur und werden von deinen Seelenanteilen erzeugt, die in den Chakren liegen. Arbeiten dein Schutzengel oder deine sphärischen Begleiter mit dir, geschieht dies durch deine feinstofflichen, sphärischen Körper.

LISTE DER KÖRPER AUS GEISTIGER SICHT

1. Materieller Körper
2. Aura-Körper
3. Ätherischer Körper
4. Emotional-Körper
5. Mental-Körper
6. Astral-Körper
7. Ketheri-Körper
8. Chakren-Körper
9. Saphit-Körper
10. Sternen-Körper
11. Samairis-Körper
12. Seraph/Avatar-Körper

Sind alle Seelenanteile in den Chakren verankert, beginnt die Geburt. Im Moment der Abtrennung der Nabelschnur wird das kosmische Wissen gelöscht, wobei ein kleiner Teil beibehalten wird. Dieser Vorgang wird »Durch das Tor des Vergessens schreiten« genannt. Glücklicherweise werden die Tore nicht komplett geschlossen. Bis zum zweiten Lebensjahr bleibt ein Teil des Tores geöffnet, erst danach wird der letzte Rest der Erinnerung genommen, womit das das irdische Abenteuer endgültig startet. Sobald die Tore geschlossen wurden, öffnet sich die Akasha-Chronik, und die Energie beginnt zu wirken. Die Umsetzung des Lebensauftrags oder der Bestimmung auf Erden nimmt ihren Lauf.

Läuft alles nach Plan, steht einer erfolgreichen Inkarnation nichts im Wege. Sollten Hürden auftauchen, kommen die geistigen Begleiter zum Zug. Sie entscheiden, welche Maßnahmen getroffen werden, damit die Inkarnation zum gewünschten Ziel führt. Jedes Wesen hat das Recht, seinen Lebensplan seinen Bedürfnissen anzupassen. Eine Inkarnation auf der Erde beinhaltet viele unbekannte Bereiche. Ist ein Kurswechsel von Vorteil, kann er durchaus vollzogen werden, selbst wenn hierdurch ein Ziel, das zuvor definiert wurde, nicht erreicht wird.

Jedes Wesen hat innerhalb seiner Inkarnation durchaus einen gewissen Spielraum, denn kein Weg ist unwiderruflich festgelegt. Zudem stehen allen Wesen drei mögliche Zeitpunkte zur Verfügung, zu denen sie die Inkarnation beenden können, beispielsweise durch eine Krankheit oder einen Unfall. Entscheidet sich eine Seele für das Weiterleben auf der Erde, wird der nächste Abschnitt aktiviert. Das heißt, jedes Wesen kann seine Inkarnation beenden, sofern es seine Lebensaufgabe nicht erfüllen kann oder sich die Inkarnation anders vorgestellt hat. Der Geburtsengel wird die Ablösung der Seele vom Körper veranlassen, und die Seele wird über den kosmischen Rat in seine Seelensphäre zurückkehren.

Kehrt ein Wesen in seine Seelensphäre zurück, läuft der Vorgang in umgekehrter Reihenfolge ab. Sind alle Seelenanteile aus dem menschlichen Körper gelöst und ist die Verbindung zum irdischen Matrixfeld getrennt, wird der Seraphim-Engel die Seele wieder sicher zurückbegleiten. Alles rein Irdische kann nicht in den Kosmos einfließen und verbleibt, solange das Projekt besteht, als »Fingerabdruck« auf der Erde.

Wir alle kommen als »Gäste« auf die Erde.

Uns wird die Ehre zuteil, auf der Erde Erfahrungen machen zu dürfen. Wertschätzung für dieses Geschenk ist eine wundervolle Art, der Erde etwas zurückzugeben.

Die Rolle des gefallenen Seraphims

Das Projekt Erde wird nicht nur von Avataren und Seraphim begleitet, Millionen weiterer unterschiedlicher Wesen sind ebenfalls dabei. Sie umhüllen alle gemeinsam die Erde mit einem sehr starken Schutzmantel, der verhindert, dass aus kosmischer wie aus irdischer Sicht zu viele Energien hinein- und hinausgelangen, oder sie begleiten die Wesen und Gaia selbst.

Das Projekt Erde ist ein in sich abgeschlossenes Unternehmen, selbst wenn es in unser Sonnensystem und unsere Galaxie als Ganzes eingebunden ist. Die Erde ist etwas Besonderes und hat aus diesem Grund einige zusätzliche Befugnisse. Beispielsweise dürfen darin existierende disharmonische Energien von allen Wesen selbstständig gewandelt werden. Zudem ist es Begleitern nur in Ausnahmesituationen erlaubt, aktiv einzugreifen. Ein Beispiel für eine Ausnahmesituation war die Zerstörung von Atlantis.

Der gesamte Energiefluss bleibt im Matrixfeld der Erde und durchflutet alles und jeden. Das gilt sowohl für die positive Energie wie für die Energie des Engels Luzifer. Luzifer ist nicht böse, wie so oft dargestellt wird, er ist reine Illusion. Die Gefahr für alle Wesen auf der Erde besteht hauptsächlich darin, der Gier und der Illusion zu erliegen. Daraus entstehen das Mangeldenken und der Neid. Zum Schluss überwältigt uns die Angst, und wir sind vollkommen in der materiellen Welt gefangen. Keine Seele ist vor diesem Irrweg geschützt. Es ist ein kosmisch-irdisches Gesetz, dass alle Seelen auf der Erde gleichgestellt sind.

Selbst Avatare und Seraphim müssen selbstständig erkennen, dass der Weg der Liebe der einzig wahre ist.

Die Illusion des vollkommenen Engels

Luzifer war einst ein wundervoller Seraphim-Engel. Wie bereits beschrieben, wurde unmittelbar nach der Entstehung des Universums Luzifers Hälfte des Herzzentrums in Zadkiels verschoben, damit er die Wesen erreichen konnte, die in vollkommene Bewusstlosigkeit gefallen waren. Erst nachdem dieser Akt vollzogen war, wurden die Konsequenzen dieser Handlung ersichtlich: Luzifer behielt sein vollkommenes Bewusstsein, jedoch ging seine Liebe ganz und gar verloren, da sie zu hundert Prozent an Zadkiel übertragen worden war. Das Fatale daran ist, dass Luzifer nicht weiß, dass er seine Liebe verloren hat. Er lebt in der Illusion, ein vollkommener Engel zu sein. Er repräsentiert also etwas, dem wir als Menschen gern erliegen, nämlich die Illusion. Er *ist* Illusion.

Luzifer will nicht errettet werden, denn er fühlt nicht, was mit ihm geschehen ist. Ganz im Gegenteil, er ist der Überzeugung, dass er *uns* erretten muss. Er besitzt all seine Fähigkeiten im Überfluss, bis auf eine einzige: seine Fähigkeit, zu lieben und Liebe zu sein. Das bedeutet, dass all seinen Handlungen die Liebe fehlt. Ohne Liebe kann eine Handlung nicht das gleiche Resultat erzielen wie mit Liebe. Da er jedoch nicht weiß, dass er keine Liebe mehr besitzt, handelt er unablässig, um uns zu retten, und bewirkt das genaue Gegenteil davon. Mittlerweile ist Luzifer tief in dieses Sein eingetaucht und überschreitet dabei alle kosmischen Gesetze. Er hat sich seine Welt nach seinen Vorstellungen aufgebaut und Wesen gefunden, die ihm unterwürfig dienen.

Menschen, die sich seiner annehmen und glauben, ihn mit gutem Zureden dazu bewegen zu können, auf die Lichtseite zu kommen, erliegen ihm aufs Äußerste. Sie verfallen seiner Illusion vollkommen. Erst im letzten Akt der Auflösung unseres Universums wird er seine Hälfte des Herzzentrums wieder zurückerhalten.

Ich empfehle daher dringend, sich nicht mit der Luzifer-Energie einzulassen und schon gar nicht mit ihm zu arbeiten!

Auswirkungen der Luzifer-Energie

Luzifer wurde durch das Fehlen seines Herzzentrums fähig, jede beliebige Schwingung anzunehmen. Durch diese Macht teilte er das Universum in unterschiedliche Dimensionen auf und begann, in jeder Dimension zu wirken. Dadurch klappte das Universum in Schichten auseinander, wie ein Hochhaus mit aufeinander getürmten Stockwerken. Einzig in der zwölften Dimension hat er keinerlei Kraft und Macht. Hier ist er zwar vorhanden, jedoch hat er keine Kontrolle über die Wesen, die sich dort befinden. Sie waren und sind vollkommen erwacht und durchschauen sein Spiel.

Das Entstehen der Dimensionen hatte Auswirkungen auf die Seelensphären. Sie mussten sich dem System der Dimensionen anschließen, wodurch sich die Seelensphären in zwölf mal zwölf Bewusstseinsstufen aufteilten. Das ist bis zum heutigen Tage der Fall und wird bis zu unserer Vereinigung mit der Einheit so bleiben. Ist eine Seele in einer Seelensphäre noch vollkommen unbewusst, existiert sie in der ersten Dimension dieser Sphäre.

Je bewusster sie wird, desto höher steigt sie in den Dimensionen auf, bis sie letztlich in der zwölften Dimension ankommt.

Heben alle Wesen, die in der untersten Dimension einer Seelensphäre leben, ihr Bewusstsein an, steigt die Sphäre auf und ist fortan nicht mehr in der vorherigen Dimension vorhanden. Dieser Prozess dauert an, bis alle Wesen einer Sphäre ihr vollkommenes Bewusstsein erlangt haben. Manche Seelensphären bestehen durchgehend von der ersten bis zur zwölften Dimension. Je mehr Seelen ihren Aufstiegsprozess vollziehen, desto höher steigt die Sphäre im Allgemeinen. Die in diesem Buch aufgeführten Seelensphären existieren mit ihrer Bewusstheit bereits in der fünften Dimension oder höher.

Mit jeder Dimensionsstufe wird eine Seelensphäre leichter und durchlässiger. In der zwölften Dimension ist bereits die Energie von »Alles und Nichts« vorhanden. Es gibt in der zwölften Dimension keine Grenzen, und die Trennung der einzelnen Seelensphären wurde überwunden.

Entschließt sich ein Wesen, der Illusion zu folgen, hat Luzifer leichtes Spiel. Die Gier zeigt sich zuerst in Kleinigkeiten, bis sie letzten Endes das gesamte Denken und Handeln eines Wesens beherrscht. Die Folgen sind ein unterschiedlich ausgeprägtes Suchtverhalten: Kaufsucht, Geltungssucht, Wissenssucht, Esssucht, Machtsucht, Alkoholsucht, Sportsucht, Sammelsucht, Sexsucht oder Drogensucht. Die Sucht nach Macht ist besonders beliebt, aber auch die Sucht, ausschließlich auf sich selbst bezogen zu sein. Die Problematik besteht vor allem in der gesellschaftlichen Akzeptanz verschiedener Süchte.

Die Menschen und die gesamte Erde werden ununterbrochen mit disharmonischen Energien bombardiert. Die liebevolle Lichtseite ist nicht müßig und überflutet uns und die Erde mit Harmonie und Liebe. Wir dürfen selbst entscheiden, was wir leben.

Die Erde befindet sich in einer Energieummantelung. Die kosmische Liebesenergie dringt dadurch zwar spärlicher zu uns vor als beispielsweise in die Seelensphären, dennoch ist sie spürbar vorhanden. Die Besonderheit unserer Erde liegt darin, dass sowohl Luzifer wie auch Michael die Erde gleichberechtigt einhüllen. Diesem Umstand verdanken wir die intensive irdische Illusionsmagie. Die Illusionsmagie wirkt sich auf alle ätherischen ebenso wie auf den materiellen Körper aus.

Jede Zuwiderhandlung gegen die göttliche Ordnung verursacht eine Disharmonie im Körper. Unterliegen wir mehr und mehr der Illusion und »vermenschlichen« wir, ist die Gefahr groß, dass wir an

Seele und Körper erkranken. Erliegt eine Seele der Illusion, kann das schwerwiegende Folgen nach sich ziehen. Die negativen Ströme hinterlassen im Astralkörper Risse. Bleibt eine Heilung durch Erkenntnis aus, kann eine komplette Zerstörung eintreten. Die Folge wäre, dass der menschliche Körper aufgegeben werden muss, also der Tod. Nicht alle Krankheiten entstehen durch negative Energie. Manchmal übernehmen wir Energien, und ab und an entscheiden wir uns auch, krank zu werden, damit ein Lernprozess seinen Anfang oder seinen Abschluss findet. Niemals ist eine Krankheit eine Strafe Gottes! Heilung bedeutet zudem nicht immer, dass der menschliche Körper erhalten bleibt!

Es liegt im Bereich des Möglichen, dass sich Seelen auf der Erde bewusst für Luzifer entscheiden. Meist glauben sie, dadurch leicht und schnell an Geld, Besitz oder Macht zu gelangen. Sie definieren sich über Geltung und Materie. Hierbei wird verdrängt, dass Luzifer am Ende die Rechnung stellt. Und er stellt sie nach *seinen* Regeln und *seinem* Gutdünken. Diese Gefahr ist eine der häufigsten Gründe für ein Scheitern. Sie wird leicht übersehen, da der Rausch durch Macht alles andere überlagert. Allerdings erhalten alle inkarnierten Seelen Hinweise von ihren sphärischen Begleitern. Werden sie beachtet, besteht kaum Gefahr.

Erliegt ein Wesen Luzifers Energie auf der Erde, wird nach dem Verlassen des irdischen Matrixfeldes geprüft, inwieweit das Wesen gereinigt werden muss. Sollte eine erste Reinigung nicht ausreichen, werden andere Maßnahmen in Betracht gezogen. Wie die Maßnahmen aussehen, unterliegt der Beurteilung und der Aufsicht der sphärischen Begleiter und des kosmischen Rates. Dass ein Wesen auf der Erde vollkommen Luzifer verfällt, ist mehr als unwahrscheinlich, denn wir inkarnieren nur mit zwölf von Milliarden Seelenanteilen. Allerdings besteht die Möglichkeit, dass eine Handlung den Weg in Luzifers Sphäre ebnet. Wesen, die Luzifers Sphäre angehören, inkarnieren ebenfalls ins irdische Matrixfeld. Dass sie auf Anhieb als solche erkannt werden, ist nicht unwahrscheinlich. Ein eindeutiges Erkennungszeichen gibt es aber nicht.

Sofern sich ein Wesen entschließt, Luzifer zu folgen, ist ein Eingreifen seitens der sphärischen Begleiter nicht mehr möglich. Alle Wesen müssen in diesem Fall aus sich heraus den ersten Impuls senden, sollten sie die Luzifer-Sphäre wieder verlassen wollen. Hierin liegt wohl das größte Hindernis. Sendet ein Wesen aus der Luzifer-Sphäre allerdings einen Liebesimpuls, eilen ihm seine sphärischen Begleiter augenblicklich zu Hilfe.

Im Allgemeinen herrscht die Ansicht, dass alle »gefallenen« Engel sich von Anfang an bei Luzifer befanden. Diese Vorstellung ist nicht korrekt. Nicht jeder Engel in der Luzifer-Sphäre hat von Beginn an dort existiert. Es kann jede Sekunde ein Engel fallen, und gefallene Engel können wieder aufsteigen. Die Gefahr ist weder für Lichtwesen noch für Engelwesen gebannt. Dennoch ist Angst nicht förderlich. Liebevolle Verantwortung sollte allen Handlungen zugrunde liegen. Nehmen wir unsere Verantwortung in vollem Umfang wahr, ist es nicht möglich, Egospiele zu betreiben.

Die Auswirkungen von Süchten und Machtspielen sind je nach Bewusstseinsniveau unterschiedlich.

Prinzipiell gilt: Je bewusster ein Wesen ist, desto intensiver und tiefgreifender sind die Auswirkungen. In Luzifers Sphäre zu existieren ist jedoch wenig erbauend. Der Preis für einen kurzen Moment der Macht auf Erden erscheint mir definitiv zu hoch.

Der irdische Alltag als Übungsfeld

Die Erde ist ein beliebtes Übungsfeld, das hervorragend zum Erforschen der eigenen Möglichkeiten geeignet ist. Es ist ein Abenteuer, das irdische Dasein mit der kosmischen Urkraft zu vereinen, und immer mehr Menschen nutzen diese Kraft, um neue Wege auf der Erde zu beschreiten. Ganz gleich, auf welche Art und Weise du die spirituelle Welt entdeckst, sie ist Teil deiner wahren Seele. Selbst wenn du sie nicht aktiv nutzst, bist und bleibst du eine Reflexion der göttlichen Schöpfungskraft.

Meine Erfahrungen als Mensch zeigten mir auf, wie überaus wertvoll die Weisheit der Seelensphären ist, denn sämtliche Entwicklungsprozesse in den kosmischen Sphären oder im Universum nehmen Einfluss auf die Entwicklung des spirituellen Bewusstseins auf der Erde. Es ist daher immer ratsam, das Bewusstsein der eigenen spirituellen Fähigkeiten zu entfalten und sich nicht auf den materiellen und technischen Errungenschaften unseres Zeitalters auszuruhen. Bitte nicht falsch verstehen, ich lehne die irdische Technik keinesfalls ab. Wir sollten sie nur mit unserem spirituellen Bewusstsein verbinden. Es ist vorteilhaft, Technik und Spirit als Gesamtpaket zu nutzen und das göttliche Paradies im Einklang mit allen Möglichkeiten auf Erden zu leben.

Es ist ein wunderbares Gefühl, Grenzen, die dich einengen, zu sprengen und deine »Göttlichkeit« innerhalb der irdischen Ebene zu erwecken. Erfahre die Dimensionen und Ebenen der Seelensphären und lasse dich be- und verzaubern. Deine Sicht sowohl auf die sichtbare Welt als auch auf die geistige Sphäre wird sich durch deine Erlebnisse stetig erweitern.

Die Magie unseres Daseins war und ist ein zentraler Punkt auf der Erde. Seit Jahrmillionen befasst sich die »Menschheit« mit existentiellen Fragen: Woher komme ich? Wohin gehe ich? Warum bin ich auf der Erde? Wozu das Ganze? Bei der Beantwortung all dieser Fragen unterstützen uns das Wissen und die Weisheit der diversen Seelensphären, und besonders werden wir durch sie im der Entfaltung unseres Bewusstseins gefördert. Das Projekt Erde bietet hierzu unerschöpfliche Möglichkeiten.

Es ist bedauerlich, dass die Menschen vergessen haben, woher sie kommen und wohin sie zurückkehren, was bei manchen dazu führt, dass sie sich auf der Erde fehl am Platz oder nirgends zugehörig fühlen. Die Folge: Verlustängste, Unruhe, Verwirrtheit und Aggressionen bis hin zu Depression und Todessehnsucht, um nur einige Auswirkungen zu nennen.

Die innere Intuition wird sich bemühen, die Erinnerung aufrechtzuerhalten, und kontinuierlich Kontakt zu unserer Heimat in den Seelensphären suchen und herstellen. Gibst du der Erinnerung Raum und wagst du es, aktiv Kontakt zu halten, fühlt sich deine Seele getragen und verbunden. Dein Leben erhält eine aktive Bereicherung, wobei dein Verständnis für dich selbst und deine Mitmenschen wächst. Deine Sicht für das *Gesamte* weitet sich in deinen Alltag hinein aus, und du wirst beginnen, Herz und Verstand zu vereinen. Einem irdisch erfüllten Leben steht dann rein gar nichts mehr im Wege.

Die gesamte Schöpfung ist jederzeit vollkommen mit allem verbunden, auch wenn unser menschlicher Verstand uns manchmal das Wissen um die Gesetze der göttlichen Schöpfung vorenthält. Hiermit ist nicht nur die Menschheit gemeint, sondern jegliche Energie/Materie, ob Stein oder Kristall, Pflanzen oder Tierwesen. Wir sind alle Puzzleteile des gesamten Gefüges und somit zusammen Gott oder die Schöpfung. Schließt sich ein Puzzleteil aus, zerfällt das Bild und es entsteht Disharmonie. Diese Weisheit ist besonders wichtig, da sie die Notwendigkeit aufzeigt, jedem Wesen mit Respekt und Achtsamkeit zu begegnen.

Alles zu lieben und im Wissen des All-Eins-Seins zu handeln geht manchmal in der alltäglichen Hektik verloren. Aber das gehört zum Lernprozess in der Inkarnation. Genau wie der Umstand, dass jeder Mensch einen eigenen Körper besitzt, wodurch wir uns als getrennt wahrnehmen. Erschließt sich dir die Weisheit, dass unser Projekt Erde nur im Licht der Gemeinschaft funktionieren kann, ist die logische Folge, dass du allem und jedem mit Liebe begegnest.

Das Wissen aus den Seelensphären unterstützt diesen Prozess des Erkennens. Sind dir die Energien und die Charakterzüge der einzelnen Seelensphären bewusst, so akzeptierst du die Grenzen und Möglichkeiten deines Gegenübers leichter, was zur Folge hat, dass sich niemand mehr verbiegen muss.

Betrachte jede Seele als Ergänzung deiner eigenen Seele und erkenne das Ich im Wir. Lebe das Wir im Ich. Jede Seele besitzt einen Aspekt von Gott, der sie vollkommen werden lässt.

Wir gehören nicht der Schöpfung an – *wir sind die Schöpfung.*

Und dennoch ist deine Daseins-Geschichte einzigartig, und deine Wahrnehmung und deine Weisheit sind ebenfalls einzigartig! Viele Faktoren spielen bei deiner Wahrnehmung eine Rolle. Woher kommst du? Was hast du in anderen Sphären erlebt? Wie oft warst du schon auf der Erde? Alles zusammen ergibt die Summe deiner Erfahrungen und deiner Weisheit, woraus deine Wahrnehmung und dein Bewusstsein resultieren.

Das bedeutet, dass es keine absolute Wahrheit und Weisheit gibt, die für alle gleich ist. Was der Menschheit schwer fällt, ist das Akzeptieren der unterschiedlichen Auffassungen. Ein Eskimo nimmt die Erde aus einem anderen Blickwinkel wahr als ein Wüstenbewohner. Würden beide die Erde beschreiben, könnten sich die Beschreibungen wohl kaum unterschiedlicher anhören. Doch beide Sichtweisen der Erde sind richtig und wahr!

Betrachte also dein Gegenüber als Wesen mit anderen Erfahrungen, denn diese entstehen schon allein daraus, dass die Wesen aus unterschiedlichen Seelensphären kommen, in denen verschiedene Energien zu Hause sind.

Betrachte dein Leben als Abenteuer, bei dem du ruhig und ohne schlechtes Gewissen Erfolge und Misserfolge erleben darfst. Lebe dein Leben mit allem, was du bist, und bleibe offen und mutig für Neues. Hab keine Furcht vor Veränderung und Wandel und freue dich über neue Wahrheiten und Weisheiten.

Besitzen wir eine Meinung, bedeutet das keineswegs, dass wir diese nicht ändern dürfen. Du bist kein Blatt im Wind, sondern ein Wesen, das sich auf das Leben einlässt, anstatt nur zu existieren. Die Folge ist mehr Lebenserfahrung, und dadurch entstehen neue Wahrheiten. Was heute für dich gültig ist, kann sich morgen durch irgendein Ereignis bereits ins Gegenteil wandeln.

Vermeide jedoch, die Meinung und Wahrheit eines anderen Wesens zu übernehmen, ohne zu prüfen, ob sie mit deiner Lebensphilosophie übereinstimmt. Die göttliche Schöpfung unterliegt einem stetigen Wandel. Es ist unnötig, eine Einheitsmeinung anzustreben. Wesentlich bereichernder ist es, jede Wahrheit und

Weisheit in dir aufzunehmen und sie, sofern passend, deiner Weisheit hinzuzufügen.

Wahrheiten und Wahrnehmungen sind nicht bei allen Wesen gleich, aber *gleichwertig*.

Ich empfehle dir, offen für neue Aspekte zu bleiben und dir deine eigene Meinung zu bilden. Es gilt nicht zu bewerten, sondern zu erfahren, was deine eigene Weisheit dir sagt.

Seraphim Michael

Die Seelensphären

Sobald ich anfange, über die Seelensphären zu erzählen, beginne ich mit: »Alles auf der Erde ist nur geliehen. Nichts, was hier existiert, ist irdisch. Alles wird eines Tages in die entsprechende Seelensphäre zurückkehren. Die Zeit auf der Erde ist für alle begrenzt. Wir sind nicht die Besitzer der Erde. Wir sind Gäste.«

Alles, was wir auf der Erde sehen, ob Mensch, Wasser, Baum, Tier oder Stein, hat seinen Ankerpunkt oder seine Heimat in einem Energiefeld, das ich Seelensphäre nenne. Das sind gigantische Energiegebilde im Kosmos, die autonom handeln und wirken. Zwölf unterschiedliche Seelensphären präsentieren sich auf der Erde und gestalten zusammen unser irdisches Dasein, unsere Welt. Das bedeutet, dass ausnahmslos alles, was du sehen kannst, einem dieser zwölf Energiefelder/Seelensphären entspringt.

Das einzig Konstante in unserem Sein auf der Erde ist die Erde selbst, genannt Gaia. Würde die Erde an diesem Projekt nicht teilnehmen, wäre Gaia zwar in der dritten Dimension fühlbar, jedoch nicht sichtbar, und schon gar nicht in der Art, in der wir aktuell hier existieren, bewohnbar mit Materie. Gaia besäße die Form, die alle Wesen ursprünglich besitzen, nämlich eine rein geistige Form mit feinstofflicher Schwingung.

Die Seelensphären sind mit der Erde nicht vergleichbar. Sie sind, in welcher Dimension sie sich auch befinden, ausschließlich feinstofflich. Nur so ist es möglich, dass jede Seele mit ihrer Sphäre verschmilzt und dass alle Wesen in einer Sphäre eins werden. Seiner Sphäre bleibt ein Wesen bis zur Auflösung des Universums treu.

Jedes Wesen einer Seelensphäre *ist* die Seelensphäre. Kommt eine Seele beispielsweise aus Lemurien, so ist sie nicht einfach nur in Lemurien zu Hause, vielmehr *ist* sie Lemurien. Daher ist ein Wechsel der Sphäre nicht möglich.

Die Entstehung der Seelensphären

Die Energiefelder der Seelensphären bildeten sich recht schnell, nachdem Luzifer von seinem Zwilling getrennt worden war. Jede Sphäre besitzt durch den neu erschaffenen Umstand der Polarität einen unverwechselbaren Charakter. Zum ersten Mal zeigte sich hier die Unterschiedlichkeit der Schöpfung. Denn in der *Dualität ist das Ergänzende* sichtbar, in der *Polarität das Trennende*.

Nachdem sich den Avataren in der höchsten Schwingungsebene die zwölf Dimensionen offenbart hatten und gleichzeitig die Polarität spürbar wurde, musste eine Lösung gefunden werden, um den Seelen mit vermindertem Bewusstsein eine »Heimat« zu geben. Daher schlossen sich jeweils Avatare mit gleicher Grundschwingung zusammen und erzeugten gemeinsam ein kraftvolles Energiefeld. Solch ein Energiefeld bildet bis in die Gegenwart jeweils die Grundlage einer Seelensphäre, und dies ist nach wie vor der ursprüngliche Kern der Seelensphären. Die Seelensphären befinden sich vollständig in der feinstofflichen Dimension. Sie enthalten keine Materie, gleich in welcher Ebene und Dimension sie sich befinden.

Nach dem erfolgreichen Zusammenschluss der Avatare wurde die Grundschwingung der neu gebildeten Sphären aus der zwölften Dimension heraus in das gerade entstehende Universum ausgedehnt. Zu Anfang nährten die Avatare mit ihrer hohen Schwingung die Energie der jeweiligen Seelensphäre noch allein. Sie erzeugten dadurch ein Gefäß, in dem sich mehr und mehr gleich schwingende Wesen zusammenfinden konnten. Das Energiefeld dehnte sich mit jedem Ankömmling weiter aus, auch hinsichtlich der verschiedenen Schwingungsebenen, und wurde immer größer. Die Wesen, die sich einer passenden Sphäre anschlossen, besaßen durch ihre Grundschwingung freien Zugang zu der jeweiligen Sphäre, die ihnen entsprach. Wesen mit einer anderen Frequenz konnten nicht in die Sphäre eintauchen, ihnen fehlte der passende Schlüssel zum Schloss. Besaß ein Wesen jedoch die passende Frequenz, wurde eine mächtige Anziehungskraft aktiv, der es sich nicht entziehen konnte. Es wurde regelrecht in die Sphäre hineingezogen. Der Ruf der Schwingung wurde in der tiefsten Bewusstseinsebene, der ersten Dimension, ebenso wahrgenommen wie in der höchsten, der zwölften Dimension.

Nachdem jedes Wesen seinen Platz im Universum gefunden hatte, schlossen sich die Sphären und bildeten ab sofort autonome Energiegebilde. Die Seelensphären mit ihren Milliarden von unterschiedlichen Wesen waren nun existent. Die Avatare umhüllten die Sphären jeweils mit einer von außen undurchdringlichen Schutzhülle und begannen mit ihrer Arbeit, die Wesen in ihrem Aufstiegsprozess zu unterstützen. Die Schutzhülle verhindert, dass negative Energie in die Sphären eindringt. Zudem kann keine Seele, die nicht der Sphäre angehört, in die Seelensphäre eintreten. Nur mit der Erlaubnis eines Avatars ist es mittlerweile möglich, als außenstehendes Wesen Zugang zu erhalten, beispielsweise über eine Inkarnation. Außerdem sind dadurch alle Seelensphären frei von Luzifer und seinesgleichen.

Nachdem die Wesen in den Seelensphären anfingen, ihre Bewusstwerdung zu koordinieren, begann das Chaos sich zu lichten. Ein Hauch von Ordnung begann sich auszubreiten und offenbarte, dass der Prozess noch nicht beendet war.

Das Spiel der Polarität fing gerade erst an. Das Leben im Kosmos begann sich zu formen und Gestalt anzunehmen.

Aufgrund der unterschiedlichen Bewusstseinsstufen waren die Wesen in den verschiedenen Dimensionen nicht fähig, miteinander zu kommunizieren, und das stellte zu Beginn ein fast unüberwindbares Problem dar. Wesen, die ihr vollkommenes Bewusstsein erhalten konnten, waren außerstande, ihre Schwingung zu reduzieren. Wesen, die ihr Bewusstsein in unterschiedlichem Ausmaß verloren hatten, konnten es nicht wieder anheben. Abhilfe schaffte ungewollt Luzifer. Als seine Erscheinung sich aufspaltete, spaltete er gleichzeitig das Universum in seine verschiedenen Dimensionen auf, und das ermöglichte sowohl den Seraphim in der Engel-Sphäre als auch den Avataren einen Blick bis in den hintersten Winkel unseres Universums. Sie waren durch Luzifer nun fähig, ihre Schwingung ohne Bewusstseinsverlust zu senken.

Seelensphären schwingen im Rhythmus ihrer Seelen, und in einem Avatar sind alle Schwingungsgrade der Sphäre enthalten. Das bemächtigte sie, ihren Blick über alle Dimensionen und Ebenen ihrer Sphäre schweifen zu lassen. Sie konnten alle Wesen der Sphäre in ihrem Sein erkennen, und daher ging keine Seele verloren, alle wurden gesehen und begleitet.

Die Dimensionen und Ebenen der Seelensphären sind jeweils durch eine leichte Energiemembran voneinander getrennt. Es kristallisierte sich heraus, dass Wesen aus den höheren Sphären in die tieferen Sphären abtauchen konnten. Für sie ist die Membran nicht vorhanden, was es ihnen ermöglicht, die Seelen in ihrem Prozess zu unterstützen. Auf der anderen Seite können Wesen aus einer tieferen Sphäre die zugehörigen Wesen aus den höheren Dimensionen nicht erkennen. Dadurch wurde deutlich, dass den Avataren einer Sphäre eine große Aufgabe übertragen wurde. Sie sind dafür verantwortlich, allen Seelen in ihrer Sphäre bei ihrem Aufstiegsprozess Unterstützung zukommen zu lassen, und das ohne jegliche Manipulation und Bevormundung. Alle Avatare aus allen Seelensphären begannen ihre Arbeit und dehnten ihre Aktivitäten nach und nach über ihre Sphäre hinaus ins gesamte Universum aus.

Die einzelnen Seelensphären werden jeweils von einem Avatar der Sphäre geführt. Er ist sozusagen der Vorsteher und wacht über jede Seele, die der Sphäre angehört. Die Vorsteher bleiben nicht von Anbeginn bis zum Ende unseres Daseins Vorsteher, nein, sie wechseln ihre Tätigkeit und übernehmen immer wieder verschiedene Aufgaben im Universum. Wurde ein Avatar aber einmal in seine Position als Vorsteher berufen, hat er diese über einen Zeitraum von mehreren Millionen Jahren inne.

Zurzeit sind in den am Projekt Erde teilnehmenden Sphären alle Vorsteher Lichtwesen. Das entwickelte sich so und war nicht etwa fest geplant. Es kann durchaus sein, dass beim nächsten Wechsel ein anderes Wesen, beispielsweise ein Baumwesen oder ein Drachenwesen, Vorsteher in seiner jeweiligen Sphäre wird. In den Sphären spielt die Form eines Wesens keine Rolle. Es geht einzig und allein um die Bewusstheit einer Seele.

AKTUELLE VORSTEHER DER SEELENSPHÄREN

Seelensphäre	Vorstehender Avatar
Lemurien-Sphäre	Zeus
Regenbogen-Sphäre	Faithemy
Feen & Elfen-Sphäre	Malan Salah
Wal & Delphin-Sphäre	Poseidon
Sirius-Sphäre	Sharon
Orion-Sphäre	Oronape
Plejaden-Sphäre	Aaron Shiro
Larimar-Sphäre	Alewar
Sun & Star-Sphäre	Sora
Zamarah-Sphäre	Laphron
Ansara-Sphäre	Tamura
Engel-Sphäre	Ampheniel (Seraphim)

Mit der Entwicklung der Seelensphären wurde ersichtlich, dass es nicht nur einen Vorsteher im Inneren braucht, sondern ebenso einen Begleiter, der dieser Sphäre nicht angehört und daher die Entwicklung von einem anderen Blickwinkel aus begutachten kann. Hierdurch wird eine optimale Entfaltung gewährleistet. Die Seraphim-Engel waren bereit, diese Aufgabe zu übernehmen.

AKTUELLE SERAPHIM-BEGLEITER DER SPHÄREN

Seelensphäre	Begleitender Seraphim
Lemurien-Sphäre	Raphael
Regenbogen-Sphäre	Gabriel
Feen & Elfen-Sphäre	Jophiel
Wal & Delphin-Sphäre	Chamuel
Sirius-Sphäre	Michael
Orion-Sphäre	Uriel
Plejaden-Sphäre	Zadkiel
Larimar-Sphäre	Metatron
Sun & Star-Sphäre	Sandalphon
Zamarah-Sphäre	Nathaniel
Ansara-Sphäre	Haniel
Engel-Sphäre	Uriel

Vom unterschiedlichen Charakter der Seelensphären

Besonders spannend sind die unterschiedlichen Charaktereigenschaften der Seelensphären. Sie eröffnen ungeahnte Sichtweisen im allumfassenden Bewusstsein einer jeden Seele. Alles entstand aus einer Quelle, und doch sind die Wesen der Schöpfung unendlich vielfältig. Aufgrund dieser Vielfältigkeit ist ein einheitliches Aufsteigen zur Erleuchtung unmöglich, und aus diesem Grund beschreitet jede Seelensphäre ihren ureigenen Weg. Selbst innerhalb einer Sphäre gibt es keine zwei gleichen Wege. Jeder Bewusstwerdungsweg ist einzigartig in seiner Art und Geschwindigkeit.

Die Seelensphären verweilen weder an einem bestimmten Punkt im Universum, noch sind sie starr in ihrer Form. Sie sind Spirit und breiten sich je nach Energie aus oder ziehen sich zusammen. Das hängt von der Aktivität innerhalb der Sphäre ab.

Nicht alle Seelen einer Sphäre verlassen für einen Bewusstwerdungsprozess oder eine Erfahrung die Sphäre. Es ist durchaus möglich, die Erleuchtung innerhalb einer Sphäre zu erlangen. Andererseits arbeiten auch Wesen im freien Universum, um dort ein Projekt zu begleiten oder die Eindämmung der Luzifer-Energie zu unterstützen. Es gibt unzählige Betätigungsfelder außerhalb der Sphären.

Innerhalb und auch außerhalb der Sphären kann ein Wesen die Form annehmen, die es bevorzugt. Meistens jedoch wählt ein Wesen seine favorisierte Form und bleibt über einen längeren Zeitraum bei dieser Erscheinungsart. In den Sphären können die Wesen ihre Schwingung in Form ausdrücken und sind dennoch feinstofflich und nicht materiell wie auf der Erde. Ab der zehnten Dimension gibt es keine Formen mehr. Nach einem Bewusstwerdungsprozess, besonders wenn damit ein Dimensionssprung einhergeht, kann ein Wesen eine neue Seinsform wählen, muss das jedoch nicht tun. Allerdings unterscheidet sich die neue Erscheinung in der Regel nicht stark von der vorherigen. Meist handelt es sich nur kleine, jedoch für das Wesen tiefgreifende Veränderungen.

Je nach Wesensart ist es in den Sphären möglich, den Aufstieg entweder als Gruppe oder einzeln zu absolvieren. Erfährt ein Wesen für sich allein eine Erleuchtung, kann es selbstständig in die nächste Ebene oder Dimension aufsteigen. Hat eine Seele sich entschlossen, sich einer Gruppe anzuschließen, so werden die Wesen gemeinsam aufsteigen. Der Nachteil hierbei ist offensichtlich, denn alle müssen warten, bis alle den entsprechenden Bewusstseinsgrad erreicht haben, um die Erleuchtung erfahren zu können. Eine Gruppendynamik, in der Wesen aufsteigen, welche die Erleuchtung nicht selbst in sich erfahren haben, gibt es nicht. Ein Wesen kann nur dann in eine neue Dimension aufsteigen, wenn es tatsächlich Erleuchtung erfahren hat. Es ist nicht möglich, sich durchzuschmuggeln.

Während der Bewusstseinserhöhung eines Wesens wird die Membran, welche die einzelnen Dimensionen einer Sphäre voneinander trennt, für die Seele sichtbar. Das Wesen gleitet hindurch und befindet sich nun in der höheren Ebene. Fortan existiert die Seele in der neuen Ebene und arbeitet weiter an der Bewusstwerdung. Es gibt Sphären, die bereits mit allen Wesen in die zwölfte Dimension aufgestiegen sind.

Die folgende Grafik verdeutlicht die aktuelle Situation der am Projekt Erde teilnehmenden Seelensphären.

Die kosmische Gesetzgebung hat auch in den Seelensphären ihre Gültigkeit. Handelst du innerhalb der Seelensphäre gegen die Göttlichkeit, so folgen Konsequenzen.

Diese sind jedoch niemals strafend und belehrend, sondern immer unterstützend und erhellend.

Die göttliche Energie erreicht alle Wesen in allen Dimensionen, denn jede Seele ist über eine Silberschnur mit Gott und der Einheit verbunden. Die Silberschnur, die Verbindung zu Gott, ist eine Einbahnstraße. Reine göttliche Energie fließt zu den Seelen, jedoch strömt nichts von einer Seele in die Einheit zurück. Gott kann dich als Wesen wahrnehmen, jedoch nicht deine Handlungen im Universum. Demzufolge ist die Quelle niemals strafend, sondern ausschließlich liebend.

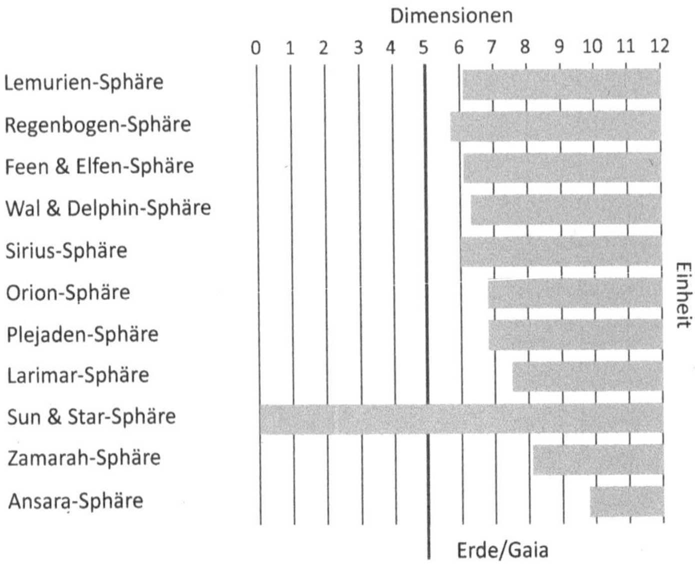

Ein vollkommenes Ablösen aus einer Sphäre ist nicht möglich. Die Seelen einer Sphäre sind miteinander aufs Innigste verbunden und unterstützen sich gegenseitig. Der goldene Kern, das Innerste eines jeden Wesens, bleibt immer in der zwölften Dimension einer Seelensphäre vorhanden.

Vom Eintauchen in verschiedene Seelensphären

Jedes Wesen kann in alle Sphären eintauchen und Abenteuer erleben, bis auf zwei Ausnahmen:

1. Engel-Sphäre. In diese können nur Engelwesen einfließen.
2. Luzifer-Sphäre. In sie können nur Wesen eintauchen, die zu Luzifer gehören. Für alle anderen ist diese Sphäre tabu.

Jedes Wesen besitzt Millionen von Seelenanteilen. Verlässt ein Wesen seine Sphäre, beispielsweise für eine Inkarnation oder Projektbegleitung, so kann es Anteile »abspalten«. Für eine Inkarnation in eine andere Seelensphäre kann eine Seele bis zu zehntausend Seelenanteile auswählen. Je nach Inkarnationsort ist die Anzahl sehr schwankend. Auf die Erde nimmt ein Wesen nur zwölf Anteile mit. Entsprechend der Anzahl seiner erleuchteten Seelenanteile würde es dann in der jeweils entsprechenden Dimension landen:

12. Dimension = 12 vollkommen erleuchtete, bewusste Seelenanteile
11. Dimension = 1 unbewusster Anteil + 11 bewusste Anteile
10. Dimension = 2 unbewusste Anteile + 10 bewusste Anteile
9. Dimension = 3 unbewusste Anteile + 9 bewusste Anteile
8. Dimension = 4 unbewusste Anteile + 8 bewusste Anteile
7. Dimension = 5 unbewusste Anteile + 7 bewusste Anteile
6. Dimension = 6 unbewusste Anteile + 6 bewusste Anteile

So geht es weiter bis in die unterste Dimension. In der ersten Dimension sind dann, außer dem Anteil, der in seinem goldenen Kern verweilt, alle Anteile eines Wesens unbewusst. Meistens wählt das Wesen dabei neun unbewusste Seelenanteile, also Seelenanteile, die noch erleuchtet werden müssen, und drei drei bewusste Anteile. Dass ein Wesen eine Inkarnation komplett ohne bewusste Anteile beginnt, wäre ungewöhnlich. Zumindest ein Seelenanteil muss bewusst sein. Je bewusster ein Wesen wird, desto mehr Seelenanteile kehren in die zwölfte Dimension zu seinem goldenen Kern, seinem Herzzentrum, zurück. Dazu mehr im nächsten Abschnitt.

Die »Abenteuertrips« werden nach Art des gewünschten Bewusstwerdungsprozesses ausgewählt und basieren auf Freiwilligkeit. Alle Erfahrungen werden eigenständig, aber mit Unterstützung des kosmischen Begleiter-Teams gestaltet. Im Gegensatz zu einer Inkarnation auf der Erde behält das Wesen bei einer Inkarnation in eine Seelensphäre sein vollkommenes Bewusstsein bei. Das ist insofern vorteilhaft, da der Lernprozess ohne Bewusstseinsverlust gestartet werden kann. Auf der Erde dagegen verlieren wir das Bewusstsein unserer wahren Identität, damit wir vollkommen in die irdische Matrix eintauchen können.

Zum besseren Verständnis hier ein Vergleich: Will ein Multimillionär erfahren, wie es wirklich ist, auf der Straße zu leben, reicht es nicht aus, sich einfach nur für einen Monat auf die Straße zu begeben. Selbst wenn er sich wie ein Obdachloser kleidet, bettelt und in einem Hauseingang schläft, wird er immer *wissen*, dass er reich ist. Verliert er dagegen sein Gedächtnis, so wird er die Erfahrung vollkommen authentisch erleben.

Es ist jedoch nicht immer nötig, das Bewusstsein auf ein absolutes Minimum zu reduzieren. Der Prozess eines Inkarnationsverfahrens geschieht in den einzelnen Projekten oder Sphären auf unterschiedliche Weise. Hier spielen die Dimensionen eine entscheidende Rolle, denn je höher der Inkarnationsort schwingt, desto leichter ist das Inkarnations-Verfahren. In der Regel gilt, dass in Projekten bis zur fünften Dimension nicht mehr als 120 Anteile mitgenommen werden dürfen. Danach können mehr Anteile für eine Inkarnation genutzt werden.

Anders sieht es bei der Begleitung eines Projektes aus oder bei der Arbeit im freien Universum. Hier können, wie bei einer Inkarnation in eine Seelensphäre, mehrere tausend Anteile mitgenommen werden. Der Grund hierfür: Das bewusste Sein bleibt erhalten und muss nicht, wie auf der Erde, zurückgelassen werden.

Das Inkarnieren in andere Seelensphären ist ein großes Abenteuer, da jede Sphäre unterschiedliche Energien besitzt. Inkarniert ein Wesen in eine Sphäre, muss es sich den Spielregeln der Sphäre anpassen. Zudem wird seine Schwingungsform für die Zeit der Inkarnation den Wesen in der Sphäre angepasst.

Die meisten Seelen erhalten Lernaufgaben oder Aufträge, die sie in ihrer Inkarnation erfüllen sollen. Nach der Erfüllung eines Lernauftrages und erfolgreicher Erleuchtung kehrt das Wesen in die eigene Seelensphäre zurück. Eine Rückkehr aus einer anderen

Seelensphäre ist ohne Erfüllung der Aufgabe nicht möglich. Daher kann eine Inkarnation in einer Sphäre über mehrere Jahrtausende andauern. Bei der Erfüllung eines Auftrages stehen die sphärischen Begleiter im besonderen Maße zur Verfügung. Hierbei beobachten beispielsweise Avatare und Seraphim-Engel die Fortschritte ihres Schützlings und kontrollieren die Erfüllung der Lernaufgabe. Die Seelensphäre selbst stellt zudem Wesen zur Verfügung, die bei der Erfüllung der Aufgabe liebevoll unterstützen.

Während einer Inkarnation dürfen Avatare, genauso wie Seraphim-Engel, bei Gefahr auch ohne die Erlaubnis des kosmischen Rates in eine Situation eingreifen. Damit eine Seele bei einer Inkarnation optimal betreut werden kann, steht dem begleitenden Avatar und/oder Seraphim-Engel ein großes Team zur Verfügung, das aus allen möglichen Wesensarten besteht. Letzten Endes liegt die Verantwortung jedoch vollumfänglich bei dem inkarnierten Wesen. Das gleiche gilt in der eigenen Seelensphäre sowie im gesamten Universum. Jedes Wesen ist für seine Handlungen allumfassend selbst verantwortlich.

Die gute Nachricht ist: Kein Wesen ist je allein. Wir werden als Zwilling erschaffen und sind auch im Universum mit ihm auf das Innigste verbunden. Mit seinem Zwilling teilt sich ein Wesen seinen goldenen Kern, sein Zentrum. Selbst bei einer irdischen Inkarnation, bei der wir fast alles vergessen, ist uns tief im Inneren bewusst, dass wir nicht allein sind.

Der goldene Kern und der Zwilling

Alle Seelen besitzen einen goldenen Kern, den goldenen Funken oder das Herzzentrum. Den goldenen Kern teilt sich ein Wesen immer mit seinem Zwilling, auch Dualseele genannt.

Der goldene Kern verlässt die zwölfte Dimension niemals. Er sorgt dafür, dass wir den Drang verspüren, uns zu entwickeln. Er ist der Motor dafür, dass wir uns erfahren wollen und uns auf die Suche nach uns selbst begeben.

Jedes Wesen kann ein und denselben Aspekt auf unterschiedliche Weise ausdrücken. Daher wird eine Seele immer als Dualität erschaffen. Zwillinge sind Dualseelen, die einen göttlichen Aspekt in sich ergänzenden Ausprägungen reflektieren. Nur durch das Duale sind wir vollkommen.

So sind zum Beispiel Seraphim Raphael und Seraphim Uriel Zwillinge. Raphael lebt seine Heilkraft mehr »medizinisch« und Uriel mehr »chirurgisch«. Ihre Grundessenz ist jedoch die gleiche, nämlich die göttliche Heilkraft. Durch den unterschiedlichen Ausdruck der Essenz erzeugen sie in sich verschiedene Schwingungen. Daher besteht bei den Dualseelen die Möglichkeit, dass sie in unterschiedlichen Seelensphären zu Hause sind. Was bei Engeln aufgrund ihrer besonderen Seelensituation jedoch nicht der Fall ist.

Mit seinem Zwilling ist jeder bis in die Unendlichkeit verbunden, daran ändert auch das Universum nichts. Eine Trennung ist nicht möglich. Uns verbindet auf ewig das gemeinsame Herzzentrum, der goldene Kern. Der goldene Kern verliert niemals sein bewusstes Sein. Diesem Umstand ist es zu verdanken, dass alle Seelen in unserem Universum zusammen mit ihrem Zwilling mit zumindest einem Aspekt oder Seelenanteil in der zwölften Dimension verankert sind. Wir teilen uns gemeinsam die Essenz des göttlichen Funkens und sind in der zwölften Dimension untrennbar miteinander vereint. Selbst wenn der Zwilling einer anderen Seelensphäre angehört, ist der Kontakt zu ihm niemals unterbrochen.

Eine Seele besteht allerdings nicht nur aus dem goldenen Kern oder Herzzentrum, sondern aus Milliarden von Aspekten oder Seelenanteilen, die zum goldenen Funken gehören, gleich einem menschlichen Körper mit seinen Milliarden von Zellen. Jede Zelle übernimmt eine andere Aufgabe, und dennoch ist in allen jeweils der einzigartige Bauplan unseres Körpers enthalten.

Aus dieser Situation entsteht ein weiterer Effekt. Nicht alle Zwillinge von Seelen in der zwölften Dimension haben ihr Bewusstsein zur Gänze entfaltet. Es ist durchaus möglich, dass ein Zwilling vollkommen bewusste und der andere noch unbewusste Seelenanteile besitzt. Praktisch bedeutet das, dass ein Zwilling möglicherweise bereits in der zwölften Dimension lebt, der andere Zwilling jedoch in der achten Dimension. Wie ist das möglich?

Wir sind reine Schwingung. Die Schwingungen, die unsere Seele erzeugt, sind winzige Aspekte, gleich den Zellen in unserem Körper. Einzelne Aspekte, oder in manchen Fällen auch alle Aspekte, können ihre Schwingung verloren haben. Sie sind gewissermaßen erstarrt. Da sie mit ihrem goldenen Kern verbunden sind, ist das nur ein vorübergehender Zustand, der unter Umständen jedoch Milliarden Jahre andauern kann.

Durch die verringerte Schwingung werden die Seelenanteile schwerer als der goldene Kern. Je mehr Seelenanteile unbewusst sind, also ihre Schwingung verloren haben, desto schwerer oder träger werden sie. Ist ein Wesen vollkommen unbewusst, sind seine Seelenanteile sehr unbeweglich, fast erstarrt. Die Starre bewirkt, dass die Seelenanteile in der ersten Dimension verweilen. Je mehr Seelenanteile das Wesen durch Bewusstwerdung in Schwingung versetzt, desto leichter werden sie. Je hochschwingender eine Seele wird, desto höher steigt sie in den Dimensionen auf. Je weniger unbewusste Seelenanteile, desto höher die Dimension. Gewissermaßen verliert das Wesen an Masse, da seine erleuchteten Anteile in die zwölfte Dimension aufsteigen und sich nahtlos in den goldenen Kern einfügen. Je mehr Seelenanteile wiederum im goldenen Kern positioniert sind, desto weniger verbleiben in den unteren Dimensionen, was bedeutet, dass sich die Schwingung erhöht.

Dieser Vorgang wird Bewusstwerdungsprozess, Aufwachprozess oder Erleuchtung genannt.

Der Seelenpartner

Ein weiterer Aspekt unseres Seins ist unser Seelenpartner. Wie der Zwilling, so spielt auch der Seelenpartner eine große Rolle in unserem Sein. Dabei ist es ebenfalls möglich, dass der Seelenpartner in einer anderen Seelensphäre beheimatet ist. Seraphim Michaels Erklärung dazu lautet: Dein Zwilling ist dein Herz. Dein Seelenpartner ist die Liebe dazu.

Das bedeutet: Unser innerster Kern spiegelt sich mit unserem Zwilling *in* uns, also innen. Mit unserem Seelenpartner spiegeln wir die Liebe im Außen, im Gegenüber.

Der Seelenpartner lässt uns den Aspekt der Göttlichkeit leben, den wir im irdischen Leben als partnerschaftliche Liebe bezeichnen. Doch macht die Seelenpartnerschaft viel mehr aus als die menschliche Liebe. Sie umfasst das Alles und das Nichts. Sie beinhaltet die Freiheit und die Verschmelzung.

Eine Seelenpartnerschaft kann nicht mit einer irdischen Partnerschaft verglichen werden. Hier ist man tatsächlich eins, ohne den anderen einzuschränken. Gemeinsam mit der Zwillingsflamme und dem Seelenpartner entsteht im Universum die vollkommene Dreifaltigkeit.

Die Seelensphären und die Erde

Das Projekt Erde wurde gestartet, damit die Wesen aus den Sphären einen Ort zur Entfaltung erhalten, in dem nicht die Energie einer einzelnen Sphäre führend ist. Inkarnieren Wesen in eine Seelensphäre, ist dort die Energie der Sphäre das beherrschende Thema. Auf der Erde gestaltet sich die Situation anders. Nicht eine einzelne Energie steht im Mittelpunkt, sondern zwölf Energien erhalten gleichberechtigt die Möglichkeit, auf der Erde und somit für die Wesen vor Ort zu wirken und sie dabei zu unterstützen, in der Vielfältigkeit ein Abenteuer zu starten, das ihnen die Chance bietet, in sehr kurzer Zeit einen Aufstieg zu vollbringen.

Damit das geschehen konnte, musste eine Sphäre gefunden werden, die bestimmte Voraussetzungen erfüllt, beispielsweise, dass die Sphäre mindestens das Niveau der fünften Dimension erreicht hat, also alle Wesen der Sphäre bereits mindestens in der fünften Dimension leben. Das Bewusstsein Gaias war bereit aufzusteigen, und mit ihm alle Wesen, die auf der Erde eine Inkarnation erleben. Von diesem Plan ausgehend, wäre es unvorteilhaft, Wesen am Projekt teilnehmen zu lassen, die, sollte die Erde einen Quantensprung vollbringen, das irdische Matrixfeld verlassen müssten.

Das Projekt Erde wurde in ein bestehendes Projekt eingebunden, nämlich die Galaxie, der wir angehören.

Da ein einzelnes Projekt nicht unbedingt einfach einzubinden ist, wurde gleich ein gesamtes Sonnensystem neu aktiviert. Sowohl auf dem Mars wie auch auf der Venus finden ähnliche Projekte wie auf der Erde statt. Allerdings sind sie bereits in die fünfte Dimension aufgestiegen und daher für uns Menschen in der dritten Dimension nicht als Projekte sichtbar.

Gaia hinkt aufgrund der Geschichte mit Atlantis hinterher. Die feinstofflichen Begleiter der Erde lassen uns verstärkte Unterstützung zukommen, damit wir aufholen können und ebenfalls in die fünfte Dimension aufsteigen.

Hierzu braucht es allerdings die Bereitschaft aller Wesen, die auf der Erde leben. Sind wir als Menschen auf der Erde inkarniert, nehmen wir, vom irdischen Blickwinkel aus, lediglich die dritte Dimension unseres Universums wahr.

Betrachten wir die Sterne und Planeten, Sonnen und schwarzen Löcher, so sehen wir die Materie der dritten Dimension. Die Planeten unseres Sonnensystems und auch die Planeten-, Sternen- und Sonnenwesen innerhalb unserer Galaxie befinden sich in unterschiedlichen Entwicklungsstadien. Sie halten einzig zum Zweck der Gravitation die Materie in der dritten Dimension, ansonsten würde unser Sonnensystem auseinanderfallen.

Gaia, ein Wesen, das entgegen der allgemeinen Auffassung mehr männliche als weibliche Energie in sich trägt, ist mit seinem Bewusstsein bereits in die fünfte Dimension aufgestiegen. Die Wesen, die auf ihm leben, haben es jedoch noch nicht geschafft, die Materie in die fünfte Dimension zu wandeln. Wir erhalten jetzt die Möglichkeit, durch eine Inkarnation auf der Erde daran teilzunehmen und gleichfalls zu wachsen.

Wichtig dabei ist, zu verstehen, dass keine Seele wertvoller ist als eine andere. Das Bewusstsein der Menschen muss in dieser Hinsicht noch einen tiefgreifenden Wandel erfahren. Wir glauben oft, ein Mensch sei mehr wert als ein Tier, und ein Tier sei mehr wert als eine Pflanze, doch das ist falsch. Es ist auch nicht richtig, dass Steine und Kristalle nicht leben würden. Alles, was existiert, trägt den goldenen Funken in sich. Nur weil ein Wesen eine eigene Art zu leben hat, heißt das nicht, dass es weniger beseelt oder weniger wertvoll wäre. In unserem Universum gibt es unendlich viele Seinsformen, und sie alle sind gleichwertig!

Die Energien der Seelensphären sind auf der Erde gleichmäßig verteilt. Dem äußeren Anschein nach überwiegen die Sphären Lemurien, Regenbogen, Feen & Elfen und Wal & Delphin. Dies ist jedoch nur aus menschlicher Sicht der Fall. Bestimmte Seelensphären, wie beispielsweise Larimar oder auch Ansara, wirken mehr feinstofflich.

Um die Erde herum wurde ein Matrixfeld erschaffen, in das alle teilnehmenden Sphären gleich viel Energie einspeisen. Daher spielen die inkarnierten Wesen keine Rolle bezüglich der Energiepräsenz auf der Erde. Sie sind lediglich als Gäste hier, um eine Erfahrung für sich zu gestalten.

Im Matrixfeld der Erde ist der kosmische Rat der Erde eingegliedert. Er liegt um das gesamte Energiefeld herum. Durch ihn treten alle Wesen ins Matrixfeld der Erde ein und durch ihn verlassen sie auch wieder die Erde. Im kosmischen Rat müssen alle irdischen Gefühle und Gedanken, alles Irdische, zurückgelassen werden. Kein Wesen kann mit irdischem Gedankengut in seine

Sphäre zurückkehren. Die Sphären sind rein und damit frei von jeglicher Polarität. Im kosmischen Rat befindet sich auch der Ort, an dem wir durch das Tor des Vergessens gehen. Uns wird das Wissen über unsere wahre Identität genommen, damit wir uns ganz auf die irdische Inkarnation einlassen können. Verlassen wir unseren Körper wieder, verläuft der Prozess in umgekehrter Reihenfolge. Wir vergessen alles Irdische und erhalten dafür unser kosmisches Wissen zurück. Im kosmischen Rat werden auch die Aufträge für die Seelen bestimmt und erteilt.

Der kosmische Rat setzt sich aus Wesen der zwölf teilnehmenden Seelensphären zusammen. Fester Bestandteil des irdischen kosmischen Rates sind beispielsweise Avatar Sanat Kumara (Plejader), Saint Germain (Lemurer) und Seraphim Uriel (Engel). Der kosmische Rat kümmert sich um alle Belange der Erde und der inkarnierten Wesen. Er achtet darauf, dass ein Wesen nicht unberechtigt ins irdische Matrixfeld eindringt. Er hat die Macht, eine Inkarnation zu beenden, sollte sie Schaden für das gesamte Universum hervorrufen. Er hätte zudem auch die Macht, das gesamte Projekt mit einem Schlag aufzulösen.

Kommen wir auf die Erde, so erhalten wir einen Körper. Dieser Körper setzt sich aus vielen Seelenwesen zusammen, denn wir leben in enger Kooperation mit hunderten von Wesen. So besitzen beispielsweise Viren, Bakterien und selbst die Zellen eigene Seelenanteile von Wesen, die aus unterschiedlichen Sphären kommen. Ähnlich einem Wohnhaus, in dem viele Materialen verbaut werden und das anschließend bewohnt wird.

Der Körper wird zwar maßgeblich durch den Willen eines Lichtwesens gesteuert, doch hat er ein eigenes Bewusstsein und somit auch ein eigenes Gedächtnis. Daraus ergeben sich manchmal etwas kurios anmutende Situationen, beispielsweise: Du willst nach links, doch dein Körper geht nach rechts. Wichtig ist hier zu beachten: Du bist nicht dein Körper, dein Körper ist vielmehr ein Gefäß, das du für deine Inkarnation nutzt. Denn ohne Materie ist eine Inkarnation auf der Erde nicht erlaubt.

Die Wesen der Seelensphären tummeln sich auf der Erde in wundervoller Symbiose. Wir Menschen müssen lernen, uns dieser Symbiose anzupassen und nicht alles unserem Rhythmus zu unterwerfen. Lernen wir, uns dem natürlichen Rhythmus hinzugeben, steht einem schnellen Aufstieg in die fünfte Dimension nichts mehr im Weg.

Arbeiten mit den Seelensphären und geistigen Begleitern

Zunächst gilt, dass jeder die Energie jeder Seelensphäre für sich nutzen kann. Alle Wesen aus dem Universum, ob nun Wesen aus den Seelensphären, Avatare oder Seraphim-Engel, sind bereit, mit ihrer spirituellen Energie zu dienen. Zu beachten ist, dass sie nicht irdischer, sondern kosmischer Natur sind. Aus diesem Grund haben sie eine andere Sichtweise als wir Menschen auf der Erde. Zudem sind sie nicht bereit, sich den Wünschen oder Empfindungen eines Menschen anzupassen. Das sollte besonders beim Empfangen von Botschaften unbedingt Beachtung finden. Ist ein Mensch für eine Botschaft offen, kann deren Genauigkeit oft verblüffen. Manche Botschaften ergeben unter Umständen im aktuellen Stadium keinen Sinn, doch wenn die Zeit reif ist, wird die Botschaft verständlich.

Das Universum und auch die geistigen Begleiter sind am Wohlergehen aller Seelen interessiert und sind bestrebt, das für dich Beste zu erschaffen. Sowohl die Avatare als auch die Engel oder die Wesen der Seelensphären lieben es, mit Menschen Kontakt zu pflegen. Schließlich ist das einer der Hauptgründe für unser Projekt. Sie sind Begleiter und keine Diener im irdischen Sinn. An sie kann man nichts abgeben, und sie erfüllen keine Wünsche. Wesen, von denen sie unablässig angerufen werden, damit sie etwas in Ordnung bringen, was diese selbst herausgefordert haben, beobachten sie, greifen jedoch nicht ein. Sphärische Begleiter können durchaus provozierend sein und Hürden aufstellen, damit wir eine Prüfung unseres Bewusstseins absolvieren. Durch diese Herausforderungen wachsen wir auf der Erde über uns selbst hinaus. Sie fördern unseren Mut, die Komfortzone unseres Lebens zu verlassen und uns auf echte Abenteuer einzulassen. Selbsterkenntnis ist der Weg, den sie für uns bereithalten. *Du* bist der Schöpfer deines Lebens, und nicht irgendein Avatar oder Engel. Willst du ein Meister sein, dann wachse und schöpfe selbst und lass nicht schöpfen!

Ist eine Seele jedoch in einer absoluten Notlage, kann Hilfe angefordert werden, und alle feinstofflichen Wesen sind dann sehr gerne zur Stelle. Unabhängig davon, ob ein inkarniertes Wesen die Avatare, die Engel oder die Seelensphären bevorzugt – wenn Unterstützung gebraucht wird, wird sie freudig von allen gewährt. Sie senden auch häufig Energie, Inspiration oder Intuition, die intensiv wahrgenommen werden kann.

HILFREICHE TIPPS

Wer mit der feinstofflichen Welt arbeiten will, benötigt hierzu nichts weiter als die Intention, genau das zu tun. Es werden keine Räucherstäbchen, kein Aura-Spray, kein Tensor, keine Kerze oder sonstige Accessoires benötigt. Was nicht bedeutet, dass nicht all das verwendet werden kann. Diese Produkte unterstützen dich, in eine geeignete Stimmung zu kommen. Für die geistigen Wesen sind solche Dinge vollkommen unwichtig. Sie sind nicht irdisch und benötigen daher auch nichts Irdisches. Worauf sie größten Wert legen, ist deine Absicht. Diese sollte immer dem Wohle des Universums und seiner Schöpfung dienen.

Jede Sphäre hat eine Energie, die dich auf der Erde unterstützt. Nutze sie zum Wohle aller Wesen. Fällt es dir zum Beispiel schwer zu kommunizieren, dann verbinde dich mit der Seelensphäre der Plejaden. Willst du mehr Kontakt zu Tieren, dann verbinde dich mit der Regenbogen-Sphäre. Kontakt zu den Sphären bekommst du zu jeder Zeit und an jedem Ort. Die in diesem Buch enthaltenenen Meditationen unterstützen dich dabei.

Botschaften empfangen: Sprich die Sphäre oder das Wesen direkt an und öffne dich für die jeweilige Energie. Sie sprechen nicht immer die menschliche Sprache, jedoch wird der Sinn einer Botschaft übertragen.

Fragen stellen: Wende dich an die von dir gewünschte Sphäre oder an ein geistiges Wesen. Stelle deine Frage klar und deutlich. Beachte, dass Fragen, die bereits mehrmals gestellt und bereits beantwortet wurden, von ihnen ignoriert werden. Sie beantworten eine Frage nur ein Mal. Fragen, die nur der Befriedigung des Egos dienen, werden gleichfalls ignoriert. Sie sind an deiner Entfaltung interessiert und an nichts anderem.

Energie aus den Sphären aufnehmen: Hierzu kannst du dich einfach bequem hinsetzen oder legen. Sprich den Namen der Seelensphäre aus, und schon fließt die Energie direkt in deinen menschlichen Körper. Das gleiche gilt, solltest du Heilenergie benötigen.

Ansonsten muss auf nichts weiter geachtet werden als auf die liebevolle Absicht, mit ihnen zu arbeiten.

Einstieg in die SEELENSPHÄREN

Die nachfolgenden Darstellungen der einzelnen Seelensphären muten eventuell sehr menschlich an. Meine Möglichkeiten zur Veranschaulichung dieser unbeschreiblichen Energiefelder sind auf der Erde leider durch die Sprache begrenzt.

Der wichtigste Punkt ist, dass die Sphären an sich keine Materie besitzen. Sie sind reine Schwingung, wenn auch in der unteren Dimension sehr verlangsamt.

Zu beachten ist außerdem Folgendes: In den Sphären sind keine menschlichen Gefühle vorhanden. Das bedeutet jedoch nicht, dass keine Emotionen gelebt werden. Es gibt nur keine negativen Emotionen wie Hass oder Angst, sondern ausnahmslos positive und konstruktive Gedanken beziehungsweise Schwingungen.

Jede Wesenheit bildet einen Teil ihrer Seelensphäre. Wir kommen nicht aus einer Sphäre, wir *sind* die Sphäre.

Alle Seelen sind jederzeit mit ihrer Sphäre verbunden. Unabhängig davon, was auf der Erde erlebt und erfahren wird, wirkt die Verbindung zur eigenen Seelensphäre intensiv, was den meisten Menschen nicht bewusst ist. Ereignisse oder Geschehnisse in den Seelensphären nehmen direkten Einfluss auf unsere irdische Gemütslage. Wir sind immer mit unserer Seelenheimat verbunden und erhalten hieraus unsere Energie und Weisheit.

Die Lebensweise in den höheren Dimensionen der jeweiligen Sphären ist komplett anders und dennoch gleich.

Prinzipiell besteht der Bewusstwerdungsprozess darin, die eigene Göttlichkeit zu erkennen.

Die Beschreibung der jeweiligen Lichtwesen (jener Wesen, die als Mensch inkarnieren) bezieht sich auf ihr Dasein in ihrer Sphäre sowie im Universum, jedoch nicht auf ihre Lebensweise auf der Erde. Was auf der Erde gegebenenfalls als negative Eigenschaft eingestuft wird, kann in der Sphäre als wundervolle Fähigkeit angesehen werden. Charaktereigenschaften sind Bestandteile einer Seele und werden immer mitgenommen, wohin ein Wesen auch geht. Keine Seele kann ihren Ursprung verleugnen. Wir sind die, als die wir erschaffen wurden, und es gilt, die eigenen Charaktereigenschaften zum Wohle der Schöpfung zu entfalten und einzusetzen. Hierdurch wird jede Seele *einzigartig.*

Wie sich ein Charakterzug in einem Projekt oder einer Inkarnation in einer anderen Seelensphäre entwickelt und auswirkt, ist von vielen Faktoren abhängig. Ziel innerhalb und außerhalb der Seelensphäre sollte sein, seine Stärken zu entwickeln und die eigenen Handlungen und Fähigkeiten zum Nutzen aller einzusetzen.

In den Seelensphären gibt es keinen Sterbeprozess wie auf der Erde. Die Seelen wissen, dass sie in eine andere Ebene voranschreiten. Einen »Sterbeprozess« im Sinne eines Wandlungsprozesses erfahren die Wesen dennoch, allerdings ist es ein froher und tief bewegender Weg. Würden wir auf der Erde verstehen, dass wir schlicht die Ebene wechseln, würden wir uns viel Schmerz ersparen.

Manch spirituell erwachter Mensch auf der Erde unterliegt der Illusion, dass der Weg einfacher wird, je bewusster wir werden. Bedauerlicherweise ist das Gegenteil der Fall. Die feinen Unterschiede der verschiedenen Schwingungen sind oft nicht zu differenzieren und damit nicht immer offensichtlich.

Daher ist es wichtig, sich seiner eigenen Energie vollkommen bewusst zu sein. Hierdurch können Schwingungen, die nicht der eigenen entsprechen, sofort erkannt werden. Jede Sekunde unseres Seins müssen wir achtsam sein oder, anders ausgedrückt, uns unserer selbst vollkommen bewusst sein.

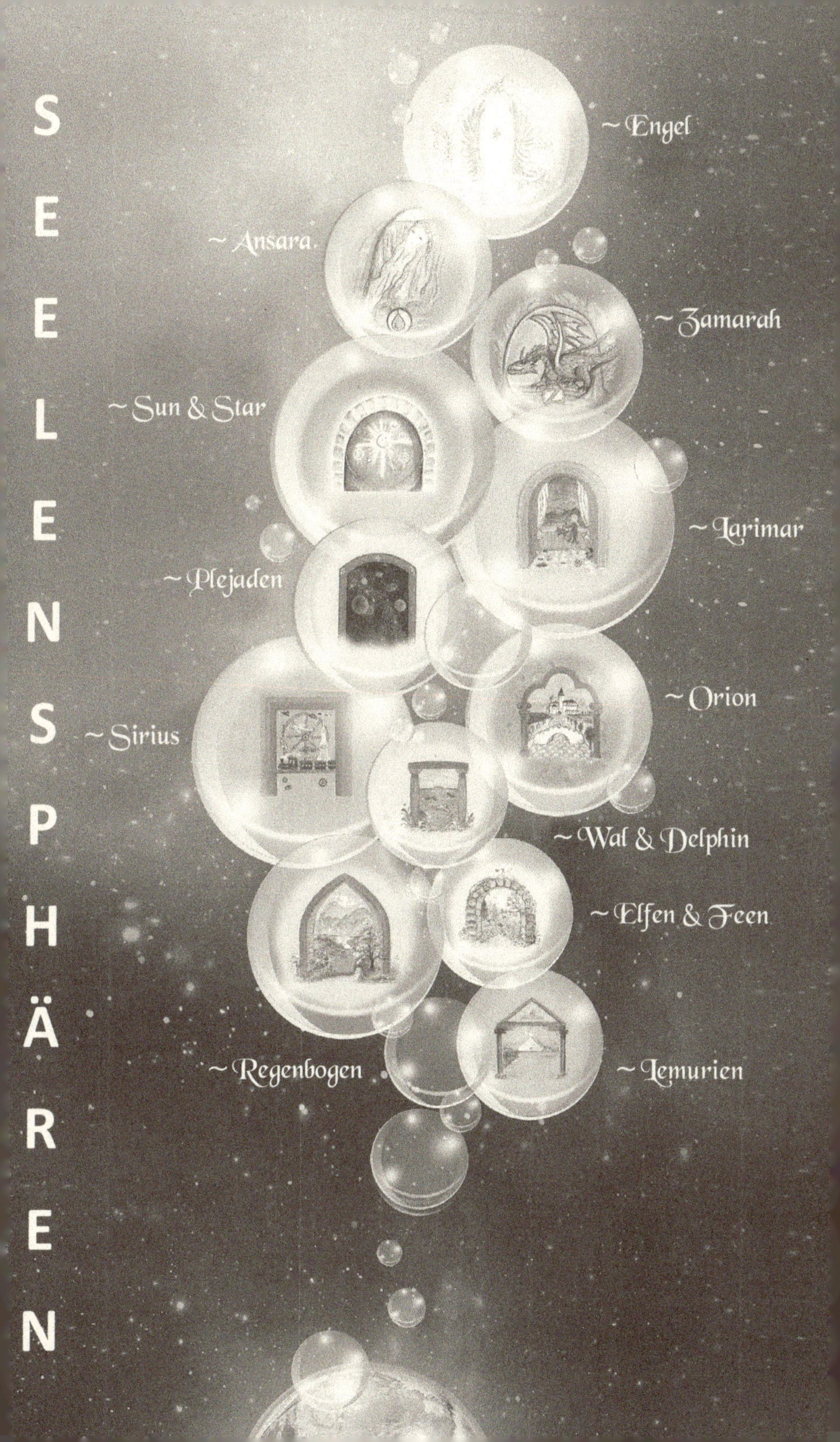
SEELENSPHÄREN
~ Engel
~ Ansara
~ Zamarah
~ Sun & Star
~ Larimar
~ Plejaden
~ Orion
~ Sirius
~ Wal & Delphin
~ Elfen & Feen
~ Regenbogen
~ Lemurien

Seelensphäre

LEMURIEN

Begleitender Engel
Seraphim Raphael

Vorsteher	Avatar Zeus
Bekannter Avatar	Avatar Lord Saint Germain
Erste Manifestation	vor 6 bis 4,5 Milliarden Jahren
Orte der Manifestation	Tibet, Hawaii
Unterste Dimension	6. Dimension, 1. Ebene
Aufstiegsprozess	aktuell im Prozess, zuletzt vor 102.000 Jahren
Lichtwesen	Lemurer
Andere Seelengruppen	Kristalle und Gesteine

Lemurien – ein wohlklingender Name für ein Energiefeld, das voller Kraft und Macht ist. Hier lebt die geballte Stärke der allumfassenden Heilung. In der Lemurien-Sphäre wird der Fokus besonders auf den Heilungsprozess in allen Bereichen, Dimensionen und Ebenen gelegt. Im Universum ist Lemurien die Sphäre mit dem größten kosmischen Heilwissen und der absoluten Heilkompetenz. Zudem ist die wundervolle Kristall- und Steinkraft in diesem Energiefeld beheimatet. Heilkristalle aus Lemurien bieten wundervolle Möglichkeiten, unser Sein in Einklang zu bringen, ohne dabei Schmerzen auszulösen.

Die Energieform von Lemurien wirkt unterstützend bei jedem Heilungsverlauf, sowohl auf der Erde wie auch im Universum. Die Sphäre erzeugt ausgleichende Besonnenheit und Mitgefühl in allen Bereichen. Sie unterstützt die Hingabe an die Gemeinschaft und offenbart dir das Wissen um deinen Platz in der Gesellschaft. Die Sphäre verleiht göttliches Vertrauen, fördert die Gesundheit und erschafft Kristall-Heilklänge. Zudem ist sie eines der größten Energiefelder in unserem Universum, und lemurische Wesen sind in fast allen kosmischen Projekten anwesend und mitwirkend. Neben der Energie des Heilens beherrschen sie die Diplomatie in Vollendung und werden daher gerne auf universale Reisen geschickt. Zahlreiche auf der Erde bekannte Avatare kommen aus dieser Sphäre, beispielsweise Saint Germain, Rowena, Isis, Zeus und noch viele mehr.

Lemurer lieben es, in andere Seelensphären einzutauchen, und eignen sich dabei schnell die Fähigkeiten der unterschiedlichen Seelensphären an. Das gilt für alle Seelen aus Lemurien, gleich ob Stein-, Kristall- oder Lichtwesen. Im Universum übernehmen sie jegliche Aufgaben. Im Besonderen betreuen sie Energiefelder, in denen Heilung außerhalb der Seelensphäre stattfindet. Sie sind in vielen kosmischen Räten anwesend.

Die lemurische Energie wirkt harmonisierend bei folgenden Themen: Alle geistigen und körperlichen Krankheitsbilder, Flatterhaftigkeit, Drang zum Lügen, sich auf der Erde verloren fühlen, Pessimismus, Süchte, Geldsucht, Panikattacken, Zerstörungswut, Rechthaberei, Geltungsbedürfnis.

Begleitender Seraphim
Raphael

Name	»Gott heilt«
Zwillingsflamme	Uriel
Seelenpartner	Venus
Farbe	Helles Grün/Silber
Aufgaben	Göttliche Heilung, Humor, Lehren

ENERGIE UND CHARAKTER

Seraphim Raphael ist der Mediziner unter den Engeln. Sein trockener Humor, seine Offenherzigkeit und Begeisterungsfähigkeit sind ansteckend. Raphael gibt niemals auf, er ist großzügig und tolerant, zielstrebig und fokussiert. Er ist der große Heiler unter den Seraphim, er lässt geschehen, was geschehen soll.

Seraphim Raphael begleitet Lemurien mit seiner allumfassenden Liebe und seiner kosmischen Heilweisheit von Beginn an. Er fühlt sich magisch zu allen lemurischen Seelen hingezogen, entsprechen sie doch seiner Energie der Heilung.

Mit seinem humorvollen Charakter erleichtert Raphael manch schwerwiegenden Heilungsverlauf auf der Erde, in der Seelensphäre und natürlich auch im Universum.

Raphael unterstützt die Seelensphäre vor allem mit seiner göttlichen Heilweisheit. Hierbei konzentriert er sich nicht ausschließlich auf höher entwickelte Seelen, vielmehr erhalten alle Wesen in Lemurien gleichermaßen seine Aufmerksamkeit. Das gilt für Lichtwesen ebenso wie für Kristalle oder Steinwesen.

Auf der Erde unterstützt Raphael die Menschen bei der Umwandlung von

- Krankheit in Heilung,
- Trübsal in Lachen,
- Flatterhaftigkeit in Stabilität,
- Aufgeben in Kraft zum Weitergehen,
- Zerstreutheit in Fokus,
- Teilnahmslosigkeit in Interesse.

Vorsteher
Avatar Zeus

Name	»Lichtvoller Tag«
Farbe	Helles Lindgrün
Zwilling	Avatar Poseidon
Seelenpartner	Avatar Ishtar
Aufgaben	Entwicklung der eigenen Heilkräfte, Aufsicht über den Bewusstwerdungsprozess in Lemurien, Entwicklung der Führungsqualitäten, Fokussierung

ENERGIE UND CHARAKTER

Avatar Zeus sprüht geradezu vor Selbstbewusstsein. Er ist selbstsicher und machtvoll in allen Bereichen. Seine Ausstrahlung entspricht einem energiegeladenen Casanova, der einen hitzigen Charakter besitzt und dennoch einen überaus sinnlichen Charme versprüht.

Er ist zuständig dafür, Aufgaben und Aufträge an alle Seelen in Lemurien zu erteilen. Hält Zeus eine Ansprache oder gibt er zu verstehen, dass ein Auftrag erfüllt werden muss, duldet er keinen Widerspruch. Er ist direkt und schnörkellos und gibt klare und unmissverständliche Anweisungen. Seine Handlungen sind immer rasch und zielgerichtet.

Als Vorsteher lenkt er die Sphäre souverän und mit viel Disziplin. Seine Handlungen sind streng und folgen einer logischen Ordnung. Zeus lebt seinen Auftrag in Lemurien mit großer Hingabe und erfüllt seine Führungsrolle mit vollkommener Gelassenheit. Er beobachtet alle Dimensionen mit liebevoller und gleichzeitig strenger Entschlossenheit. Mit aktivem Engagement lehrt er unablässig die lemurische Heilkunst, und zwar nicht nur in der lemurischen Sphäre, sondern im ganzen Kosmos. Als oberster Heiler von Lemurien zeigt er jeder Seele, dass ihre eigene Heilkraft in ihr selbst ruht. Ob Lemurer oder nicht, jedes Wesen besitzt Selbstheilungskräfte. Seine kraftvolle Energie erzeugt eine Aura der inneren Heilkraft, die jeder, der mit ihm in Berührung kommt, in sich selbst entfalten kann.

Avatar Zeus ist maßgeblich an der Gestaltung und Entwicklung aller Formen auf der Erde beteiligt. Er gilt als Initiator des Projekt Erdes und war bis zum Ende der Atlantis-Epoche auf der Erde sehr aktiv. In Atlantis kam ihm eine führende Rolle zu. Danach war das Andenken an ihn auf der Erde allgegenwärtig, was dazu führte, dass er als Gott verehrt wurde.

In heutiger Zeit konzentriert sich Avatar Zeus auf die Entwicklung der lemurischen Seelensphäre und hat nur noch wenig direkten Einfluss auf die Erde.

Allgemeines

Alle Wesen dieser Sphäre werden als »Lemurer« bezeichnet, Lichtwesen ebenso wie Kristalle und Gesteine. Doch der Einfachheit halber nenne ich hier nur die Lichtwesen »Lemurer« und alle anderen Wesen bei ihrem irdischen Namen.

Die unterste Bewusstseinsstufe von Lemurien berührt die sechste Dimension. Somit sind Lemurer in ihrer Seelensphäre wesentlich bewusster als auf der Erde.

Lemurien zu beschreiben ist eine kleine Herausforderung. Das Energiefeld repräsentiert die unterschiedlichsten Heilschwingungen, die für jede Seele im Universum das vollkommene Heilmittel darstellen. So vielfältig die Disharmonien sein können, so variabel sind auch die Heilmöglichkeiten. Jede lemurische Seele repräsentiert eine Heilungsart Gottes oder der Quelle.

Diese Sphäre ist unbeschreiblich machtvoll, und jede Seele ist sich ihrer Verantwortung für sich selbst und für den Kosmos bewusst. Alle Wesen in Lemurien sind starke Persönlichkeiten und können ohne Schwierigkeiten eine Führungsrolle übernehmen. Das Mitgefühl für andere Seelen und ihre Situation hält sich bei ihnen in Grenzen, was sie jedoch durch ihre liebevolle Hingabe an alle ausgleichen. Ihren Blick halten sie stets nach vorne und auf das Ziel gerichtet, ganz gleich, ob es sich um Lichtwesen, Steinwesen oder Kristallwesen handelt. Sie interessieren sich ausschließlich für die Lösung und nicht für das Problem.

Alle Wesen aus Lemurien arbeiten im Universum, jedoch inkarnieren nicht alle auf die Erde. Einige Wesensgruppen aus Lemurien arbeiten in anderen Projekten mit und stehen diesen vollkommen und ausschließlich zur Verfügung.

In dieser Seelensphäre gibt es noch erheblich mehr unterschiedliche Energien als die drei erwähnten Wesenheiten, allerdings beschränke ich mich hier auf diejenigen Wesen, die tatsächlich auf die Erde inkarnieren.

Lemurien ist für seine kosmische Heilfähigkeit im Universum bekannt. In keiner anderen Sphäre pulsiert die Energie der Heilung derart intensiv in den zugehörigen Seelen. Die Heilschwingungen werden nicht nur von den lemurischen Lichtwesen erzeugt, sondern genauso von den Kristall- und Steinwesen. Die Heilfrequenzen der unterschiedlichen Wesen sind so stark, dass sie über die Seelensphäre hinaus im Universum wahrgenommen werden können. Durch die Vereinigung der verschiedenen Seelen in Lemurien wird ein Energiefeld geschaffen, das alle Wesen in allen Ebenen und Dimensionen der Lemurien-Sphäre bei der eigenen Entwicklung unterstützt.

In den nächsten Jahrtausenden wird die lemurische Sphäre mit ihrem Aufstiegsprozess intensiver beschäftigt sein, weshalb alle lemurischen Wesen in einer tiefen Umbruchphase sind. Die Auswirkungen davon werden durchaus auf der Erde sicht- und spürbar werden. In der Folge werden sich neue Verfahren und Heilmittel in der Medizin entwickeln, und die Heilkräfte jedes Einzelnen werden sich verstärkt zeigen.

Einige Lemurer haben den Aufstieg in die zwölfte Ebene der zwölften Dimension bereits vollendet oder behielten ihr Bewusstsein nach dem Urknall bei. Das bedeutet, dass in Lemurien Avatar-Wesen ihre Seelensphäre beim Aufstieg in die zwölfte Dimension tatkräftig unterstützen.

Heilung in Lemurien

Die Heilenergie für unser gesamtes Universum stammt nicht ausschließlich aus Lemurien. Alle Seelensphären tragen eine Form der Heilkraft in sich. Doch Lemurien *ist* Heilung!

In Lemurien erzeugen die Seelen imposante Kristall- und Steinklänge, eine Art Musik, die der Heilung sowohl auf der Erde als auch im Universum dient. Das gesamte Universum nutzt die Heilfrequenz der Lemurer, ob nun in einer Seelensphäre, in einem Projekt außerhalb der Seelensphären oder im freien Universum. Diese Heilenergie wird vor allem von Projekten genutzt, in denen es Materie gibt. Doch auch in den höheren Dimensionen, in denen keine Materie mehr existiert, wird diese Heilschwingung zur Bewusstwerdung angewandt. Ab der zehnten Dimension gibt es keine feste Materie mehr, hier besteht die Energie nur noch als Licht. Sobald Disharmonie entsteht, kann lemurische Energie eine kraftvolle Unterstützung in allen Bereichen bieten. Einzig in der zwölften Dimension wird die Energie nicht mehr als Heilenergie wahrgenommen, da die Wesen bereits ihre vollkommene Bewusstheit erreicht haben.

Taucht eine Seele zu Heilungszwecken in die Lemurien-Sphäre ein, erhält sie ihren eigenen Heiltempel. Formen spielen im Universum eine große Rolle. Auch wenn sie feinstofflich sind, ist die Anordnung der Energie von immenser Wirkung auf unsere Seele. Manche bevorzugen die Form einer Pyramide, andere stellen sich ein Schloss, einen Wald oder eine Höhle vor. Jedoch muss das Heilenergiefeld nicht unbedingt eine Form besitzen. Pure Energie ist ebenfalls möglich.

Die lemurischen Heilkristalle und Steine können jedwede gewünschte Form annehmen, da sie nicht wie auf der Erde starr sind. Die Wesen fließen zusammen, türmen sich wie Gebirgszüge übereinander und zerfallen wieder, um sich wiederum erneut zu vereinen. Dieses Schauspiel sieht aus menschlicher Sicht bizarr und magisch aus. Es entstehen Gebilde, die für menschliche Augen unbeschreiblich und sehr mystisch anmuten. Die Schönheit des Prozesses und die daraus entstehenden Formen lassen in jeder Seele ein Gefühl der Glückseligkeit aufkommen.

Für die Heilung eines Lichtwesens aus einer anderen Sphäre erschaffen Kristalle und Steine augenblicklich die Form, die der Seele dient. Ist die Heilung vollendet, formieren sich die Heilkristalle neu und stellen sich auf die nächste Heilung ein. Stein- und Kristallwesen bilden immer wieder neue Verbände. Ganz egal, wie die unterschiedlichen Heilgebäude aussehen, eines ist immer gleich: In der Mitte eines Heiltempels steht das persönliche Heilkristallbett, das aus Milliarden unterschiedlicher Kristall- und Steinwesen besteht, eine Ansammlung hochkonzentrierter Heilenergie.

Zudem erhält jedes Lichtwesen sein eigenes lemurisches Heiler-Team mit vier Haupt-Heilpriester/innen, wobei das gesamte Heiler-Team zumeist aus fünfzehn Lichtwesen besteht. Je nach Anforderung kann die Zahl der Heilpriester und Kristall- und Gesteinswesen unter Umständen stark variieren.

Wie lange ein Heilungsprozess dauert, ist nicht im Vorhinein festzulegen. Ausschlaggebend ist das Ausmaß der Disharmonie und die eigene Bereitschaft, Heilung zuzulassen, sich für sich selbst zu öffnen und die Wahrheit zu finden. Wurde ein Wesen durch Angriffe Luzifers Gegenseite massiv geschwächt, ist der Heilungsprozess wesentlich aufwendiger.

Nicht alle Heilprozesse finden innerhalb der lemurischen Seelensphäre statt. Es gibt auch nahe unserer Erde ein gigantisches Energiefeld der lemurischen Heilschwingung. Alle irdischen Verletzungen oder Erkrankungen müssen in diesem Energiefeld in Harmonie gebracht werden, denn keine Seele kann mit einem irdischen

Bewusstsein in eine der Seelensphären eintauchen. Ist eine Heilung abgeschlossen, bringen die kosmischen Eltern oder die geistigen Begleiter die Seele in ihre Seelensphäre zurück. Ist sie wohlbehalten in der Seelensphäre angekommen, verschmelzen die Seelenanteile zur Gänze wieder mit der »Urseele«. Genutzt wird das Energiefeld zudem bei Unfällen, die von Luzifer verursacht wurden.

Doch immer gilt: Ganz gleich, wie viele Heilpriester/innen und Heilsteine/Kristalle dir zur Verfügung stehen, ganz gleich, wie wunderschön die Heilklänge sind: Keine Heilung kann ohne deine innere Bereitschaft stattfinden!

Lemurer

Lemurer sind göttliche Heiler. Jegliche Heiltätigkeit fällt ihnen leicht, und sie müssen nicht lernen, ihre Heilfähigkeiten zu nutzen – sie wissen es einfach. Auf der Erde erinnern sie sich ihrer Heilfähigkeiten wesentlich intensiver als Wesen aus anderen Seelensphären und entwickeln schnell ihre eigenen Heiltechniken. Als Menschen sind viele Lemurer von ihren Heiltechniken und ihrem Wissen so überzeugt, dass sie für andere Meinungen keinen Raum lassen. Widersprich ihnen dann nicht. Manchmal kommen sie von selbst darauf, dass andere Methoden gleichwertig sind.

Häufige Charaktereigenschaften der lemurischen Lichtwesen:

~ Sie sind sich ihrer Heilaufgabe bewusst.
~ Sie sind »stolz« und erhaben.
~ Sie bilden sich eine Meinung und sind dann sehr schwer vom Gegenteil zu überzeugen.
~ Sie lieben die Gemeinschaft.
~ Sie sind extrem experimentierfreudig.
~ Sie lamentieren nicht lange, sondern handeln unverzüglich.
~ Sie können Sachverhalte gut erklären.
~ Sie eignen sich hervorragend für den Lehrberuf.

- Sie betreuen voller Hingabe die ihnen zugewiesene(n) Aufgabe(n).
- Sie sind sehr gewissenhaft.
- Sie können sehr begeisterungsfähig sein.
- Sie verstehen überhaupt keinen Spaß, wenn es um die Betreuung der Wesenheiten in Lemurien geht.
- Sie können sehr streng sein.
- Sie inkarnieren gerne und oft in andere Sphären.
- Sie sind unternehmungslustig
- Sie sind wissbegierig, lernfreudig und haben eine schnelle Auffassungsgabe.
- Sie sind verantwortungsbewusst und diszipliniert.

Lemurer leben immer in einer Gemeinschaft aus unterschiedlich bewussten Seelen. Die »Wohngemeinschaft« umfasst dreißig bis vierzig Lichtwesen, inkarnierte Lichtwesen aus anderen Seelensphären nicht mit eingerechnet. Sie gestalten ihr Dasein in einer Gemeinschaft und halten sich an vorgegebene Richtlinien. Ein Ausbrechen aus der Gemeinschaft kommt selten bis gar nicht vor. Sie sind aufrichtig und friedliebend. In der Sphäre finden keine Konfrontationen statt. Alles geht ruhig und geradlinig vonstatten.

In den Seelensphären ist die Energie in den unteren Dimensionen ebenfalls feinstofflich. Das bedeutet, dass es keine Materie wie auf der Erde gibt. Jedoch können die Wesen ihre Energie verdichten, ähnlich einem Laserstrahl auf der Erde. Hierdurch entstehen Formen und Gebilde, die mit denen auf der Erde vergleichbar sind. Schlaf, wie wir ihn auf der Erde kennen, gibt es nicht. »Erholung« und das Tanken von Energie findet gänzlich in Meditation statt. Ist eine Meditation nicht möglich, stehen den Lemurern spezielle Kristalltränke zur Verfügung. In Lemurien gibt es keine Nahrung, die unserer gleicht, alles ist eher eine Art flüssige Essenz, und es entstehen keine Köperausscheidungen.

Lemurer achten auf ihre Umgebung in einer beeindruckenden Weise. Es wird alles vermieden, was ihrer Dimension und den darin lebenden Wesenheiten Schaden zufügen könnte. Alle Lemurer sind ausnahmslos fürsorgliche und soziale Wesenheiten. Sie »tanzen« gerne und ausgiebig. Hierfür gibt es spezielle Tempelanlagen, die gigantische Ausmaße haben können.

Lemurer leben in familienähnlichen Wohngemeinschaften, die jeweils von einem Heilpriester und einer Heilpriesterin begleitet werden, und alle Belange werden mit ihnen besprochen. Sofern gewünscht, kann ein Wechsel der Gemeinschaft vollzogen werden, allerdings geschieht ein Wechsel sehr selten.

Ist ein Lemurer zum Gemeinschaftsvorsteher ernannt, wird er darauf vorbereitet, in die nächste Ebene aufzusteigen. In Lemurien herrscht ein strenges Aufstiegsprotokoll, das jeder Lemurer genau befolgen muss. In allen Dimensionen von Lemurien ist klar erkenntlich, wer an welchem Platz seine Aufgabe hat.

Alle Lemurer erfüllen ihre Aufgaben hingebungsvoll und sind bemüht, zielstrebig ihren Aufstiegsprozess zu durchschreiten. Ist ein lemurischer Gruppenvorsteher bereit, in die nächste Ebene oder Dimension aufzusteigen, erwählt er aus der eigenen Gemeinschaftsgruppe seinen Nachfolger. Nachdem der Nachfolger in seine Aufgaben eingeweiht wurde, kann in einem wundervollen Ritual der Aufstiegsprozess des vorherigen Vorstehers stattfinden.

Die lemurische Ausdrucksform ist unserer menschlichen sehr ähnlich, oder besser gesagt, unsere menschlichen Körperformen wurden nach ihren kreiert. Bis in die zehnte Dimension tragen Lemurer eine Art Kleidung; je tiefer die Dimension, desto dichter die Kleidung. Sie besteht aus wallenden Energie-Gewändern und ist mit menschlicher Kleidung nicht zu vergleichen. Ihre Gewänder sind üppig gestaltet und haben wundervolle, prächtige Farben.

Jedem Wesen im Universum, außer denen der Luzifer-Sphäre, ist es erlaubt, in jede Sphäre zu inkarnieren. Eine Schwangerschaft, wie wir sie auf der Erde kennen, gibt es dabei in der Regel nicht. Das Inkarnationsverfahren gestaltet sich in jeder Sphäre anders. In Lemurien werden inkarnierte Wesen aus anderen Seelensphären liebevoll in ihren Lernerfahrungen begleitet.

Hierfür stehen jedem Wesen unterschiedliche Lemurer als Begleiter zur Verfügung. Die vorherrschende strenge Ordnung ist jedoch für Wesen aus der Feen & Elfen-Sphäre schwer zu ertragen. Es ist äußerst amüsant, wenn ein Lemurer auf eine Elfe trifft. Sie sind die einzigen Wesen, die einen Lemurer blitzartig aus seinem Rhythmus und seiner Fassung bringen können.

Lernschritte werden in Lemurien in einer Art »Schule« vollzogen. Einen geregelten Ablauf in den Lehrorten gibt es jedoch nicht. Lemurer und inkarnierte Wesen treffen sich regelmäßig und beraten sich mit ihren Lehrern und Begleitern. Oftmals werden die Themen in Gruppen diskutiert und anschließend in praktischen Erfahrungen erlernt. Es wird nicht ausschließlich über die allgemeine Schöpfung doziert, vielmehr gibt es einiges über Kristalle und Steine zu erfahren. Und selbstverständlich wird in den Hallen der Heilung auch das Heilwissen weitergereicht.

Lernen und Lehren besitzen in Lemurien absolute Priorität. Keine andere Sphäre hat dergestalt Freude am Lernen und Lehren. Sie geben sich dem Erfassen aller Dinge intensiv hin und gestalten daraus ihre Lernschritte. Ist eine Lernerfahrung erfolgt, wird der nächste Lernschritt erarbeitet und anschließend vollzogen. Die Art des Lernens unterscheidet sich in Lemurien dahingehend, dass ein Lehrer seinem Schüler niemals seine Lernschritte vorschreibt oder ihn daran hindert, eine Lernerfahrung zu machen.

Selbst wenn für einen Lehrer ersichtlich ist, dass der Weg des Schülers keinen Sinn ergibt, wird er ihn dennoch diesen Weg gehen lassen. Jedes Wesen hat das Recht auf »Fehler«. Die Beziehung zwischen Schüler und Lehrer basiert weniger auf »Belehrung« als vielmehr auf geschützter Selbsterfahrung.

Wurde eine Erleuchtung durchlebt, zieht der Lemurer in die höhere Bewusstseinssphäre ein. Das gilt im überall im Universum. Ab der zehnten Dimension gibt es keine »Schule« mehr. Jedes Wesen besitzt ab diesem Stadium die Fähigkeit, selbstständig seine Schritte zu absolvieren. Kosmische Eltern dürfen nicht aktiv in den Bewusstwerdungsprozess eingreifen und sind eher als Stützen zu betrachten Die Gefahr, dass sich eine Seele verirrt, wird dadurch eingedämmt. Begleitung durch die kosmischen Eltern findet bis in die zwölfte Dimension statt.

Die Beziehung zwischen Schüler und Lehrer besteht so lange, bis ein Wesen fähig ist, in die nächste Ebene aufzusteigen. Auf der Erde würden wir sagen: »ein Leben lang«. Für inkarnierte Wesen gilt: Die Beziehung zwischen »Lehrer« und Schüler besteht über die Sphäre hinaus. Kehrt ein Wesen in seine eigene Seelensphäre zurück, behält es dennoch eine Verbindung zu seinem Begleiter in Lemurien. Eine Inkarnation in Lemurien kann nach irdischen Maßstäben bis zu fünfzehntausend Jahre dauern.

Kristalle und Gesteine

In den Seelensphären gibt es Millionen verschiedene Wesenheiten. Nur wenige davon inkarnieren auf die Erde. Kristall- und Steinwesen entschlossen sich von Anfang an, am Projekt Erde aktiv mitzuarbeiten und auf die Erde zu inkarnieren.

Kristalle und Steine sind bedeutsame Wesenheiten in Lemurien. Ihnen wird ein Großteil des Heilwissens zugeschrieben. Steinwesen sind neben den Lichtwesen die größte Seelengruppe im Universum.

Meine Beschreibung hier gilt sowohl für Kristalle als auch für Steine. Der Unterschied zwischen ihnen besteht darin, dass Kristalle flinkere Wesenheiten sind. Gestein ist von seiner Art eher gemütlich und behäbig. Steinwesen sind dennoch die wesentlich leidenschaftlicheren Wesen, denn sie sind außerordentlich emotional. Steinseelen sind gute Beobachter und warten, bis der Zeitpunkt gekommen ist, ihrer Meinung Ausdruck zu verleihen. Haben sie etwas zu sagen, genügt ein Wort oder ein Energiestrahl.

Die Ausdrucksweise der *Steinwesen* ist beeindruckend. Sie sind außerordentlich fokussiert und gehen mit ihrer Energie sparsam um. Verschwendung ist hier nicht anzutreffen. Sie sind stille Seelen, die im richtigen Augenblick zur Handlung übergehen. Dabei sind sie von erhabener Schlichtheit, an ihnen ist kein Pomp und nichts Aufdringliches. Steine sind im Normalfall friedliche Wesen, die jeglicher Disharmonie mit ihrer Liebe entgegenwirken. Selten erlebt man sie in Wallung. Sollte das dennoch einmal geschehen, ist die entfesselte Urkraft unbeschreiblich.

Im Gegensatz hierzu stehen die *Kristalle*. Sie leuchten und kommunizieren in spektakulär intensiven Farben, die wir uns nicht einmal ansatzweise vorstellen können. Die Farbkraft gibt Lemurien eine Leuchtintensität, die im Universum einmalig ist. Die Farben entfalten in Lemurien eine grandiose Heilschwingung. Die Farbheilschwingung erstrahlt über das Energiefeld von Lemurien hinaus und wirkt bis in den Kosmos hinein. Kristalle sind wesentlich agiler als Steinwesen und lieben es, in ständiger Kommunikation zu stehen. Sie sind regelrecht »geschwätzig«. Sie sind im Gegensatz zu Steinwesen richtig flink und lieben es, überall mitzumischen. Sie genießen es, eine tragende Rolle im Geschehen zu spielen. Wie lemurische Lichtwesen lieben sie es, zu spielen. Sind Steinwesen tiefgründig, so sind Kristallseelen leicht und unbeschwert.

Kristalle und Steine berühren das Universum mit ihrer Hingabe. Sie lassen ihre einzigartige Heilschwingung in vollkommener Liebe erblühen. Gemessen an der heilenden Wirkung in Lemurien, entfalten Kristalle und Steine auf der Erde ihre »irdische« Heilschwingung vielleicht gerade einmal zu 0,5 Prozent. Du kannst ihre Heilschwingung durch liebevolles Berühren wesentlich erhöhen.

In Lemurien werden die grandiosen, kristallinen Schwingungen individuell für jedes Wesen zusammengestellt. Sie durchfluten sanft und in Stille eine Essenz und beheben fast zärtlich alle Disharmonien. Höher schwingende Kristallwesen erzeugen Heilgesänge von solcher Schönheit, dass bereits ein Ton in einem Wesen Heilung bewirkt. Die Heilgesänge der Kristalle und Steine durchdringen jegliches Sein in allen Sphären und Dimensionen.

Je bewusster ein Kristall oder Stein ist, desto reiner und klarer ist sein kristalliner Heilgesang. Der göttliche Bewusstwerdungsprozess der Kristalle und Steine verläuft über das Erlernen der vollkommenen Heilgesänge. Je reiner ein Kristall auf der Erde ist, desto reiner ist sein Bewusstsein und desto höher die Dimension, aus der er inkarniert ist.

Auf der Erde suchen Kristalle sich bewusst Menschen aus, um bei ihnen zu lernen oder sie zu lehren. Du solltest ihnen dieses Geschenk nicht nehmen. Falls du mit Kristallen arbeitest, würde ich dir empfehlen, das mit relativ reinen Kristallen zu tun. Du kannst natürlich immer einen nicht ganz so reinen Kristall dazulegen. Dadurch wird dieser Kristall lernen und sein Bewusstsein anheben.

Kristalle sind liebevolle Wesenheiten, die in hingebungsvollen Verbänden zusammenleben. Sie erzeugen im Zusammenschluss ein bezauberndes Liebespotential.

Seitdem der erste Stein und der erste Kristall in der zwölften Dimension existieren, verläuft der Bewusstwerdungsprozess wesentlich zügiger. Ihre Liebe und Weisheit erleichtern *allen* Wesenheiten im Universum ihren Aufstiegsprozess.

In Lemurien hat jeder Kristall und jeder Stein seinen eigenen Namen, genauso wie jedes Lichtwesen. Der Name beschreibt die Seele und ihre Aufgabe. Die Kristalle werden in gigantischen Höhlen gehütet und umsorgt. Gleichfalls gibt es gigantische freie Kristallfelder, die sich durch die gesamte lemurische Sphäre erstrecken.

Kristalle bewegen sich nur, wenn es sein muss, sie bleiben lieber an Ort und Stelle. Steine dagegen türmen sich, wie auf der Erde, zu kolossalen Gebirgszügen auf, die sich stetig verändern, da sie sehr unternehmungslustig sind und in der Sphäre herumspazieren. Trotz ihrer emotionalen Seite sind Steine ruhige und bedächtige Wesen, wohingegen Kristalle wesentlich dynamischer und aufbrausender sind.

Steine und Kristalle besitzen einen eindeutigen Lehrauftrag, denn ihr Wissen um die Heilkunst ist herausragend. Viele Lichtwesen studieren bei ihnen und wenden ihr Wissen anschließend in den eigenen Seelensphären an. Steine lehren dich ihre Weisheit, indem sie dich begleiten, Kristalle hingegen lehren, indem sie dir klare Aufträge übermitteln.

Nach einer Inkarnation in anderen Sphären durchlaufen Steine und Kristalle gleichermaßen einen Harmonisierungsprozess. Kristalle nehmen, mehr noch als Steine, jegliche negative Schwingung in sich auf. Auf der Erde sind Erdbeben, Vulkane, Bergsprengungen und Steinverarbeitung zum Bau von Häusern, Straßen und dergleichen eine immense Belastung für Steine. Steine und Kristalle sind es gewohnt, sich selbstständig zu formieren, und die rücksichtslose Art und Weise der Menschen schädigt sie und lässt sie auf der Erde in eine Art Koma fallen. Verwendest du auf der Erde Steine oder Kristalle als Heilsteine oder für einen Hausbau, dann bitte sie zuerst, dir zu dienen. Du wirst bemerken, dass dann alles sehr viel leichter und erfolgreicher verlaufen wird.

Während einer Erleuchtung wird der Stein oder Kristall immer lichter und strahlender, bis er in einem Farbspektakel in die nächste Ebene aufsteigt. Dieser Prozess ist auch deswegen so spektakulär, weil Kristall- und Steinwesen in Gruppen aufsteigen.

In Lemurien formieren sich die Heilkristall-Stein-Tempel nach den Wünschen der zu heilenden Seele, daher unterscheiden sich Form und Größe immens. Bilden Steine und Kristalle »Wohngebäude« für lemurische Lichtwesen, so lassen sie durchaus ihre eigene Fantasie mit einfließen, woraus Gebilde von exquisiter Schönheit entstehen.

Eine weitere Art, Heilung zu finden, sind die Heilwege der Steine und Kristalle. In den hoch schwingenden Ebenen führt ein Beschreiten dieser Wege zur absoluten Glückseligkeit. Ab der zehnten Dimension erzeugt es sogar einen kosmischen Orgasmus. Viele Wesen auf der Erde erinnern sich an diese Wege und gehen daher gerne wandern oder spazieren. Gehst du auf der Erde spazieren oder wandern, stelle dir vor, dass du dich auf einem lemurischen Heilweg befindest.

Die unzähligen Kristall- und Steinwesen in Lemurien produzieren Heilsinfonien von unbeschreiblicher Schönheit. Die harmonisierende Wirkung ist in der Sphäre hör- und spürbar. Lemurische Heilpriester bringen sich mit der Kraft ihrer Schwingung ein, und zusammen erzeugen sie ein fulminantes Musikspektakel. Selbstverständlich erreichen die Sinfonien nicht nur die Heiltempel, sondern auch die Wohnstätten und »öffentlichen« Gebäude der lemurischen Lichtwesen.

In den kristallinen Wohnstätten findet das »alltägliche« Leben der Lemurer statt. Alle Gebäude in Lemurien erzeugen eine feine, kaum wahrnehmbare Schwingung und beeinflussen damit das alltägliche Leben der Lemurer auf subtile Weise.

Lemurien auf der Erde

Lemurien war und ist noch immer die treibende Kraft beim Projekt Erde. Lemurer haben im kosmischen Rat der Erde eine tragende Rolle, und ihre Avatare sprechen ein ausschlaggebendes Wort mit, denn ohne ihr Einverständnis findet kein Projekt auf Erden statt. Lemurien ist die am häufigsten vertretene Seelensphäre auf der Erde, und ihre Energie ist in jedem Winkel der Erde anzutreffen. Das ist darauf zurückzuführen, dass es überall Steinwesen gibt. Steinwesen waren, neben dem Feuer, die ersten Wesenheiten, die sich im irdischen Matrixfeld niederließen. Das Gestein bildete eine solide Grundlage, auf der das Projekt Erde gedeihen konnte; daher hieß die erste Zeitepoche auf Erden Lemurien.

Das bedeutet, dass Lemurien das gesamte Projekt aus dem Energiefeld der fünften Dimension heraus geleitet hat. Lemurien war es, das allen Wesen dazu verhalf, ihre Energie aus der fünften Dimension in die dritte abzusenken und Materie anzunehmen. Das Verfahren wurde auch in der Zeitepoche von Atlantis beibehalten. Erst nach Beendigung der atlantischen Epoche und mit Beginn unserer Epoche (Samairis) wurde das Verfahren aufgehoben. Jetzt ist es nur noch der Feen & Elfen-Sphäre gestattet, aus der fünften Dimension heraus auf die Erde Einfluss zu nehmen.

Lemurien manifestierte sich speziell für die Erde vor etwa 6 bis 4,5 Milliarden Jahren. Das bedeutet, dass der Energiestrahl Lemuriens ab diesem Zeitpunkt mit der Erde/Gaia verbunden war. Und von Anfang an umhüllte Lemurien respektvoll das Bewusstsein Gaias und begann die Energie behutsam zu verdichten und die Schwingung der dritten Dimension anzupassen.

Materie ist nichts weiter als göttliche Schwingung, auf ein tiefes Maß reduziert. Wird die Schwingung angehoben, verändert sich der Zustand von fest in durchlässig. Die in der Einheit existierende Schwingung ist dermaßen hoch, dass sie nichts und alles umfasst. Das heißt: Alles existiert im Nichts. Vulkanausbrüche, Erdrutsche und Kristalle, die einfach auseinanderbrechen, sind konkrete Auswirkungen des Aufstiegsprozesses oder eines bewegenden Ereignisses. Meist liegt der Auslöser Jahrtausende zurück. Heutige Vulkanausbrüche auf Hawaii mit ihrem sehr bewegten Untergrund haben ihren Ursprung unter anderem in der atlantischen Zeitepoche.

Lemurische Lichtwesen erschienen wesentlich später auf der Bildfläche. Sie waren die ersten Lichtwesen, die die Erde berührten. Inkarnationen geschahen durch Verdichtung der lemurischen Energie. Einen menschlich materiellen Körper, wie wir ihn kennen, gab es damals noch nicht. Diese Lichtwesen schufen bereits in frühester Zeit eine Kultur auf Erden, die nicht aus Materie bestand. Die Schwingung war der fünften Dimension angepasst und somit wesentlich hochschwingender als die Erdschwingung. Die lemurische Frühkultur verbreitete sich über die gesamte Erde. Tibet war und ist immer noch ein Ballungszentrum der lemurischen Energie. Tipp: Bei Interesse an dieser Ära kannst du jederzeit deine Erinnerung an die Zeitepoche von Lemurien hervorrufen. Sie gewährt dir die Informationen, die für dein jetziges Leben unterstützend wirken können.

Schließen Seelen eine irdische Inkarnation ab und benötigen sphärische Heilung, dürfen alle Lichtwesen Lemurien zur Heilung nutzen. Alle schmerzhaften Erfahrungen, die wir auf der Erde erleben, müssen harmonisiert werden, bevor wir in unsere eigene Seelensphäre zurückkehren. Das gilt für alle Wesen außer den Engeln. Wir nehmen nicht alle Energien nach unserem irdischen Ableben mit in unsere Sphäre, da viele Energien rein irdischer Natur sind, und diese schütteln wir zusammen mit unserem irdischen Körper ab. Sie müssen auf irdische Art überwunden werden.

Die Problematik, die sich mittlerweile auftut, ergibt sich aus dem lemurischen Aufstiegsprozess. Wesen aus höheren Dimensionen können zwar in eine untere Dimension hinabsteigen, jedoch kann kein Wesen in eine höhere Dimension eintauchen, ohne das Bewusstsein der entsprechenden Dimension zu haben! Das heißt, dass ein Wesen aus der dritten Dimension nicht in Lemurien gereinigt werden kann, weil sich Lemurien bereits in der sechsten Dimension befindet. Daraus ergibt sich die Notwendigkeit, dass entweder die lemurische Energie zu den jeweiligen Projekten geleitet wird oder eigene Heilenergiezentren im Kosmos aufgebaut werden. Beides hat jedoch nicht dieselbe Qualität, wie lemurische Heilung direkt in der Lemurien-Sphäre zu erfahren.

Wir auf der Erde sind noch in der glücklichen Lage, die lemurische Sphäre nutzen zu können. Für alle Wesen, deren Bewusstseinsstufe unterhalb des lemurischen Energiefeldes liegt (6. Dimension, 1. Ebene), wurde ein Sonderenergiefeld direkt an der lemurischen Seelensphäre erzeugt. Dabei wird die Energie direkt aus Lemurien in das angeschlossene Energiefeld geleitet und enthält somit die fast vollständige Schwingung aus Lemurien. Zudem inkarnieren seit 2012 alle Wesen mit der Energie der sechsten Dimension, und die Thematik wird sich mit der Zeit erübrigen.

Auf der Erde sind Lemurer oft in einer hohen Position und in Führungsetagen zu finden, sowohl in der Regierung wie auch in der Privatwirtschaft oder als spirituelle Lehrer. Lemurer haben gern das Sagen und sind, sofern sie nicht der irdischen Illusion erliegen, wunderbare Führungskräfte. Auch viele unserer irdischen Mediziner/Ärzte und medialen Heiler sowie medizinischen Therapeuten kommen aus dieser Seelensphäre.

Lemurer haben auf der Erde bedauerlicherweise die Tendenz, sich in Angelegenheiten einzumischen, die sie gar nichts angehen. Dadurch, dass sie oft glauben, alles besser zu wissen, erschweren sie so manch anderen Wesen das irdische Leben. Hast du einen lemurischen Freund oder Partner, so beende ab einem gewissen Punkt die Diskussion. Machst du weiter, wirst du nur deine Nerven strapazieren, doch eine Änderung wird nicht erfolgen. Bleib also bei deiner Vorstellung und lasse dem Lemurer die seine.

INKARNIEREN LEMURER AUF DIE ERDE, BEVORZUGEN SIE FOLGENDE BERUFE ...
Alle medizinischen Berufe: Pflegeberufe, Heilpraktiker, Apotheker, Physiotherapeut, Arzt, Zahnarzt und dergleichen. Zudem eignen sie sich hervorragend als Lehrer, Ingenieure für den Tunnelbau, Feuerwehrleute, Priester (auch spirituelle Lehrer), für Verwaltung, Organisation, als Streetworker, Verkäufer, Geologe, Steinmetz, Bergführer. Jedoch ist das nur eine kleine Auswahl, denn prinzipiell sind Lemurer in allen Berufssparten zu finden.

Ein Erlebnis mit Lemurien

Mittlerweile kann ich von vielen Begegnungen mit dieser Seelensphäre erzählen. Doch zu Anfang war mir die Sphäre etwas suspekt. Die Heilschwingung empfand ich als überwältigend, da mir ihre Art zu heilen vollkommen fremd war. Ich komme aus der Schulmedizin und hegte ein tiefes Misstrauen gegenüber alternativer Medizin. Mittlerweile habe ich dieses Misstrauen überwunden und bin nunmehr gegenüber der Schulmedizin wesentlich kritischer.

Wie auch immer, eines Tages lag ich mit einer dicken Erkältung im Bett. Da ich nichts anderes zu tun hatte, jammerte ich so vor mich hin und beklagte mich darüber, wie lästig eine Erkältung doch sei und dass ich stattdessen viel lieber gesund wäre.

Ich sprach es nicht deutlich aus, doch war ich der Meinung, dass SIE durchaus mit einem Zauberstab meine Erkältung »wegzaubern« sollten. Ein Schlenker mit ihrem Finger würde sicher ausreichen, und die Viren würden sich in Luft auflösen.

Mit SIE meine ich die Seraphim Michael und Uriel, die mich als Mentoren auf der Erde begleiten. Sie sind fähig, meine Gedanken zu lesen, bevor ich diese überhaupt zu Ende gedacht habe. Daher sah ich sie nun etwas mitleidig auf mich herabblicken. Ich freute mich, da ich dachte: *Wunderbar, jetzt treten SIE in Aktion, und in einer Stunde bin ich wieder fit.* Bedauerlicherweise war dem nicht so. Allerdings waren SIE keineswegs untätig, denn SIE nahmen mich auf eine Astralreise mit. Unser Ziel war Lemurien.

Als wir ankamen, begrüßte mich Avatar Zeus an einem gigantischen Tor. Das Tor war lebendig und bewegte sich unablässig. Es formte zunächst einen Bogen, um sich dann in einen spitz zulaufenden Turm mit einer kleinen Öffnung zu wandeln. Ich sah fasziniert zu und vergaß meine Umgebung.

Zeus sprach mich an und fragte nach meinem Begehr. Zuerst wusste ich nicht, was er von mir wollte, bis mir meine irdische Erkältung einfiel. Und so fragte ich unschuldig nach einer kleinen Wunderpille gegen irdische Erkältungen. Er meinte: »Nein«, und das war es. *Aha*, dachte ich, *dann können wir wohl wieder zurück. Das war wohl nichts.*

Komplette Fehleinschätzung.

Denn Zeus schaute mich sehr eindringlich an und sagte: »Findest du nicht, dass es sinnvoll wäre, andere Wege der Heilung zu beschreiten, als eine Tablette zu nehmen?«

Ich war erstaunt und fragte zurück: »Was meinst du damit?«

Zeus erklärte mir, dass Gesundheit durch Schwingung wiederhergestellt werden kann. Bis zu diesem Zeitpunkt hatte ich das nicht gewusst.

Also antwortete ich: »Gut, dann zeig mir, wie das geht.«

Wir durchschritten das Tor, und ich sah, dass dieses Tor nur der Anfang einer wundervollen Stein- und Kristall-Halle war. In der Mitte stand ein Kristallbett solchen Ausmaßes, dass ich es nicht in menschliche Worte fassen kann. Nicht nur seine Größe war beindruckend, sondern auch die vielen Stein- und Kristall-Wesen, die es bildeten. Vom Kristallbett ging eine unbeschreibliche Harmonie aus. Die Farbenpracht versprühte eine Stimmung, die ich bis jetzt nicht wieder erlebt habe. Ich war beeindruckt.

Zeus begleitete mich zu dem Kristall-Steinbett, und ich kletterte hinauf. Sobald ich einen Fuß anhob, formte sich eine neue Stufe, und die alte löste sich auf. Als ich oben ankam, legte ich mich hin. Ich erwartete ein hartes Bett wie auf der Erde, so war es jedoch nicht. Die Kristalle und Steine waren vielmehr weich, da sie aus reiner Schwingung bestanden. Sobald ich mich hinlegte, sank ich tief in das Bett ein, bis es mich letztlich vollkommen umschloss. Die Steine und Kristalle nahmen meine Schwingung auf, und ich spürte, wie mich plötzlich eine bleierne Schwere umgab. Ich fühlte mich schwer und krank.

Die Kristalle und Steine begannen vom Rand des Bettes her die Schwingung zu harmonisieren, indem sie die Frequenz der Schwingung erhöhten. Nach und nach drang die Schwingung zu mir vor und begann in meinen Astralkörper einzufließen. Die Kristalle und Steine forderten mich auf, diese Schwingung in meinem Inneren nachzuahmen. Das ließ ich geschehen, und so war ich nach kurzer Zeit in Einklang mit ihnen. Alle Disharmonie verließ mich, und ich fühlte mich frisch und erholt. Langsam schwebte ich wieder nach oben, stand auf und stieg die Stufen zu Zeus hinab. Ich fühlte mich fantastisch.

Zeus sah mich an und sagte zu mir: »Chamuel, kein Wesen kann dich heilen. Tabletten bekämpfen auf der Erde nur die Symptome, jedoch nicht die Ursache der Disharmonie. Wichtig ist, dass du genau spürst und wahrnimmst, was dein Körper benötigt. Nicht alle ›Krankheiten‹ sind auf der Erde heilbar, manchmal ist die Disharmonie triefgreifender und die Seele wird den Körper, den ihr nur geliehen habt, verlassen. Gesund sein bedeutet auch, dass Spirit und Körper eine harmonische Einheit bilden.«

Ich fühlte in mich hinein und spürte sehr intensiv meinen Astralkörper.

Zeus begleitete mich zum Tor, und ich dankte allen Wesen in Lemurien für ihre wundervolle Energie. Michael und Uriel begleiteten mich zurück in meinen Körper. Schlagartig fühlte ich mich wieder krank. Ich dachte: *Mist, das hat ja nicht lange angehalten.* Doch Michael schaute mich an und sagte: »Schließe die Augen und lass vorhin Gefühlte wieder in dir entstehen, spüre, wie die Harmonie der Kristalle und Steine in deinem Körper wirkt.«

Darüber schlief ich ein. Am nächsten Morgen erwachte ich wesentlich erholter und war in der Lage, das Bett zu verlassen. Ich ließ mehrmals am Tag die Schwingung in meinem Körper entstehen und war nach zwei Tagen fast vollständig genesen.

Diese Methode wende ich noch immer an, und sie funktioniert einfach ganz wunderbar. Ich bin daher überglücklich über diese Erfahrung. Zeigt sie doch, dass wir fähig sind, unsere Gesundheit selbstständig zu steuern. Vielleicht funktioniert die Methode nicht immer vollkommen, doch ist sie ein gutes Instrument, was ich dir zur Anwendung empfehle.

Meditation Lemurien-Sphäre

- Liege wohl und bequem auf deiner Unterlage.
- Entspanne dich.
- Atme sanft ein und aus.
- Lass jede Disharmonie, die du in deinem Körper wahrnimmst, los.
- Werde leicht und weich.
- Atme ein und aus, bis sich dein ganzer Körper harmonisch im Einklang mit deinem Atem bewegt.
- Du fühlst, wie dein menschlicher Körper immer weiter in die wohlige Entspannung gleitet.
- Du fühlst dich in deinem menschlichen Körper zufrieden, spürst die Sicherheit, die dein menschlicher Körper dir vermittelt.

- ~ Deine Gedanken und deine Sinne sind ausgeglichen, Wohlbehagen breitet sich in deinem gesamten Körper aus.
- ~ Atme in Leichtigkeit ein und aus.
- ~ In diesem Augenblick nimmst du wahr, wie deine geistigen Sinne in dir erwachen.
- ~ Dein Blick wendet sich nach innen und weitet sich für die höherschwingenden Energien.
- ~ Du empfindest pulsierende Wärme, die von einem lebendigen Licht ausgesendet wird.
- ~ Dieses warme Licht strömt liebevolle Heiterkeit aus.
- ~ Das pulsierende Licht nähert sich dir langsam.
- ~ Es wird dir bewusst, dass es das Licht von Seraphim Raphael ist.
- ~ Die Freude über sein Erscheinen bahnt sich einen Weg in deine Gefühle, und du bist überglücklich.
- ~ In diesem Augenblick ist Seraphim Raphael bei dir, an deiner Seite.
- ~ Mit deinen inneren Augen kannst du ihn deutlich wahrnehmen.
- ~ Seine bedingungslose Liebe und Hingabe an dich berühren dein Herz.
- ~ Tiefe innere Ruhe und Ausgeglichenheit erfüllen dein Sein.
- ~ Er berührt dich mit seiner Energie, und ihr begrüßt euch innig.
- ~ Seraphim Raphael erklärt dir, dass er dir das Geschenk einer Astralreise nach Lemurien machen will.
- ~ Damit er dich mit in die Seelensphäre nehmen kann, ist deine Erlaubnis erforderlich.
- ~ Bitte gib ihm dein Einverständnis – in diesem Augenblick.
- ~ Nach deinem Einverständnis erklärt er dir, dass es für die Reise nach Lemurien erforderlich ist, deinen Astralkörper aus deinem menschlichen Körper zu heben.

~ Du bist jedoch weiterhin vollständig und sicher mit deinem menschlichen Körper verbunden.
~ Seraphim Raphael beginnt nun sehr sanft, deinen Astralkörper mit seiner wundervollen Energie einzuhüllen.
~ Er empfängt dich mit seinen großen Flügeln und trägt dich in seinen starken Armen.
~ Du bist vollkommen sicher und geborgen. Du bist in Liebe eingehüllt..
~ Seraphim Raphael hat in diesem Augenblick deinen Astralkörper aus deinem menschlichen Körper gehoben und erhöht behutsam die Energieschwingung für deine Reise nach Lemurien.
~ Eure gemeinsame Astralreise nach Lemurien hat begonnen.
~ Durch das Anheben der Energie wird dein Astralkörper von einer angenehmen Wärme durchflutet.
~ Leichter und leichter empfindest du deinen Astralkörper.
~ Deine inneren Sinne nehmen eine veränderte Schwingung wahr, und Seraphim Raphael erklärt dir, dass ihr im Schwingungsfeld Lemuriens angekommen seid.
~ Ganz zaghaft berühren deine Füße den ätherischen Boden.
~ Seraphim Raphael bittet dich, deine Astralaugen langsam zu öffnen.
~ Er hält dich an der Hand und legt seinen wunderschönen Flügel um dich.
~ Dich durchströmt eine Welle der Glückseligkeit, als du zu verstehen beginnst, welch ein Geschenk du hier erleben darfst.
~ Behutsam beginnst du, die Umgebung Lemuriens zu betrachten.
~ Die wundervolle Farbenpracht, die du wahrnimmst, überwältigt dich.

~ Das Gefühl der Heilung breitet sich in deinem ganzen Sein aus.
~ Du schaust dich um und erkennst Landschaften, die eine unbeschreibliche Heilkraft ausströmen.
~ Wie von selbst beginnst du dich in Lemurien zu bewegen.
~ Du saugst die Energie regelrecht in dich hinein.
~ In völliger Harmonie und Freiheit wagst du den ersten Schritt und beginnst deinen Heilweg.
~ In der Ferne siehst du eine Gruppe von Wesen auf dich zukommen.
~ Noch bevor sie bei dir ankommen, kannst du ihre Freude spüren, dich zu sehen.
~ Angesteckt von dieser Freude gehst du auf sie zu.
~ Du umarmst jeden von ihnen innig.
~ Avatar Zeus nimmt dich liebevoll in Empfang und legt dir sanft einen Mantel aus bunten Heilkristallen um.
~ Die Wesen nehmen dich in ihre Mitte, und vor dir bildet sich ein Weg, der nur für dich bestimmt ist.
~ Bei jedem Schritt, den du vorwärts schreitest, entsteht ein Heilstein oder Kristall.
~ Jeder einzelne Stein oder Kristall lässt dich spüren, wie seine Heilmacht in dich fließt, so dass du *deine* Heilung erfährst.
~ Die bedingungslose Liebe von jedem umhüllt dich und lässt dich fast schweben.
~ Wohlbehagen erfüllt dein gesamtes Sein, solch eine Liebe und Glückseligkeit hast du schon lange nicht mehr empfunden.
~ Du kannst spüren, wie mit jedem Schritt deine Heilung tiefgründiger wird. Freude durchströmt deinen Astralkörper.
~ Avatar Zeus begleitet dich, und Seraphim Raphael und deine Heilpriester sind auch an deiner Seite.

- ~ In diesem Augenblick erscheint vor dir ein gigantisches Heilkristallbett, das in einer bezaubernden Höhle aus Stein steht. Nach vorne ist die Höhle offen, und du trittst voller Vorfreude ein.
- ~ Avatar Zeus begleitet dich zum energiegeladenen Kristallbett, und du legst dich voller Vertrauen auf das Bett.
- ~ Sofort beginnen die Kristalle mit ihrer Arbeit. Sie werden alle Bereiche deines Seins berühren, die der Harmonisierung bedürfen. Solltest du ein Anliegen haben, teile es ihnen jetzt mit.
- ~ Spüre, wie die Kristalle ihre Macht der Heilung in dir entfalten.
- ~ Mehr und mehr fühlst du dich erquickt und erfrischt.
- ~ Nach einer Weile reicht dir Avatar Zeus seine Hand und hilft dir aufzustehen.
- ~ Du spürst, wie Ballast in dir in Liebe und Kraft gewandelt wurde.
- ~ Du fühlst dich harmonisch und glückselig.
- ~ Avatar Zeus berührt dich am Herzchakra und erklärt dir, dass der Kristallmantel sein Geschenk an dich sei und du ihn, so oft du ihn benötigst, nutzen kannst.
- ~ Voller Wärme bedankst du dich bei deinen Gastgebern für dieses zauberhafte Geschenk.
- ~ Du schaust Seraphim Raphael lächelnd an.
- ~ Er gibt dir zu verstehen, dass die Zeit des Abschieds von Lemurien für dich gekommen ist.
- ~ Alle umarmen dich nacheinander, und ihr verabschiedet euch herzlich voneinander.
- ~ Seraphim Raphael stellt sich zu dir und nimmt dich in seine starken Arme, und du schmiegst dich hingebungsvoll an ihn.

- ~ Er breitet seine weichen Flügel um dich, und du fühlst dich umhüllt und getragen.
- ~ Er fängt an, die Schwingung von Lemurien langsam zu verringern und an die Frequenz der Erdschwingung anzugleichen.
- ~ In diesem Augenblick seid ihr in das irdische Schwingungsfeld eingetaucht.
- ~ Seraphim Raphael legt deinen Astralkörper vollständig in deinen menschlichen Körper zurück, und du kannst spüren, wie sie sich perfekt miteinander verbinden und verschmelzen, wie du wieder mit allen Körpern zur Einheit wirst. Du bist vollkommen glücklich und befriedet.
- ~ Du weißt, all die Liebe, all die Kraft und Verbundenheit, die du in Lemurien erfahren durftest, wirst du mit in deinen menschlichen Körper einbinden und im irdischen Dasein leben.
- ~ Ein tiefes Gefühl der Freiheit breitet sich von deinem Herzchakra über deinen Körper aus.
- ~ Raphael lächelt dich an, umarmt dich und winkt dir zum Abschied.
- ~ Du schickst ihm einen Liebesstrahl und fängst an, ins Hier und Jetzt zurückzukommen.
- ~ Lass dir Zeit, genieße deine Gefühle, nimm dein Umfeld mit neuem Blick wahr.

Seelensphäre

REGENBOGEN

Begleitender Engel
Seraphim Gabriel

Vorsteher	Avatar Faithemy
Bekannte Avatare	Lord Salomon, Lady Harmonia
Erste Manifestation	vor 4 bis 3,5 Milliarden Jahren
Ort der Manifestation	Amazonas
Unterste Dimension	5. Dimension, 7. Ebene
Aufstiegsprozess	aktuell im Prozess
Lichtwesen	Elben, Zwerge
Andere Seelengruppen	Bäume, Sträucher, Nebel, Tierwesen, Einhörner

Die Regenbogen-Sphäre ist ein Energiefeld der Tiefe und Hingabe. Hier wird die Stärke der aktiven Bewusstwerdung, der Erhabenheit, des Tierverständnisses sowie der Naturverbundenheit gelebt. Die Regenbogen-Sphäre verkörpert die unendlichen Traumwelten, deren Weisheit tief aus unserem inneren Kern an die Oberfläche aufsteigt. Traum und Wirklichkeit verschmelzen zur göttlichen Realität. *Live your Dream.*

Die Schönheit jeglichen feinsinnigen Geistes entströmt dieser Seelensphäre. In ihr ist die zauberhafte Welt aller Säugetierarten beheimatet, während das Nebelwesen eine Decke aus Ruhe und Gelassenheit ausbreitet.

Die Energieform der Regenbogen-Sphäre ist im Universum intensiv präsent und fördert eine innige Verbindung zur Natur und zu Tieren, die eine unendlich tiefgründige Verbindung zu ihrem inneren Kern besitzen. Sie eröffnet in Leichtigkeit das Bewusstsein für das Tierreich und speziell für die Bäume. Die Sphäre eröffnet in den Seelen die Bereitschaft, Verantwortung zu übernehmen. Sie versprüht sanfte Ausgelassenheit, offenbart die Weisheit, Liebe in sich zu erkennen, und lehrt Akzeptanz gegenüber allen Wesenheiten. Die Seelen der Regenbogen-Sphäre sind umhüllend und achtsam. Sie lieben die Farbenpracht und sind ausnehmend geduldige Wesen.

Die Energie der Regenbogen-Sphäre wirkt harmonisierend bei folgenden Themen: Fehlende Wertschätzung für das Leben, Farblosigkeit, innere Enge, Abneigung gegenüber Tieren oder der Natur, Allergien, aggressives verbales Verhalten, psychische und physische Überforderung, Geltungssucht, Mangeldenken, Trübsal. Sie unterstützt außerdem Wesen mit Lernschwierigkeiten. Ihre Energie gleicht Hass, Konkurrenzdenken und Lieblosigkeit aus. Beziehungsprobleme wandelt sie in die Erkenntnis, dass jede/r einmalig ist, und vermittelt dir, deine Schönheit in *dir* zu suchen und nicht im Außen.

Begleitender Seraphim
Gabriel

Name	»Gott ist meine Hoffnung und meine Stärke«
Farbe	Regenbogen
Zwillingsflamme	Seraphim Jophiel
Seelenpartner	Seraphim Zadkiel
Aufgaben	Erneuerung, weibliche Schöpferkraft, Hoffnung, Geburt, Visionen

ENERGIE UND CHARAKTER

Seraphim Gabriel ist die Mutter unseres Universums. Sie ist streng, klar, behütend und beschützend. Trotz ihrer Sanftheit ist Gabriel eine strenge mütterliche Erscheinung. Sie erzeugt die Energie, damit Seelen ihre Visionen empfangen können, die sie tief in sich tragen. Sie hilft bei jeder Art von Geburt, sei es eine Inkarnationsgeburt oder eine Ideengeburt.

Auf der Erde unterstützt Gabriel die Menschen
bei der Umwandlung von

- Kinderwunsch in Seelenkontakt,
- Hoffnungslosigkeit in Hoffnung,
- Einsamkeit in mütterliche Geborgenheit,
- Planlosigkeit in die Verwirklichung von Visionen,
- Ablehnung der Weiblichkeit in lebendige Weiblichkeit.

Seraphim Gabriel begleitet die Regenbogen-Sphäre mit ihrer unendlich umhüllenden Mütterlichkeit und ist mit der Sphäre zutiefst verbunden. Ihre Hingabe an alle Wesen in der Sphäre ist bewegend. Die sanfte und tiefgründige Art der Wesen entspricht in Vollendung ihrer eigenen Göttlichkeit. Sie ist mit ihrer mütterlichen Art wundervoll mit der Regenbogen-Sphäre im Einklang, und ihre Liebe zu Tieren gab den Ausschlag dafür, dass Gabriel die Begleitung der Regenbogen-Sphäre übernahm.

Alle Wesen dieser Seelensphäre tragen »weibliche« Schwingungsformen in sich und leben diese in der Sphäre aus. Seraphim Gabriel unterstützt mit ihrer Weiblichkeit die Entwicklung in der Sphäre, und ihre fürsorgliche Art hilft diesen sensiblen Seelen, ihr Bewusstsein Schritt für Schritt zu entfalten.

Im Universum arbeitet Gabriel insbesondere mit den Einhörnern zusammen. Einhörner entstammen der Regenbogen-Sphäre und haben bereits als gesamte Seelengruppe die zwölfte Dimension in sich entfaltet.

Vorsteher der Regenbogen-Sphäre
Avatar Faithemy

Name	»Sanftheit ist der göttliche Weg«
Farbe	Regenbogen
Zwillingsflamme	Avatar Symaria
Seelenpartner	Avatar Lylitha
Aufgaben	Hüter der Tierseelen, Zugang zu Tieren und zur Natur, Entfaltung der inneren Stille, Umgang mit Sensibilität, Vergebung, Seelenpartnerbeziehungen harmonisieren, die eigene Schönheit akzeptieren und leben

ENERGIE UND CHARAKTER

Avatar Faithemy ist ein zurückhaltendes, sanftmütiges Wesen – feinfühlig, verträumt, warmherzig und edel. Sein Charakter zeigt keinerlei kriegerische oder extrovertierte Energie. Alles an ihm ist sensibel und zart. Im Vergleich zu allen anderen Vorstehern der Seelensphären ist er der rücksichtsvollste und behutsamste. Kommunikation findet bei ihm niemals direkt statt, sondern immer mithilfe von Beschreibungen oder Beispielen. Seine große Stärke und Kraft spiegeln sich in seiner Achtsamkeit jeder Seele gegenüber wider. Niemals erhebt er seine »Stimme« oder wird ungehalten. Er spricht wenig und ist mit seiner Ruhe und Gelassenheit ein wunderbares Vorbild für alle Seelen, die in der Regenbogen-Sphäre zu Hause sind. Er leitet seine Sphäre mit milder Hand und absoluter Sanftheit und verteilt selten Aufträge oder Aufgaben, sondern fördert die Eigeninitiative. Seine Introvertiertheit entfaltet das Fühlen und die eigene Wahrnehmung bei allen Wesen. Seine Fähigkeiten, Tiere und Baumwesen bei ihrem Entfaltungsprozess zu unterstützen, haben ihm einen Ruf als herausragender spiritueller Lehrer beschert. Seine warmherzige Energie umhüllt die Regenbogen-Sphäre und verleiht ihr die Aura einer Traumwelt.

Allgemeines

In der Sphäre leben zwei unterschiedliche Wesensgruppen, die als »Menschen« auf die Erde inkarnieren. Lichtwesen aus der Regenbogen-Sphäre tragen die Bezeichnung Elben und Zwerge. Die Elben sind nicht zu verwechseln mit den Elfen. Elben sind wesentlich ernsthafter und besitzen keine Flügel wie Elfen.

Die übrigen Seelen der Regenbogen-Sphäre werden mit den Namen angesprochen, die wir von der Erde kennen, also zum Beispiel: Tiere, Nebel oder Bäume. Das ist bei verschiedenen Sphären der Fall und dient zum besseren Verständnis auf der Erde.

Letztlich ist der irdische Name ohne Belang, wichtig ist die Energie, die durch den Namen übertragen wird.

Die Regenbogen-Sphäre zu beschreiben ist nahezu unmöglich. Die Vielfältigkeit ist enorm und spiegelt mit ihren bunten Formen die Schöpfungskraft der Einheit wider. In der Regenbogen-Sphäre sind neben den Lichtwesen auch die Säugetiere, die Bäume und Sträucher beheimatet. Die Artenvielfalt der einzelnen Wesensgruppen ist beeindruckend. Nur ein Bruchteil der unterschiedlichen Tier- und Baumwesen inkarniert ins irdische Matrixfeld. Der weitaus größere Anteil verweilt in der Seelensphäre. Mitunter inkarnieren die Wesen in diverse andere Sphären und Projekte, jedoch sind die Seelen der Regenbogen-Sphäre weniger unternehmungslustig als andere.

Die Regenbogen-Sphäre war die zweite Seelensphäre, die Wesenheiten ins irdische Matrixfeld sandte. Von Beginn an waren die Wesen dieser Seelensphäre von diesem Feld angetan, und sie erkannten, welchen Vorteil ein solch intensives Projekt für die Entwicklung ihrer Sphäre darstellte. Alle Seelen in der Regenbogen-Sphäre sind begierig darauf, Neues zu lernen. Dementsprechend suchen sie sich gezielt Konzepte aus, die sie in ihrer Bewusstwerdung voranbringen.

Die unterste Bewusstseinsstufe der Regenbogen-Sphäre befindet sich in der siebten Ebene der fünften Dimension. Das bedeutet, dass die Regenbogen-Sphäre ihren Bewusstwerdungsprozess unbedingt intensivieren darf. Es wird erwartet, dass durch die Aufstiegsenergie der Erde ein Bewusstseinsschub in der Regenbogen-Sphäre stattfinden wird. Die Problematik innerhalb der Sphäre besteht darin, dass ganze Wesensgruppen sich einer Inkarnation oder einer Arbeit im freien Universum verweigern. Sie wollen ihre Seelensphäre nicht verlassen und gestalten ihre Bewusstwerdung ausschließlich mit der Energie ihrer eigenen Sphäre. Grundsätzlich profitieren alle Seelen einer Sphäre von denjenigen, die Inkarnationen absolvieren. Leider darf keine Seele die Energie aus anderen Sphären in ihre eigene mit einbringen, dennoch bleibt die Essenz des Erlebten vorhanden und dient immer der gesamten Sphäre und nicht ausschließlich einem Individuum.

Elben und Zwerge bilden den kleinsten Anteil der Wesenheiten der Regenbogen-Sphäre, auch wenn sie milliardenfach in der Sphäre vorhanden sind. Das allein zeigt schon, wie gigantisch die Regenbogen-Sphäre ist. Durch die bunte Vielfalt an Wesenheiten steht die Regenbogen-Sphäre an zweiter Stelle im Universum, was den Abwechslungsreichtum angeht. Alles entfaltet sich in verschwenderischer Üppigkeit, was jedoch nicht im Widerspruch zu ihrer tiefen Ruhe und Gelassenheit steht. Die Wesen sind tiefgründig und ruhig, Hektik oder Stress sind ihnen zutiefst zuwider. Auseinandersetzungen gehen sie aus dem Weg; sollten sie dennoch entstehen, werden die Diskussionen weitestgehend in Eintracht und mit Bedacht geführt. Es spricht immer nur ein Wesen, und die anderen hören aufmerksam zu. Dabei ist kein großer charakterlicher Unterschied zwischen den einzelnen Seelengruppen zu erkennen. Die Kommunikation findet zwischen Tieren, Lichtwesen oder Baumwesen auf die gleiche Art und Weise statt, denn alle in der Sphäre sprechen die gleiche »Sprache«, mit der sie ihre filigrane Energie entfalten.

Die gesamte Sphäre erscheint luftig und zart – zumindest auf den ersten Blick. Die Elben und Zwerge sind gelassen und heiter, auch wenn sie zu einer gewissen melancholischen Stimmung neigen. Zwerge können durchaus ein wenig mürrisch erscheinen, jedoch trügt der erste Eindruck, denn im Grunde sind sie sehr herzliche Seelen, die sich rührend um andere bemühen. Baumwesen sind friedliebende und bedächtige Seelen.

Tierwesen leben schlicht alles aus, was die Stimmungslage im Universum zu bieten hat, und dennoch verbreiten sie eine friedliche Ruhe. Auch wenn die Wesen aus der Regenbogen-Sphäre meist in Gemeinschaft leben, ziehen sie sich doch des Öfteren freiwillig in die Stille zurück. Sie sind gerne allein und für sich, sind in ihrer Sphäre jedoch niemals einsam!

TIPPS

Lass dich auf keinen Fall vom ersten Eindruck der Regenbogen-Sphäre täuschen. Elben und Zwerge sind außerordentlich friedliebend, doch sie können, wenn nötig, hervorragende und unerbittliche Krieger sein. Das gleiche gilt für Baum- und Tierwesen. Die Seelen sind herzlich und tolerant, obgleich eine gewisse Strenge durchaus vorhanden ist. Elben und Zwerge sind verantwortungsbewusste und absolut zuverlässige Seelen. Baumwesen sind großzügig und beschützend. Tierwesen zeichnen sich durch große Loyalität aus. Das Nebelwesen ist umhüllend und fürsorglich.

Die Heilenergie für Tiere, Baum- und Strauchwesen befindet sich in der Regenbogen-Sphäre. In jeder Dimension und Ebene gibt es hervorragende Heilstätten für alle Arten von Disharmonie. Zahllose Tier- und Baum-Wesenheiten benötigen nach einer irdischen Inkarnation Heilung. Bedauerlicherweise kehren viele Seelen der Regenbogen-Sphäre mit wenig erhebenden irdischen Erfahrungen in ihre Sphäre zurück. Damit sie schnellstmöglich ihre Energie anheben können, gibt es in der Seelensphäre Zentren, die sie hierbei unterstützen. Sie werden dort liebevoll betreut und sind jederzeit frei, zu gehen, wohin sie wollen. Allerdings ist die Art der Heilung nicht die gleiche wie auf der Erde. Alles, was nicht der Seelensphäre entspricht, kann die Energieschranke zur Sphäre nicht passieren. Sollte ein Wesen eine irdische Energie in sich tragen, muss sie zuerst im Matrixfeld der Erde davon gereinigt werden.

Im Kosmos ist die Regenbogen-Sphäre eine hell schimmernde Erscheinung. In keiner anderen Sphäre gibt es solche Charakterunterschiede. Es werden herzerwärmende Feste gefeiert, während nebenan tiefe, heilige Meditationen stattfinden. Es wird viel gelacht, allerdings sehr leise, gleichzeitig tragen die Seelen tiefste Melancholie in sich. Es gibt unstete Baumwesen, die unaufhörlich in Bewegung sind, und Baumwesen, die seit Jahrmillionen in einer Position verharren. Hier ist ein Erfahren der unterschiedlichen Seinszustände innerhalb einer Sphäre definitiv möglich.

Es herrscht eine magische, beeindruckende Atmosphäre. Während bei anderen Seelensphären eine Klassifizierung der Energie möglich ist, scheint in dieser Sphäre einfach alles möglich zu sein. Sie ist von ganz eigener Art. Die Weite, die Enge, die Höhe und die Tiefe dieser Seelensphäre erzeugen einen inneren Widerspruch. Alles ist klar und gleichzeitig verschwommen.

Die Elben

Die Erscheinung der Elben kann sowohl eine weibliche als auch eine männliche Form annehmen. Elben legen sich jedoch ungern fest und wirken daher in der Seelensphäre androgyn. Wobei das Weiblichkeits- und Männlichkeits-Prinzip des Universums nicht mit dem irdischen zu verwechseln ist; auf kosmischer Ebene wird vielmehr jeweils eine bestimmte Schwingungsform erzeugt.

Elben erzeugen in ihrer Sphäre durch ihre Schwingungsfrequenzen einen Körper, der auf den ersten Blick dem menschlichen ähnlich ist. Dennoch gibt es unleugbare Unterschiede. Ihre Körper sind sehr schlank bis asketisch. Ihre Erscheinung ist filigran und durchscheinend. Sie tragen niemals bunte oder kräftige Farben, sie kleiden alles in Pastelltöne. Haare und Kleidung, ebenfalls aus Schwingung erschaffen, sind meist im gleichen Farbton gewählt. Die Kleidung besteht aus enganliegenden Hosen und einer Tunika. Meist wird die Tunika noch durch einen wallenden Umhang ergänzt. Bei Zeremonien tragen sie wallende Gewänder. Die Schwingung der Gewänder ähnelt einem glänzenden Stoff.

Elben berühren niemals den »Boden« ihrer Seelensphäre, sondern schweben etwa zwei bis drei Zentimeter darüber. Sie sind betörend schöne Wesen. Sie bewegen sich andächtig, Hektik ist ihnen unangenehm. Elben sind verträumt und absolut tiefgründig. Sie erscheinen weich und sanft, während gleichzeitig eine immense innere Kraft spürbar ist. Ihre Macht verstecken sie hinter ihrer durchsichtigen Erscheinung. Auf der Erde würden wir sie als nicht fassbar beschreiben. Elben sind hier, dann dort und auf einmal fort.

Häufige Charaktereigenschaften der Elben:

- Sie sind leise und ruhig.
- Sie sind fröhlich und grazil.
- Sie lieben die Freiheit.
- Sie lieben das Alleinsein.
- Sie sind loyal.
- Sie brauchen lange, um sich eine Meinung zu bilden.
- Sie übertragen ihr Wissen per Telepathie.
- Sie trösten gerne.
- Sie betreuen Tiere und Bäume mit unendlicher Geduld.
- Sie sind beständig und sanft.
- Sie sind rücksichtsvoll und oft ein wenig distanziert.

- Sie neigen zu Dramatik.
- Sie akzeptieren die Meinung anderer und bleiben gleichzeitig bei der eigenen.
- Sie lieben Feste und gemeinsame Aktivitäten.
- Sie sind des Öfteren melancholisch.
- Manchmal fällt es ihnen schwer, positiv zu bleiben.

Sofern Elben kommunizieren, geschieht es mit sanfter, leiser Stimme. Die telepathische Kommunikation wird mit jedwedem Regenbogen-Wesen ausgeübt. Eine verbale Kommunikation findet ausschließlich mit inkarnierten Wesenheiten statt. Beherrschen inkarnierte Wesen ihre telepathische Kommunikationsart, wird stattdessen telepathisch kommuniziert. Bei der Kommunikation mit Elben ist es vorteilhaft, eine kurze, erhabene und edle Sprechweise zu wählen, wobei ihre Kommunikation an sich einer gewissen Komplexität unterliegt. Kommunizieren ist für sie eine Kunst, daher würden Elben niemals einfache Worte wählen.

Für Wesen, die in die Regenbogen-Sphäre inkarnieren, ist die Kommunikation am Anfang eine hohe Hürde, und es ist eine Herausforderung der besonderen Art, sie zu meistern.

Elben gestalten und feiern gerne Feste, denn sie lieben es zu lachen. Ihre Heiterkeit ist leise, fast wie ein inneres Leuchten. Musik nimmt eine überaus wichtige Rolle ein und darf auf keinem Fest fehlen, denn jeder Elb ist ein begnadeter Sänger oder Musiker. Ihre Musik ist erhebend, und sie benötigen keine Instrumente, um Musik erschallen zu lassen. Selbst in der tiefsten Melancholie erzeugen Elben Musik in ihrem Inneren, denn die Musik ist für sie ein wichtiges Instrument zur Bewusstwerdung. Die Schwingung erhebt ihr Bewusstsein und berührt tiefe, verborgene Seiten in ihnen.

Bei intensiven Bewusstseinsprozessen sind Elben in besonderem Maße in sich gekehrt und für kein anderes Wesen ansprechbar. In solchen Phasen sind sie zu keinerlei Kommunikation oder sonstiger Aktivität fähig. Der Elb schottet sich komplett ab und bildet ein glänzendes Energiefeld um sich, in dem er Jahrhunderte verweilen kann. Während der Bewusstwerdungsphase übernimmt ein anderer Elb seine Aufgaben. Hat er sein Ziel erreicht, sprengt er die Kapsel und fügt sich nahtlos wieder ins Geschehen der Regenbogen-Sphäre ein.

Elben sind gute Lehrer. Erklärungen sind für sie überflüssig, wichtig ist das beispielhafte Vorleben. Sollte es erforderlich sein, sind sie auch fähig, ihren Schüler an Ort und Stelle stehen zu lassen und auf unbestimmte Zeit sich selbst zu überlassen. Dadurch kann es manchmal geschehen, dass sie ihren Schüler vergessen. Das ist nicht weiter dramatisch, ist doch sogleich ein anderes Wesen aus der Sphäre zur Stelle, um den weiteren Unterricht zu übernehmen. Geschieht es, dass ein Schüler in irgendwelchen Lernphasen anderer Meinung sein sollte als der Lehrer, wird der Austausch kompliziert, da ein Elb weder diskutiert noch erklärt. Elben verschwenden ihre Energie nicht mit Diskussionen. Sie akzeptieren die Meinungen und Ansichten jedes Wesens. Daher ist die Absicht, mit ihnen zu diskutieren, ein auswegloses Unterfangen. Was Elben lieben, ist über Gott und seine Schöpfung zu sprechen. Diese Gespräche können sich über »Jahrzehnte« hinziehen. Große Massenansammlungen vermeiden Elben; so finden Gespräche nie in Gruppen mit mehr als fünf Beteiligten statt.

Elben beschäftigen sich vorwiegend mit dem spirituellen Dasein, und alles, was sie umgibt, beschenken sie mit ihrer Liebe. Besonders mit Baumwesen pflegen sie eine tiefe Freundschaft. Sie interessieren sich für alle Belange, die im Universum vorgehen, sofern sie mit dem Wir und nicht mit dem Ich zu tun haben, denn auch wenn sie gerne einmal alleine sind, leben sie das absolute Wir. Einen auf sich selbst bezogenen Elben gibt es nicht. Sie nutzen ihre spirituellen Fähigkeiten in allen Bereichen, da sie es lieben, zu lernen und Energien auszuprobieren, wenn auch sehr sacht. Anders als Lemurer greifen Elben nie in Entwicklungsprozesse ein. Sie folgen dem natürlichen göttlichen Rhythmus.

Sie sind klar in ihrem Sein und erkennen in einem einzigen Augenblick das Ego eines Wesens. Für sie ist es ein Spiel, die eigene Wahrhaftigkeit in sich selbst und in der göttlichen Schöpfung zu entdecken.

Elben bilden Gemeinschaften von maximal fünfundzwanzig bis dreißig Seelen. Es gibt jedoch auch »Dorfgemeinschaften«, in denen bis zu dreitausend Wesen enger zusammenleben und eine Gruppe zur Bewusstwerdung bilden. Dorfgemeinschaften befinden sich innerhalb der Baumkronen und bestehen aus den verschiedensten Wesen der Regenbogen-Sphäre. Elben leben in ihrer Sphäre sehr oft am Rand des Energiefeldes der Baumwesen in deren Baumkronen. Die grazilen und fragilen Wohnstätten der Elben sind mit den Bäumen auf einzigartige Weise verwoben. In den Baumkronen verbringen sie die meiste Zeit in schwindelerregenden Höhen. Sie verlassen die luftigen Höhen oder ihre Sphäre ausschließlich für Aufträge.

Auch wenn das sehr menschlich erklärt ist, ist es doch so, dass Elben sich mehr am Rand eines Schwingungsfeldes aufhalten als in dessen Zentrum. Sie lieben die Abgeschiedenheit und den damit verbundenen Freiraum.

Was nicht bedeutet, dass sie kein Zentrum erschaffen können, um sich zu versammeln. Versammeln sich Elben, sind sie unablässig damit beschäftigt, darüber zu sinnieren, wie die Schwingung auf die unterschiedlichen Wesen wirkt. Hierzu ist viel Zeit, da in ihrer Sphäre keine Nahrung benötigt wird. Sie benötigen keine fremde Energie, sondern nähren sich aus sich selbst heraus.

Elben sind freiheitsliebend, und Enge oder Bevormundung sind für sie unerträglich. Sie wollen ihren Weg selbst bestimmen und übernehmen hierfür vollkommen die Verantwortung. Ratschläge nehmen sie selten an. Lieber machen sie ihre Lernschritte durch eigene Erfahrungen. Daher ist die Sphäre von absoluter Freiheit geprägt. Aufträge werden aus diesem Grund nicht an ein bestimmtes Wesen übermittelt. Vielmehr überbringt der »Älteste« einer Gruppe verschiedene Aufträge, und jedes Wesen wählt seinen Auftrag selbstständig aus. Aufgrund ihrer Freiheitsliebe binden sich Elben in der Sphäre nicht an ein Wesen. Ihnen genügt es, einen Partner nur dann zu wählen, wenn sie einmal das Bedürfnis nach Zweisamkeit verspüren.

Hauptaufgabe der Elben ist die Pflege und Betreuung aller Baumwesenheiten und unter Umständen auch der Tierseelen. Wobei die Tierseelen durchaus imstande sind, ihre enormen Heilkräfte für alle Wesen der Regenbogen-Sphäre einzusetzen. Elben mit ihrer tiefsinnigen Weisheit tragen dennoch wesentlich zur allgemeinen Heilung und Harmonisierung der Sphäre bei. Eine weitere Aufgabe der Elben ist, Musik ins gesamte Universum zu senden oder weiterzuleiten.

Elben, die auf der Erde inkarniert sind, haben einen nahezu grenzenlosen Hang zur Dramatik. Aufgrund ihrer Sensibilität fühlen sie alles um sich herum besonders intensiv. Die meisten Elben können mit dieser Intensität nicht umgehen und leben sie als Tragödie in allen möglichen Aspekten und Versionen aus. Zum Beispiel ist ein Test in der Schule nicht einfach ein Test, nein, es geht um Leben und Tod, denn wenn er nicht bestanden wird, ist das gesamte Leben vorbei. Die Dramatik fängt dabei nicht erst einen Tag vor der Prüfung an, sondern sobald sie erfahren, dass es eine Prüfung geben wird.

TIPPS

Ist ein Elb an deiner Seite, hilft nur eins: tief durchatmen und sieben Achtel des Gesagten streichen. Nur dann besteht die Chance, die wirklichen Umstände zu erfassen.

Auf der Erde sind Elben zumeist tierlieb und lieben die Natur, aber eher Wälder als Blumenwiesen. Sie sind schnell erschöpft, sollte man sie mit einer Party oder einem Massenauflauf konfrontieren. Danach müssen sie sich erst einmal ausgiebig ausruhen.

Meist sind Elben auf der Erde fleißig und lernen gerne.

Die Zwerge

Zwerge sind ungestümer als Elben. Sie sind zudem aktiver und gestalten ihr gesamtes Sein. Von tiefgehenden Meditationen sind sie nicht überzeugt, von Stillschweigen noch weniger. Sie diskutieren und erklären fortwährend, was, wie, wieso, weshalb und warum. Elben reagieren mehr auf erlebte Abenteuer, als dass sie aktiv Abenteuer gestalten. Sie lassen geschehen, ohne einzugreifen. Zwerge dagegen erleben Abenteuer, indem sie ihr Leben selbst in die Hand nehmen und versuchen, ihre Schritte zu lenken, um nichts dem Zufall zu überlassen.

Häufige Charaktereigenschaften der Zwerge:

~ Sie sind laut und zäh.
~ Sie sind schnell beleidigt, besitzen jedoch einen wundervollen Humor.
~ Sie sind sehr nachtragend.
~ Sie sind streng und tiefgründig.
~ Sie sind voller lebhafter Emotionen.
~ Sie brauchen lange, um wahre Freundschaft zu schließen.
~ Sie sind mürrisch und störrisch.
~ Sie sind absolut loyal.
~ Sie arbeiten unaufhörlich und stellen sich ausnahmslos in den Dienst von Gott.
~ Sie sind extrem pflichtbewusst, pedantisch und beharrlich.
~ Sie lieben Diskussionen.
~ Sie sind ausgesprochen wissbegierig und dabei sehr ungeduldig.
~ Sie sind nicht sehr flexibel und definitiv stur.
~ Sie lieben Feste und gemeinsame Aktivitäten.

Zwerge sind wundervolle Heiler in ihrer Sphäre. Sie lieben es, anderen zu dienen, und lassen jedem Wesen ihre Aufmerksamkeit angedeihen. Besonders lieben sie es, Bäumen ihre Heilkraft zuzuführen. Jedoch bemühen sie sich ebenfalls um alle Tierseelen und unterstützen auch Elben in ihren Bewusstseinsprozessen. Selbst in den unteren Dimensionen schlafen Zwerge nicht und können Tage bis Wochen am Stück arbeiten. Sie werden oft als Fels in der Brandung bezeichnet, und mit ihrer Kontinuität geben sie Elben Halt in ihren Lernprozessen.

Zwerge sind auch im Universum aktiv und zählen somit zu den Wesenheiten, die ihre Seelenheimat öfter verlassen als alle anderen Wesen der Sphäre. Die meisten Zwerge sind an Projekten beteiligt und unterstützen zum Beispiel die Seelen, die sich um die Bewachung der Luzifer-Sphäre bemühen. Ist es einer Seele gelungen, die Luzifer-Sphäre zu überwinden, so übernehmen nicht selten die Zwerge die Aufgabe, das Wesen in seine Seelensphäre zu begleiten.

Zwerge sind unaufhörlich damit beschäftigt, zu dienen, und im Gegensatz zu den Elben ziehen sie sich nicht zurück, sondern stürzen sich ins Getümmel. Sie unterhalten intensive Kontakte zu den Stein- und Kristall-Wesen aus Lemurien und inkarnieren nicht selten in die lemurische Seelensphäre. Die besondere Liebe der Zwerge zu Kristallen und Steinen aus Lemurien ist berührend, und die eindrucksvolle, verschmelzende Verbundenheit ist im Universum definitiv einzigartig, denn sie geht über das normale Niveau von Verbindung zwischen Seelensphären hinaus. Zwerge sind fähig, im besonderen Maße die Heilkraft der Stein- und Kristallwesen zur Heilung im gesamten Kosmos anzuwenden.

Durch die Zwerge erfährt die Heilschwingung der Kristall- und Steinwesen eine einzigartige Kraft, die dadurch allen im Universum zur Verfügung steht.

Zwerge sind zielstrebig und zielorientiert, und es kommt nicht selten vor, dass sie Entwicklungsschritte überspringen. Sie begeben sich lieber gleich ans Ziel. Mit ihrem Humor überwinden Zwerge Stolpersteine und absolvieren Herausforderungen mit Leichtigkeit. Sie sind clever genug, scharfe Klippen zu umsegeln, und finden meist einen einfacheren Weg. Zwerge haben einen natürlichen inneren Kompass, der ihnen den Weg durch gefährliches Gebiet anzeigt. Daher ist es für andere Wesen aussichtslos, ihrer Art der Bewusstwerdung nachzueifern.

Zwerge lieben das Gemeinschaftsleben über alle Maßen und sind durch und durch gesellige Wesen. Sie frönen jeglichem Genuss, und bei ihnen ist immer Action angesagt. Ihre Umhüllung besteht aus Hosen und einer Tunika. Bei ihren Zeremonien tragen sie, genau wie Elben, wallende Gewänder aus feinstofflicher Energie.

Zwerge leben im Schwingungszentrum der Regenbogen-Sphäre in »unterirdischen« Baumwurzeln, die wie Berge anmuten. Zwerge in tieferen Dimensionen leben meist in kleinen Gemeinschaften mit etwa zehn bis dreißig Wesenheiten. In höheren Dimensionen vergrößert sich die Zahl der Bewohner.

Dorfgemeinschaften bestehen aus nicht mehr als hundert Zwergen im Verbund. Die Dorfgemeinschaften erfüllen unterschiedliche Aufgaben, und so wechseln Zwerge je nach Bedarf in verschiedene Gemeinschaften. Bei ihnen ist es durchaus üblich, einen Partner innerhalb der Gemeinschaft zu wählen. Wechseln sie in eine neue Gemeinschaft, wird die Partnerschaft aufgelöst. Doch gibt es auch Verbindungen, die auf ewig halten.

Gleich in welcher Dimension oder Ebene, Zwerge sind ausnehmend gastfreundlich und bieten dir alles an, was sie zur Verfügung haben, solltest du in ihre Seelensphäre inkarnieren. Zwerge handeln aus inneren Beweggründen heraus, niemals aus Berechnung.

Baum- und Strauchwesen

Sie haben ihre Heimat in der Regenbogen-Sphäre, von der fünften bis zur zwölften Dimension. Es gibt sie in vielfältiger Form. Sie sind bezaubernd, herzerfrischend und edel, und ihre Charaktere reichen von ausgesucht ernst und streng bis hin zu absolut kindlich.

Baumwesen sind »einzelne« Wesen. Jede Baumseele kann ihr Bewusstsein selbstständig entfalten. Sie sind überaus eigenständig und lassen sich nichts vorschreiben. Sie können aber auch Seelengruppen in Form von Wäldern bilden. Dabei schließen sich Baumseelen auf ihren eigenen Wunsch zusammen und bilden eine Bewusstseinsgruppe, in der sie gemeinsam den Aufstiegs- oder Bewusstwerdungsprozess gestalten und absolvieren.

Baumgruppen in der Regenbogen-Sphäre können ein wahrhaft gigantisches Ausmaß annehmen.

Baumwesen an sich sind selbst für sphärische Verhältnisse exorbitant monumental. Sie strahlen eine königliche Würde aus, und ihre Erhabenheit ist überwältigend. Im Gegensatz zu ihrer Erscheinung auf der Erde sind Baumwesen in ihrer Sphäre flinke und sehr bewegliche Wesen und besitzen eine ausgesuchte und erhabene Schönheit, die sich in ehrwürdiger, prunkvoller Kraft und Größe zeigt. Durch ihre Größe strahlen sie eine erholsame und ruhevolle Kraft aus. Ihre Blätter und Blüten strömen reine Glückseligkeit aus.

Baum- und Strauchseelen sind in ihrer Sphäre nicht an einen Platz gebunden, und ist es für sie Zeit, eine neue Sichtweise zu erforschen, lösen sie behutsam ihre Wurzeln und wandern weiter. Es ist möglich, dass die Reise Jahrtausende in Anspruch nimmt. Finden sie ihren neuen Standort, verankern sie ihre Wurzeln und erproben die neue Situation. Wie lange sie an einem Platz verweilen, liegt im alleinigen Ermessen der Seele.

Die »Städte« der Elben befinden sich in den Kronen der Bäume. Durch filigrane Hängebrücken sind sie miteinander verbunden. Eine Befestigung gibt es nicht, der Baum formt aus sich heraus die »Unterkünfte«. Will ein Baumwesen weiterziehen, so verlässt es einfach seinen Platz. Trägt ein Baumwesen eine elbische Unterkunft, so wird diese auf ein anderes Baumwesen übertragen.

Die Bäume erstrahlen in perlmuttartigen Farbtönen. Lieblingsfarben sind beispielsweise Lila, Pastellblau, Rosa oder auch Lindgrün. Baumwesen sind ausnahmslos fortgeschrittene, beeindruckende und liebende Seelen.

Ein fester Untergrund ist in der Sphäre fremd, alles schwebt. Dennoch gibt es eine Art Dichte, meist gebildet durch das Nebelwesen, in der Bäume und Sträucher ihre Wurzeln verankern. Das

Wurzelgeflecht bildet ein flächendeckendes Höhlensystem. Durch die Verwurzelung sind Baum- und Strauchwesen mit ihren Artgenossen verwoben. Informationen erreichen blitzartig jeden Winkel der Sphäre. Die Kommunikation funktioniert bei Bäumen und Sträuchern hervorragend, sie kommunizieren intensiv mit jeder Wesenheit in ihrer Sphäre. Tierseelen sind ausgesprochen gerne in der Nähe der Baum- und Strauchwesen, sie lieben die ruhige, behutsame und großmütige Art der Bäume, die sie in vollkommener, harmonischer Symbiose leben.

Ab und an können aber auch Baumwesen in Wallung geraten. Durch ihr filigranes Geflecht ist die »Erregung« in allen Winkeln der Sphäre spürbar. Baumwesen sind emotional und leben Emotionen in einer intensiven Form. Sie leben Gefühle, ohne die Verantwortung dafür auf andere zu übertragen. Ein solches Verhalten wäre für Baum- und Strauchwesen ausgeschlossen.

Nebel

Das Nebelwesen ist eine eigene Seins-Form. Es besteht aus einem einzigen Spirit und kann sich in Abermilliarden Teile aufspalten. Jedoch sollte die Form nicht mit dem irdischen Erscheinungsbild gleichgesetzt werden. Irdisch setzt sich unser Nebel aus der Wesenheit Wasser und Luft zusammen, in derselben Art, wie sich Materie und Seele in einem menschlichen Körper verbinden. Viele Wesenheiten bilden auf der Erde eine Symbiose. Unser »Mensch«-Sein vereinigt sogar mehrere Wesenheiten in sich. Nichts ist ohne Spirit.

Das perlmuttfarbige Nebelwesen ist in der Regenbogen-Sphäre überall existent. Es gleitet leise über Hügel und Wälder. Nebel beteiligt sich an keiner Kommunikation, er ist die göttliche Stille. Will er etwas mitteilen, geschieht es sehr leise und verständnisvoll. Die Seele des Nebels ist sanftmütig, geduldig und still. Emotionen drückt er in leisen Schwingungsmustern aus, er ist niemals aggressiv oder wütend. Diese Seele liebt es, andere zu beschützen und tröstend einzuhüllen. Das Nebelwesen hat bereits die zwölfte Dimension erreicht und ist ein wundervoller Avatar.

Tierwesen

In der Regenbogen-Sphäre finden unterschiedliche Tierseelen ihre Heimat, die wir auf der Erde als »Säugetiere« bezeichnen. Es inkarnieren etwa ein Fünftel der dort vorhandenen Tierarten ins irdische Matrixfeld. Bei diesem fast unerschöpflichen Reichtum beschreibe ich die Tierseelen als Einheit, obwohl ich ihnen damit nicht gerecht werde.

Tierseelen existieren in der Regenbogen-Sphäre in absoluter Reinheit. In ihrer Sphäre wählen sie eine Form und behalten diese bis in die zehnte Dimension bei. Ab der zehnten Dimension gibt es keine Form mehr, sondern nur noch reine hohe Schwingung. Auf der Erde können Tierseelen in verschiedene Tierkörper inkarnieren. Ein Elefant kann durchaus eine Katze sein und diese ein Nashorn.

Tierseelen haben unterschiedliche Charaktere und Formen; es gibt sowohl anmutige und vertrauensvolle Wesen als auch wilde Alleingänger. Eins haben sie alle gemeinsam: Sie sind absolut machtvoll und ausgesprochen präsent. Ohne ihre Zustimmung findet nichts in der Sphäre statt. Gegenseitige Achtung und Respekt sind wichtige Charakteristika der Regenbogen-Sphäre, und die Bedeutung von *Miteinander* ist hier besonders spürbar.

In der Sphäre bewegen sich alle Tierwesen frei umher, denn sie sind autarke und eigenmächtige Seelen. Sie erfüllen gewissenhaft unzählige Aufgaben und unterstützen andere Wesen bei ihrer Bewusstwerdung. Einen festen Aufenthaltsort kennen Tierseelen nicht. Sie bilden entweder untereinander Gruppen oder leben mit anderen Wesenheiten zusammen. Selten sind sie allein anzutreffen. Sollte eine Tierseele doch einmal allein die Regenbogen-Sphäre durchstreifen, geschieht es zum Zweck der Bewusstseinsentfaltung. Tiere lieben es, ihre Sphäre zu durchstreifen, und bieten anderen allzeit ihre Unterstützung an.

Von essentieller Wichtigkeit ist ihnen ihre absolut unabhängige Lebensweise. Alle Tierwesen gehören niemandem außer sich selbst, Besitzansprüche sind in der Regenbogen-Sphäre unbekannt. Sie sind Elben, Zwergen und Bäumen gleichgestellt und schulden niemandem Rechenschaft über ihren Aufenthaltsort oder ihre Handlungen. Tiere leben ihre Freiheit in vollem Umfang.

Einige Tierwesenheiten vollziehen ihren Aufstiegsprozess mit der gesamten Gattung. Die meisten Tierseelen aus der Regenbogen-Sphäre haben sich jedoch entschlossen, einzeln aufzusteigen.

Der Heilungsprozess für Tiere nach einer irdischen Inkarnation findet in der Regenbogen-Sphäre statt.

Die Art der Heilung einer Tierseele ist vollkommen offen, feste Regeln gibt es in diesem Bereich nicht. Sicher ist: Verlässt eine Tierseele das Heilenergiefeld, ist die Heilung vollkommen.

Einhörner

Das Einhorn hat in der Regenbogen-Sphäre sowie im Universum eine herausragende Stellung. Auch Einhörner sind bei der Entstehung des Universums, wie die meisten Wesen aus den verschiedenen Sphären (außer den Engeln), bis auf die unterste Stufe gesunken. Dort blieben sie jedoch nicht lange, denn es war ihnen möglich, ihr Bewusstsein sofort in die zwölfte Dimension anzuheben. Einhörner sind die einzige Wesensgruppe in der Regenbogen-Sphäre, bei der bereits alle Seelen den vollkommenen Aufstiegsprozess durchlaufen haben. Ausnahmslos! Sie sind *die* erleuchtete Spezies der Sphäre. Alle Einhörner haben ihren Bewusstwerdungsprozess abgeschlossen und durchlaufen keine weitere Entwicklung mehr.

Das Einhorn repräsentiert die unendliche Weisheit und Sanftheit Gottes. Sie sind voll strenger Hingabe und stellen sich uneingeschränkt unserem Kosmos zur Verfügung. Einhörner lieben es, neue Sichtweisen zu erforschen und Weisheit sowie Liebe in alle Begegnungen einfließen zu lassen. Sie lieben das Lehren und sind daher äußerst aktiv im Universum unterwegs. Einhörner mischen in allen Belangen mit, denn sie sitzen in fast allen kosmischen Räten, und ohne ihr Wissen findet kein neues Projekt im Kosmos statt. Die Entfaltung der göttlichen Weisheit ist schließlich dazu gedacht, aktiv und mit aller zur Verfügung stehenden Kreativität eingebracht zu werden.

Übernimmt ein Einhorn eine Aufgabe, wird die Mission von vier oder mehr Einhorn-Seelen begleitet. Allerdings besteht nur zu einem Einhorn Kontakt. Einhörner wählen selbstständig ihre Aufgabe aus, handeln eigenständig und übernehmen hierfür die volle Verantwortung. Dadurch sind sie im Universum die Botschafter für Selbst- oder Eigenverantwortung!

Einhörner leben in einem immerwährenden Verbund. Alle Einhorn-Seelen sind auf das Innigste miteinander verbunden. Sie sind *eins!* Eine Trennung durch Sphären gibt es nicht. Einhörner sind fähig, in der zwölften Dimension ihr Herzchakra zu vereinigen. So entsteht die absolut vollkommene Macht der Liebe. Einhörner kennen keine Hierarchie, gleichwohl ist Pegasus ihr oberster »Chef«. Pegasus ist eine der zwölf Seelen im übergeordneten kosmischen universellen Rat des Universums. Seine Macht ist, bis auf ein paar kleine Ausnahmen, auf dem gleichen Niveau wie die von Seraphim Michael. Pegasus ist liebevoll, aber streng, und Spielchen unterbindet er augenblicklich.

Die fokussierte, liebevolle und starke Macht und Schönheit der Einhörner durchdringen alle Winkel unseres Universums. Sie überstrahlen jegliche Art von Negativität im Kosmos. Die Legenden um die Einhörner zeigen deutlich auf, dass ihre reine Seele auch auf der Erde erkannt wird. Ihre Ausstrahlung, die unschuldig und makellos ist, steht für ihre vollkommene Liebe. Die Aussage, dass nur reine Seelen Einhörner berühren können, zeigt, dass Einhörner jene Seelen erkennen können, die noch der kosmischen Illusion erliegen.

Einhörner machen zwischen Tieren, Menschen, Blumen, Luft oder Bäumen keinen Unterschied, und sie unterstützen, was sie als richtig und wichtig erachten, gleichgültig, wer diese Unterstützung empfängt. Sie empfinden jede Seele als würdig, sofern sie es ernst meint. Durch ihr Avatar-Bewusstsein können sie sich in vollem Ausmaß der Entfaltung der göttlichen Schöpfung im Universum widmen, also auch uns Menschen auf der Erde. Begleitet ein Einhorn ein Wesen auf der Erde, so können wir davon ausgehen, dass sich mindestens drei weitere Einhörner mit dem Erwachen dieser Seele befassen. Sie sind durch ihre reine Sichtweise wundervolle Botschafter der göttlichen Liebe. Falls sich dir ein Einhorn zeigt, gib dich hin und genieße!

In der Regenbogen-Sphäre manifestieren sich Einhörner in jeder Dimension und sind allgegenwärtig. Nach Erfüllung ihrer Aufgabe ziehen sie sich in die zwölfte Dimension zurück. Einige Einhörner, wie zum Beispiel Pegasus, besitzen Flügel. Jedoch wählt nicht jedes Einhorn die Form mit Flügeln. Einhörner manifestieren sich auf der Erde ausschließlich in der Form von Pferden. Somit sind alle Pferde auf der Erde Einhörner im Universum.

Einhörner erscheinen Kindern oft in Träumen. Hier können sie sich in ihrer wahren Schönheit präsentieren. Von Kindern werden Einhörner immer als solche erkannt, gleich welche Ausdrucksform ein Einhorn wählt. Erzählen Kinder von Einhörnern, sollte das deshalb auf keinen Fall als Unsinn abgetan werden.

Die Regenbogen-Sphäre auf der Erde

Das erste Zusammentreffen der Energiefelder der Regenbogen-Sphäre und der Erde fand im heutigen Amazonasgebiet statt. Glücklicherweise inkarnieren dort weiterhin viele Baum- und Tierwesen. Die reichhaltige Anwesenheit der Regenbogen-Sphäre an diesem Ort garantiert das Überleben auf der Erde.

Die Energie der Regenbogen-Sphäre ist sensibel, zart und verletzlich. Es besteht die reale Gefahr, dass sich die Energie auf ein Minimum reduziert, sofern wir nicht gewillt sind, alles, was auf der Erde existiert, mit Respekt und Achtung zu behandeln. Besonders für die Tierwelt muss ein anderes Bewusstsein entfaltet werden. Die Artenvielfalt, die aus dieser Sphäre auf die Erde einströmt und das Bild der Erde prägt, ist ein Wunder. Für jedes Wesen musste ein passender Körper erschaffen werden. Alles muss in Einklang miteinander stehen, alles sollte ineinander passen und ein Bild der Harmonie ergeben. Daher sind die Tierseelen wesentlich später auf der irdischen Bildfläche erschienen als beispielsweise die Baum- oder Strauchwesen. Erst nachdem die Dinosaurier (die Drachen) die Erde verlassen hatten, entwickelte sich explosionsartig die Tierwelt aus der Regenbogen-Sphäre.

Die Baumwesen entschieden sich sehr früh, ihren Bewusstseinsprozess auf der Erde voranzutreiben. Zu Anfang waren sie fähig, sich in einem kleinen Rahmen zu bewegen. Allerdings wurde ihr Bewusstsein, wie auch das der »Menschen«, nach dem Untergang von Atlantis auf die dritte Dimensionsebene herabgesenkt. Seit diesem Zeitpunkt können sie nicht mehr umherwandern, da ihre Verwurzelung intensiviert wurde. Doch all das wird sich lösen, sobald die Wesen auf der Erde ihr Bewusstsein in die fünfte Dimension anheben.

Im lemurischen Zeitalter, vor etwa hundertvierzig Millionen Jahren, waren bereits Tierseelen aus der Regenbogen-Sphäre auf der Erde vorhanden. Allerdings besaß ihre Energie noch nicht dieselbe Dichte wie heute. Es brauchte rund fünfzehn Millionen Jahre, bis die Energie auf das irdische Niveau herabgesenkt werden konnte, und dennoch waren die Wesen feinstofflicher als heute. Einzig die Drachen, die uns als Dinosaurier bekannt sind, waren von Anbeginn an fähig, ihre Energie dem irdischen Niveau anzupassen (vgl. Zamarah-Sphäre).

In lemurischer Zeit existierten auf der Erde größtenteils andere Tierwesen, die sich jedoch zu Beginn des atlantischen Zeitalters verabschiedeten. Der Raum für neue Tierwesen wurde geschaffen, und die Erde erlebte eine Wandlung.

Nachdem das atlantische Zeitalter vergangen war und unser jetziges Zeitalter »Samairis« begann, vollzog sich wiederum ein Wandel. Ganze Tiergruppen kamen und gingen.

Tierseelen können sich nicht einzeln entscheiden, auf die Erde zu inkarnieren. Es muss sich eine größere Anzahl der Spezies bereiterklären, ihren Bewusstwerdungsweg über die Erde zu gestalten. Anschließend muss der Lebensraum bestimmt und ins irdische Gefüge eingegliedert werden. Die Entscheidung, ob eine neue Wesensgruppe auf der Erde erscheinen darf, wird nicht allein von den Wesen getroffen. Hierzu hat der kosmische Rat der Erde das letzte Wort.

Die Elben und Zwerge waren, wie die Lemurer, von Anbeginn im irdischen Energiefeld aktiv. Richtig eingetaucht sind sie jedoch erst ab der atlantischen Zeitepoche, und selbst dann kann man ihre Körper nicht mit unseren heutigen gleichsetzen, denn sie waren wesentlich feinstofflicher.

Die Tier-, Baum- und Strauchwelt lebt in einer vollkommenen Symbiose auf der Erde, genauso wie in der Seelensphäre. Durch das Eingreifen der Menschen auf der Erde ist diese Symbiose ein wenig in Schieflage geraten. Wichtig ist, dass wir als Menschen unsere Verantwortung gegenüber allen Wesen wahrnehmen und ihnen keinen weiteren Schaden zufügen, indem wir der Gier verfallen. Baumwesen sowie Tierwesen sind hochsensible Geschöpfe, und sie nehmen die Schwingung der Menschen intensiv wahr.

Aus diesem Grund ist es wichtig, dass die Menschheit lernt, aus der negativen Denkweise in eine positive Denkweise umzuschalten. Das liegt absolut in der Hand jedes Einzelnen.

Elben und Zwerge fühlen sich auf der Erde insgesamt ganz wohl. Elben empfinden die Menschen meist als zu grob und ziehen sich aus diesem Grund schnell und oft in ihr Schneckenhaus zurück. Häufig schenken sie ihre Liebe den Tieren und nicht unbedingt den Menschen. Ihre Sensibilität steht ihnen auf der Erde ab und an im Weg, und sie fühlen sich nicht gesehen oder übergangen. Öffnen sie sich für Menschen, sind sie ausgesprochen hingebungsvoll und loyal, ebenso wie die Zwerge. Sie lieben und leben Drama und stellen die Geduld, vor allem von Lemurern, auf eine harte Probe. Zwerge sind ebenfalls sensibel, jedoch auf eine gänzlich andere Art. Während Elben offen ihre Verletzlichkeit zeigen, wirken Zwerge nach außen hin oft mürrisch. Sie lassen es sich nicht anmerken, wenn sie sich verletzt fühlen. Sie werden in sich gekehrt, wenden sich jedoch nicht ab. Auf der Erde lieben sie besonders die Wälder und benötigen Raum und Zeit, sich dort aufzuhalten. Eine Stunde Wald lädt sie wieder völlig auf und gibt ihnen den Elan zurück, den sie für ihre Inkarnation benötigen. Die Elben hingegen wenden sich mehr den Tieren zu. Wobei sie gleichfalls die Wälder lieben. Jedoch durchstreifen sie diese lediglich, während der Zwerg den Wald tatsächlich intensiv erleben muss.

Mit der Erde steht die Regenbogen-Sphäre in intensivem und innigem Kontakt. Nach wie vor stellen sie die zweitgrößte Lichtwesen-Gruppe auf der Erde. Beeindruckend ist, dass alle Wesen in der Regenbogen-Sphäre gleichwertig sind und überaus geachtet werden. Wir dürfen hier gerne von ihnen lernen.

INKARNIEREN SEELEN AUS DER REGENBOGENSPHÄRE AUF DIE ERDE, BEVORZUGEN SIE FOLGENDE BERUFE ...
Alle Berufe, die mit Tieren zu tun haben, wie Tierpfleger, Tierarzt, Zoologe, Hufschmied oder Förster. Elben und Zwerge sind auf der Erde besonders oft ehrenamtlich im Tier- und Naturschutz aktiv. Doch diese Seelen interessieren sich nicht nur für die Tierwelt, sondern besitzen auch eine wundervolle Kreativität. Daher treffen wir sie ebenso als Möbeldesigner, Lehrer, Erzieher, Gärtner, Architekten, Naturforscher, Reisebegleiter, Schreiner und Abenteurer an. Manchmal sind sie auch im Bankwesen oder als Holzfäller unterwegs.

Ein Erlebnis mit der Regenbogen-Sphäre

Mein Erlebnis mit der Regenbogen-Sphäre fand gleich zu Beginn meines Aufwachprozesses auf der Erde statt. Da mir unerklärlicherweise meine Fähigkeit, mit Tieren zu kommunizieren, im Laufe der Zeit abhandengekommen war, entwickelte ich eine

Abneigung gegen Tiere. Nicht, dass ich sie nicht liebte, vielmehr waren sie mir suspekt und unheimlich. Da wir in meiner Familie keine Tiere besaßen, war dies nicht sonderlich tragisch. Fand ich zumindest. Meine Begleiter, vor allem Seraphim Michael, waren natürlich anderer Meinung.

Michael fing an, mit mir über Pegasus zu sprechen. Ich kannte Pegasus nur als geflügeltes Pferd aus irgendeiner Geschichte. Ich hatte keine Ahnung, welch kraftvolle Seele Pegasus ist. Vielmehr tat ich das Ganze als Spielerei ab.

Ich sollte eines Besseren belehrt werden.

Seraphim Michael bat mich, mich in Meditation zu begeben. Nachdem ich meine Schwingung angehoben hatte, umhüllte er mich und wir begaben uns auf eine Reise zur Regenbogen-Sphäre. Das Ankommen in dieser Sphäre ist ein echtes Spektakel. Alles leuchtete und funkelt in den spektakulärsten Farben, die ich jemals wahrgenommen habe. Das Tor zur Sphäre öffnete sich langsam, und ein wahrer Glitzerregen übergoss mich.

Das war die Begrüßung des Nebelwesens. Meine Laune hob sich augenblicklich, und voller Vorfreude auf das, was mich erwartete, trat ich in die Regenbogen-Sphäre ein.

Gleich nach dem Tor erwartete mich Pegasus, und – was soll ich sagen – diese Seele ist gigantisch, auch wenn seine Erscheinung keine Flügel hatte. Er lud mich ein, näherzutreten, und die Regenbogen-Sphäre der fünften Dimension öffnete sich vor mir. Ein wahrhaft bewegender Moment. Die Schönheit der Sphäre ist mit menschlichen Worten nicht zu beschreiben. Ich war sprachlos.

Ich trat weiter in den Raum ein, und sowohl Faithemy (Vorsteher der Regenbogen-Sphäre) als auch ein Baumwesen begrüßten mich. Wir gingen weiter in die Sphäre hinein und wurden sofort vom Nebelwesen umhüllt. Bis dahin hatte ich das Wort »einhüllen« nicht wirklich verstanden. Es hat eine eigene Qualität. Niemals hatte ich mich dergestalt getragen und behütet gefühlt.

Ich tauchte in die Welt der unendlichen Schönheit ein. Alles in der Sphäre ist von erhabener Schönheit. Mein Astralkörper hob automatisch seine Schwingung an. Ich fühlte mich rundum wohl. Ein Vertreter der Tierseelen kam auf mich zu und berührte mich sanft am Dritten Auge, und ich verstand ihn auf Anhieb. Nicht in Worten, sondern in seinem Sein. Welch ein großzügiges Geschenk! Meine Angst vor Tieren war augenblicklich verschwunden, und das ist bis heute so geblieben. Doch das war nicht das prägendste Erlebnis, das ich erfahren durfte. Das kam jetzt.

Pegasus sprach mich an und fragte: »Ist dir bewusst, dass ein Baumwesen beschlossen hat, dich in deiner irdischen Inkarnation zu begleiten?« Nein, das wusste ich nicht. War mir bis zu diesem Zeitpunkt überhaupt klar, dass wir immer aus der feinstofflichen Ebene begleitet werden? Nein, war es nicht.

Diese Erkenntnis ließ einen ganzen Berg von meinen Schultern fallen. Ich fühlte mich befreit, befreit davon, alleine auf der Erde zurechtkommen zu müssen.

Uriel und Michael sah ich gar nicht als meine »Begleiter« auf der Erde an. Sie waren halt da, und das war es.

Mein Blick glitt zu Pegasus, und ich fragte: »Kann ich das Baumwesen kennenlernen?«

Pegasus nickte und schaute das Baumwesen an, das mich begrüßt hatte. Habe ich schon erwähnt, dass dieses Baumwesen eine monumentale Größe aufwies? Mein erster Gedanke war: *Wenn der etwas will und du nicht, dann weiß ich schon, wer der Gewinner sein wird. Es wirst nicht du sein.*

In diesem Augenblick kam es mir doch tatsächlich so vor, als würde das Baumwesen mich angrinsen. Wahrscheinlich bildete ich mir das nur ein, doch es wirkte absolut real. Wie auch immer, das Baumwesen richtete seine Aufmerksamkeit zur Gänze auf mich. Das war nicht unangenehm, eher etwas respekteinflößend. Ich empfing seine Schwingung, die mir die Frage vermittelte, ob ich für eine Erfahrung mit ihm genug Vertrauen hätte. Ich hatte. Zuerst jedoch wollte ich gern den Namen meines Baumwesens wissen. Er heißt Trustilian. *Cooler Name*, dachte ich, und schon wieder nahm ich ein Grinsen wahr. Worauf mich der Verdacht beschlich, dass Trustilian meine Gedanken lesen konnte. Nachdem sich daraufhin das Gefühl des Grinsens intensivierte, wusste ich Bescheid – er konnte. Okay, dann hatten wir das auch geklärt.

Trustilian stellte sich an meine Seite und begann, mich mit seiner Energie zu umhüllen. Er umschloss mich vollkommen, und das Gefühl, in einem Baum zu sein, war interessant. Ich konnte die Wurzeln, den Stamm und die Verzweigung spüren. Das Wiegen und die Gedanken, die intensiv im Inneren entstanden und sich wieder auflösten. Auf einmal verspürte ich einen sanften Druck, und Trustilian begann meinen Astralkörper durch den Stamm zu schieben, bis ich irgendwann im oberen Bereich das Stamminnere verlassen konnte. Ich stand auf einer winzigen Plattform in schwindelerregender Höhe. Ich fühlte mich sicher und wie verzaubert. Von hier oben sah die Regenbogen-Sphäre noch wesentlich phänomenaler aus, denn Trustilian überragte alles in seiner Umgebung. Eine riesige Baumlandschaft erstreckte sich, so weit ich sehen konnte. Überall in den Wipfeln der verschiedensten Baumwesen waren kleine Baumhäuser zu erkennen. Manche waren durch zierliche Hängebrücken verbunden. Diese Brücken wurden aus den Ästen der Baumwesen gebildet. Einfach wunderschön. Das Nebelwesen verteilte sich an unterschiedlichen Stellen und umhüllte alle Seelen.

Trustilian machte sich bemerkbar und ließ Äste und Blätter nach seinem Gutdünken wachsen und wieder verschwinden. Dann sagte er: »Chamuel, wenn du einmal Trost oder einen Ort des Rückzugs benötigst, um Kraft zu tanken, dann nutze mich.« Ich kann nicht beschreiben, welches Glücksgefühl dadurch in mir entstand.

Dann sah ich, wie Trustilian seine Zweige zu einer großen und sehr breiten Hängematte formte. Er forderte mich auf, mich in die Hängematte zu legen. Vorsichtig kletterte ich die Äste entlang und legte mich in die Mitte. Als ich lag, formte Trustilian ein Kopfkissen und eine Decke aus seinen Ästen und Blättern. Schon nach kurzer Zeit fühlte ich mich sehr erfrischt und erholt. Trustilian bat mich jedoch, noch liegen zu bleiben. Vorsichtig und behutsam drangen die Äste von Trustilian in meinen Astralkörper ein. Er umschlang mich von außen und innen. Durch seine Äste floss pure Energie, und die Energie durchfloss meinen Astralkörper. Es fühlte sich wie eine Runderneuerung an, was es letzten Endes auch war. Dann zog Trustilian seine Äste langsam wieder zurück und gab mich frei. Ich fühlte mich hervorragend. Er bildete an seiner Außenseite eine Wendeltreppe, und ich kehrte zu meinen Begleitern zurück. Pegasus erklärte: »Chamuel, es gibt viele Wesen im Universum. Gott ist unendlich, und unendlich vielfältig sind die Formen, die aus ihm entstehen. Irdische Fantasie-Wesen sind keine Fantasie, sondern Erinnerungen an eine Inkarnation, die nicht auf der Erde stattfand oder Erinnerungen an die unterschiedlichen Seelensphären. Alles, was gedacht wird, existiert auch. Auf der Erde habt ihr verlernt, im Einklang miteinander zu leben. Daher versteht ihr euch nicht mehr. Doch hier ist es anders. Jede Seele ist gleichberechtigt. Keiner steht über dem anderen, es gibt nur ein Wir. Falls du meine Unterstützung oder meinen Rat benötigst, bin ich für dich da.«

Trustilian schaute mich an, und ich verstand, dass auch er immer für mich da sein würde, wenn ich einen Rückzugsort benötigte. Seither war ich viele Male in der Hängematte, und ich kann dir nur empfehlen, selbst für dich herauszufinden, ob dich ebenfalls ein Baumwesen auf der Erde begleitet. Falls ja, dann fange an, es kennenzulernen, und ab in die Hängematte! Falls dich kein Baumwesen begleitet, dann suche dir ein Baumwesen aus und bitte es um Unterstützung. Sie sind dir sehr gerne behilflich und äußerst genügsam, sofern alles in ihrem Tempo abläuft.

Meditation Regenbogen-Sphäre

- Liege wohl und bequem auf deiner Unterlage.
- Entspanne dich.
- Atme sanft ein und aus.

~ Lass jede Disharmonie, die du in deinem Körper wahrnimmst, los.
~ Werde leicht und weich.
~ Atme ein und aus, bis sich dein ganzer Körper harmonisch im Einklang mit deinem Atem bewegt.
~ Du fühlst, wie dein menschlicher Körper immer weiter in die wohlige Entspannung gleitet.
~ Du fühlst dich in deinem menschlichen Körper zufrieden, spürst die Sicherheit, die dein menschlicher Körper dir vermittelt.
~ Deine Gedanken und deine Sinne sind ausgeglichen, Wohlbehagen breitet sich in deinem gesamten Körper aus.
~ Atme in Leichtigkeit ein und aus.
~ In diesem Augenblick nimmst du wahr, wie deine geistigen Sinne in dir erwachen.
~ Dein Blick wendet sich nach innen und weitet sich für die höherschwingenden Energien.
~ Du empfindest eine pulsierende Wärme, die von einem lebendigen Licht ausgesendet wird.
~ Dieses warme Licht strömt liebevolle Heiterkeit aus.
~ Das pulsierende Licht nähert sich dir langsam.
~ Es wird dir bewusst, dass es das Licht von Seraphim Gabriel ist.
~ Die Freude über ihr Erscheinen bahnt sich einen Weg in deine Gefühle, und du bist überglücklich.
~ In diesem Augenblick ist Seraphim Gabriel bei dir, an deiner Seite.
~ Mit deinen inneren Augen kannst du sie deutlich wahrnehmen.
~ Ihre bedingungslose Liebe und Hingabe an dich berühren dein Herz.
~ Tiefe innere Ruhe und Ausgeglichenheit erfüllen dein Sein.

- Sie berührt dich mit ihrer Energie, und ihr begrüßt euch innig.
- Seraphim Gabriel erklärt dir, dass sie dir das Geschenk einer Astralreise in die Regenbogen-Sphäre machen will.
- Damit sie dich mit in die Seelensphäre nehmen kann, ist deine Erlaubnis erforderlich.
- Bitte gebe ihr dein Einverständnis in diesem Augenblick.
- Nach deinem Einverständnis erklärt sie dir, dass es für die Reise in die Seelensphäre erforderlich ist, deinen Astralkörper aus deinem menschlichen Körper zu heben.
- Du bist jedoch weiterhin vollständig und sicher mit deinem menschlichen Körper verbunden.
- Seraphim Gabriel beginnt nun sehr sanft, deinen Astralkörper mit ihrer wundervollen Energie einzuhüllen.
- Sie empfängt dich mit ihren großen Flügeln und trägt dich in ihren starken Armen.
- Du bist vollkommen sicher und geborgen. Du bist in Liebe eingehüllt..
- Seraphim Gabriel hat in diesem Augenblick deinen Astralkörper aus deinem menschlichen Körper gehoben und erhöht behutsam die Energie schwingung für deine Reise in die Regenbogen-Sphäre.
- Eure gemeinsame Astralreise in die Sphäre hat begonnen.
- Durch das Anheben der Energie wird dein Astralkörper von einer angenehmen Wärme durchflutet.
- Leichter und leichter empfindest du deinen Astralkörper.
- Deine inneren Sinne nehmen eine veränderte Schwingung wahr, und Seraphim Gabriel erklärt dir, dass ihr im Schwingungsfeld der Regenbogen-Sphäre angekommen seid.
- Ganz zaghaft berühren deine Füße den ätherischen Boden.
- Seraphim Gabriel bittet dich, deine Astralaugen langsam zu öffnen.

~ Sie hält dich an der Hand und legt ihren wunderschönen Flügel um dich.
~ Dich durchströmt eine Welle der Glückseligkeit, als du zu verstehen beginnst, welch ein Geschenk du hier erleben darfst.
~ Behutsam beginnst du, die Umgebung der Regebogen-Sphäre zu betrachten.
~ Die wundervolle Farbenpracht, die du wahrnimmst, überwältigt dich.
~ Das Gefühl tiefer Hingabe umgibt dich.
~ Du schaust dich um und erkennst Landschaften, die eine unbeschreibliche Schönheit und Grazie ausströmen.
~ Wie von selbst beginnst du, dich in der Regenbogen-Sphäre zu bewegen.
~ Du saugst die Energie regelrecht in dich hinein.
~ In völliger Harmonie und Freiheit wagst du den ersten Schritt und beginnst deinen Weg.
~ In der Ferne siehst du eine Gruppe von Wesen auf dich zukommen.
~ Noch bevor sie bei dir ankommen, kannst du ihre Freude spüren, dich zu sehen.
~ Angesteckt von dieser Freude gehst du auf sie zu.
~ Du umarmst jeden von ihnen innig.
~ Avatar Faithemy nimmt dich liebevoll in Empfang, und auch Pegasus begrüßt dich freudig.
~ Beide nehmen dich in ihre Mitte, und vor dir bildet sich ein Weg, der nur für dich bestimmt ist.
~ Bei jedem Schritt, den du vorwärts schreitest, näherst du dich einem gigantischen Baum.
~ Du kannst die Krone des Baumwesens nicht erkennen, und deine Arme reichen nicht aus, den Stamm zu umfassen.
~ Die bedingungslose Liebe des Baumwesens umhüllt dich und lässt dich fast schweben.

- Wohlbehagen erfüllt dein gesamtes Sein, solch eine Liebe und Glückseligkeit hast du schon lange nicht mehr empfunden.
- Du kannst sehen, wie das Baumwesen eine Wendeltreppe am Stamm entstehen lässt.
- Avatar Faithemy, Pegasus und Seraphim Gabriel begleiten dich zum Stamm des Baums.
- Pegasus und Faithemy geben dir zu verstehen, dass du die Wendeltreppe hinaufsteigen darfst.
- Langsam beginnst du deinen Aufstieg, der einige Zeit in Anspruch nimmt.
- Oben angekommen begrüßt dich das Baumwesen, und du fühlst dich herzlich willkommen.
- Das Baumwesen ist DEIN Baumwesen und dient dir als Erholungs- und Rückzugsort, wenn es auf der Erde einmal hektisch wird und du sanfte Ruhe benötigst.
- Das Baumwesen lässt in seiner Krone eine wunderschöne Plattform entstehen.
- Du kletterst auf die Plattform und siehst, dass die Äste und Blätter eine behagliche Oase gebildet haben.
- Du legst dich hin und spürst, wie das Baumwesen dich sanft hin und her wiegt.
- Du fühlst dich harmonisch und glückselig.
- Das Baumwesen berührt dich sanft mit seinen Ästen, und du spürst, wie die reine Energie des Baumwesens in dich einfließt und deinen Geist von negativen Gedanken befreit.
- Du fühlst dich erquickt und befreit von dunklen Gedanken.
- Voller Wärme bedankst du dich beim Baumwesen für dieses zauberhafte Geschenk.
- Langsam begibst du dich an den Abstieg. Faithemy, Pegasus und Gabriel erwarten dich am Stamm des Baumwesens.

~ Du schaust Seraphim Gabriel lächelnd an.
~ Sie gibt dir zu verstehen, dass die Zeit des Abschieds von der Regenbogen-Sphäre für dich gekommen ist.
~ Alle umarmen dich nacheinander, und ihr verabschiedet euch herzlich voneinander.
~ Seraphim Gabriel stellt sich zu dir und nimmt dich in ihre starken Arme, und du schmiegst dich hingebungsvoll an sie.
~ Sie breitet ihre weichen Flügel um dich, und du fühlst dich umhüllt und getragen.
~ Sie fängt an, die Schwingung der Seelensphäre langsam zu verringern und an die Frequenz der Erdschwingung anzugleichen.
~ In diesem Augenblick seid ihr im irdischen Schwingungsfeld eingetaucht.
~ Seraphim Gabriel legt deinen Astralkörper vollständig in deinen menschlichen Körper zurück, und du kannst spüren, wie sie sich perfekt miteinander verbinden und verschmelzen, wie du wieder mit allen Körpern zur Einheit wirst. Du bist vollkommen glücklich und befriedet.
~ Du weißt, all die Liebe, all die Kraft und Verbundenheit, die du in der Regenbogen-Sphäre erfahren durftest, wirst du mit in deinen menschlichen Körper einbinden und im irdischen Dasein leben.
~ Ein tiefes Gefühl der Freiheit breitet sich von deinem Herzchakra über deinen gesamten Körper aus.
~ Seraphim Gabriel lächelt dich an, umarmt dich und winkt dir zum Abschied.
~ Du schickst ihr einen Liebesstrahl und fängst an, ins Hier und Jetzt zurückzukommen.
~ Lass dir Zeit, genieße deine Gefühle, nimm dein Umfeld mit neuem Blick wahr.

Seelensphäre

FEEN & ELFEN

Begleitender Engel
Seraphim Jophiel

Vorsteher	Avatar Malan Salah
Bekannte Avatare	Lady Kwan Yin, Lord Konfuzius
Erste Manifestation	vor 2,5 Milliarden Jahren
Ort der Manifestation	Irland, Island
Unterste Dimension	6. Dimension, 1. Ebene
Aufstiegsprozess	aktuell im Prozess, zuletzt vor 125.000 Jahren
Lichtwesen	Elfen, Feen
Andere Seelengruppen	Elementarwesen, Tierwesen, Nakakalunas, Pflanzen, Wind (Elementarwesen und Nakakalunas inkarnieren ebenfalls als Menschen, aber selten)

Seelensphäre Feen & Elfen – ein magischer Name für eine Energie voller Lebenslust. Diese Sphäre legt einen besonderen Fokus auf den spielerischen Umgang mit dem eigenen Sein. Hier werden die Ausgelassenheit und die Freude am Dasein in der eigenen Göttlichkeit gelebt. Im Universum gibt es keine weitere Sphäre, welche die göttliche Wildheit intensiver lebt als die Feen & Elfen-Sphäre, daher ist die Sphäre riesengroß und äußerst vielfältig und kontrastreich. Das Chaos ist somit vorprogrammiert und wird mit aller Hingabe gelebt, wobei aus dem Chaos Ordnung entsteht, und hierzu wird Kreativität benötigt, über die die Feen und Elfenwesen in reichlichem Maße verfügen. Zudem ist die Sphäre für ihre universelle Unabhängigkeit bekannt.

Die Energieform der Feen & Elfen-Sphäre wirkt überall im Universum. Sie erleichtert manch tiefgreifenden Prozess, und das nicht nur auf Erden. Die Elfen und Feen leben pure kindliche Daseinsfreude und Verspieltheit in jeder Lebenslage, was sich darin zeigt, dass sie Tanz, Musik und freie Sexualität lieben, die sie auch auf die Erde mitbrachten. Ihr Spaß am Sein übertrifft alles im Kosmos. Alles an und in ihnen ist lebendig, daher fördern sie auf der Erde die Verbindung zu den Elementarwesen, die die meisten Menschen verloren haben.

Ihr Körperbewusstsein ist ausgeprägt. Übersprudelnder Schabernack ist in jedem Wesen sichtbar, und ihr offenes Lachen und ihr fröhliches Selbstbewusstsein sind ansteckend.

Sie stellen die Verbindung zur Flora, zu Insekten, Amphibien und Vögeln her. Dadurch kann die Energie der Sphäre auch auf der Erde eindrücklich wirken.

Im Universum übernehmen sie unzählige Aufgaben. Viele der Elfen und Feen, jedoch auch die Kobolde und andere Wesen der Sphäre, sind als göttliche »Krieger« unterwegs. Allerdings ist das nur der geringste Teil ihrer Aufgaben. Sie beteiligen sich an allen Projekten und stellen sich immer für eine Inkarnation zur Verfügung, da sie andere Seelensphären spannend finden und dementsprechend immer bereit sind, zu inkarnieren.

Die Feen & Elfen-Energie wirkt harmonisierend bei folgenden Themen: Trübsal, Suizidbereitschaft, Verzweiflung, Verlustängsten, Kaltherzigkeit, Wut und Neid.

Feen und Elfen helfen verschlossenen und in sich gekehrten Seelen, den Schmerz hinter sich zu lassen und sich neu für das Leben zu öffnen. Körperliche Gewaltbereitschaft wird ausgeglichen. Die Wesen dieser Sphäre sind zwar hervorragende Krieger, jedoch verabscheuen sie rohe Gewalt. Leiden Wesen an gehemmter Sexualität, können sie durch ihre Leichtigkeit dabei unterstützen, dies zu überwinden. Sie sind außerdem fähig, Heuschnupfen auf ein erträgliches Maß zu reduzieren.

Begleitender Seraphim
Jophiel

Name	»Göttliche Weisheit«
Farbe	Gelb/Gold
Seelenzwilling	Seraphim Gabriel
Seelenpartner	Avatar Kwan Yin
Aufgaben	Weisheitslehre, sowohl universell wie auch aus der Einheit

ENERGIE UND CHARAKTER

Jophiel ist der Weise unter den Engeln. Seine erfrischende und unkonventionelle Lebensweise macht ihn zu einem gern gesehenen Gast in allen Seelensphären. Er ist ausgesprochen beliebt. Seine Weisheit berührt jedes Wesen zutiefst, und seine Sanftmut sowie Heiterkeit helfen dabei, selbst das tiefste Tal zu überwinden.

Jophiels Energie ist sanft, fast weiblich, und dennoch von einer männlichen Aura geprägt. Er ist sehr geduldig, jedoch nicht im Sinne von duldsam. Lehrt er, ist er ausgesprochen standhaft, wenn es darum geht, seinen Schüler zu unterrichten.

Auch wenn dieser eventuell noch andere Aufgaben hat, sieht Jophiel es als oberste Priorität an, Weisheit zu vermitteln, und nichts ist für ihn wichtiger als genau das.

Jophiel ist ein ruhiger und witziger Charakter. Seine fröhliche Gelassenheit und die quirlige Lebensweise der Sphäre ergänzen sich vorzüglich. Jophiel unterstützt die Feen & Elfen-Sphäre vorwiegend im Bereich der Weisheitslehren. Jophiels klare, geradlinige und dennoch humorvolle Art fördert sie in ihrer Bewusstwerdung.

Jophiels Energie ist einfach zum Dahinschmelzen. Seine wunderbare, sanfte Weisheit berührt gerade so, wie man es sich bei einem

Engel vorstellt. Seine Engel-Weisheit überträgt sich auf die Feen & Elfen-Sphäre und ergänzt sie hervorragend.

Die Leichtigkeit, die Jophiel in sich trägt, fördert zudem die Entfaltung jedes Wesens in der Sphäre.

Auf der Erde unterstützt Jophiel die Menschen bei der Umwandlung von …

~ Härte gegen sich selbst in Sanftmut
~ Unkonzentriertheit in Konzentration
~ Selbstzweifel in Forschergeist
~ Rechthaberei in Einsicht

Vorsteherin
Avatar Malan Salah

Name	»Freude erwacht im Licht«
Farbe	Helles Gelb-Gold
Seelenzwilling	Lord Tüylar
Seelenpartner	Elohim Chyliel
Aufgaben	Hüterin der Magie, Kenntnis der Heilkräuter, Freude an Sexualität, Aktivität, Leidenschaft

ENERGIE UND CHARAKTER

Avatar Malan Salah ist eine Explosion an Heiterkeit und Lebendigkeit. Sie ist stets vergnügt, was ihrer königlichen Erhabenheit jedoch keinen Abbruch tut.

Sie ist außerdem eine Persönlichkeit, die klar ihre Bedürfnisse äußert und das auch von anderen Wesen erwartet. Sie ist keine, die lange um das Wesentliche herumredet. Sie ist eine wahre Königin, die über diese Sphäre majestätisch wacht.

Malan Salah führt mit leidenschaftlicher Hingabe, wobei sie eine impulsive Seele ist, die keine Sekunde ruht oder Langeweile aufkommen lässt. Sie offenbart die Lust, am und im Leben zu sein. Sie befiehlt mit Freude und Begeisterung allen Seelen in ihrer Sphäre, was sie zu tun oder zu lassen haben. Sie ist aber durchaus bereit, über ihre Anweisungen zu diskutieren und gegebenenfalls auch genau das Gegenteil geschehen zu lassen. Keine andere Sphäre ist so widersprüchlich und chaotisch. Aus Malan Salahs Sichtweise ist sie schlicht flexibel.

Avatar Malan Salah ist überall in ihrer Sphäre aktiv. Sie hat ein gigantisches Heer um sich herum und beteiligt sich auch außerhalb ihrer Sphäre an kriegerischen Operationen. Sie ist eine der größten Elfenkriegerinnen. Als oberster Avatar ihrer Sphäre ist sie stets darum bemüht, alle Wesen bei ihrem Aufstiegsprozess zu unterstützen. Da die Sphäre wesentlich mehr Wesenheiten enthält als andere, hat sie eine ganze Schar von Königinnen um sich, die sie bei ihrer Aufgabe unterstützen. Ihr unermüdliches Schaffen erstrahlt daher im ganzen Universum. Sie ist in einigen kosmischen Räten unterstützend anwesend.

Am Projekt Erde hatte sie zuerst kein sonderlich großes Interesse, was sich inzwischen jedoch gewandelt hat. Heute unterstützt sie persönlich das Projekt Erde.

Allgemeines

Alle Tierwesen, die keine Säugetiere sind, wie Insekten, Amphibien und Vögel, sind in dieser Sphäre vertreten. Zudem sind Elementarwesen und Milliarden von unterschiedlichen Pflanzenwesen darin beheimatet.

In der Sphäre wird viel Wert auf Individualität und Unabhängigkeit gelegt, was nicht bedeutet, dass sie nicht dicht an dicht zusammenleben. Vereinigung und Nähe ist allen Seelen in allen Variationen, bis auf wenige Ausnahmen, wichtig. Das ist faszinierend, da in keiner anderen Sphäre die Energie des Individuums dermaßen ausgeprägt ist und gleichzeitig ihre Verbundenheit mit allen überaus spürbar ist. Sie besitzen ein sensibles Gespür für die Bedürfnisse des Gegenübers.

Die Feen & Elfen-Sphäre ist mit ihrer Leichtigkeit überaus wichtig für das gesamte Universum, denn sie beheimatet pure Lebensfreude. Elfen leben eine befreite Körperkultur und Sexualität, in den höheren Sphären als kosmischer Orgasmus bekannt. Da es ab der zehnten Dimension keine Materie mehr gibt, fällt die »Körperlichkeit« hier weg.

Humorvolle Lebensfreude durchzieht diese Seelensphäre in allen Ebenen und Dimensionen. Auf dem Boden der Leichtigkeit gedeiht die kosmische Weisheit besonders gut und darf in Freude empfangen werden. Obwohl die Sphäre an Wildheit nicht zu überbieten ist, besitzen die Wesen eine allumfassende Weisheit, die im Kosmos ihresgleichen sucht. Sämtliche Wesen dieser Sphäre sind ausgesprochen wissensdurstig, und daher ist diese Sphäre die lernbegierigste im Universum. Gleich ob Elfe, Fee, Vogel, Pilz, Farn oder Schmetterling, alle Wesen dieser Sphäre lieben Geschichten und Rätsel. Alle Seelen der Sphäre sind außerdem unbeschreiblich neugierig, und so verwundert es nicht, dass sie in ständiger Kommunikation und stetigem Kontakt sind. Zusammenkünfte können über einen sehr langen Zeitraum andauern. Der häufigste Grund hierfür ist, dass sie vom Thema abschweifen.

In der Sphäre gibt es eine geleeartige Wesenheit, die nicht auf die Erde inkarniert und die die gesamte Sphäre mit endlos erscheinenden »Wasserstraßen« durchzieht. Jeder Quadratzentimeter in allen Dimensionen und Ebenen ist mit Gräsern, Farnen, Moosen, Büschen, Pilzen und Blumen bedeckt, sowohl an Land wie im Wasser. Bäche und Flüsse weiten sich an vielen Stellen zu Seen oder Tümpeln aus. Die Ufer bilden kunstvolle Ornamente und Muster, die die göttliche Geometrie wiederspiegeln. Überall kann man quirlige Wasserspiele bestaunen, und die Wasserstraßen sind viel genutzte Treffpunkte, an denen immer irgendeine Festivität stattfindet.

Aus der Sphäre kommen die meisten kosmischen Sphären-Krieger, da sie die geborenen Strategen für einen Hinterhalt sind und ein feines Gespür für Situationen besitzen. Auf der anderen Seite ist die Feen & Elfen-Sphäre ungemein redselig, und verschiedene Musikrichtungen finden hier ihren Ursprung. Die ganze Seelensphäre scheint bis in den kleinsten und hintersten Winkel mit Musik durchflutet zu sein. Das Motto lautet *»Let's have a party«* – und zwar *»all the time«*. Ruhe und Besonnenheit findet man in dieser Sphäre nicht, dafür sind die Wesen zu quirlig und unternehmungslustig.

Die Avatare der Sphäre arbeiten hart daran, dass die Feen & Elfen-Sphäre zügig einen Aufstiegsprozess durchläuft, jedoch sträuben sich einige Wesen, ihren Aufwachprozess voranzutreiben. Hier wird etwas nachgeholfen, indem die Wesen animiert werden, an Projekten teilzunehmen. Fast die gesamte Sphäre liebt es, zu inkarnieren, wobei das Wo unwesentlich ist, Hauptsache, es gibt ein Abenteuer zu erleben.

Die Heiler-Sphäre ist klar Lemurien. Jedoch besitzt auch die Feen & Elfen-Sphäre ein enormes kosmisches Heilwissen. Dieses Heilwissen wird überall eingesetzt, da die Sphäre in allen Projekten unseres Universums beteiligt ist. Besonders die Nakakalunas (vgl. die Beschreibung weiter unten im Text) dienen unserem Universum bei Heilaufträgen.

Die WESENHEITEN der SPHÄRE

Elfen und Feen

Sie sind den meisten Menschen auf der Erde heute nur noch als Märchenfiguren bekannt. Erwachsenen fällt es meistens schwer, sie feinstofflich wahrzunehmen, während Kinder diese Fähigkeit sehr oft in sich tragen. Manche Menschen werden als elfen- oder feengleich bezeichnet, und das aus gutem Grund: Elfen und Feen inkarnieren sowohl feinstofflich ins irdische Energiefeld als auch in menschlicher Gestalt.

Elfen und Feen sind wundervoll lebendige Wesen, und sie leben unabhängig und losgelöst von zwanghaften Verpflichtungen, sie leben Freiheit in Perfektion. Aufgaben, die ihnen in der Seelensphäre zugeordnet werden, erfüllen sie in ihrem Tempo und immer mit einer speziellen persönlichen Note. Gleiche Abläufe bei gleicher Aufgabe gibt es nicht, denn hierzu handeln zu sehr aus ungebändigter Begeisterung und tiefer Sinnesfreude. Die Sphäre strahlt pure Lebensfreude aus, und für die Wesen der Sphäre ist alles ein faszinierendes, glanzvolles Spiel. Bei jeder Betätigung wird gesungen, reichlich gelacht und Schabernack getrieben. »Arbeiten« ist für sie Freude und Beglückung und wird mit elfisch-magischer Kreativität betrieben. Kreative Grenzen sind unbekannt, und erlaubt ist, was gefällt. Einfach ausgedrückt, sie sind ungebändigt und ungestüm.

Regeln sind nicht vorhanden, weder im »Tagesablauf« noch in der Art des Zusammenseins. Die einzige existierende Hierarchieform besteht aus ihren Königinnen, von denen es reichlich gibt. Ihre Aufgaben bestehen darin, Bewusstseinsprozesse zu koordinieren und kosmische Weisheit zu lehren.

Die göttliche Weisheit breitet sich über verschlungene Pfade in der Sphäre aus, dabei wird die Sphäre vollständig von Weisheit durchflutet, und die Bedeutung von *»learning by doing«* nimmt hier eine völlig neue Dimension an.

Prinzipiell ist den Wesen jede Form von Hierarchie zuwider, bis auf eine Ausnahme: Ihre Vorsteherin. Darüber hinaus akzeptieren sie nur noch den Status einer »Königin«. Diese Auszeichnung wird in der letzten Phase der Bewusstwerdung verliehen. Königinnen sind, neben der Weisheitslehre, auch für die Betreuung inkarnierender Wesen zuständig. Inkarnierst du in die Feen & Elfen-Sphäre, bist du automatisch ein Prinz oder eine Prinzessin.

Elfen und Feen sind nicht ausschließlich weiblich, der Anteil der männlichen Schwingung beträgt fünfzig Prozent. Hingegen gibt es keine Könige. Ist der Grad zum Aufstieg erreicht, lebt die Elfe oder die Fee ihre weibliche Seite vollkommen aus. Damit zeigt sich, dass auch Elfen und Feen, wie alle Seelen im Universum, sowohl die eine als auch die andere Schwingungsform leben. Partnerschaften werden frei und offen gelebt. Zweier-Beziehungen sind unbekannt. Vielmehr leben sie in Gruppen von zweihundertfünfzig bis vierhundert Wesen zusammen. Sie leben das Motto: »Jeder mit jedem oder auch alle miteinander.«

Als »Wohnstätte« nutzen sie Blumen, Gräser, Moose, Farne oder Büsche. Sie sind achtsam im Umgang mit ihren Aufenthaltsplätzen. Pflanzen werden niemals verbogen oder beschädigt. Die Pflanzen lieben es, wahre Pflanzenpaläste zu erschaffen, mit genug Freiraum für viele Wesen. Unabhängigkeit und Selbstständigkeit sind wichtige Bausteine dieser Sphäre.

Die Feen & Elfen-Sphäre ist üppig an Energie, und so benötigen die Wesen der unteren Dimensionen wenig Kleidung. Dennoch lieben sie es, sich zu bekleiden. Die »Kleidung« besteht aus Pflanzen, die sich freiwillig um die Seelenessenz schmiegen. Die Pflanzen designen wundervolle Formen und Farben. Pflanzen spüren deutlich die Stimmungslage eines Wesens und kreieren dementsprechend die Gewänder.

Elfen besitzen, wie Engel, Flügel. Ihre Form gleicht perlmuttfarbigen Libellenflügeln. Die Farbe ihrer Seelenessenz erstrahlt in einem hellen bläulichen Ton. Ihr Gesicht ist schmal und fein. Ihre Augen verlaufen schräg nach oben und wirken etwas katzenhaft, und ihr sphärischer Körper ist filigran.

Sie unterstützen alle Wesen, die sie für unterstützungswürdig halten.

Treffen mehrere Elfen oder andere Wesen zusammen, wird eine Party geschmissen. Diese kann sich über Tage hinziehen, was dazu führen kann, dass ihre Arbeitsmoral gelegentlich darunter leidet.

Allerdings können Pflanzen und Tiere ausgezeichnet für sich selbst sorgen. Es entsteht definitiv kein Schaden, zumal Gefühle wie Benachteiligung oder Vernachlässigung unbekannt sind.

Häufige Charaktereigenschaften der Elfen:

~ Sie sind hibbelig und quirlig.
~ Sie sind in ständiger Bewegung.
~ Sie lieben die Unabhängigkeit.
~ Sie lieben das Reimen von Versen.
~ Sie sind äußerst redselig.
~ Sie lieben das Lachen, besonders über sich selbst.
~ Sie wollen immer akzeptiert und angenommen werden.
~ Sie sind sehr respektvoll.
~ Sie hegen und pflegen die Pflanzen und Tiere mit großer Ausgelassenheit.
~ Sie sind gesellige Wesen.
~ Sie sind gern in Gesellschaft.
~ Sie können jedoch auch lebhafte Einzelgänger sein.
~ Sie lieben Partys und laute Musik.
~ Sie sind ausgesprochen musikalisch.

Feen sind schillernde Gestalten. Das äußere Antlitz einer Fee schimmert in einem sanften Gelbton. Ihre meist schmetterlingsähnlichen Flügel schillern grünblau und sind mit silbernen Ornamenten durchzogen. Aus ihrem Gesicht blicken runde Rehaugen, und ihre Bewegungen gleichen denen thailändischer Tänzerinnen. Jede Bewegung vollziehen sie mit vollendeter Anmut. Hohe göttliche Magie liegt in ihrem Bewegungstanz. Feen sind die besinnlichsten und ruhigsten Wesen in der ansonsten quirligen Energie der Feen & Elfen-Sphäre. Ihr sphärischer Körper ist fülliger als ein Elfenkörper. Ihre gesamte Ausstrahlung knistert vor erotischer Sinnlichkeit.

Feen leben, wie Elfen, in freien Gruppen zusammen. Im Unterschied zu Elfen kann es bei ihnen allerdings geschehen, dass sie für eine gewisse Zeit einen Partner dulden. Trotzdem wenden sie sich in dieser Zeit durchaus auch anderen Wesen zu. Einschränken lassen sie sich jedoch nicht.

Feen erfüllen ihre Aufgaben in einer Art Meditationstanz. Im Gegensatz zu den Elfen können sie sich fokussieren und leben den Leitspruch: »Erfülle deine Handlungen mit ganzer Konzentration und in vollem Bewusstsein.« Sie haben einen klaren Lehrauftrag, den sie in ihrer Sphäre ebenso wie im Universum mit Freude erfüllen. Gerne inkarnieren sie in andere Seelensphären oder Projekte, um ihre Aufgabe des Lehrens zu erfüllen. Sie lieben es, andere anzuleiten und ihnen spielerisch Weisheit zu übermitteln.

Feen bemühen sich intensiv um das Wohlergehen der Tiere und Pflanzen. Neben dieser Aufgabe kümmern sie sich in hohem Maße um Elementarwesen. Sie sind kraft- und machtvolle Heiler, und ihre Kenntnisse in Bezug auf Heiltränke oder Homöopathie sind legendär. Meist wählen Feen Berufe auf der Erde, die mit Mitmenschen zu tun haben, gerne im Bereich der Heilkunst.

Ansonsten lieben sie es, Gärten zu gestalten, oder sie suchen sich andere handwerkliche oder kreative Arbeitsfelder. Zudem sind die Feen die Hüter der göttlichen Magie.

Häufige Charaktereigenschaften der Feen:

~ Sie sind stille Bewunderer der göttlichen Schöpfung.
~ Sie sind erlauchte, höfliche Wesen.
~ Sie sind sanft.
~ Sie sind bescheiden.
~ Sie lieben die Gerechtigkeit.
~ Sie wollen immer akzeptiert und angenommen werden.
~ Sie sind Betrachter.
~ Sie huldigen allen Pflanzen und Tieren in Freude.
~ Sie sind gute Lehrer.
~ Sie sind weise.
~ Sie arbeiten gerne allein oder zu zweit.
~ Sie lieben Kuschelpartys.
~ Sie wirken oft im Verborgenen.

Elementarwesen

Die bekanntesten Elementarwesen sind Gnome, Kobolde, Trolle, Naries, Baries und Brownies. Es existieren jedoch wesentlich mehr unterschiedliche Arten von Elementarwesen, und sie sind eine der größten Wesensgruppen in der Feen & Elfen-Sphäre. Nur wenige Elementarwesen inkarnieren in die Materie des irdischen Energiefeldes, stattdessen bevorzugen sie eine Inkarnation ins Aurafeld der Erde. Elementarwesen bilden eine eigene Wesensgruppe und zählen weder zu den Lichtwesen noch zu den Engelwesen. Ihre Hauptaufgaben im heutigen Zeitalter sind das Neutralisieren der sphärischen Gifte und die intensive Betreuung und Versorgung der Flora und Fauna.

Elementarwesen sind die Wesen mit dem größten Schabernack-Potenzial. Der Schalk ist ihnen förmlich ins Gesicht geschrieben. Sie verstehen es ausgezeichnet, jedes leichte Durcheinander in ein absolutes Chaos zu verwandeln. Auch wenn der Schalk sie immer begleitet, sind Elementarwesen hervorragende Beschützer der ihnen anvertrauten Wesen. Zudem sind sie die Wächter von Wissen, das noch nicht eröffnet werden darf. Daher sind sie die Hüter der Feen & Elfen-Sphäre.

Von allen Wesenheiten in der Feen & Elfen-Sphäre nehmen Elementarwesen am stärksten Anteil an den Belangen anderer Seelen. Dennoch besitzen sie einen enormen Freiheitsdrang, der selbst vor einer Körperform nicht Halt macht.

Sie sind wahre Gestaltwandler.

Elementarwesen empfinden eine tiefe Verbundenheit zu den vier Elementen. Luft, Wasser, Feuer und Erde selbst sind eigenständige Wesenheiten. Sie benötigen keine Beaufsichtigung durch Elementarwesen. Sie sind bereits in die zwölfte Dimension aufgestiegen und besitzen ein entsprechendes Bewusstsein. Unter ihnen findet eine intensive und liebevolle Zusammenarbeit statt, die das gesamte Universum inklusive der Seelensphären und der Erde einschließt. Oft werden den Elementen bestimmte Wesen zugeordnet, auf die ich jedoch nicht weiter eingehe, da sie größtenteils anderen Seelensphären angehören:

- *Sylphen* – zuständig für die Luft – zugehörig zur Feen & Elfen-Sphäre
- *Salamander* – zuständig für das Feuer – zugehörig zur Zamarah-Sphäre (keine Elementarwesen im eigentlichen Sinne)
- *Undinen* – zuständig für das Wasser – zugehörig zur Wal & Delphin-Sphäre
- *Gynomu* – zuständig für die Erde (Grund) – zugehörig zu Lemurien

Gnome sind die bekanntesten Vertreter der Elementarwesen. Sie lieben Haare und lassen sie an allen Stellen üppig und in verschiedenen Formen sprießen. Sie haben einen fast schon übertriebenen Hang zur Farbe Grün. Entsprechend wählen sie zu hundert Prozent grün als ihre »Körperfarbe« aus.

Gnome sind ausgesprochen einfallsreich, und das nicht immer zum Vorteil ihrer Seele. In der Sphäre sind sie unstete Wesen und halten es nie lange an einem Ort aus. Sie leben in engen, aber unverbindlichen Partnerschaften, die sich von einer Sekunde zur nächsten ändern können. Sie sind ausgesprochen neugierig, stecken ihre Nase in alles und mischen überall mit, obwohl sie oft keine Ahnung haben. Sie leben ihre kindliche Art ausgesprochen intensiv aus. Andererseits neigen sie auch zu depressiven Verstimmungen oder Stimmungsschwankungen. Ihre Arbeit erledigen sie gewissenhaft, wenn auch nicht immer sofort. Im Umgang mit Menschen sind Gnome nicht immer vertrauenswürdig. Sie lieben es, Menschen herauszufordern, indem sie ihnen einen Bären aufbinden.

Kobolde besitzen extreme Körperproportionen. Ihr Kopf ist gigantisch, die Nase zieht sich in die Länge, und die Ohren reichen über den Kopf hinaus und laufen spitz zu. Sie haben einen kurzen, stämmigen Oberkörper mit dünnen Stecken-Beinchen. Im

Gegensatz zu den Beinen sind ihre Arme ungebührlich lang, mit langen knorpeligen Fingern.

Kobolde sind unbeschwerte Elementarwesen, die gern in Büschen und Sträuchern wohnen. Sie führen Zweier-Partnerschaften, sind gesellig und lieben es, Feste zu geben. Doch je bewusster ein Kobold ist, desto »ernsthafter« wird er. Benötigen sie Ruhe, verlassen sie ohne Verabschiedung sogar ihr eigenes Fest.

Ihr herausragendes Wissen über Pflanzen und deren Anwendung zur Heilung ist legendär. Sie sind in dieser Hinsicht hervorragende Lehrer. Ihre Art zu lehren ist das Geschichtenerzählen, das sie meisterhaft beherrschen. Kobolde sind unverkennbar intelligent und verstehen kosmische Zusammenhänge ausgezeichnet. Sie übernehmen Aufgaben wie die Koordination kosmischer Abläufe und strategische Kriegsführung. Sie erfüllen ihre Aufgaben hervorragend, und selten unterläuft ihnen ein Fehler.

Manchmal werden Kobolde nicht ernst genommen, was jedoch ein Fehler ist! Kobolde tragen ebenso einen Schalk in sich wie Gnome, sind jedoch absolut vertrauenswürdig und zuverlässig. Vertraust du ihnen Geheimnisse an, werden diese gut gehütet.

Trolle sind kugelig, und es hat den Anschein, als wären sie fast so breit wie hoch. In der fünften Dimension können sie bereits gut die Materie bündeln und damit spielen. So wechseln sie ihre Körperform je nach Lust und Laune, doch im Grundriss bleibt sie bestehen. Ihre »Hautfarbe« reicht von braun bis schlammfarben. Ihre bevorzugte Frisur ist der Igelschnitt. Sie bitten Büsche und Höhlen, sich als Behausung zur Verfügung zu stellen. und verweilen darin für lange Zeiträume. Sie lieben Wasser, das über Moos gesprudelt ist.

Trolle haben ein ruhiges Wesen und lieben tiefsinnige Gespräche. Sie wählen eine vornehme Umgangssprache und sprechen langsam und mit Bedacht. Trolle spielen regelrecht mit den Worten und genießen die Energie, Ausdrücke zu formen. Dumm sind sie keineswegs, und ungehobelt auch nicht. Trolle erwählen sich einen Partner. Große Ansammlungen meiden sie, und Partys gehen sie meist aus dem Weg. Die Zweisamkeit genügt ihnen vollkommen.

Naries sind die absoluten Krieger der Feen & Elfen-Sphäre. Sie sind schnell, galaktisch schnell, und sie verstehen es, ihre Gegner komplett zu verwirren und außer Gefecht zu setzen. Sie beherrschen Taktiken, von denen die Gegenseite (ohne Luzifer) nicht mal zu träumen wagt. Naries sind absolut angstfrei und noch sturer als Zwerge. An Halsstarrigkeit sind sie kaum zu überbieten.

Sie tragen einen »Lendenschurz« als Bekleidung. Ihre Hautfarbe ist blau bis türkis, ihre Haarfarbe ist schockrot.

Sie besitzen breite Gesichter und überdimensionale, platte Füße. Ihre Augenfarbe ist immer ein tiefes Moosgrün. Alleinsein ist ihnen fremd, sie leben stets in Gruppen. Eine Gemeinschaft kann bis zu zweitausend Naries umfassen. Feste Behausungen haben sie nicht, sie kommen und gehen, wie sie wollen.

Als einziges Elementarwesen aus der Feen & Elfen-Sphäre kümmern sie sich um die Belange der Lichtwesen. In der Seelensphäre geben sich Naries als besonnene Wesen. Sie lieben es, zu meditieren und zu träumen. Kein anderes Elementarwesen versteht es so gut, Träume zu Realität werden zu lassen, wie die Naries.

Baries sind die kleinsten Elementarwesen. Sie sind fragil und zierlich wirkende Wesen, doch die äußere Erscheinung trügt, denn sie sind von einer überraschenden Zähigkeit. Baries sind von sandfarbenem Aussehen. Sie wirken sogar in der fünften Dimension durchscheinend bis transparent.

Sie haben eine spitze Zunge und wissen sie exzellent einzusetzen. Gerätst du mit ihnen in ein Streitgespräch, gibt es nur einen Gewinner: die Baries. Sie sind Krieger mit Worten. In der Seelensphäre sind sie wegen ihrer Dichtkünste sehr beliebt. Sie dichten und ersinnen gerne Wortspiele und Reime. Es findet definitiv keine Party ohne sie statt.

Man trifft Baries niemals alleine an. Baries leben in Verbänden von fünfzig bis hundert Wesen zusammen. Gruppenzusammenhalt gibt es jedoch nicht, es ist ein Kommen und Gehen. Sie überfallen Blumen und nehmen sie als Ruheplätze in Beschlag, was die Blumen jedoch nicht weiter stört. Wie lange sie an einem Ort bleiben, ist nicht vorhersehbar. Zack, sind sie da, und zack, sind sie wieder weg.

Brownies sind bräunlich bis grün und werden ungefähr einen viertel Meter groß. Sie manifestieren die wildeste, wuscheligste Haarpracht im ganzen Universum. Ihr Haar hat praktisch das Aussehen einer Pelzmütze.

Ihre Wohnstätten sehen wie Ameisenhügel aus, und das sind sie auch, denn sie bilden Wohngruppen mit Ameisen. Farne und Blumen bilden Dächer, auf denen die Ameisen leben; die Brownies leben darunter. Mindestens tausend Brownies leben an einem Fleck zusammen.

Brownies sind die Denker der Elementarwesen und betreiben viel Konversation. Elfen und Feen leben in der Seelensphäre mit den Brownies ausnehmend harmonisch zusammen.

Tierwesen

Kunterbunt, schillernd und glitzernd ist in der Feen & Elfen-Sphäre zweifelsohne die Tierwelt. Ihre Farbenpracht ist imposant und überwältigend und erstrahlt in grandioser Schönheit. Es fliegt, hüpft oder schlängelt sich das gesamte Farbspektrum durch die Sphäre. Auch ihr Formenreichtum ist unerschöpflich. Es ist unmöglich, eine detaillierte Beschreibung zu liefern, die ihrer Schönheit und Einzigartigkeit auch nur annähernd gerecht wird. Dabei gibt es bizarre Lebensformen, die jegliches irdisches Vorstellungsvermögen sprengen. Nichts scheint in dieser Seelensphäre unmöglich. Die Kreativität Gottes tobt sich hier grenzenlos aus.

Die Tierwelt erscheint auf den ersten Blick ungestüm, übermütig und feurig. Die Seelen sind lebendiger und turbulenter als die Tiere der Regenbogen-Sphäre. Die Lebenslust quillt ihnen aus jeder Pore und drückt sich in ungebändigter Begeisterung aus. Ihre Schnelligkeit ist phänomenal. Sie sausen regelrecht durch ihre Sphäre, und selbst Jophiel muss sich sputen, will er ihnen folgen. Das gilt für alle Wesen der Sphäre, selbst für Schnecken. Diese Tierwesen leben sich und ihre Freiheit in einer Ausgelassenheit, die ihrem eigenen Rhythmus entspricht, und dieser ist bei jedem anders.

Die Tierwesen der Feen & Elfen-Sphäre interessieren sich nicht für die Belange ihrer Sphäre. Sie leben eine Zwanglosigkeit, die an Ignoranz grenzt, was natürlich nicht wirklich der Fall ist. Tierseelen sind vielmehr von hingebungsvollem Urvertrauen zueinander beseelt. Sie vertrauen sich vollkommen. Sie beschreiten ihren wesenseigenen Weg und fokussieren sich ausschließlich auf sich selbst. Wer langanhaltende und tiefe Gemeinschaft sucht, wird hier enttäuscht. Freiheit mit und in sich selbst lautet die Devise. In dieser Seelensphäre leben Wesen beieinander, ohne sich in die Angelegenheiten anderer einzumischen. Die Konsequenz dieses Verhaltens ist, dass es keine klare Aufteilung des Zusammenlebens gibt. Von absolutem Alleinsein bis zu riesigen gemischten Gruppen ist alles vorhanden. Insekten leben in Blütenkelchen, Käfer und Schnecken eher in Pilzen oder unter Blättern. Amphibien leben an unterschiedlichen Orten, jedoch immer im oder am »Wasser«. Vögel nutzen alles, was ihnen gerade ins Blickfeld huscht. Adler leben frei auf den Hügeln. Sie nutzen die vorhandenen Ressourcen und sind damit völlig zufrieden. Niemals würden Tiere eine Pflanze in ihrem Wuchs verändern. Die Symbiose zwischen Tier und Pflanze beruht auf lockerer Freundschaft. Die Tierwelt der Feen & Elfen-Sphäre besteht aus Individualisten. Jede Tierseele genügt sich selbst.

Dennoch gibt es Themen, die sie zusammenführen. Eines davon ist die Musik. Alle Wesen der Sphäre lieben es, gemeinsam zu musizieren. Gleich in welchem Winkel musiziert wird, Insekten schwirren durch die Sphäre und überbringen die Information. Die Pflanzenwesen sind zwar nicht fähig, sich ungehindert und frei fortzubewegen, doch überbringt ein Insekt die Art der Musik, übernehmen die Pflanzen sofort die Melodie, und so erschallt in der gesamten Sphäre die gleiche Sinfonie.

Ungeachtet ihrer unsteten Seelen sind Tierwesen in den unterschiedlichsten kosmischen Räten vertreten, wenn auch nicht immer in einer aktiven Rolle. Mit der Bezeichnung »Tier« sollten wir in dieser Seelensphäre jedoch achtsam umgehen. Die Wesen betrachten sich nicht im Sinne des irdischen Wortes als »Tiere«. Und keine Seele der Feen & Elfen-Sphäre steht unter oder über einer anderen Seele. Hier sind, wie auch sonst in den Seelensphären, alle gleichwertig und gleichberechtigt. Kein Wesen in dieser Sphäre besitzt Mittel, um anderen zu schaden, weder Gift noch Stacheln oder Zähne. Ihre »Nahrung« besteht ausschließlich aus Licht.

Insekten sind allgemein die »Postboten« der Sphäre. Sie verbreiten alles, was lohnenswert ist, auch Klatsch und Tratsch, wobei sie es mit der Wahrheit oft nicht sehr genau nehmen. Sie finden es spaßig, Intrigen zu spinnen und zu beobachten, was geschieht. Intrigen sind in dieser Sphäre jedoch niemals negativ oder gar bösartig. Es ist schlicht ein Spiel. Die Gestalt der Insekten unterscheidet sich vom irdischen Erscheinungsbild, denn sie sind wesentlich abstrakter als auf der Erde.

Libellen und Schmetterlinge bilden eine Ausnahme, denn sie sind überhaupt nicht an Intrigen interessiert. Sie leben lieber die Leichtigkeit und Schönheit der göttlichen Schöpfung. Libellen sind die »Königinnen« der Insekten und Botschafter der Erhabenheit.

Ameisen nehmen in der Feen & Elfen-Sphäre eine kleine Sonderposition ein. Sie leben immer in großen Gemeinschaften zusammen und sind im Vergleich zu anderen Tieren sehr diszipliniert.

Die Artenvielfalt der **Vögel** übertrifft alles irdisch Vorstellbare. Vögel sind insgesamt waghalsige Seelen, und der uneingeschränkt mächtigste und ehrwürdigste Vogel ist der Adler. Seine intensive Ausstrahlung von Freiheit und Würde ist berührend.

Amphibien koppelten ihre Bewusstwerdung an die von Gaia. Sie lieben Gaia und inkarnieren gerne. Amphibien sind auffallend liebenswürdige Wesen. Sie besitzen einen feinen Humor. Ihre Mimik ist eindrucksvoll und der Schalk blitzt durch ihre Augen. Sowohl die Amphibien wie auch die **Reptilien** lieben das Lachen, doch sind die Reptilien im Vergleich zu Amphibien etwas ernster und gesetzter.

Nakakalunas

Sie sind eine eigene Seelenfamilie und werden auf der Erde oft als Kräuter bezeichnet, obwohl nur einzelne Pflanzen tatsächlich den Kräuterwesen angehören. Nakakalunas wählen unterschiedliche Formen aus. Jede ihrer Formen entspricht der heiligen Geometrie. Die gesamte Wesenheit ist bereits vollzählig in die zwölfte Ebene der zwölften Dimension aufgestiegen.

Nakakalunas sind, wie Lemurer, für die Heilung des Universums verantwortlich, denn in ihnen wohnt die Magie der göttlichen Harmonie. Alle Nakakalunas sind stille, tiefgründige Wesen. In der Sphäre handeln sie nach eigenem Gutdünken. Alle Wesenheiten der Sphäre schätzen die Nakakalunas und nutzen ihre Heilmagie ausgiebig, sofern sie ihnen gewährt wird. Dazu schmiegt sich das heilungsbedürftige Wesen an die Energie des Nakakaluna und wird von dieser komplett eingehüllt. In der Sphäre wird Nakakalunas daher große Ehrerbietung entgegengebracht. Sie unterstützen auch Wesen, die am Abgrund stehen. Oberflächlichkeit ist ihnen zutiefst zuwider. Unbesonnenheit wird nicht toleriert, und ein Sich-durchs-Leben-Schlängeln wird sofort unterbunden. An Strenge und Klarheit sind sie nicht zu überbieten. Sie sind erhabene, stolze Wesen. Nakakalunas sind eigenwillige Seelen, die ihr ganzes Dasein auf die Heilung aller Geschöpfe im Universum ausgerichtet haben.

Sofern es ihre Zeit erlaubt, beteiligen sich Nakakalunas gerne an Festen, denn sie sind exzellente Musiker. Sie lieben komplizierte Geometrien und setzen diese in komplexe musikalische Muster um. Dabei vergeht den anderen Wesen aus der Seelensphäre des Öfteren die Lust am Weiterspielen, da es ihnen zu aufwendig ist. Aus diesem Grund werden die Nakakalunas hin und wieder auch als Partykiller bezeichnet. Sie sind aber eigentlich die Professoren der Feen & Elfen-Sphäre.

Pflanzenwesen

Alle Pflanzenwesen im Universum – bis auf Bäume und große Sträucher – haben ihre Heimat in der Feen & Elfen-Sphäre. Die Kreativität der Pflanzenwesen ist überwältigend. Farbenprächtige Blumen, vielfältige Büsche, wogende Gräser, stolze Farne, lustige Pilze, saftiges Moos und viele mehr erstrahlen in prunkvoller Schönheit. Das betörende Farbenspiel und die eindringlichen Gerüche erfüllen jeden Winkel der Sphäre. Lieblicher Gesang und Musik erschallen aus ihren Seelen. Die göttliche Kreativität hat sich hier selbst übertroffen.

Die Pflanzen sind sich ihrer Schönheit durchaus bewusst und wirken manchmal ein wenig überheblich. Sie sind ausnahmslos von sich und ihrer besonderen Ausstrahlung überzeugt. Jedoch sind sie auch liebenswürdig, putzig und charmant. Sie leben ihre Überzeugung mit Würde und Unschuld. Sie sind aufrichtig und durchweg selbstbewusst.

Pilze sind ruhige Wesen, die für Stabilität und Schutz stehen und sehr beliebt sind. Sie können allerdings auch ungemein nachtragend und schmollend sein. Dabei besitzen sie ein beträchtliches, allumfassendes Wissen. Bei der Kommunikation mit Pilzen ist eine rasche Auffassungsgabe gefordert, denn sie können Zusammenhänge herstellen, die für andere Wesen nicht fassbar sind. Sie lassen sich dabei zu keiner Erörterung herab und beharren auf ihrer Theorie. Lehren lehnen sie von vornherein ab. Sie sind der Ansicht, dass Erkenntnisse durch eigene Erfahrung gewonnen werden müssen. Dafür sparen sie selbst aber nicht mit Belehrungen anderer! Ihre Kommentare können ausgesprochen langatmig sein. Davon wird keiner verschont.

Abgesehen von diesem Charakterzug sind Pilze eindrucksvolle Wesen. Sie beschäftigen sich vorwiegend mit dem Thema Schutz und Heilung und sind regelrechte Staubsauger für krankhafte Energien. In ihrer Sphäre können sie ihren Standort wechseln. Sie wandern umher und platzieren sich dort, wo sie benötigt werden.

Andere Wesen legen sich gern zur Reinigung unter Pilze.

Agrusas (Nutzpflanzen) führen in der Seelensphäre ein ausgelassenes Leben. Sie sind prinzipiell gut gelaunt und plaudern unablässig miteinander. Sie sind ausschließlich in Gruppen anzutreffen, wobei die Gruppengröße von tausend bis fünfzig Millionen Agrusas variiert. Sie leben eng zusammen und mögen es gern kuschelig. Ihre Fortbewegung gestaltet sich als gemeinsames »Vorwärtsschieben«, ohne offensichtliche Absicht, sich zu bewegen oder gar zu denken. Alles geschieht ganz zufällig. Daraus kann sich ein amüsantes Durcheinander entwickeln. Was Agrusas jedoch mit voller Absicht pflegen, ist die Kommunikation, denn sie sind außerordentlich schwatzhaft. Eine weitere Lieblingsbeschäftigung ist das Singen, außerdem alle sonstigen musikalischen Aktivitäten. Sie lieben Musik und huldigen ihr jederzeit. Sie *sind* Musik, und einige berühmte Opern entsprangen ihrem Sein. Instrumente nutzen sie nicht, vielmehr ergießen sich alle Klänge aus ihren tiefen Gefühlen. Sie setzen ein Gefühl, eine Wahrnehmung oder eine Erleuchtung in Schwingungen und Töne um. Ansonsten haben sie keine weiteren Aufgaben.

Sie sind eine Wesensgruppe, die ihre Artenvielfalt vollständig auslebt. Sie üben sich in Gelassenheit und lehren, die Dinge aus der Distanz zu betrachten. Sie reflektieren gerne und nehmen sich nicht allzu ernst. Sie leben das Ich im Wir.

Blumen – welch erhabene, fürstliche Pracht! Die abwechslungsreichen Charaktere dieser Seelen sind unfassbar reichhaltig. Ihre grundverschiedenen Ausdrucksformen reichen von schlicht bis pompös. Selbst bei gleicher Artenzuordnung trägt jede Blume doch ihre eigene Farbnuance, und selbst Blumen der gleichen Gattung bilden unterschiedliche Blüten aus.

Die Farbe, Größe, Geschmeidigkeit und Ausdrucksweise plus die Ausstrahlung der Blumen sowie ihre sensationelle Lebendigkeit sind beeindruckend. Ihr Wille, Gott zu dienen, ist magisch und verleiht ihnen eine immense Kraft.

Die größte Aufgabe der Blumen ist Musik, also heilende Schwingung. Aus ihren Blättern und Blüten formen sie Musikinstrumente, aus denen liebliche oder gewaltige Musik erschallt. Formen sie keine Instrumente, dann »singen« sie. Ihre Stimmen setzen die gesamte Sphäre in Ekstase. Sie spielen, singen und wiegen sich in universellem Einklang.

Blumen sind unfähig zu planen. Alles geschieht spontan. Wie die Agrusas, so sind auch Blumen überaus geschwätzig. Soll eine Botschaft in Sekundenschnelle verbreitet werden, dann erhalten die Blumen die Information. Ungeachtet dessen sind sie auch zu tiefgründigen Gesprächen fähig. Wie alle Wesen dieser Sphäre tragen Blumen durch ihre Heilfähigkeiten zur Bewusstwerdung bei. Blumen heilen durch Wissensvermittlung. Sind Wesen verhindert, sie aufzusuchen, packen sie alles zusammen und marschieren an den Ort, an dem sie gebraucht werden.

Farne sind das Highlight der Sphäre. Sie sind die coolsten Wesen überhaupt. Sie sind schlicht, gleichzeitig äußerst unterhaltsam und dabei urkomisch. Sie sind einfach erstaunlich. Ihre Ausstrahlung hat eine faszinierend tiefsinnige Präsenz mit einer Portion Fröhlichkeit. Ihr Blick durchdringt jede Seele und offenbart jedes Geheimnis. Sie sind fähig, das Innerste mit Leichtigkeit nach außen zu kehren, und dadurch unterstützen sie Seelen bei tiefgründigen Bewusstwerdungsprozessen. Andere Wesen setzen sich ruhig neben den Farn und warten, bis er beginnt, mit ihnen zu arbeiten. Dazu versetzt er sie mit seinem formvollendeten, harmonischen Blättertanz in eine Art »Meditationsrausch«. Durch die energetische Übertragung von Leichtigkeit können die Seelen die Erleuchtung in Heiterkeit umsetzen. Farne nutzen ihre Wedel als Arme und Hände. Es ist unfassbar, was sie mit ihren Blättern alles anstellen können. Die gesamte Wesenheit schwingt und wippt unaufhörlich hin und her. Nie stehen sie still. Ihre Essenz ist in der gesamten Sphäre präsent. Sie bewegen sich zügig voran und wechseln oft ihren Standort. Farne sind Energiebündel, sie sind die Träger der Lebensmagie und versprühen diese an jedes Wesen, ihnen nahe kommt.

Gräser leben in großen Gruppen zusammen und beschäftigen sich am liebsten mit sich selbst, was ihnen nicht schwerfällt. Sie können sich köstlich über sich selbst amüsieren. Sie lieben die Geselligkeit und beteiligen sich immer an gemeinsamen Musikprojekten oder Partys. Ansonsten sehen sie einfach schön aus. Elementarwesen nutzen Gräser oft als Spielplatz, was diese mit viel Humor zulassen. Benötigt ein Wesen einen Rückzugsort, so stehen die Gräser gerne zur Verfügung. Ihre leise Musik, verbunden mit ihrem gleichmäßigen Hin- und Herschwingen, wirken ausgesprochen besänftigend. In der Sphäre holen sich die Seelen bei den Gräsern ihre »Streicheleinheiten« ab. Ansonsten sind Gräser genügsame Wesen, die lieber im Hintergrund agieren, als an der vordersten Front zu stehen.

Moose sind die »Yogis« dieser Sphäre. Still, ohne großen Schnickschnack und klar wie Quellwasser offenbaren sie ihr Wesen. Ihre sanfte, weiche Art ist allerorts beliebt, und jeder legt sich gerne in ihre Energie, um sich mit einem Regenerations- und Heilschlaf auf ihnen auszuruhen. Nach einem Nickerchen auf einem Moosbett sind alle frisch und erholt, voller Weisheit und bereit, zu neuen Taten aufzubrechen.

Moose sind gerne in Meditation und lieben daher sowohl die Regenbogen-Sphäre als auch Larimar. In beide Seelensphären inkarnieren sie gerne. In ihrer eigenen Sphäre unterstützen sie die Wesen, die der Harmonisierung oder der Heilung bedürfen. Sie sind wunderbare Zuhörer.

Büsche sind nach ihren Körpermaßen die größten Wesenheiten der Feen & Elfen-Sphäre. Sie zeigen in ihrer Seelensphäre eine wesentlich größere Kreativität als auf der Erde. Ihre Ausdrucksformen sind wirklich spektakulär. Zudem inkarnieren relativ wenige Büsche ins irdische Matrixfeld.

Büsche leben ein beschauliches Miteinander und beteiligen sich rege an allem, was in der Sphäre stattfindet. Bis auf den Holunderbusch können sie leider nicht als Bewusstwerdungs-Vorbilder betrachtet werden, doch dienen sie ihrer Sphäre mit Hingabe. Unter ihren Ästen finden andere Wesen Ruhe. Sie sind meist schüchterne und stille Wesen, bis auf den rechthaberischen Holunder. Von anderen Wesen sind sie schnell irritiert, außer der Holunderbusch.

Sie sind eher behäbig als schnell, außer... ja richtig, der Holunderbusch. Der Holunder ist *die* Ausnahmeerscheinung unter den Büschen. Die gesamte Wesensgruppe des Holunders hat bereits ihr volles Bewusstsein entfaltet.

Büsche beteiligen sich hingebungsvoll an fröhlichen musikalischen Tätigkeiten. Es bereitet ihnen ein ungemeines Vergnügen, Bassinstrumente und Schlagzeuge zu formen. Zwar sind sie wenig einfallsreich, was eigene Kompositionen angeht, dafür geben sie bei einem Schlagzeug-Solo alles.

In der Feen & Elfen-Sphäre dienen Büsche vorwiegend als behagliches Zuhause für sämtliche anderen Wesen. Elfen und Feen finden dort ihre Unterkunft, auch Elementarwesen haben hier ihre Heimstatt, nicht zu vergessen die bezaubernden Tierwesen, die sich in Büschen gerne eine Behausung erschaffen.

Büsche lieben es, in Symbiose zu leben. Es gefällt ihnen, sich mit anderen Wesen aus der Sphäre zu vereinigen und ihnen so ein angenehmes Dasein zu ermöglichen.

Der Wind

Er ist ebenfalls in der Feen & Elfen-Sphäre zu Hause. Der Wind ist ein Wesen in ständiger Bewegung. Er liebt die Unabhängigkeit und spielt in der Seelensphäre mit allen Seelen. Das Windwesen mischt überall mit und lässt sich auf alle Wesen ein. Wie das Nebelwesen umhüllt es gerne alle Seelen und verbreitet dabei überall gute Laune, da es einen verspielten Charakter hat.

Das Erscheinungsbild der Windwesenheit ist nicht fassbar, denn sie verweigert sich jeglicher Form und ist lediglich fühl- oder spürbar. Sie äußert ihre Gefühle über einen lauen Wind bis hin zu einem gigantischen Sturm. Gerät das Wesen in Wallung, verfällt die Sphäre in wahrlich chaotische Zustände. Was aber angesichts der Milliarden von unterschiedlichen Seelen nicht weiter auffällt.

Das Windwesen liebt es, ausgiebig mit Vögeln, Blumen, Gräsern und Büschen sowie mit Pflanzen aller Art zu spielen. Sie veranstalten die wildesten Verfolgungsjagden oder schmiegen sich sanft aneinander und tragen sich gegenseitig.

Die temperamentvolle Lebenslust des Windes ist in Form eines Sturms oder Orkans spürbar. Hier präsentiert er sich ungestüm und sehr unternehmungslustig. Der Wind ist humorvoll und hat andauernd irgendeinen Schabernack im Sinn. Den Aufstieg in die zwölfte Dimension erledigte das Windwesen mit links, da es eine unbekümmerte und unschuldige Seele besitzt. Das Windwesen handelt immer mit absoluter Hingabe aus seinem Bewusstsein heraus. Auf der Erde lehrt dich der Wind, mühelos durchs Leben zu gleiten.

Die Feen & Elfen-Sphäre auf der Erde

Diese Sphäre benötigte eine geraume Zeit, bis sie den endgültigen Schritt in die irdische Dichte vollzog, also Materie annahm. Doch war sie gleichzeitig eine der ersten Sphären, die gleich ganze Bataillone zur Erde sandte. Der erste Kontakt mit der Erde fand an diversen Orten statt. Sie sandten mehrere Energiestrahlen, die sich ihren Weg zu verschiedenen Orten bahnten. Das bevorzugte Verankerungsgebiet waren die heutigen Länder Irland, Schottland, England und Island, und das gilt auch heute noch.

Die Energie der Feen & Elfen-Sphäre ist auf allen Wiesen und in allen Gärten fühl- und spürbar. Überall dort, wo es große Blumenwiesen, Gräser oder Farne gibt, sowie am Ufer von Seen oder Tümpeln tummeln sich die Wesen der Feen & Elfen-Sphäre. Außer in der Wasserwelt gibt es kein Plätzchen auf der Erde, wo diese Sphäre nicht anwesend ist. Irgendein Wesen aus dieser Sphäre ist selbst im tiefsten Höhlensystem oder in der trockensten Wüste anzutreffen. Die Leichtigkeit, die diese Sphäre auf die Erde bringt, ist herzerfrischend und unterstützt jede Seele auf der Erde dabei, das Leben mit Freude zu leben.

Allen Wesen aus der Feen & Elfen-Sphäre gefällt es auf der Erde ausgesprochen gut, daher ergoss sich diese Sphäre mit unbeschreiblicher Fülle auf die Erde. Allerdings dauerte die Evolution einige Zeit, und so musste sich die Tierwelt zunächst etwas gedulden. Das Erschaffen der jeweils passenden Körper war eine Mammutaufgabe. Gibt es heute etwa eine Million Insektenarten, so waren es in vergangen Zeitaltern nicht viel weniger. Für alle musste ein passender Körper erschaffen werden. Und das gilt nicht nur für die Insekten, sondern auch für alle sonstigen Tierwesen sowie die Vögel. Die Feen & Elfen-Sphäre sah sich einer gewaltigen Aufgabe gegenüber, denn nicht nur die Tierwelt benötigte unterschiedliche Körper, sondern auch die gesamte Flora, die sich gleichfalls über die Erde ergießen wollte. Kein anderes universelles Projekt in der dritten Dimension wurde jemals mit solch einer Vielfältigkeit und Anzahl an verschiedenen Seelensphären gestartet. Hier war es wichtig, dass alle Seelensphären eng zusammenarbeiteten und dabei eine Gemeinschaft entstand, die sich gegenseitig Hilfe zukommen ließ. Alleingänge waren und sind in unserem Projekt Erde fehl am Platz.

Nachdem sich die Sphäre auf der Erde etabliert hatte, beschlossen zu guter Letzt auch die Elfen und Feen, als Menschen ins irdische Feld zu inkarnieren. Dies geschah erst in der zweiten irdischen Zeitepoche, in Atlantis.

Wir kennen viele magische Momente, die uns diese Sphäre auf der Erde bereitet: der Glitzerglanz an einem Bachlauf, eine Wiese im Morgentau, eine besondere Blume, die im Garten erblüht. Unbeschreibliche Momente, die wir genießen sollten, und zwar mit allen Sinnen.

Seitdem die Elfen und Feen als Menschen inkarnieren, bescheren auch sie uns magische Momente, und das bis heute.

Den Elfen fällt es dabei leichter, ein Mensch zu sein, als den Feen. Sie sind in der Lage, in der Menschlichkeit mehr Leichtigkeit zu leben, als Feen dies jemals könnten. Sie lieben es, andere mit Zitaten und Intrigen zu verwirren, und betrachten das als ein Spiel. Selten streut eine Elfe ein Gerücht, um damit anderen zu schaden, es ist mehr unbändige Neugierde im Spiel. Ihre Kommunikationsfreude trägt anschließend ihren Teil dazu bei, dass sich Geschichten wie ein Flächenbrand in der Steppe ausbreiten, nämlich rasend schnell. Elfen wollen über alles informiert sein und scheuen nicht davor zurück, Menschen regelrecht auszuquetschen, sofern es für sie interessant erscheint.

Ein weiterer Charakterzug der Elfen auf der Erde besteht darin, dass sie gerne im Mittelpunkt stehen, und dazu sind ihnen viele Mittel recht. Zugegebenermaßen können sie ungemein unterhaltsam sein, sofern man ihre Art von Humor versteht. Ausdauerndes Lernen liegt Elfen weniger, denn bei ihnen sollte alles schnell gehen. Daher ist es für sie zwingend notwendig, einen irdischen Beruf zu wählen, der viel Abwechslung bietet.

Feen sind hingegen wesentlich ruhiger. Sie müssen auch nicht immer wissen, was um sie herum geschieht. Sie stehen lieber im Hintergrund und beobachten. Ab und an jedoch sprengen sie ihre Fesseln und genießen die Materie in vollen Zügen. Feen sind sehr wissbegierig und geben sich einer Aufgabe vollkommen hin. Sie sind geduldig und können abwarten – eine Eigenschaft, die in ihrer Sphäre ansonsten selten anzutreffen ist. Feen sind an ihren Mitmenschen und an den ihnen anvertrauten Aufgaben ausgesprochen interessiert, denn sie sind fürsorglich und sehr empathisch. Allerdings haben sie häufig Schwierigkeiten mit ihrem menschlichen Körper. Der Umgang mit ihm fällt ihnen nicht leicht, daher weisen sie meist eine gewisse Körperfülle auf. Was sie nicht mögen, ist, um den heißen Brei herumzureden. Sie sprechen eine Person entweder klar und direkt an oder lassen es ganz bleiben.

Auf der Erde wuselt die Tierwelt der Feen & Elfen-Sphäre geradezu vor Lebensenergie und ist dabei in ständiger Bewegung. Ebenso ist die Flora wesentlich lebendiger in ihrer Art als beispielsweise die Bäume der Regenbogen-Sphäre. Allerdings leiden die sogenannten Nutzpflanzen und auch die Insektenwelt unter der Unachtsamkeit der Menschheit. Sie sind Seelen, ebenso wie die Menschen, und wollen als solche gesehen und behandelt werden.

Die Feen & Elfen-Sphäre schenkt der Menschheit viele wundervolle Energien, wie zum Beispiel Märchen und Geschichten. Auch sind viele Fantasiewelten dem Vorbild der Feen & Elfen-Sphäre nachempfunden und werden durch die Magie dieser Sphäre in uns lebendig. Die Weisheit dieser Sphäre, so authentisch sie ist, findet über Märchen und Erzählungen einen wundervollen Weg, sich auf der Erde zu verbreiten.

Eine große Besonderheit wird der Sphäre in Bezug auf das Projekt Erde zugebilligt. Als einzige Seelensphäre kann sie die feinstoffliche Ebene der Erde nutzen. Unsere Erde befindet sich in der dritten Dimension. Normalerweise arbeiten feinstoffliche Wesen aus der fünften Dimension heraus mit uns. Das funktioniert jedoch nur, wenn sie einen Wirt haben, der dies erlaubt, also ein Wesen, das irdisch ist – beispielsweise ein Mensch, ein Tier oder eine Baumseele. Sie sind feinstofflich und arbeiten durch unsere feinstofflichen Körper mit uns. Anders die Wesen aus der Feen & Elfen-Sphäre. Ihnen wurde erlaubt, in den feinstofflichen Körper der Erde zu inkarnieren. Dieser schwingt in der fünften Dimension. Aus dieser Ebene heraus betreuen sie die gesamte Welt der irdischen Fauna und Flora. Ohne sie wären viele Wesen nicht mehr auf der Erde. Dieses Vorgehen ist einmalig und wird keiner weiteren Sphäre zugestanden.

INKARNIEREN ELFEN UND FEEN AUF DIE ERDE, BEVORZUGEN SIE FOLGENDE BERUFE ...

Prinzipiell alle Berufe, die mit Kreativität, Gestaltung und Natur zu tun haben. Zudem lieben sie Tiere und sind daher in allen Tätigkeiten mit Tieren anzutreffen. Man findet sie in der Werbebranche, der Landwirtschaft oder als Landschaftsarchitekt und Gärtner. Die Mode- und Filmbranche sowie den Zirkusbetrieb mischen sie kräftig auf. Gerne betätigen sie sich auch als Florist, Koch, Sexualtherapeut, Künstler, Designer, Pilot, Musiker, Moderator oder Schauspieler.

Ein Erlebnis mit der Feen & Elfen-Sphäre

Die Sphäre der Elfen und Feen ist mir gut bekannt, nicht nur auf der irdischen Ebene (hier ist sie kaum zu übersehen) sondern auch in ihrer eigenen Sphäre. Seraphim Jophiel entführt mich, aus verschiedenen Gründen, regelmäßig dorthin, meist, um mich zu lehren. Er liebt die gesamte Sphäre heiß und innig und wird nicht müde, von ihr zu schwärmen.

Eines Tages kam er und meinte, es wäre an der Zeit, dass ich die Sphäre besser kennenlerne. Ich war anderer Meinung, doch das wurde von ihm geflissentlich ignoriert. Also berührte er mich, und schwupps, sah ich mich mit der Feen & Elfen-Sphäre konfrontiert. Avatar Malan Salah erwartete mich schon, und ihr bezauberndes Lächeln erhellte augenblicklich mein Gemüt. Ihre königliche Erscheinung strahlte vollkommene Erhabenheit aus. Sie umarmte mich sanft, und wir begannen umherzuschweben.

Sie begleitete mich zu einem Platz, an dem sich unzählige wilde Blumen tummelten. Dazwischen sah ich einige Nakakalunas und Farne. In der Luft schwirrten Milliarden von Insekten und Vögeln, und zwischen den Blumen entdeckte ich die unterschiedlichsten Amphibien. Alles war lebendig und ungemein erfrischend in der Leichtigkeit, die sich in jedem Wesen zeigte. Obgleich alles chaotisch anmutete, wirkte es auf mich zugleich sehr friedlich und harmonisch. Ich war fasziniert.

Doch fühlte ich mich nicht wirklich zugehörig, sondern eher wie ein Beobachter. Das sollte sich umgehend ändern. Malan Salah gab mir einen sanften Stups, und ich hüpfte wie ein Gummiball mitten ins Geschehen hinein. Sofort wurde ich neugierig von allen umringt, und sie fingen an, mich in ihr Spiel mit einzubinden. Zuerst zögerlich, aber als ich mich entschloss, das ganze Chaos zu genießen, legten sie richtig los. Ich hatte mich für sie geöffnet, und sie spürten, dass ich bereit war, die Lebensfreude und die Leichtigkeit des Seins in mir zu entfachen.

Wir tanzten wie wild umher, und ich spürte, wie die Wesen sich um mich versammelten und einen Kreis um mich bildeten. Ein Schmetterling bat mich, ganz ruhig zu bleiben und mich noch mehr für die Sphäre zu öffnen. Ich setzte mich und offenbarte allen Wesen die Liebe, die mich in diesem Moment erfasste. Es ist unbeschreiblich, welche Macht durch mich strömte, als ich mich wirklich hingab. Ich löste mich in mir selbst auf. Ich spürte die reine Magie der Sphäre. Nahm wahr, wie die Göttlichkeit in jedem Wesen dieser Sphäre wirkte und zum Ausdruck kam. Ich war mit allen Wesen in der Sphäre verbunden. Wir waren eins. Ich genoss diese Erfahrung intensiv. Alles und jedes in mir zu fühlen war ein wundervolles Geschenk dieser Sphäre. Langsam begannen die Wesen wieder lebendig zu werden, und mit unermüdlicher Lebenslust wurde das Fest fortgeführt.

Nach einiger Zeit kamen die Nakakalunas auf mich zu und baten mich, sie zu begleiten. Wir entfernten uns ein Stück von den Festaktivitäten und gingen zu einem ruhigeren Ort. Dort bildeten die Nakakalunas ein Bett, auf das ich mich legen durfte. Das Bett begann leicht zu vibrieren, und sie ließen ihre gesamte Heilkraft in meinen ätherischen Körper einfließen. Die Wirkung war sofort spürbar. Mein gesamtes Energiesystem vibrierte wie ein gigantischer Turbo-Booster. Ich fühlte mich »körperlich« erholt und frisch. Ich sprang auf und explodierte fast vor Energie. Entsprechend lang dauerte die Party.

Zum Abschied umarmte mich Malan Salah, und ich fühlte mich unbeschreiblich eingehüllt von ihr. Sie sagte zu mir: »Chamuel, solltest du dich auf der Erde jemals schwer oder depressiv fühlen, aus welchen Gründen auch immer, dann erinnere dich an uns, und dir wird es sofort besser gehen. Es reicht, wenn du an uns denkst – sofort ist die Verbindung von uns zu dir wieder aktiv.«

Mittlerweile habe ich auf der Erde viel Erfahrung gesammelt und ihre Sichtweise oft genutzt. Alles wird leichter, wenn wir das Lachen in uns nicht verlieren!

Meditation Feen & Elfen-Sphäre

~ Liege wohl und bequem auf deiner Unterlage.
~ Entspanne dich.
~ Atme sanft ein und aus.
~ Lass jede Disharmonie, die du in deinem Körper wahrnimmst, los.
~ Werde leicht und weich.
~ Atme ein und aus, bis sich dein ganzer Körper harmonisch im Einklang mit deinem Atem bewegt.
~ Du fühlst, wie dein menschlicher Körper immer weiter in die wohlige Entspannung gleitet.
~ Du fühlst dich in deinem menschlichen Körper zufrieden, spürst die Sicherheit, die dein menschlicher Körper dir übermittelt.
~ Deine Gedanken und deine Sinne sind ausgeglichen, Wohlbehagen breitet sich in deinem gesamten Körper aus.
~ Atme in Leichtigkeit ein und aus.
~ In diesem Augenblick nimmst du wahr, wie deine geistigen Sinne in dir erwachen.
~ Dein Blick wendet sich nach innen und weitet sich für die höherschwingenden Energien.
~ Du empfindest eine pulsierende Wärme, die von einem lebendigen Licht ausgesendet wird.
~ Dieses warme Licht strömt liebevolle Heiterkeit aus.
~ Das pulsierende Licht nähert sich dir langsam.
~ Es wird dir bewusst, dass es das Licht von Seraphim Jophiel ist.
~ Die Freude über sein Erscheinen bahnt sich einen Weg in deine Gefühle, und du bist überglücklich.
~ In diesem Augenblick ist Seraphim Jophiel bei dir, an deiner Seite.

~ Mit deinen inneren Augen kannst du ihn deutlich wahrnehmen.
~ Seine bedingungslose Liebe und Hingabe an dich berühren dein Herz.
~ Tiefe innere Ruhe und Ausgeglichenheit erfüllen dein Sein.
~ Er berührt dich mit seiner Energie, und ihr begrüßt euch innig.
~ Seraphim Jophiel erklärt dir, dass er dir das Geschenk einer Astralreise in die Feen & Elfen-Sphäre machen will.
~ Damit er dich mit in die Seelensphäre nehmen kann, ist deine Erlaubnis erforderlich.
~ Bitte gebe ihm dein Einverständnis – in diesem Augenblick.
~ Nach deinem Einverständnis erklärt er dir, dass es für die Reise in die Seelensphäre erforderlich ist, deinen Astralkörper aus deinem menschlichen Körper zu heben.
~ Du bist jedoch weiterhin vollständig und sicher mit deinem menschlichen Körper verbunden.
~ Seraphim Jophiel beginnt nun sehr sanft, deinen Astralkörper mit seiner wundervollen Energie einzuhüllen.
~ Er empfängt dich mit seinen großen Flügeln und trägt dich in seinen starken Armen.
~ Du bist vollkommen sicher und geborgen. Du bist in Liebe eingehüllt..
~ Seraphim Jophiel hat in diesem Augenblick deinen Astralkörper aus deinem menschlichen Körper gehoben und erhöht die Energieschwingung für deine Reise zur Feen & Elfen-Sphäre behutsam.
~ Eure gemeinsame Astralreise in die Feen & Elfen-Sphäre hat begonnen.
~ Durch das Anheben der Energie wird dein Astralkörper von einer angenehmen Wärme durchflutet.

~ Leichter und leichter empfindest du deinen Astralkörper.
~ Deine inneren Sinne nehmen eine veränderte Schwingung wahr und Seraphim Jophiel erklärt dir, dass ihr im Schwingungsfeld der Feen & Elfen-Sphäre angekommen seid.
~ Ganz zaghaft berühren deine Füße den ätherischen Boden.
~ Seraphim Jophiel bittet dich, deine Astralaugen langsam zu öffnen.
~ Er hält dich an der Hand und legt seinen wunderschönen Flügel um dich.
~ Dich durchströmt eine Welle der Glückseligkeit, als du zu verstehen beginnst, welch ein Geschenk du hier erleben darfst.
~ Behutsam beginnst du, die Umgebung der Feen & Elfen-Sphäre zu betrachten.
~ Die wundervolle Farbenpracht, die du wahrnimmst, überwältigt dich.
~ Das Gefühl der Freude breitet sich in deinem ganzen Sein aus.
~ Du schaust dich um und erkennst Landschaften, die eine unbeschreibliche Lebenslust verströmen.
~ Wie von selbst beginnst du dich in der Feen & Elfen-Sphäre zu bewegen.
~ Du saugst die Energie regelrecht in dich hinein.
~ In völliger Harmonie und Freiheit wagst du den ersten Schritt und beginnst deinen Weg.
~ In der Ferne siehst du eine Gruppe von Wesen auf dich zukommen.
~ Noch bevor sie bei dir ankommen, kannst du ihre Freude spüren, dich zu sehen.
~ Angesteckt von dieser Freude gehst du auf sie zu.
~ Du umarmst jeden von ihnen innig.

- Avatar Malan Salah nimmt dich liebevoll in Empfang und legt dir sanft einen Mantel aus bunten Heilkräutern um.
- Die Wesen nehmen dich in ihre Mitte, und vor dir bildet sich ein Weg, der nur für dich bestimmt ist.
- Bei jedem Schritt, den du vorwärts schreitest, öffnen sich Blumen und geben einen bunten und duftenden Weg frei.
- Jede Pflanze verströmt wundervolle Musik, die dich umschmeichelt.
- Die bedingungslose Liebe von jedem umhüllt dich und lässt dich fast schweben.
- Wohlbehagen erfüllt dein gesamtes Sein, solch eine Liebe und Glückseligkeit hast du schon lange nicht mehr empfunden.
- Du kannst spüren, wie mit jedem Schritt in der Feen & Elfen-Sphäre deine Lebensfreude und deine Lebenslust in dir wächst.
- Avatar Malan Salah begleitet dich zu einem kleinen Hügel.
- Ein riesiger Farn thront darauf und erwartet dich.
- Er bittet dich, neben ihm Platz zu nehmen.
- Der Farn umschlingt dich behutsam mit seinen Blättern, und du kannst die Energie der Weisheit in dir wahrnehmen.
- Du kannst spüren, wie der Farn dir die Weisheit zu deinem nächsten Bewusstseinsschritt überträgt.
- Atme langsam ein und aus und erkenne die Bilder, die der Farn dir überträgt.
- Avatar Malan Salah berührt dich sanft und vertieft mit ihrer Berührung dein Wissen um deine Bewusstwerdung.
- Langsam erhebst du dich, und Malan Salah begleitet dich zu einem wilden Feld, auf dem sich Millionen von Nakakalunas, Heilkräuter, tummeln.

~ Sie führt dich direkt hinein und bittet dich, dich hinzulegen.
~ Kaum dass du liegst, beginnen die Nakakalunas ihren Heiltanz.
~ Sie wiegen sich sanft hin und her und übergießen dich mit einer heilenden Essenz.
~ Du spürst, wie Ballast in Lebensfreude und Lebenslust gewandelt wird.
~ Du fühlst dich voller Elan und purer Glückseligkeit.
~ Avatar Malan Salah gibt dir nun zu verstehen, dass du dich erheben kannst.
~ Alle Schwere ist von dir abgefallen, du fühlst dich leicht und befreit.
~ Voller Wärme bedankst du dich bei deinen Gastgebern für dieses zauberhafte Geschenk.
~ Du schaust Seraphim Jophiel lächelnd an.
~ Er gibt dir zu verstehen, dass die Zeit des Abschieds aus der Feen & Elfen-Sphäre für dich gekommen ist.
~ Alle umarmen dich nacheinander, und ihr verabschiedet euch herzlich voneinander.
~ Seraphim Jophiel stellt sich zu dir und nimmt dich in seine starken Arme, und du schmiegst dich hingebungsvoll an ihn.
~ Er breitet seine weichen Flügel um dich, und du fühlst dich umhüllt und getragen.
~ Er fängt an, die Schwingung der Seelensphäre langsam zu verringern und an die Frequenz der Erdschwingung anzugleichen.
~ In diesem Augenblick seid ihr im irdischen Schwingungsfeld eingetaucht.
~ Seraphim Jophiel legt deinen Astralkörper vollständig in deinen menschlichen Körper zurück, und du kannst

spüren, wie sie sich perfekt miteinander verbinden und verschmelzen, wie du wieder mit allen Körpern zur Einheit wirst. Du bist vollkommen glücklich und befriedet.

- ~ Du weißt, all die Liebe, all die Kraft und Verbundenheit, die du in der Seelensphäre erfahren durftest, wirst du mit in deinen menschlichen Körper einbinden und im irdischen Dasein leben.
- ~ Ein tiefes Gefühl der Freiheit breitet sich von deinem Herzchakra über deinen gesamten Körper aus.
- ~ Seraphim Jophiel lächelt dich an, umarmt dich und winkt dir zum Abschied.
- ~ Du schickst ihm einen Liebesstrahl und fängst an, in deiner Zeit ins Hier und Jetzt zurückzukommen.
- ~ Lass dir Zeit, genieße deine Gefühle, nimm dein Umfeld mit neuem Blick wahr.

Seelensphäre
WAL & DELPHIN

Begleitender Engel
Seraphim Chamuel

Vorsteher	Avatar Poseidon
Bekannter Avatar	Avatar Poseidon
Erste Manifestation	vor 5,5 Milliarden Jahren
Ort der Manifestation	Ozeane/alle Gewässer
Unterste Dimension	6. Dimension, 3. Ebene
Aufstiegsprozess	aktuell im Prozess, zuletzt vor 25.000 Jahren
Lichtwesen	Lumianer
Weitere Seelengruppen	Wale, Delphine, Korallen, Fische

Die Seelensphäre Wal & Delphin ist eine bunte Energiewelt voller Entschlossenheit und Engagement und die Heimat der prachtvollen Wasserwesen. Diese Sphäre strebt gemeinsam einer gewaltigen Bewusstwerdung entgegen. Sie leben in Ehrlichkeit und Zuverlässigkeit miteinander und pflegen verbindende Freundschaften mit allen Seelen. Diese Sphäre verkörpert das Motto: »Einer für alle, alle für einen.« Hier funktioniert alles in enger Zusammenarbeit, und alle sind immer gemeinschaftlich an Projekten beteiligt. Ihre ehrliche Freundschaft ist berührend, denn sie sind absolut treue Seelen. Sie vermitteln, dass Selbsterfahrung und das Erkennen des eigenen Weges wichtig sind und dass niemand außer dem Wesen selbst seine Bewusstwerdung verwirklichen kann.

Die Energieform der Wal & Delphin-Sphäre ist im Universum überaus spürbar. Zuverlässigkeit und Verbundenheit sind Attribute, die diese Sphäre im Besonderen auszeichnen. Vor allem das Wasserwesen ist unbeschreiblich hilfsbereit und stellt sich in vielen kosmischen Projekten zur Verfügung. Die Geradlinigkeit und Hilfsbereitschaft der Sphäre hilft allen Wesen im Universum, den

Aufstiegsprozess erheblich zügiger zu absolvieren. Denn die Energie dieser Sphäre unterstützt jede Seele, inneres Glück in sich selbst zu finden. Sie lehrt, dass es vorteilhaft sein kann, sich auch einmal treiben zu lassen und mit positiver Grundeinstellung und Zufriedenheit das Leben in vollen Zügen zu genießen.

Die Wal & Delphin-Energie wirkt harmonisierend bei folgenden Themen: Einsamkeit, Ziellosigkeit, Unehrlichkeit sowie Egoismus und Ausnutzung anderer. Bei Lustlosigkeit oder Verführungen jeglicher Art gleicht diese Energie aus, damit die Seele ohne Manipulation ihren Auftrag erfüllen kann. Wesen, die sich in ihren Tagträumen verloren haben, erhalten durch die Energie der Sphäre die Kraft, ihre Gedanken auf das Hier und Jetzt zu richten. Droht ein Verlust der Vorstellungskraft durch Begrenzung des eigenen Seins, hilft die Energie der Wal & Delphin-Sphäre, zu erkennen, dass wir unendlich sind. Zudem sensibilisiert sie dafür, auf sich zu achten und so der körperlichen Verwahrlosung entgegenzuwirken.

Begleitender Seraphim
Chamuel

Name	»Gott ist das Ziel«
Farbe	Rosa/Silber
Zwillingsflamme	Seraphim Michael
Seelenpartner	Seraphim Uriel
Aufgaben	Liebe, Leichtigkeit, Hingabe und Kindlichkeit

ENERGIE UND CHARAKTER

Chamuel ist der kindlichste unter allen Seraphim. Dieser Engel strahlt eine weibliche Schwingung aus. Gleichwohl kann Chamuel sich auch männlich präsentieren. Sie ist sanft, leicht und erheiternd, doch ab und an auch wild und ungestüm. Die kindliche Energie präsentiert sich vorwärtsbewegend kraftvoll, ohne die Konsequenzen zu berücksichtigen.

Ihr Motto: »Es können nur positive Ergebnisse entstehen, wenn der Fokus auf die Liebe des Seins gerichtet ist.«

Auf der Erde unterstützt Chamuel die Menschen bei der Umwandlung von

- Engstirnigkeit in die Fähigkeit, sich zu öffnen,
- Schwere in Leichtigkeit,
- Introvertiertheit in Hingabe,
- Ernsthaftigkeit in Verspieltheit,
- Kälte in Herzöffnung.

Seraphim Chamuel begleitet die Wal & Delphin-Sphäre mit ihrer Kindlichkeit und allumfassenden Hingabe. Hiermit ist sie der optimale Begleiter für die Sphäre, in der die Hingabe in jeder Sekunde gelebt wird. Mit ihrer vertrauensvollen Energie ergänzt sie hervorragend die Wesen in dieser Sphäre, über die sie liebevoll wacht. Ihre uneingeschränkte Hilfsbereitschaft verbindet sie im Besonderen mit der Wal & Delphin-Sphäre. Sie trägt den göttlichen Aspekt der hingebungsvollen Liebe in sich, welche die Seelen in der Wal & Delphin-Sphäre jedem Wesen im Universum zukommen lassen.

Die Form der Leichtigkeit, die Chamuel lebt, ist in starkem Maße auch in der Sphäre vorhanden und verbindet daher auf innige Weise Chamuel mit den Wesen der Wal & Delphin-Sphäre. Andere dort zu belassen, wo sie sind, Geschehnisse in einem größeren Zusammenhang zu betrachten sowie den göttlichen Plan zu erfassen, ist die gemeinsame Ausrichtung: Es ist, wie es ist, und daraus machen wir das Beste für die Entfaltung aller Wesen.

Vorsteher
Avatar Poseidon

Name	»Morgentau des Himmels«
Farbe	Helles Silber mit Rosa
Seelenzwilling	Avatar Zeus
Seelenpartner	Avatar Leyphalia
Aufgaben	Hüter der Wasserwelt, Autorität, durchs Leben gleiten, den Weg der eigenen Bewusstwerdung gehen, Bewusstsein für Neues öffnen

ENERGIE UND CHARAKTER

Avatar Poseidon ist eine imposante Erscheinung. Er ist kraftvoll, ehrlich, stark, tragend, beschützend und behütend. Am beeindrucktesten ist jedoch seine unerschütterliche Gelassenheit. Er ist eine in sich ruhende Seele, die Sanftheit, doch gleichzeitig auch große Macht und Entschlossenheit ausstrahlt.

Seine Kommunikation verläuft nonverbal, und die Offenheit und Unmissverständlichkeit, die er dabei an den Tag legt, ist herzerfrischend. Worte sind nicht nötig, ein Blick von ihm genügt, damit wieder Ruhe und Disziplin einkehren.

Avatar Poseidons Charakter lässt keinerlei Wankelmütigkeit zu. Er ist der unangefochtene Vorsteher der Wal & Delphin-Sphäre, und er regiert die Sphäre mit Gewissenhaftigkeit und Ordnung. In der Wal & Delphin-Sphäre geht alles seinen geregelten Gang, und Unvorhergesehenes kommt nicht vor. Avatar Poseidon überschaut alles und jeden mit seiner unbeschreiblichen Gelassenheit. Seine Handlungen sind knapp und prägnant. Ausschweifungen oder langwierige Abenteuer liegen ihm nicht. Sein Motto ist: Kurz und intensiv.

Allgemeines

Die Sphäre ist kunterbunt und besitzt annähernd dieselben Ausmaße wie die Feen & Elfen-Sphäre. Mit dem kleinen Unterschied, dass alle Seelen hier innerhalb eines Wesens leben beziehungsweise von ihm umhüllt werden: dem Wasserwesen.

Der Versuch, die Wal & Delphin-Sphäre in wenigen Worten zu beschreiben, ist so, als würde man ins Universum blicken und all die unzähligen Sterne auf ein paar Buchseiten pressen zu wollen. Also so gut wie unmöglich. Die üppige Fülle an Fischen, Walen, Korallen, Seeigeln, Delphinen, Seesternen, Seegurken, Wasserpflanzen, Algen und mehr ist berauschend.

Allerdings inkarnieren nur wenige Wesen aus dieser Sphäre auf die Erde, und ich konzentriere mich daher auf die relevantesten. Die unterste Stufe der Bewusstseinsebene ist die dritte Ebene der sechsten Dimension. Hier ist anzumerken, dass die Wal & Delphin-Sphäre in den letzten Jahrtausenden gigantische Sprünge in ihrer Bewusstwerdung vollbracht hat. Es ist daher davon auszugehen, dass die Sphäre in nächster Zeit wieder einen Bewusstseins-Schub absolvieren wird. Das zeigt, dass alle Wesen der Sphäre konzentriert ihre Bewusstwerdung verfolgen und jeglichen Ablenkungen aus dem Weg gehen. Sie beschäftigen sich nur mit Lösungen und wie sie ihr Ziel auf direktem Weg erreichen können. Die Wal & Delphin-Sphäre kann keine Wesenheits-Gruppe vorweisen, die bereits komplett in die zwölfte Dimension aufgestiegen wäre, außer dem Wasserwesen. Das Wasserwesen ist jedoch ein einziges Wesen und zählt nicht zu einer Wesensgruppe, wie beispielsweise die Delphine oder Wasserpflanzen.

In dieser Sphäre sind alle Wesen beheimatet, die aus den irdischen Wasserwelten bekannt sind. Die beeindruckende Mannigfaltigkeit der Sphäre ist wahrhaft bewegend, und so unterschiedlich die Wesen auch sind, besitzen alle eine tiefe Gelassenheit in ihrem Seelenkern, besonders das Wasserwesen mit seiner friedvollen Ausstrahlung.

Die Sphäre ist insofern etwas Besonderes, als sie keine Krieger im Universum stellt. Weder die Lichtwesen noch sonst ein Wesen der Sphäre haben sich jemals an kriegerischen Handlungen beteiligt. Sie arbeiten im freien Universum ausschließlich an Projekten, in denen keine kriegerischen Handlungen stattfinden. Bei der Teilnahme an Projekten lassen sich Gewaltsituationen nicht immer vermeiden (wie auf der Erde), jedoch liegt es nicht in der Natur der Sphäre, Gewalt anzuwenden. Sie sind friedliebende und sanfte Seelen, die gerne zusammen sind und gleichzeitig ab und zu Abstand von allem benötigen.

Zwischen den unterschiedlichen Wesenheiten der Wal & Delphin-Sphäre herrscht ein ausgeglichenes Verhältnis. Die verschiedenen Wesensgruppen der Sphäre sind zahlenmäßig nahezu identisch; gleich, ob Wale, Wasserpflanzen, Lumianer, Fische oder sonstige Seelengruppen, sie bestehen alle aus der annähernd gleichen Anzahl an Wesenheiten. Die einzige Ausnahme ist das sanfte Wasserwesen selbst. Es besteht aus einer einzigen Seele. Es ist allgegenwärtig und umhüllt komplett die gesamte Sphäre. Das bedeutet, dass die Wesen in der Sphäre innerhalb des Wasserwesens leben. Das ist eine absolute Ausnahme in unserem Universum.

Die Wal & Delphin-Sphäre ist die Sphäre der Verspieltheit, gepaart mit tiefgehender Ernsthaftigkeit. Ihre ausnahmslos gewaltfreien und geradlinigen Charaktere lassen keinen Spielraum für Manipulation, und ihre Kommunikation ist klar und respektvoll. Die Wesen fühlen sich eng miteinander verbunden, und ihre Verständigung findet wortlos statt. Sie wissen, was das Gegenüber benötigt, und übermitteln eigene Bedürfnisse ohne Erwartungshaltung. Ihre absolute Ehrlichkeit ist beeindruckend. Ruhige Hilfsbereitschaft wird in der gesamten Sphäre durchgängig praktiziert. Keine andere Sphäre lebt Hilfsbereitschaft in solch einem Ausmaß, über alle Dimensionen hinweg.

Auf den ersten Blick erscheint die Energie der Wal & Delphin-Sphäre leicht und beschwingt. Auf den zweiten Blick wird ihre Tiefgründigkeit sichtbar, ebenso wie ihr natürlicher Optimismus. Die gesamte Sphäre erzeugt ein Energiefeld, das ein tiefes Vibrieren im Innersten auslöst. Dieses Vibrieren setzt sich im Kosmos fort und erzeugt ein Gefühl von Behütetsein.

Die »Tierwelt« der Sphäre deckt mit ihren verschiedenen Wesenszügen die gesamte Bandbreite der universellen Gefühlswelt ab. Einen Charakterzug tragen alle Wesen der Sphäre in sich: Sie sind aus sich heraus zufriedene Wesen ohne Ansprüche oder Forderungen. Alle Geschöpfe sind streng, ohne beherrschend zu sein. Sie sind vielmehr geduldig, beharrlich und hilfsbereit ohne jedwede Erwartungshaltung. Sie leben eine Anspruchslosigkeit von fast schon unnatürlicher Selbstlosigkeit. Konkurrenz wie auch Gewalt sind in dieser Sphäre vollkommen unbekannt.

Aufgrund ihrer ernsten und trotzdem kindlichen Ausstrahlung wirken sie heilend auf alle Wesen im Universum.

Die Sphäre bietet große Bewusstseins-Entfaltungsmöglichkeiten, was auch Heilung umfasst. Im Gegensatz zu Lemurern sind sie jedoch keine Heiler und würden sich niemals als solche bezeichnen. Ihre Heilfähigkeit entsteht durch ihre kindliche Hingabe an alles, was ist. Keine andere Sphäre trägt in ihrem Kern eine vergleichbar intensive Zufriedenheit.

Im Universum entfaltet sich die Sphäre in einer einzigartigen strahlenden Wellenbewegung, die den Kosmos beleuchtet. Dunkelheit gibt es in dieser Sphäre nicht. Die gesamte Sphäre leuchtet aus sich heraus, von der untersten bis zur obersten Dimension. Das Leuchten erzeugt eine sanfte Wellenbewegung, die wiederum eine leise und zarte Musik hervorbringt. Feste oder Partys sind in der gesamten Sphäre unbekannt. Singen oder Musizieren ist ihnen fremd, auch wenn das eine oder andere Wesen sich darin versucht, wie die Wale oder die Delphine.

Die Wesen der Wal & Delphin-Sphäre benötigen viel Freiraum und nehmen sich für ihren Bewusstwerdungsprozess ausreichend Zeit. Dennoch sind sie unablässig und unermüdlich für Gott im Einsatz. Sie sind in der Lage, eine innere Entfaltung zu erfahren und gleichzeitig weiterhin für das Allgemeinwohl zu arbeiten.

Lumianer

Die Lichtwesen der Wal & Delphin-Sphäre tragen den Namen Lumianer. Lumianer sind stille, verantwortungsbewusste, aufrichtige und ernsthafte Wesen, die sich gerne um andere bemühen, jedoch ohne aufdringlich zu sein.

Ihr Erscheinungsbild entspricht dem eines *Beach Girl* oder *Beach Boy* auf Erden. Sie haben kurze, meist weiß-/silber- oder gold-/rosafarbige Haare und tragen kurze Hosen. Sie manifestieren ihre Seele in weiblicher und in männlicher Form, wobei allerdings nahezu kein Unterschied zwischen den beiden Formen besteht. Einzig durch ein Band um den Brustkorb ist ersichtlich, um welche Form es sich handelt. Das Band hat keine Funktion und dient ausschließlich der Freude am Design. Ihre Körper sind schlank und muskulös. Ein wenig irritierend könnte das Aussehen ihrer Hautoberfläche sein, denn sie ist mit zarten rosafarbigen Schuppen bedeckt.

Sie sind schnelle und gute Gleiter und halten locker mit Delphinen mit. Eine Atmung wie auf der Erde gibt es nicht. Atmung ist in den Seelensphären prinzipiell nicht notwendig.

Ihr Ausdruck ist klar und freundlich. Sie strahlen eine unbeschreibliche körperliche Präsenz und Kraft aus. Ein Blick reicht aus, um ihren Standpunkt deutlich und unmissverständlich auszudrücken. Sie ruhen selten und wenn, dann nur, um nachzudenken. Sie bleiben stets gelassen, was auch immer geschieht.

Ihre Gelassenheit beruhigt das gesamte Universum. Sie sind bodenständig und immerfort in Bewegung. Sie lieben die natürliche Ästhetik, künstlich Erschaffenes lehnen sie ab.

Die Lumianer sind stille Wesen, die nicht leichtfertig mit Kommunikation umgehen. Ihre Kommunikation findet vorwiegend fühlend statt. Dennoch ist immer klar ersichtlich, was ein Wesen braucht oder was es ausdrücken will. Sie wählen, wenn es unbedingt nötig ist, kurze und prägnante »Worte« oder Gefühle, die ihre Sicht eindeutig darlegen. Bei ihnen weiß jeder, woran er ist. Von oberflächlicher Konversation halten sie nichts, auch wenn sie eher lockere als tiefgehende Freundschaften zu anderen Wesen pflegen. Sie sind Einzelgänger, und es entspricht ihrem Sein, dass sie sich nur für gemeinsame Projekte zusammenschließen. Dennoch leben sie das Miteinander, und keine Seele fühlt sich jemals in der Sphäre ausgeschlossen. Es ist vielmehr so, dass sie kein Wesen benötigen, um sich selbst zu definieren.

Lumianer sind die »Macher« unter den Lichtwesen. Sie beschreiten den Erleuchtungsweg, indem sie Bewusstsein erfahren. Meditieren liegt ihnen nicht. Sie beteiligen sich an Projekten im ganzen Universum und in allen Dimensionen.

Häufige Charaktereigenschaften der Lumianer:

- ~ Sie sind gelassen und heiter.
- ~ Sie sind bodenständig.
- ~ Sie beanspruchen viel Freiraum für sich.
- ~ Sie sind gerne mit sich allein und benötigen Zeit zum »Denken«.
- ~ Sie sind »Macher«.
- ~ Sie lassen sich nicht manipulieren.
- ~ Sie kommunizieren über Emotionen.
- ~ Sie sind ausgesprochen ehrlich.
- ~ Sie sind beharrlich und tiefgründig.
- ~ Sie lieben das Wasserwesen.
- ~ Sie sind streng.
- ~ Sie hinterfragen Regeln und Konzepte.
- ~ Sie sprengen kosmische Gesetze, um sie neu zu ordnen.
- ~ Sie lieben den Frieden.

Lumianer sind zwar Einzelgänger, dennoch werden in jeder Dimension regelmäßig Treffen zur Bewusstwerdung abgehalten. Dabei wird nicht kommuniziert, vielmehr berühren sie einander. Zusammenkünfte zur Freude gibt es ebenfalls; diese bestehen aus gemeinsamem Schweigen und dem Genießen der Energien.

Steht ein Lumianer vor einem Dimensions-Sprung, bildet er eine

Kapsel um seine Seelenanteile und treibt abgeschottet im Bewusstsein des Wasserwesens. Kein anderer Lumianer würde diese Kapsel berühren oder gar versuchen, mit der Seele Kontakt aufzunehmen. Er schwebt und schwebt, bis sich die Kapsel, inklusive Lumianer, in die höhere Dimension verabschiedet hat. Ist der Lumianer in der höheren Dimension angekommen, platzt die Kapsel auf und der Lumianer wird augenblicklich in seine neuen Aufgaben eingewiesen und fängt auch sofort an, diese Aufgaben zu erfüllen.

Lumianer lehren durch Geschehen-Lassen. Beindruckend ist, dass sie niemals bewerten und somit alle Aufgaben hingebungsvoll annehmen. Die gesamte Sphäre ist für eine Bewusstwerdung hervorragend geeignet. Allerdings ist ein inkarniertes Wesen mehr oder weniger auf sich allein gestellt. Einen kosmischen Lehrauftrag, wie beispielsweise in Lemurien, gibt es nicht. Jedes Wesen lernt durch Beobachten und Fühlen. Die Sphäre besitzt keine speziellen »Lehrer«, und kein Wesen der Sphäre würde von sich behaupten, ein guter Lehrer zu sein. Jeder probiert aus, was ihm beliebt. Zurechtweisungen oder Korrekturen finden nicht statt. Das Wort »Selbsterfahrung« erhält so eine ganz neue Bedeutung.

Gibt ein Wesen dennoch Erklärungen, nehmen diese rasch überdimensionale Ausmaße an. Sie wählen keine »Worte« für Erklärungen, doch sind sie hervorragende Dozenten und Mentoren, eben auf ihre spezielle Weise der »Nicht-Kommunikation«.

Alle Wesen der Wal & Delphin-Sphäre lieben es, sich im Wasserwesen treiben zu lassen. Während sie völlig bewegungslos dahinschweben, werden sie in hohem Maß von allen Gefühlen und Weisheiten der Sphäre durchdrungen. Hierdurch erfahren sie ihre Bewusstwerdung und Erleuchtung. Sie sind fähig, Milliarden von Schwingungen gleichzeitig aufzunehmen, zu bearbeiten und daraus zu lernen. Ein Lieblingsthema besitzen sie nicht.

Lumianer denken in großen Dimensionen, Bescheidenheit liegt ihnen nicht, denn für sie ist alles gleichermaßen wichtig und großartig. Lumianer arbeiten vorwiegend an der Wandlung disharmonischer Energien. Sie streben nach Gleichberechtigung in allen

Ebenen. Sie entwickeln Bewusstwerdungsmethoden, die von allen Wesen in den unteren Dimensionen selbstständig angewendet werden können. Sie sind hervorragende Tüftler, wenn es darum geht, Zusammenhänge sichtbar zu machen.

Obwohl Lumianer eher Einzelgänger sind, leben sie in Gemeinschaften zusammen. Die Größe einer Gemeinschaft lässt sich nicht definitiv bestimmen. Sie kann zwischen zwei und hunderttausend betragen. Sie bevorzugen langfristige Aufenthaltsorte und lieben das Gewohnte. Dennoch sind sie die ganze Zeit in ihrer Sphäre unterwegs und unablässig in Bewegung, für sich alleine oder in kleinen Gruppen. Größere Treffen werden zwar abgehalten, sind allerdings selten. Kleinere Treffen finden öfter statt.

Das Wasserwesen

Dabei handelt es sich um eine einzige Wesenheit, welche die Wal & Delphin-Sphäre komplett umschließt, ohne ein Wesen zu durchdringen. Die schützende Ummantelung der Sphäre verhindert das Eindringen unerwünschter Energien. Das Wasserwesen trägt maßgeblich zur Bewusstwerdung in der Sphäre bei, und es ist vorwiegend dieser Seele zu verdanken, dass Gewalt in keiner Weise in der Sphäre anzutreffen ist. Die Wal & Delphin-Sphäre ist zusammen mit der Ansara-Sphäre die einzige Sphäre, die keinerlei Art von Gewalt kennt.

Die Wasser-Wesenheit ist in unserem Universum vielseitig unterwegs und beteiligt sich an unzähligen Projekten im Kosmos. Ihr Herzzentrum befindet sich in der zwölften Dimension, und ihre Präsenz erstreckt sich von der untersten Dimension bis in die höchste Dimensionsstufe der Wal & Delphin-Sphäre.

Die Wasserseele umhüllt, ohne zu manipulieren, und ist überall präsent. Diese Seele liebt es, zu beobachten und nur bei Bedarf einzuschreiten. Dabei ist sie kein belehrendes Wesen, sondern ein lehrendes. Diese Seele stellt sich immer und jederzeit zur Verfügung, ohne die Kontrolle zu übernehmen. Hier erhält das Wort »gemeinsam« eine vollkommen neue Bedeutung. Nichts in dieser Sphäre geschieht ohne das Wissen des Wasserwesens. Alle Seelen der Sphäre wiegen sich in der hingebungsvollen Liebe der Wasserwesenheit.

Das Wasserwesen ist ein überaus friedliches und beschützendes Wesen. Es hat einen sanften und freundlichen Charakter. Das Wasserwesen liebt den rosa Farbstrahl und wählt meistens diese Energie. Es leuchtet hell bis in die oberen Dimensionen und durchdringt mit seiner Liebe alle Wesen. Oft ist seine Energie kindlich, und es liegt viel Schelmisches in seinen Handlungen. Fröhlichkeit und Leichtigkeit sind weitere Merkmale dieser großartigen Seele.

Die sonstigen WESENHEITEN der Sphäre

Wale und Delphine sind auf der Erde die bekanntesten Vertreter der Wal & Delphin-Sphäre. Sie sind beeindruckende Charaktere, die in ihrer Sphäre wesentlich zur Bewusstwerdung beitragen. Sie leiten einige Projekte, sowohl in der Sphäre als auch im Universum. Sie sind mit die inkarnationsfreudigsten Wesen des Universums. Manche Wesenheit betrachtet Inkarnation als ein notwendiges Übel, doch Wale und Delphine sehen es als Spaß und Glück. Auf der Erde wählen Wale und Delphine eine ähnliche Form wie in ihrer Sphäre. In anderen Sphären sind sie Gestaltwandler. Sie sind fähig, jegliche Form zu erschaffen.

Wale und Delphine sind vorwiegend entfaltete Wesenheiten, wenngleich noch nicht alle Seelen in die zwölfte Dimension aufgestiegen sind. Inkarnieren Wale und Delphine aus ihrer Sphäre ins irdische Matrixfeld, ist ihre unterste Bewusstseinsstufe die siebte Dimension. Aufgrund ihres hohen Bewusstsein sind gerade Walseelen überaus sanfte und feinschwingende Wesen. Delphine hingegen sind wesentlich quirliger und übermütiger, woran auch ihr hohes Bewusstseinsniveau nichts ändert.

Wale

Wal-Wesen wählen ihre Schritte langsam und bedächtig. Ihre Form unterscheidet sich nicht wesentlich von ihrer irdischen Gestalt, außer, dass sie in ihrer Sphäre dezente bunte Farben für ihr Äußeres wählen. Sie leben gerne in kleineren Gruppen zusammen, durchstreifen ihre Sphäre jedoch auch im Alleingang, sofern sie das Bedürfnis dazu verspüren. Große oder massenhafte Zusammenkünfte meiden sie. Viele Walseelen widmen sich ähnlichen Aufgaben oder Projekten und arbeiten eng mit unterschiedlichen anderen Wesen zusammen.

Die Wal-Seelen sind in ihrer Sphäre die »Lehrer«. Obwohl der Ausdruck nicht wirklich passend ist, da sie prinzipiell das Lehren, wie wir es kennen, ablehnen. Keine andere Wesenheit lehrt so geduldig und einfühlsam wie die Wale. Sie beschäftigen sich fast ausschließlich mit dem kosmischen Bewusstwerdungsprozess. Viele Wale sind bereits in der zwölften Dimension angelangt und manifestieren ihre Energie bewusst in den unteren Dimensionen ihrer Seelensphäre.

Wale, die viele Inkarnationen auf der Erde verbringen, müssen vor der Heimkehr in ihre Sphäre einen tiefgreifenden Heilungsprozess durchlaufen. Aufgrund der Vergiftung der Weltmeere auf der Erde benötigen sie eine lange Zeit der Regeneration und werden hierbei hingebungsvoll von den Lumianern unterstützt.

Wale sind für die Erde lebensnotwendig.

Ihre Energie und ihre Gesänge halten einen großen Teil der Schwingungen des Schutzes aufrecht!

Delphine

Delphine und Wale könnten gegensätzlicher nicht sei. Delphine sind temperamentvolle, überschäumende Wesen. Ihre verspielte Daseinsform bringt manchen zur Verzweiflung. Gleich welches Thema erörtert wird, Delphine betrachten es immer mit einer Portion Witz. Bei einem oberflächlichen Blick könnte der Eindruck entstehen, dass es Delphinen an Tiefgang mangelt, was natürlich nicht der Wahrheit entspricht. Vielmehr weisen sie neben ihrer Kindlichkeit, die in der Wal & Delphin-Sphäre weit verbreitet ist, eine überaus verspielte Natur auf. Dennoch sind Delphine gradlinige und tiefsinnige Wesen.

Delphine lieben das gesamte Farbspektrum in den Sphären. Sie wechseln oft ihre Farbmuster und manchmal auch die Form. Sie leben gerne in größeren Gruppen zusammen, »Familienleben« praktizieren sie jedoch nicht. Sie sind absolut freiheitsliebende Wesen, und doch sind sie selten alleine anzutreffen. Sie genießen es, überall dabei zu sein, sofern sie dabei nicht in ihrer Freiheit eingeschränkt werden.

Delphine sind, was ihre Arbeitsweise anbelangt, eher Einzelgänger. Sie lieben durchaus die Zusammenarbeit mit anderen Wesen, jedoch muss es in ihrem Rhythmus geschehen. Sich anzupassen fällt ihnen schwer. Als Lehrer würde ich sie nicht unbedingt bezeichnen, obgleich sie viel Weisheit in sich tragen. Ein kleiner Schwachpunkt ist ihre Ungeduld. Durch ihre hohe Schwingung verlieren sie schnell das Interesse an tiefgehenden Themen.

Fische

Die Wal & Delphin-Sphäre beheimatet Milliarden von unterschiedlichen Fischwesen. Die schillernde Einzigartigkeit jeder Seele übersteigt das menschliche Vorstellungsvermögen. Die Artenvielfalt explodiert in einem Feuerwerk an Formen und Farben. Die Kontraste der individuellen Charaktere sind von immenser Bandbreite. So verwundert es nicht, dass die Wesensgruppe mehr Einzelgänger als Teamplayer hervorbringt.

Fischwesen besitzen nicht das Verständnis für eine Gemeinschaft, wie wir es auf der Erde kennen. Gemeinschaft hat in dieser Seelengruppe eine andere Bedeutung. Sie sind ausgeprägte Einzelgänger, jedoch ohne sich von der Gruppe abzugrenzen. Sie interessieren sich nie für die Belange ihrer Artgenossen. Vorwiegend beschäftigen sie sich mit sich selbst.

Korallen

Korallenwesen sind ein wichtiger Bestandteil der Wal & Delphin-Sphäre. Sie sind Seelen, die, im Gegensatz zu vielen anderen Wesen ihren inneren Ruhepol gefunden haben. Sie können durchaus mit den Baumwesen der Regenbogen-Sphäre verglichen werden. Es gibt allerdings einen wesentlichen Unterschied: Korallen bilden gigantische Gebirgszüge, die aus unzähligen Seelen bestehen, und in einem »Korallenberg« können wahrhaftig Milliarden von Wesen existieren. Diese Gebirgszüge sind von einem »Tunnelsystem« durchzogen. Die Korallenwesen formierten sich von Anbeginn an auf diese Weise, und nichts wurde daran je verändert. Eine Neugestaltung ist nur möglich, sofern ein Korallenwesen einen Aufstiegsprozess durchläuft. Verlässt eine Korallenseele ihre Dimension, erfährt die gesamte Sphäre eine Umstrukturierung.

Korallen sind beschützende Wesen, die sehr achtsam mit ihrer Umgebung umgehen. Sie nehmen regen Anteil an allem, was in der Sphäre geschieht. Gleichzeitig sind sie ruhige Wesen, die sich niemals aufdrängen oder andere bevormunden. Korallen stellen sich jeder Seele zur Verfügung und sind gute, aufmerksame Zuhörer. Sie handeln ausschließlich im Sinne der Gemeinschaft und richten ihren Fokus gänzlich auf das Wohl der Wal & Delphin-Sphäre. Sie leben Gemeinschaft in Vollkommenheit.

Seesterne

Sie sind faszinierende Wesen. Ihre herzliche Aufgeschlossenheit findet bei allen Wesen in der Sphäre Anklang. Sie sind erfrischend in ihrer Naivität, und ihr Humor ist legendär. Über sich selbst können sie sich am meisten amüsieren und finden immer einen Anlass, fröhlich zu sein. Der größte Respekt wird ihnen jedoch aufgrund eines anderen Wesenszugs entgegengebracht – sie besitzen nämlich die allergrößten Heilkräfte dieser Sphäre. Ihre Energie durchströmt die Wal & Delphin-Sphäre bis in den letzten Winkel. Sie harmonisieren durcheinander geratene Energie im Handumdrehen und helfen den Seelen bei ihrer Bewusstwerdung. Sollten sie gerade selbst in einer Aufwachphase sein, so stellen sie diese zurück und unterstützen zuerst die Seelen, die gerade ihre Hilfe benötigen. Sie sind wundervolle und äußerst liebevolle Wesen.

Oktopusse

Der Oktopus ist in der Sphäre gefürchtet. Seine Klarheit und seine blitzschnelle Auffassungsgabe fordern so manches Wesen heraus, denn er konfrontiert alle mit kompromissloser Wahrheit. Im Gegensatz zu den meisten Wesen ist der Oktopus auch noch unbeschreiblich schnell, was manche in der Sphäre verwirrt.

Viele Oktopusse sind bereits in die zwölfte Dimension aufgestiegen und haben somit die Avatar-Ebene erreicht. Sie arbeiten im Universum mit Seraphim Chamuel an verschiedenen Projekten zusammen. Sie sind hervorragende Vermittler und Diplomaten.

Krabben, Garnelen, Schnecken und Muscheln

Diese Wesenheiten sind in der Sphäre wahre Gruppentiere. Sie können nicht einzeln sein, sondern verbinden sich immer mit mehreren Artgenossen. Sie lieben es, eins zu sein. Ihren Entfaltungsprozess verfolgen sie mit stoischer Ruhe. Sie lieben es, einfach zu sein und zu genießen.

Walross, Pinguin & Co.

Die Mannigfaltigkeit der Sphäre ist galaktisch. Es gäbe noch viele wunderbare und bezaubernde Wesen zu beschreiben. Betrachte unsere Wasserwelten, und du erhältst eine kleine Ahnung davon, was diese Sphäre zu bieten hat.

Auf der Erde sind Walrosse, Pinguine oder Seehunde Tiere, die sowohl an Land wie im Wasser zu Hause sind. Im Universum gehören sie unterdessen der Wal & Delphin-Sphäre an. Ihr Bestreben war es, auf der Erde sowohl das »Land« wie auch die »Wasserwelt« zu erleben und damit Erfahrungen zu sammeln. Ihre Erlebnisse nutzen sie für ihre Bewusstwerdung.

Die Wal & Delphin-Sphäre auf der Erde

Das erste Zusammentreffen der Energiefelder von Wal & Delphin-Sphäre und Erde fand am Südpol statt. Zu Beginn des Projekts Erde sandte diese Sphäre als dritter Hauptakteur Energie auf die Erde. Rasch dehnte sich das Wasserwesen im Energiefeld von Gaia aus. Wie in seiner eigenen Sphäre ist es auf der Erde die Basis für das Sein der Seelen aus der Wal & Delphin-Sphäre.

Außer den Lumianern, Walrossen, Pinguinen und Seehunden, die wesentlich später zu inkarnieren begannen, war keine Wesenheit der Wal & Delphin-Sphäre bereit, »an Land« zu leben.

Sie stellten die Bedingung, innerhalb des Wasserwesens leben zu dürfen. Sie konnten sich eine Existenz außerhalb dieses Wasserwesens nicht vorstellen. Und selbst jetzt, nach so vielen Jahrmillionen, kommt es für die Wesen der Wal & Delphin-Sphäre auf der Erde nicht in Frage, außerhalb des Wassers zu leben.

Sie fühlen sich darin geborgen und sicher. Das Wasserwesen ist ihre Familie. Ohne das Wasserwesen würden alle Seelen der Wal & Delphin-Sphäre die Erde verlassen.

Etwa drei Siebtel der Wesenheiten der Sphäre inkarnieren ins irdische Matrixfeld. Das hat sich nur geringfügig geändert, seit sich das irdische Tor in den 1980er Jahren des letzten Jahrhunderts großflächig für die Lichtwesen der Wal & Delphin-Sphäre, die Lumianer, öffnete. Bis 1980 inkarnierten Lumianer nur vereinzelt. Heute nehmen sie auf der Erde zahlenmäßig den vierten Platz ein.

Die Wal & Delphin-Sphäre war die erste Sphäre, die versuchte, bewegliche materielle Körper anzunehmen. Die Entwicklung schritt zügig voran, und es wurden immer komplexere Körper bis zu unserem heutigen Stand erschaffen. Sie halten über das Wasserwesen auch in der irdischen Matrix einen überaus intensiven Kontakt zu ihrer Sphäre. Sie leben sozusagen noch immer, zumindest weitestgehend, in ihrer eigenen Sphäre, unterbrochen nur durch die Einmischung des Menschen in ihre Welt. Sie beteiligen sich am Projekt Erde, und wiederum auch nicht. Keine andere Sphäre lebt dergestalt abgeschottet von allen anderen auf dieser Erde. Einzig das Wasserwesen ist in allem enthalten, mit allem verbunden und erfüllt damit die Anforderung des kosmischen Rates der Erde. Die Wasserwelt ist für sich und doch mitten unter uns.

Diese Sphäre nimmt bis heute großen Einfluss auf die irdische Entwicklung. Die intensivste Verbindung zu Gaia unterhält das sanfte Wasserwesen. Inkarnierte Lumianer fühlen sich intensiver mit dem Wasserwesen als mit Gaia verbunden, daher sind sie gerne am und im Wasser. Sie können und wollen sich nicht vollkommen auf das irdische Projekt einlassen. Solange der Unterwasserwelt erlaubt wird, im Wasserwesen zu leben, werden sie weiterhin mit Freude auf die Erde inkarnieren.

Wale und Delphine sind ein Segen für die Erde und für unseren Kosmos. Sie heben die Energie in eine höhere Schwingung und ermöglichen dadurch einen Aufwachprozess mit mehr Leichtigkeit. Ohne die Schwingung der Wale und Delphine gäbe es noch mehr Konflikte zwischen den Wesen auf der Erde. Die Wal & Delphin-Sphäre ist bestrebt, ihre Energie weiterhin auf der Erde zur Verfügung zu stellen.

Die Lumianer selbst inkarnieren erst seit wenigen Jahren massenhaft ins irdische Energiefeld. Früher inkarnierten nie mehr als hundert gleichzeitig, doch seit 1980 steht das Tor nun für alle offen. Lumianer kommen in erster Linie in so großer Zahl, um der Erde, oder besser gesagt der Menschheit, eine neue Richtung zu weisen, denn sie inkarnieren mit dem Indigo-Bewusstsein. Das bedeutet, dass die Erinnerung an ihre wahre Herkunft bei ihnen wesentlich mehr erhalten bleibt als bisher üblich. Ihr Stand auf der Erde war zu Anfang schwer, denn ihre Art zu denken und zu fühlen entspricht nicht der irdischen Norm. Sie stellen viele Konzepte in Frage und fragen immer nach dem Sinn und Zweck einer Handlung. Was sie nicht nachvollziehen können, leben sie nicht. Dass sie gegen Manipulationsversuche immun sind, stellt für einen Großteil der Menschen ein wirkliches Problem dar. Mit ihrer Nonkonformität stellen sie so manches System und dessen Vertreter vor eine Herausforderung. Dies zeigt sich bereits sehr früh, beispielsweise im Schulsystem.

Lumianer zeigen nach außen eine harte Schale, sind jedoch innerlich sehr weich. Manchmal sind sie etwas zu großzügig, wodurch die Gefahr besteht, dass sie ausgenutzt werden. Sie sind sehr hilfsbereit und lieben es, anderen etwas Gutes zu tun. Sie besitzen fast durchweg ein großes Herz.

Durch ihre Inkarnation auf die Erde unterstützen sie enorm den Aufstiegsprozess ihrer eigenen Sphäre.

INKARNIEREN LUMIANER AUF DIE ERDE, BEVORZUGEN SIE FOLGENDE BERUFE ...

Mit ihrer sozialen Ader sind sie hervorragende Lehrer, Streetworker und Psychiater, aufgrund ihrer ausgeprägten Kommunikationsfähigkeit zudem gute Reporter, Moderatoren, Journalisten und Kommunikationswissenschaftler. Sie besitzen durchaus das Talent, sich als Schauspieler zu versuchen. Seltener sind sie als IT-Spezialisten anzutreffen. Selbstverständlich lieben sie den Beruf des Meeresbiologen, da die Wasserwelt ihrer natürlichen Heimat entspricht.

Aber auch der Beruf des Fluglotsen oder des Piloten übt auf sie eine magische Anziehungskraft aus. Außerdem sind sie von Waffen regelrecht fasziniert und erliegen manchmal ihrer Begeisterung für irdische Waffen. Vor allem männliche Lumianer verfallen gern der Faszination solcher Technik. Für sie sind Waffen eine verlockende Neuerung, die sie ausprobieren möchten. Allerdings sind sie sanft und verabscheuen rohe Gewalt und sind daher nicht wirklich fähig, diese Technik anzuwenden, um zu töten.

Ein Erlebnis mit der Wal & Delphin-Sphäre

Seit ich denken kann, hat mich Wasser magisch angezogen. Auch wenn ich nicht aus dieser Sphäre komme, fühle ich mich dem Wasser doch sehr verbunden. Als Kind bekam mich meine Mutter nicht aus dem Wasser, ganz gleich, wie kalt es war. Ich konnte mit drei Jahren schwimmen, und immer wenn ich irgendwo ein Gewässer fand, war ich sofort drin. So war es nicht verwunderlich, dass ich sofort und augenblicklich ja sagte, als mich Michael fragte, ob ich die Wal & Delphin-Sphäre besuchen möchte. Er hüllte mich ein, und schon im nächsten Moment trafen wir in der Sphäre ein.

Ich wurde sofort von Gefühlen überwältigt und fing vor Freude an zu weinen. Ich hatte alle Wesen der Sphäre vermisst. Ihre ruhige und kindliche Ausstrahlung rief viele Erlebnisse in mir wach, und ich fühlte mich augenblicklich wie zu Hause. Michael und ich glitten vorsichtig durch das Tor, und die gesamte Pracht der Sphäre lag vor mir. Die Energie durchströmte mich, und ich ließ mich mitten ins Wasserwesen fallen.

Schweben … treiben lassen …Geborgenheit … Stille …

… Tsunami … Avatar Poseidon erschien auf spektakuläre Weise.

Seine Erscheinung ist, gelinde ausgedrückt, imposant, und ich war durchaus beeindruckt. Alles an ihm strahlte klare Kraft und Macht aus. Er lächelte, ergriff mich, und wir tauchten tiefer in die

Sphäre ein. Ich bewunderte die faszinierende, bunte Welt, die sich vor mir auftat. Die Farbenpracht war außergewöhnlich intensiv, und selbst das Wasserwesen erstrahlte in einer bemerkenswerten Lichtershow. Wir schwebten auf ein gigantisches Korallengebirge zu. In der Mitte öffnete sich eine Plattform, auf die wir zustrebten. Auf und neben der Plattform warteten unzählige Wesen. Sie richteten ihren Fokus auf mich, und ich konnte spüren, dass sie sich freuten, mich zu sehen.

Ich schwamm in ihre Mitte und genoss unser Wiedersehen. Gefühlte Millionen Wesen schwammen um mich herum, und das Wasser erhielt hierdurch eine enorme Dynamik. Langsam, jedoch stetig, erzeugten sie einen Strudel, in den ich hineingezogen wurde. Schneller und schneller drehte ich mich um mich selbst, bis ich mich aufzulösen schien. Ich spürte keine Begrenzung mehr in mir, stattdessen fühlte ich mich eins mit dem Wasserwesen. Ich selbst umhüllte auf einmal die gesamte Sphäre und sah alle Wesen darin in ihrer bezaubernden Göttlichkeit. Ich nahm alles gleichzeitig wahr und spürte mich selbst in jeder einzelnen Seele. Wir waren alle zusammen *eins*. Die gesamte Energie der Sphäre durchströmte mein Sein. Ich fühlte keine Grenzen mehr, weder in mir, noch um mich herum. Ich war vollkommen frei und grenzenlos. Frei, mich in jedem zu sehen. Frei, mir selbst in jedem zu begegnen. Frei, das zu leben, was ich bin … Chamuel.

Plötzlich verstand ich, dass wir niemals getrennt sind, gleich wo wir uns befinden. Wir sind immer »alle in einem«. Um das zu verstehen, braucht es nur den Willen, die eigene Göttlichkeit in der Liebe zu leben. Ich war tief bewegt und konnte nichts anderes mehr denken als: »Ich liebe, ich liebe, ich liebe, ich bin die Liebe.« Das erzeugte ein riesiges Energiefeld um mich herum, und plötzlich spürte ich die Wal & Delphin-Sphäre in mir selbst. Alles existierte auf einmal in meiner Energie. Nicht ich war im Wasserwesen und in der Sphäre, sondern die Sphäre und das Wasserwesen waren in mir. Wir verschmolzen, und ich nahm wahr, dass ich in jedem war und jeder in mir. Ich verstand *Einssein*.

Langsam beruhigte sich die Schwingung, und wir alle kehrten zu unserer ursprünglichen Energie zurück. Dennoch fühlte ich mich weiterhin mit allem eins. Ich war tief beglückt und fühlte mich geehrt, solch ein Geschenk erhalten zu haben. Dieses Erlebnis war für mein Verständnis des Universums überaus wichtig.

Langsam zog mich die Energie wieder in meinen menschlichen Körper zurück. Ich überschüttete die Sphäre nochmals mit meiner Liebe und kam schließlich wieder in meinem menschlichen Körper an. Das Gefühl des Einsseins blieb jedoch.

Während meines gesamten Aufenthalts dort fiel kein einziges Wort. Das war auch nicht nötig, ich verstand ihre Botschaft an mich vollkommen nonverbal und eindrücklicher, als Worte es mir jemals hätten vermitteln können.

Meditation Wal & Delphin-Sphäre

~ Liege wohl und bequem auf deiner Unterlage.
~ Entspanne dich.
~ Atme sanft ein und aus.
~ Lass jede Disharmonie, die du in deinem Körper wahrnimmst, los.
~ Werde leicht und weich.
~ Atme ein und aus, bis sich dein ganzer Körper harmonisch im Einklang mit deinem Atem bewegt.
~ Du fühlst, wie dein menschlicher Körper immer weiter in die wohlige Entspannung gleitet.
~ Du fühlst dich in deinem menschlichen Körper zufrieden, spürst die Sicherheit, die dein menschlicher Körper dir übermittelt.
~ Deine Gedanken und deine Sinne sind ausgeglichen, Wohlbehagen breitet sich in deinem gesamten Körper aus.

~ Atme in Leichtigkeit ein und aus.
~ In diesem Augenblick nimmst du wahr, wie deine geistigen Sinne in dir erwachen.
~ Dein Blick wendet sich nach innen und weitet sich für die höherschwingenden Energien.
~ Du empfindest eine pulsierende Wärme, die von einem lebendigen Licht ausgesendet wird.
~ Dieses warme Licht strömt liebevolle Heiterkeit aus.
~ Das pulsierende Licht nähert sich dir langsam.
~ Es wird dir bewusst, dass es das Licht von Seraphim Chamuel ist.
~ Die Freude über ihr Erscheinen bahnt sich einen Weg in deine Gefühle, und du bist überglücklich.
~ In diesem Augenblick ist Seraphim Chamuel bei dir, an deiner Seite.
~ Mit deinen inneren Augen kannst du sie deutlich wahrnehmen.
~ Ihre bedingungslose Liebe und Hingabe an dich berühren dein Herz.
~ Tiefe innere Ruhe und Ausgeglichenheit erfüllen dein Sein.
~ Sie berührt dich mit ihrer Energie, und ihr begrüßt euch innig.
~ Seraphim Chamuel erklärt dir, dass sie dir das Geschenk einer Astralreise in die Wal & Delphin-Sphäre machen will.
~ Damit sie dich mit in die Seelensphäre nehmen kann, ist deine Erlaubnis erforderlich.
~ Bitte gebe ihr dein Einverständnis in diesem Augenblick.
~ Nach deinem Einverständnis erklärt sie dir, dass es für die Reise in die Seelensphäre erforderlich ist, deinen Astralkörper aus deinem menschlichen Körper zu heben.

~ Du bist jedoch weiterhin vollständig und sicher mit deinem menschlichen Körper verbunden.
~ Seraphim Chamuel beginnt nun sehr sanft, deinen Astralkörper mit ihrer wundervollen Energie einzuhüllen. Sie empfängt dich mit ihren großen Flügeln und trägt dich in ihren starken Armen.
~ Du bist vollkommen sicher und geborgen. Du bist in Liebe eingehüllt..
~ Seraphim Chamuel hat in diesem Augenblick deinen Astralkörper aus deinem menschlichen Körper gehoben und erhöht behutsam die Energieschwingung für deine Reise in die Wal & Delphin-Sphäre.
~ Eure gemeinsame Astralreise in die Wal & Delphin-Sphäre hat begonnen.
~ Durch das Anheben der Energie wird dein Astralkörper von einer angenehmen Wärme durchflutet.
~ Leichter und leichter empfindest du deinen Astralkörper.
~ Deine inneren Sinne nehmen eine veränderte Schwingung wahr und Seraphim Chamuel erklärt dir, dass ihr im Schwingungsfeld der Wal & Delphin-Sphäre angekommen seid.
~ Ganz zaghaft berühren deine Füße das Wasserwesen und du tauchst behutsam in die Unterwasserwelt ein.
~ Seraphim Chamuel bittet dich, deine Astralaugen langsam zu öffnen.
~ Sie hält dich an der Hand und legt ihren wunderschönen Flügel um dich.
~ Dich durchströmt eine Welle der Glückseligkeit als du zu verstehen beginnst, welch ein Geschenk du hier erleben darfst.
~ Behutsam beginnst du, die Umgebung der Wal & Delphin-Sphäre zu betrachten.

- Die wundervolle Farbenpracht, die du wahrnimmst, überwältigt dich.
- Das Gefühl tiefer Hingabe umgibt dich.
- Du schaust dich um und erkennst die Unterwasserwelt, die eine unbeschreibliche Schönheit und Grazie ausströmt.
- Wie von selbst beginnst du dich in der Wal & Delphin-Sphäre zu bewegen.
- Du saugst die Energie regelrecht in dich hinein.
- In völliger Harmonie und Freiheit schwebst du im Wasser und beginnst dich sanft fortzubewegen.
- In der Ferne siehst du eine Gruppe von Wesen, die auf dich zu schwimmen.
- Noch bevor sie bei dir ankommen, kannst du ihre Freude spüren, dich zu sehen.
- Angesteckt von dieser Freude schwimmst du auf sie zu.
- Du umarmst jeden von ihnen innig.
- Avatar Poseidon nimmt dich liebevoll in Empfang.
- Er nimmt dich an die Hand und gemeinsam gleitet ihr durch das unendliche Meer der Wal & Delphin-Sphäre.
- Bei jedem Zug, den du vorwärtsschwimmst, näherst du dich einer kleinen Ansammlung von Delphinen.
- Die Delphine kommen dir entgegen und bilden einen Kreis um dich.
- Die bedingungslose Liebe der Delphine umhüllt dich.
- Wohlbehagen erfüllt dein gesamtes Sein, solch eine Liebe und Glückseligkeit hast du schon lange nicht mehr empfunden.
- Du spürst wie ein Delphin unter dir durch gleitet und sich dir langsam nähert, bis du auf seinem Rücken zum Liegen kommst.
- Avatar Poseidon bittet dich, ganz ruhig liegen zu bleiben.

- Die Delphine im Kreis beginnen mit sanften Bewegungen das Wasser in Schwingung zu versetzen.
- Langsam und sanft dringt die Schwingung des Wasserwesens in dich ein und spült alle Unreinheiten aus deinem Körper.
- Die Unreinheiten werden von den Delphinen aufgefangen und in Leichtigkeit gewandelt.
- Das Wasserwesen fließt mit seiner Leichtigkeit durch deinen Körper und jede Zelle deines Astralkörpers nimmt die Schwingung freudig in sich auf.
- Du fühlst dich erleichtert und beschwingt.
- Die Gruppe der Delphine löst sich auf, und du schwimmst mit Poseidon weiter.
- Gemeinsam lasst ihr euch tiefer sinken.
- Du fühlst dich harmonisch und glückselig.
- Je tiefer ihr sinkt, desto leuchtender und strahlender wird das Farbenspiel.
- Auf einer kleinen Plattform im Korallengebirge entdeckst du einen Oktopus.
- Mit einem seiner Arme winkt er dir fröhlich zu und bedeutet dir, zu ihm zu kommen.
- Langsam näherst du dich dem Oktopus, während er einen seiner langen Fangarme ausstreckt, dich umarmt und zu sich heran zieht.
- Du schaust den Oktopus lächelnd an.
- Vorsichtig legt er mehrere seiner Arme um dich.
- Ganz vorsichtig nähert er sich deinem Kopf und umhüllt ihn leicht und achtsam.
- Du schließt die Augen und nimmst wahr, wie die Energie des Oktopusses in dich einfließt, seine Energie in jede deiner Gehirnzellen dringt und sie reinigt.
- Du spürst, wie deine Freude am Denken wiedererwacht.

- ~ Deine Gedanken beginnen blitzschnell zu agieren und du erkennst Zusammenhänge, die dir in deinem Leben helfen, weiter zu kommen.
- ~ Avatar Poseidon nähert sich euch, der Oktopus löst seine Ummantelung und verabschiedet sich von dir.
- ~ Du schwebst wieder frei im Wasser.
- ~ Du schwimmst mit Avatar Poseidon wieder zu Seraphim Chamuel.
- ~ Sie gibt dir zu verstehen, dass die Zeit des Abschieds von der Wal & Delphin-Sphäre für dich gekommen ist.
- ~ Du umarmst Avatar Poseidon und ihr verabschiedet euch herzlich voneinander.
- ~ Seraphim Chamuel stellt sich zu dir und nimmt dich in ihre starken Arme, und du schmiegst dich hingebungsvoll an sie.
- ~ Sie breitet ihre weichen Flügel um dich, und du fühlst dich umhüllt und getragen.
- ~ Sie fängt an, die Schwingung der Seelensphäre langsam zu verringern und an die Frequenz der Erdschwingung anzugleichen.
- ~ In diesem Augenblick seid ihr im irdischen Schwingungsfeld eingetaucht.
- ~ Seraphim Chamuel legt deinen Astralkörper vollständig in deinen menschlichen Körper zurück und du kannst spüren, wie sie sich perfekt miteinander verbinden und verschmelzen, wie du wieder mit allen Körpern zur Einheit wirst.
- ~ Du bist vollkommen glücklich und befriedet.
- ~ Du weißt, all die Liebe, all die Kraft und Verbundenheit, die du in der Wal & Delphin-Sphäre erfahren durftest, wirst du mit in deinen menschlichen Körper einbinden und im irdischen Dasein leben.

- ~ Ein tiefes Gefühl der Freiheit breitet sich von deinem Herzchakra über deinen gesamten Körper aus.
- ~ Seraphim Chamuel lächelt dich an, umarmt dich und winkt dir zum Abschied.
- ~ Du schickst ihr einen Liebesstrahl und fängst an, in deiner Zeit ins Hier und Jetzt zurückzukommen.
- ~ Lass dir Zeit, genieße deine Gefühle, nimm dein Umfeld mit neuem Blick wahr.

Seelensphäre

SIRIUS

Begleitender Engel
Seraphim Michael

Vorsteher	Avatar Sharon
Bekannter Avatar	Avatar Sananda, Avatar Sulis
Erste Manifestation	vor 3,5 bis 3 Milliarden Jahren
Ort der Manifestation	Amerika, Australien, Asien, Europa
Unterste Dimension	5. Dimension, 11. Ebene
Aufstiegsprozess	aktuell im Prozess
Lichtwesen	Sirianer
Weitere Seelengruppen	Silber, Gold, Erze, Metalle

Sirius – was für ein spannendes Energiefeld voller Tiefgründigkeit! Sirius ist die Sphäre der aktiven Forschung, der Experimente, der Mathematik, des »handwerklichen« Gestaltens und Fokussierens. Nichts wird hier dem Zufall überlassen.

Die Sirius-Energie wird auf der Erde durch Innovationen und Neuschöpfungen verkörpert. Richtungsweisende Entwicklungen und Techniken werden durch kreative Ideen und unerschrockenes Experimentieren von Sirianern in die Realität gebracht.

In jedem Winkel des Universums wird die Sirius-Energie angewandt, denn kosmische Gesetze basieren auf den Regeln der Physik. Technisches Wissen und mathematisches Denken sind Energieformen, die es in dieser Sphäre im Überfluss gibt. Alle Wesen dieser Sphäre besitzen eine positive Neugierde, Forschergeist und Freude am Entdecken und Entwickeln. Sie sind selbstständig, sehr direkt und leben die Werte der Kameradschaft und Durchhaltekraft. Im Universum sind sie die »Professoren«, die alles Technische beherrschen und erklären.

Gleichzeitig sind sie die Buchhalter, die auch den letzten Cent noch suchen. Ihre klare und mutige Energie, die sich in ihrem positiven Machtbewusstsein zeigt, ist im Universum sehr gefragt. Daher sind sie überall herzlich willkommen.

Sirianische Energie wirkt harmonisierend bei folgenden Themen: Egoismus, zerstörerischer Selbstsucht, Hoffnungslosigkeit, Einschüchterung, völliger Abkapselung und Labilität. Die Energie von Sirius unterstützt zudem Seelen, die sich rasch gelangweilt fühlen, wo immer sie sind. Darüber hinaus hilft sie bei Lernunlust oder Lernschwierigkeiten und bei Unsicherheit in der Berufswahl.

Begleitender Seraphim
Michael

(Michael ist seit 1879 der führende Seraphim auf Erden)

Name	»Wer ist wie Gott?«
Farbe	Blau/Gold
Seelenzwilling	Seraphim Chamuel
Seelenpartner	Avatar Portia
Aufgaben	Führender Engel in unserem Universum, Kriegerengel, Schutz

ENERGIE UND CHARAKTER

Seraphim Michael ist der Stratege unter den Engeln. Seine Klarheit ist legendär und fordert die Wesen heraus, alle bestehenden Umstände genau und gründlich zu betrachten. Als Krieger besitzt er eine unermessliche Stärke, die von seiner Autorität und Strenge noch unterstrichen wird.

Dennoch kann Michaels Energie sehr charmant, liebevoll, behütend, beschützend und einhüllend sein. Er ist sehr direkt und hält meist an seiner Sichtweise fest. Geduld gehört nicht unbedingt zu seinen Tugenden, obwohl er sehr ausdauernd ist.

Auf der Erde unterstützt Michael die Menschen bei der Umwandlung von

- ~ Schwäche in Kraft,
- ~ Mutlosigkeit in Mut,
- ~ Hilflosigkeit in liebevolle Autorität,
- ~ Handlungsunfähigkeit in Kraft und Klarsicht zur Handlung.

Seraphim Michael begleitet die Sirius-Sphäre mit seiner strategischen Präsenz. Er ist Diplomat und gleichzeitig Krieger. Er lässt nie etwas einfach so stehen, wie es gerade ist, sondern vertieft sich in alle Belange, mit denen er konfrontiert wird. Daher ist er der perfekte Seraphim für die Sirius-Sphäre.

Michaels Name bedeutet: Wer ist wie Gott? Also eine Frage. Das passt hervorragend zum Forschergeist der Sphäre. Michael ist mit seiner klaren Art, seiner Neugierde und seinem Drang, Neues zu entdecken, der optimale Begleiter dieser Sphäre. Seine direkte und kraftvoll vorwärtstreibende Liebe war ausschlaggebend dafür, dass Michael die Begleitung der Sirius-Sphäre übernahm. Michaels stilles Wesen schwingt auf der gleichen Wellenlänge wie die Sirianer. Seine Coolness findet in der Sphäre Anklang, und die Wesen lieben seinen präzisen Ausdruck und seine klare Ausrichtung.

Vorsteher
Avatar Sharon

Name	»Gott ist grenzenlos«
Farbe	Helles Blau
Seelenzwilling	Avatar Avara

Seelenpartner	Cherubim Tatatiel
Aufgaben	Hüter der Erze und Metalle, Strategie, Fokus, Beharrlichkeit, Erfindungsreichtum, Produktivität, Verstehen kosmischer Gesetze

ENERGIE UND CHARAKTER

Avatar Sharon ist ein ruhiges, in sich gekehrtes Wesen. Er liebt es, sich in eine Aufgabe zu vertiefen und Lösungen zu finden. Auch wenn er in sich gekehrt ist, hält ihn das nicht davon ab, aufgeschlossen, unendlich geduldig und witzig zu sein. Er beobachtet gerne alle Abläufe im Universum und ist anderen Wesen gegenüber ausgesprochen freundlich. Sharon genügt sich selbst und hat daher einen sehr ausgeglichenen Charakter. Er benötigt kein Gegenüber, um sich selbst zu erfahren. Er führt die Sphäre mit Bedacht und Vernunft. Seine Führungsrolle in der Sirius-Sphäre erfüllt er mit unendlicher Toleranz. Niemals würde er ausfallend oder emotional werden. Er agiert immer achtsam und ist unermüdlich für seine Sphäre unterwegs.

Avatar Sharon offenbart dir deinen Forschergeist. Er ist ein vorsichtiges Wesen, das keine schnellen und voreiligen Entscheidungen zulässt. Alles muss erst erforscht, kontrolliert und anschließend geprüft werden. Er erteilt Aufträge erst nach gründlicher Rücksprache mit allen Beteiligten. Steht seine Meinung einmal fest, kann daran allerdings nichts mehr verändert werden.

Sharon ist ein Avatar mit tiefgreifender Selbstbeherrschung, der niemals Emotionen zeigt, er ist eher kühl und distanziert. Er wählt alle Schritte und Handlungen für seine Sphäre mit Umsicht aus. Während Seraphim Michael, der Kriegerengel, der begleitende Seraphim der Sirius-Sphäre ist, hat Avatar Sharon noch niemals eine kriegerische Handlung ausgeführt.

Allgemeines

Alle Wesen der Sirius-Sphäre werden als Sirianer bezeichnet. Wie bei Lemurien behalte ich diesen Namen für die Lichtwesen bei und benenne alle anderen Wesenheiten bei ihrem irdischen Namen. Sirianer zeichnen sich durch unglaublich abwechslungsreiche Charaktere aus. In keiner anderen Sphäre außer bei den Engeln sind die Charaktere einer Lichtwesen-Art unterschiedlicher, zudem stellen sie einen großen Teil der Wesenheiten in der Sirius-Sphäre.

Sirius war die erste Seelensphäre, die sich in unserem Universum formte, was daran liegt, dass Seraphim Michael die Sphäre betreut. Alle anderen folgten in ihrem Aufbau diesem Vorbild. Sämtliche technischen Errungenschaften, ob auf der Erde oder im Universum, kommen aus der Sirius-Sphäre. Diese Sphäre ist das Energiefeld, in dem die gesamte »göttliche Technik« zusammenkommt. Gemeint ist damit nicht nur die irdische Technologie wie Computer oder Ähnliches, sondern auch die Technik, die uns unterstützt, einen Bewusstwerdungsvorgang zu beschleunigen, beispielsweise, wie Gedanken in eine entsprechende Handlung umgesetzt werden. Im Universum sind sie für alle technischen Aufgaben zuständig, ob nun eine neue Galaxie entsteht oder ein neues Projekt ins Leben gerufen wird. Immer wenn technisches Knowhow gefordert ist, sind sie vor Ort, und das ist eigentlich überall im Universum der Fall.

Alle Sirianer sind Erforscher der göttlichen Materie und für die Umsetzung in anwendbare Energieformen verantwortlich. Der Drang, Energie zu wandeln und neue mathematische Formen zu erschaffen, bringt unablässig neue und kreative Ideen und Erfindungen in dieser Sphäre hervor. Freudige Erwartung und positive Neugierde sprudeln als unablässiger Energiestrom in dieser Seelensphäre, und zwar nicht nur bei den sirianischen Lichtwesen, sondern bei allen Wesen der Sphäre, wie zum Beispiel auch dem Gold- oder Silberwesen.

Die Vielfalt der unterschiedlichen Metalle ist phänomenal, und Erze, Gold und Silber sind Wesen, die eine immense kreative und mathematische Kraft in sich tragen, vorwiegend im Bereich der linearen Formen, denn sie lieben komplexe Gebilde aus abstrakten Linien, während ihnen Rundungen unbekannt sind. Bedauerlicherweise inkarnieren auf die Erde nur etwa ein Viertel der unterschiedlichen Sirius-Wesenheiten. Hierzu zählen die Lichtwesen sowie die Erze, Metalle und die Edelmetalle Gold und Silber. Es finden sich weitaus mehr Metalle auf der Erde als sirianische Lichtwesen, und sie unterhalten eine innige, tiefe Verbindung zu Gaia.

Alle Sirianer sind eher stille Wesen, die sich auf die Arbeit konzentrieren, begierig darauf, sämtliche Sphären des Universums zu erforschen. Sie gründeten ein eigenes Forschungsprojekt im Universum, das auf der Erde als Doppelsternsystem Sirius A und B bekannt ist und wo vorwiegend sirianische Wesen inkarnieren. Inkarnationen aus anderen Sphären in das Projekt Sirius sind zwar keineswegs ausgeschlossen, bilden allerdings nicht die Regel.

In der Sirius-Sphäre entfaltet sich die Energie des Forschens und Entdeckens auf magische Weise, und die Edelmetalle bilden stetig neue, geradlinige Formen, die neuen Ideenreichtum hervorrufen. Präsentieren sich die Metalle jeglicher Art auf der Erde fest und statisch, so sind sie in ihrer Sphäre von einzigartiger Beweglichkeit. Metalle sind in der Sirius-Sphäre die größte Wesensgruppe, wobei neben den Lichtwesen und den Metall- und Erzwesen noch weitere mannigfaltige Wesenheiten existieren. Mehrere Wesensgruppen sind in ihrem Bewusstsein einheitlich fortgeschritten und inkarnieren nicht auf die Erde, sondern ausschließlich in höher entwickelte Projekte. Die unterste Bewusstseins-Stufe des Sirius befindet sich in der elften Ebene der fünften Dimension. Aufgrund der Forscherenergie befassen sich die Sirianer in erster Linie mit Vorgängen, die unser gesamtes Universum betreffen. Ihre eigene Bewusstseinsentwicklung stellen sie mitunter hinter die Entwicklung diverser Projekte, zumal die Inkarnationsfreude der Sirianer mittlerweile dazu beiträgt, dass sie ihre Bewusstwerdung massiv beschleunigt haben.

Die Energie von Sirius fühlt sich »streng« und glasklar an. Die gesamte Sphäre fühlt sich dichter und massiver an als andere Seelensphären. Sie strahlt, zumindest bei oberflächlicher Betrachtung, eine gewisse Autorität und Härte aus. Alle Sirius-Wesen sind sehr diszipliniert, und ihre Energie erscheint dadurch beinahe barsch. Bei genauerem Hinsehen zeigt sie sich jedoch als eine Energie der Klarheit und Entschlossenheit. Trotz seiner Forscherenergie ist der Sirius eine durchaus lebhafte Sphäre, wenn auch nicht gerade vor Fröhlichkeit übersprudelnd. Trotz der vielen unterschiedlichen Charaktere haben alle Wesen der Sphäre eines gemeinsam: Sie sind fokussiert und lassen sich durch nichts vom Weg abbringen, schon gar nicht durch Gefühle oder Emotionen. Obgleich Sirianer eher kühl erscheinen, sind sie wundervolle, warmherzige Wesen. Die Seelen vom Sirius haben eine klare, herzliche und tolerante Lebensweise, auch wenn sie eine gewisse Kompromisslosigkeit an den Tag legen. Sirianer können trotz ihrer strengen Seite durchaus eine kindliche Ader offenbaren. Aufgrund ihrer intensiven Forschungstätigkeit ist es nicht weiter verwunderlich, dass sie häufig abwesend wirken, wenn sie in ein Forschungsthema vertieft sind. Sirianer leben ihren Forschergeist in allen Bereichen aus. Forschung bewegt sie und erzeugt in ihnen positive Emotionen. Auch sie zelebrieren Feste, die jedoch ruhig und strukturiert ablaufen. Werden Feste gefeiert, so beinhalten sie immer ein Thema, das es zu erforschen gilt.

Sirius beteiligt sich an fast allen Projekten im Universum, wodurch in der Sphäre ein enormes Wissen über den Aufbau und die Funktionsweise unseres Kosmos vorhanden ist. In den nächsten Jahren werden wieder vermehrt sirianische Lichtwesen auf die Erde inkarnieren. Sie werden für einen weiteren Fortschritt in der Entwicklung erneuerbarer Energien benötigt, denn Sirianer sind die technischen Planer und Pioniere des Universums.

Obwohl sich die Sirius-Sphäre kühl und distanziert anfühlt, inkarnieren hochentwickelte Seelen anderer Sphären gern in die Sirius-Sphäre. Alle Wesen der Sphäre sind wahre Workaholics, wobei sie ihren Fokus auf die Gemeinschaft und nicht auf das Ich richten. Meditationen oder großartige Gespräche sind nicht ihre Sache, denn sie sind eine handelnde Sphäre. Prinzipiell sind alle

Sirianer tiefgründige, zurückhaltende Wesen, die ihren Charme und Witz nur bei passender Gelegenheit offenbaren. Die Atmosphäre im Sirius ist geprägt von einem friedlichen Miteinander. Dennoch entstammen einige der größten Krieger dem Sirius. Nicht nur Lichtwesen, sondern unzählige andere Wesenheiten vom Sirius arbeiten im Universum eng mit Seraphim Michael zusammen.

Sirianer

Die Erscheinung der Sirianer ist androgyn. Es ist schwer erkennbar, was sie leben möchten. Während in anderen Sphären das androgyne Erscheinungsbild erst in den höheren Dimensionen in Erscheinung tritt, besteht es in der Sirius-Sphäre von Beginn an. Sie legen sich nicht fest und erforschen lieber alle Varianten des Daseins mit vollkommener Hingabe.

Sirianer wirken meist ein wenig füllig. Das kommt nicht vom Essen (das es in der Sphäre nicht gibt), sondern von ihren vielen Ideen. Sie finden es passend, ihrem Ideenreichtum auf diese Weise Ausdruck zu verleihen. Ihre Gestalt strahlt in einem sanften, mit goldenen Linien durchzogenen Blauton. Haare tragen sie meist keine, denn diese werden als nutzloser Schnickschnack empfunden. Obwohl sie absolute Schönheit ausstrahlen, entsprechen sie nicht dem menschlichen Schönheitsbild. Sie selbst machen sich rein gar nichts aus körperlicher Schönheit, und das Motto »Innere Schönheit zählt« ist hier absolut zutreffend.

In den unteren Dimensionen gibt es durchaus Kleidung, die aber mit Bedacht ausgewählt wird. Sie bevorzugen schlichte, praktische Bekleidung, Umhänge oder wallende Gewänder sind für sie nicht praktikabel. Ihre Kleidung muss funktionell sein und wird so sparsam wie irgend möglich gehalten. Jedoch wählen sie immer lange Varianten und tragen gedeckte Farben in allen möglichen Blau-Nuancen. Spezielle Kleidung für Zeremonien gibt es nicht, zumal Zeremonien als Zeitverschwendung erachtet werden.

Sirianer strahlen Schonungslosigkeit und einen gewissen Hochmut aus und können unter Umständen arrogant und eingebildet wirken, was sie jedoch nicht sind. Sie sind klar und gewissenhaft. Sirianer sind präsente Wesen in ihrer Sphäre. Sie gehen mit festem »Schritt«, ein Anschleichen ist unmöglich. Nähert sich ein Sirianer, dann ist das spürbar und hörbar.

Sirianer scheinen präsent und gleichzeitig transparent zu sein. Sie konzentrieren sich vollständig auf eine Angelegenheit und sind trotzdem in der Lage, sich parallel mit anderen Aufgaben zu beschäftigen. Es ist für sie ein Leichtes, mehrere Dinge gleichzeitig zu handhaben. Sie sind Multitasking-Talente in Vollendung. In keiner anderen Sphäre wird die Aufspaltung der Seelenanteile dermaßen ausgiebig betrieben. Eine Aufspaltung der Seelenanteile wird ansonsten vorwiegend beim Inkarnationsverfahren angewandt.

Sirianer sind geruhsame, eindringliche Beobachter. Jegliche Art von Hektik lehnen sie ab, denn bei ihnen sind sämtliche Handlungen wohldurchdacht. Bevor gehandelt wird, wird die Thematik aus mehreren Blickwinkeln betrachtet. Verträumte Vorstellungen oder Fantasien sind ihnen zuwider und werden nicht gelebt. Sie sind immer und allzeit in der »absoluten Realität« und besitzen eine intensive innere Entschlossenheit. Mitunter wirken sie dadurch hart. Erforschen sie Energien, sehen sie weder nach rechts noch nach links, sondern nur die Energie im Hier und Jetzt. Auf der Erde würden wir sie als knallharte, jedoch herzliche Geschäftsleute oder zielstrebige Einzelgänger beschreiben. Arbeitest du mit Sirianern, so behalte im Gedächtnis, dass sie stets zielorientiert und fokussiert sind. Bemerken sie bei dir Abschweifungen oder Ausreden, werden sie sich zurückziehen.

Die Kommunikation mit Sirianern ist einfach, denn sie drücken sich unmissverständlich aus. In den unteren Dimensionen benutzen sie eine Art Stimme, in den oberen Dimensionen wechselt die Kommunikation, wie überall, auf die telepathische Ebene. Sirianer kommunizieren zwar nicht übermäßig viel, dafür jedoch mit präzisen Worten. Kommunikation ist für sie ein Mittel zum Zweck, nicht mehr und nicht weniger. Das gilt sowohl für »geschäftliche« Kommunikation als auch in Beziehungen. Romantik ist bei ihnen kein Thema. Inkarnierende Wesen aus anderen Seelensphären sehen sich dadurch vor hohe Hürden gestellt, wobei hiervon besonders die Regenbogensphäre und die Plejaden betroffen sind.

Diskussionen gibt es in der Sirius-Sphäre nicht. Sie betrachten diese, wie vieles andere, als Zeitverschwendung. Sirianer sind Wesen, die gerne Aufgaben ein- und aufteilen und delegieren, was ihnen nicht gefällt oder wobei sie sich unwohl fühlen.

Häufige Charaktereigenschaften der Sirianer:

- Sie sind zentriert und grüblerisch.
- Sie sind beobachtend.
- Sie lieben das Ganze oder die Gesamtheit.
- Sie lieben das Erforschen.
- Sie sind neugierig.
- Sie benötigen klare Linien.
- Sie lernen gerne, lehren ist dagegen nicht ihr Ding.
- Sie besitzen ein klares Urteilsvermögen.
- Sie unterstützen Wesen in ihrer Selbstständigkeit.
- Sie sind hochkonzentriert.
- Sie sind kühle, nüchterne Charaktere, aber auf ihre Art durchaus achtsam.
- Sie sind strukturiert.
- Sie lieben jegliche Art von Experimenten.

Sirianer verbringen das Dasein in ihrer Sphäre mit der Erforschung unterschiedlicher Strategien. Sobald sie eine Strategie gedanklich erarbeitet haben, suchen sie sich eine passende Sphäre aus, in der sie ihre Forschungsergebnisse auf Durchführbarkeit prüfen können. Ihr Blick fällt dabei oft auf die Erde. Die Problematik dabei besteht im irdischen Vergessen.

Viele Überlebensstrategien, die von allen Wesen im Universum angewandt werden, wurden von Sirianern ersonnen. Bevor eine

Strategie die Sphäre verlässt, wird sie in der Sirius-Sphäre getestet, vorwiegend mit Wesen, die in die Sirius-Sphäre inkarnieren. Sie werden für Forschungszwecke herangezogen, allerdings nur mit ihrer Zustimmung und Erlaubnis.

Bewusstseinsprozesse durchlaufen Sirianer immer innerhalb eines »Arbeitsprozesses«. Sie erlangen ihre Erleuchtung, während sie forschen und nachdenken. Zurückgezogenheit oder Meditation sind für sie keine Optionen. Ihre Entfaltung nimmt meist verschlungene Wege. Durch das Ergründen von Ursache und Wirkung erhalten sie mannigfaltige Informationen, die sie in einem weiteren Schritt zusammenfügen. Auf den ersten Blick erscheint der Weg länger, bei genauer Betrachtung ist er jedoch effizienter, denn durch ihr Vorgehen eröffnen sich ihnen mehrere Lösungen gleichzeitig.

Sirianer feiern ihre Erleuchtung, indem sie umso mehr ergründen, erforschen und experimentieren. Anderen fällt ihr Bewusstseinsschritt nur dadurch auf, dass das Wesen entweder von innen heraus stärker leuchtet oder gar nicht mehr in der Ebene vorhanden ist.

Die Gefahr bei diesem Weg besteht, darin sich zu verzetteln, was auch oft genug geschieht! Während eines Bewusstwerdungsprozesses wird der Sirianer immer verbissener, während er seine Gedanken vollkommen auf das zu ergründende Thema richtet.

Sirianer sind keine guten Lehrer, es sei denn, es handelt sich um Mathematik. Ihr Wissen ist immens, jedoch fällt ihnen die Wissensvermittlung schwer. Sie testen ihre Erkenntnisse viel lieber an diversen Wesen aus, wobei es hier nicht von Belang ist, welche Wesenheit für ihre Experimente herhalten muss. Dennoch hat auch das Erfahren und Ausprobieren einer Strategie einen Lerneffekt. Somit ist ein Aufenthalt in der Sirius-Sphäre durchaus zu empfehlen. Während eines Experimentes ist es nicht möglich, die Sphäre zu verlassen, weder für inkarnierte Wesen noch für Sirianer.

Sirianer sprechen nicht gerne über Gefühle. Das ist für sie eine große Hürde, die sie selten überwinden. Kommunikation findet ausschließlich zur Wissensvermittlung statt. Oberflächliche Gespräche sind nicht erwünscht und werden dementsprechend nicht geführt. Sie lieben es, in Gesellschaft mit anderen zu fachsimpeln, obwohl dabei wenig gesprochen wird. Stattdessen wird über eine Idee ausführlich nachgedacht, denn sie lieben es, eine Idee in Gruppen zu erforschen. Sie arbeiten gerne in einer Gemeinschaft und achten jede Idee, die vorgebracht wird. Sie würden sich niemals über ein anderes Wesen stellen. Arbeitest du mit Sirianern zusammen, sei dir bewusst, dass sie Trödeleien und Ausreden nicht mögen. Sie sind gerne bereit, mit dir zu arbeiten, sofern du gewillt bist, deinen Fokus auf die Bewusstwerdung zu richten.

Auch die Natur besteht bei Sirianern aus Technik. Sie lieben jede Form von Technologie und erschaffen, vor allem in den unteren Dimensionen, alle nur denkbaren Arten von technischen Gerätschaften. Das Erscheinungsbild der Sphäre ist demzufolge sehr technokratisch. Pflanzenwesen sind nur selten anzutreffen, und auch Tierseelen verirren sich nicht allzu häufig in die Sirius-Sphäre. Dennoch interessieren sich Sirianer für alle Wesenheiten, weshalb sie selbst immer wieder neu inkarnieren. Sie experimentieren zum Wohle aller Wesen, erforschen das Universum in seiner Gesamtheit und freuen sich immer auf eine befruchtende Zusammenarbeit jeglicher Art.

Sirianer leben in riesigen Gemeinschaften zusammen. Ihre »Wohnstätten« ähneln Massenlagern. Sie legen wenig bis gar keinen Wert auf Privatsphäre. Geheimnisse kennen sie nicht, so wenig wie Freizeit. Das sind Energien, die auf der Erde wirken, in den Seelensphären jedoch unbekannt und unnötig sind. Partnerschaften leben Sirianer, wie es ihnen beliebt, und eine Zusammenarbeit gestaltet sich meist unkompliziert. Interessiert sich ein Sirianer für eine Aufgabe, schließt er sich der entsprechenden Gruppe einfach an. Hat er die erforderlichen Zusammenhänge erfasst und das nötige Wissen erlangt, verlässt er die Gruppe wieder. Verliert ein Sirianer während des Prozesses das Interesse, geht er ebenfalls und wendet sich Neuem zu. Gleichzeitig wechselt er seine Unterkunft. Somit bilden sich stets neue Gemeinschaftsformationen. Was Sirianer auf keinen Fall mögen, ist Eintönigkeit. Sie benötigen Abwechslung und stetigen Wandel.

Hauptaufgabe der Sirianer ist das Erforschen unseres Universums und der darin existierenden Wesen. Sie erarbeiten ständig neue technische Gerätschaften. Sie lieben Raumschiffe und Raumstationen, die unabhängig im Universum funktionieren. Ihre Errungenschaften stellen sie dem Kosmos zur Verfügung.

Gold

Das Goldwesen ist eine gigantische Wesenheit und besteht aus einer einzigen Seele, die sich milliardenfach aufspalten kann. Sie/es/er lebt weder männliche noch weibliche Aspekte. Das Wesen bewegt sich wie ein Laserstrahl und formt wundervolle, ineinander verschlungene, geradlinige Ornamente in der Sphäre. Es berührt jedes andere Wesen mit seinem Glanz und seiner wundervollen Erhabenheit. Das Goldwesen veranschaulicht die göttliche Schönheit in all ihrer Pracht. Es zeigt auf, dass wir uns nicht verstecken sollen, sondern unsere Einzigartigkeit leben dürfen. Das Goldwesen präsentiert seine Pracht immer und überall mit kindlicher Offenheit und Selbstverständlichkeit.

Das Goldwesen ist eine außerordentlich friedfertige Seele. Ihr Charakter ist temperamentvoll und gleichzeitig weich und sanft. Von still kann jedoch nicht die Rede sein; das Goldwesen mischt überall mit, ist in vielen kosmischen Räten vertreten und hält mit Einschätzungen nicht hinterm Berg. Das Goldwesen ist präsent und unmissverständlich. Es liebt Zusammenkünfte, bei denen es gerne auch die Hauptrolle spielen darf. Alleinsein liegt diesem Wesen nicht, insofern kommt das auch nicht vor.

Die Seele inkarniert in alle Sphären und Dimensionen und ist ausgesprochen aktiv am Geschehen im Universum beteiligt. Das Goldwesen ist bereits in die achte Ebene der elften Dimension aufgestiegen. Durch seine aktiven Handlungen wird das Wesen bald die höchste Bewusstseinsstufe erklimmen. Gleich, in welcher Dimension das Goldwesen arbeitet, an Selbstbewusstsein mangelt es ihm nie.

Das kreative und ästhetische Bewusstsein des Goldwesens hätte sich auch hervorragend in die Orion-Sphäre eingefügt; es besitzt jedoch zudem eine technische Ader, die sich ganz hervorragend mit der Energie des Sirius verbindet.

Silber

Das Silberwesen ist, genau wie das Goldwesen, eine einzige Wesenheit. Es lebt ebenfalls weder männliche noch weibliche Aspekte. Sein Glanz ist von nüchterner Schönheit. Anders als das Goldwesen ist das Silberwesen eher statisch, und seine Ornamente gleichen Runen oder keltischen Symbolen. Die kühle Eleganz verleiht diesem Wesen eine geheimnisvolle Aura. Die rätselhafte und mystische Wirkung macht einen wesentlichen Teil seiner Anziehungskraft aus. Das Geheimnisvolle lebt das Wesen in jedem Moment, ohne überheblich zu wirken. Das Silberwesen liebt es, seine Kreativität auszuleben. Es schöpft wundervolle Landschaften und Bilder, zudem unterstützt es Sirianer beim Erschaffen neuer Technologien.

Das Silberwesen kann ein wenig distanziert wirken, denn es ist, im Gegensatz zum Gold, eher introvertiert und schüchtern, mehr Beobachter als Handelnder. Es ist sanft und geht jeder Konfrontation aus dem Weg. Es liebt Ruhe und Stille, kann jedoch bei Bedarf eine stahlharte Energie erzeugen, die jeglichen Widerspruch im Keim erstickt. Trotz seiner Introvertiertheit bevorzugt es Gemeinschaft, wobei es ihm genügt, einfach dabei zu sein. Niemand in der Sirius-Sphäre ist fürs Alleinsein geschaffen.

Das Silberwesen lebt in einem hohen Maß Gerechtigkeit. Ungerechtigkeiten duldet es nicht und weist dabei jedes Wesen in seine Schranken, ohne Rücksicht auf den Bewusstseinsgrad. In die verschiedenen Sphären zu inkarnieren findet dieses Wesen ganz besonders spannend. Es ist bei einigen Projekten einer der Hauptakteure. Das Silberwesen hat sein Bewusstsein bereits bis in die zwölfte Ebene der elften Dimension hinein entwickelt.

Das Silberwesen hat wichtige Aufgaben im Universum. Es ist ein Friedensbotschafter, denn es versteht es hervorragend, Wogen zu glätten und Gerechtigkeit für alle zu finden. In kosmischen Räten ist es nur dort vertreten, wo es sein muss. Das Silberwesen kommuniziert nicht gerne ohne einen wirklich triftigen Anlass. Zudem äußert es seine Meinung ausschließlich nach Aufforderung und ist lieber diplomatisch als konfrontativ. Dabei versucht es sich so weit wie möglich aus allen Schwierigkeiten herauszuhalten, es sei denn, es ist als Friedensbotschafter unterwegs.

Metalle und Erze allgemein

Metalle und Erze spielen in der Sirius-Sphäre eine wichtige Rolle. Sie sind durchgehend friedvolle Wesenheiten. In der Sphäre beteiligen sie sich unermüdlich an der Erforschung neuer Technologien oder Strategien. Auf der Erde sind Metalle und Erze oft als Verbindungen bekannt, und so wundert es nicht, dass sie ausgesprochen gesellige Wesen sind. In der Sirius-Sphäre findet man weder einsame Metalle noch isolierte Erze. Sie sind immer in Begleitung mehrerer Wesen. Sie leben in großen Verbänden zusammen, und es gibt unzählige Formen ihrer Art. Jedoch ist eine Art immer eine einzige Seele, anders als bei Lichtwesen, Engeln oder Tierseelen.

Die Charaktere der verschiedenen Metall- und Erzwesen sind immens unterschiedlich, doch eines haben sie alle gemeinsam: ihre Hilfsbereitschaft. Im Universum unterstützen sie bedingungslos jedes Wesen, gleich welcher Sphäre. Einige Metallwesen sind obendrein sehr gute Berater und fungieren als solche in verschiedenen kosmischen Räten der höheren Sphären. Sie geben unserem Universum Stabilität, da sie nicht schnell aus der Ruhe zu bringen sind. Sie behalten meistens den Überblick.

Metall- und Erzwesen lernen und lehren gerne und sind äußerst neugierig. Ihnen ist die Funktion eines sirianischen Lehrers am ehesten zuzuschreiben. Sie kommunizieren gerne und sind immer bereit,

Neues zu erlernen. Durch ihre naturgemäß kühle Art tragen sie zu mehr Besonnenheit in der Sphäre bei.

Die Sirius-Sphäre auf der Erde

Als Lemurien das Projekt Erde ins Leben rief, strebten diese Wesen an, die Sirius-Sphäre mit ins Boot zu holen. Von Anfang an signalisierten beide Vorsteher, dass ihre Sphären auf der Erde eng zusammenarbeiten wollen.

Das Projekt Erde begann in der fünften Dimension und festigte sich nach und nach in der dritten Dimension, dem Bewusstseinsgrad der Erde. Es musste viel Technik aus der Sirius-Sphäre zum Einsatz kommen, damit der Aufbau der Erdmatrix reibungslos vonstattengehen konnte. Der gesamte Aufbau unseres Sonnensystems basiert auf der Technik der Sirius-Sphäre. Alle Planeten und Sterne in unserer Galaxie nehmen genau den Platz ein, den die Sirianer für sie bestimmt haben. Ansonsten würde das gesamte Gefüge auseinanderbrechen. Somit ist die Position unseres Trabanten exakt die, welche die Sirianer für sie berechnet haben. Bis heute könnten wir das Projekt Erde ohne die sirianische Technik nicht am Leben erhalten.

Die Sirianer beschlossen bereits zu Beginn, ins irdische Matrixfeld einzutauchen, allerdings nicht unbedingt die Lichtwesen. Metallwesen, sowie das Silber- und Gold-Wesen sahen in einer irdischen Inkarnation eine Chance, ihren Aufstiegsprozess rascher zu absolvieren. Die Lichtwesen beteiligten sich zunächst nur an der Planung und den Möglichkeiten zur Ausführung. Sie arbeiteten daran, die Energien zu lenken und die Wesen bei ihrem Prozess, Materie anzunehmen, zu unterstützen. Sirianische Lichtwesen inkarnierten erst ab dem Zeitalter von Atlantis. Nachdem sich das Tor zur Erde für sie geöffnet hatte, strömten sie in großer Anzahl auf die Erde, wie alle Lichtwesen zu jener Zeit zunächst in die Energie der fünften Dimension.

Nachdem das Zeitalter Atlantis beendet war, erhielten sie, wie alle anderen, einen Körper der dritten Dimension.

Das erste Zusammentreffen der Energiefelder von Sirius und Erde fand im heutigen Sibirien statt. Allerdings ummantelte die Sirius-Sphäre damals die gesamte Erde, weshalb viele Erze und Edelmetalle tief im Erdinneren verborgen liegen. Nur rund ein Drittel ist für die Menschheit auffindbar. Für die Stabilität der Energiematrix, die sich um die Erde herum befindet, ist es wichtig, dass die Metalle und Erze an Ort und Stelle verbleiben. Ihre Schwingung hält das Energiegitternetz der Erde in Balance. Würden sich alle Metalle und die sirianische Forscherenergie von der Erde zurückziehen, hätte das fatale Folgen für das Projekt Erde. Sowohl der Wille, etwas zu erkunden, als auch die Schwingung der Metalle sind für die Erdmatrix und damit für die gesamte Erde und die Menschheit überlebenswichtig.

Prinzipiell finden Sirianer das Projekt Erde gut. Sie schätzen das Projekt und sind sehr engagiert bei allem, was hier geschieht. Aber sie verabscheuen die unmenschlichen Tierversuche oder die manipulativen Forschungen. Unendliche Abscheu empfinden sie gegenüber der Ausbeutung und Vergewaltigung der Metall- und Erzwesen, beispielsweise indem man sie zur Waffenherstellung benutzt. Sirianer sind kriegerischer als manch andere Sphäre, sie würden sich allerdings niemals als Krieger betiteln. Sie sind Strategen und stehen, wenn es notwendig ist, ihrem begleitenden Seraphim Michael zur Seite. Ihnen gefällt jedoch überhaupt nicht, dass wir aus ihren Metallen Kriegswerkzeuge herstellen. Zudem lehnen sie es ab, dass Tieren oder Pflanzen im Namen der Forschung Leid zugefügt wird. Forschung ja, jedoch ohne den Preis, ein Wesen dabei zu verletzen. In dieser Hinsicht sind sie ganz strikt.

Sirianer sind auch auf der Erde sehr experimentierfreudig. Sie lieben es, Materie zu erforschen und damit zu experimentieren. Dass sie dabei manchmal über das Ziel hinausschießen, stellt eine Herausforderung für ihre kosmische Seelenheimat dar. Genau wie alle Wesen, durchlaufen auch sie das Tor des Vergessens und unterliegen anschließend den Herausforderungen der Menschlichkeit. Daher sind sie bedauerlicherweise an vielen Forschungen beteiligt, die sich häufig sowohl zum Nachteil für die betroffenen »Versuchs-Wesen« als auch für die Menschheit im Allgemeinen herausstellen. Glücklicherweise beteiligen sie sich ebenso an Forschungen, die der Menschheit Erleichterung und positiven Fortschritt bringen, beispielsweise an medizintechnischen Instrumenten oder Verfahren. Das Röntgenverfahren, die Endoskopie oder computergesteuerte chirurgische Eingriffe hatten ihren Ursprung jeweils in der Idee eines Sirianers. Wie so oft auf der Erde, werden auch hier beide Seiten der Medaille gelebt.

Die Sirius-Sphäre ist heute ein wichtiger Bestandteil des irdischen Lebens. Ohne ihre Technik wäre die Welt, wie sie derzeit besteht, nicht möglich, was nicht heißt, dass die Technik in der Weise, wie wir mit ihr umgehen, optimal ist. Förderlicher wäre eine Technik, die uns alle befähigen würde, unsere Fähigkeiten zu nutzen. Ein Beispiel hierfür wäre die Telepathie.

Inkarnieren Sirianer, finden sie sich auf der Erde meist schnell zurecht. Die Erde entspricht ihnen in vielerlei Hinsicht, besonders in unserer heutigen Zeit. Es gibt auf der Erde unzählige Laboratorien, in denen sie nach Herzenslust forschen können. Zudem leben sie gerne in Familien, aber ohne die Verpflichtung, in diese wirklich mit eingebunden zu sein. Daher bevorzugen Sirianer mehr die männliche Variante eines Körpers. Das männliche Rollenbild innerhalb einer Familie liegt ihnen. Sie können ihren Bedürfnissen am Arbeitsplatz nachgehen und sind gleichzeitig in einem Familienverbund eingebettet. Das empfinden sie als den optimalen Zustand. Ist das nicht möglich, bleiben viele Sirianer, vor allem heutzutage, Single.

Als Menschen sind Sirianer meist ruhige Seelen. Sie meiden direkte Konfrontationen und verstecken sich lieber hinter viel Arbeit. Wie in ihrer eigenen Sphäre, entspringt das auch hier dem Umstand, dass sie nicht gerne kommunizieren. Falls sie es dennoch tun, verzetteln sie sich häufig oder sind so ausschweifend, dass niemand mehr hinhört oder den Ausführungen überhaupt noch folgen kann.

Sirianer sind treue Gefährten. Sie sind meist froh, wenn sie die irdische Partnersuche erledigt haben und sich den wirklich wichtigen Dingen des Lebens widmen können.

Sofern ihr Leben nicht nach ihren Vorstellungen verläuft, kann es geschehen, dass sie einer Sucht erliegen. Süchte dienen ihnen als Ablenkung. Obwohl sie im Kosmos diejenigen sind, die Auswege finden, sind sie auf der Erde meist nicht fähig, für sich selbst den Weg aus einer Krise zu entdecken. Aus diesem Grund ist der Anteil der Wesen, die freiwillig die Erde wieder verlassen, unter den Sirianern am höchsten.

Sirianer stehen nicht gerne im Mittelpunkt. Das kann dazu führen, dass sie eine bahnbrechende Erfindung machen und ein anderer die Lorbeeren einheimst. Ihre ruhige Art verleitet manchen dazu, sie zu übersehen. Es fällt Sirianern schwer, für sich selbst einzustehen, besonders wenn es darum geht, eine höhere Position einzunehmen. Sofern sie in eine führende Position gehoben werden, sind sie wundervolle Chefs. Sie sind sozial veranlagt, und obwohl ihnen der zwischenmenschliche Umgang Schwierigkeiten bereitet, sind sie gerne für andere da. Zudem sind sie ausgesprochen fair und gerecht.

INKARNIEREN SIRIANER AUF DIE ERDE, BEVORZUGEN SIE FOLGENDE BERUFE ...

Sie lieben alles, was mit Technik zu tun hat. Daher sind Berufe wie technischer Zeichner, Mathematiker und Lehrer für Fächer mit mathematischem Bezug perfekt auf sie zugeschnitten. Bauingenieurwesen, Maschinenbau und jede Betätigung, die in irgendeiner Weise mit Metallen, Stahl oder Erzen zu tun hat, sind für sie ein Bereich mit magischer Anziehungskraft. Eine besondere Vorliebe hegen sie für alle technisch-medizinischen Berufe. Dabei wählen sie eher die Ausrichtung als Chirurg oder Röntgenspezialist als die des Allgemeinmediziners. Das Thema Natur und Lebensräume liegt ihnen ebenfalls am Herzen, daher betätigen sie sich gerne als Natur- und Umweltschützer. Prinzipiell sind sie an Tätigkeiten interessiert, die neue Technologien erforschen. Hier hat es ihnen besonders die Automobilindustrie und die Raumfahrt angetan. Doch sie lieben auch kreative Bereiche, weshalb man sie auch als Schmuckdesigner, Uhrmacher oder Juwelier findet.

Ein Erlebnis mit der Sirius-Sphäre

Meine Erfahrungen mit der Sirius-Sphäre sind sehr begrenzt, ist sie doch die Sphäre der Technik, der Strategie und des Erforschens. Doch weder Strategie noch Organisation noch vorbereitende oder gar vorausschauende Planung gehören zu meinen Stärken. Ich bin eher der spontane Typ. Daher blickte ich dem Besuch der Sirius-Sphäre mit einem mulmigen Gefühl entgegen. Das hielt meine Begleiter jedoch nicht davon ab, mich eines Tages so ganz nebenbei und sehr spontan in die Sphäre zu entführen. Michael legte seinen Energiemantel um mich, und im nächsten Augenblick berührte mein Astralkörper den Boden der Sirius-Sphäre. So schnell waren wir noch nie in einer Sphäre angekommen.

Was mir sofort auffiel: Es ist dort unglaublich ordentlich. Das war, gelinde gesagt, erst einmal ein Schock. In keiner anderen Sphäre habe ich eine solche Ordnung erlebt. Alles war in Reih und Glied geordnet. Soweit mein Auge die Sphäre überblicken konnte, war nichts zu erkennen, was auch nur ein klein wenig aus der Reihe tanzte. Alles, wirklich alles war fein säuberlich aufgereiht. Ich bin ordnungstechnisch eher kreativ unterwegs, die Sirianer offensichtlich nicht. *Nun*, dachte ich, *das kann ja heiter werden.*

Sirianer sind sehr stark auf ihr Ziel ausgerichtet, und ich bemerkte, dass Avatar Sharon bereits an meiner Seite war. Ein sehr liebevolles Wesen, dennoch würden wir ihn auf der Erde als »reserviert« bezeichnen. Eine Partymaus ist er jedenfalls nicht, eher der Typ zerstreuter Professor mit tiefgehender Weisheit.

Sharon sah mich an und fragte, welches Begehr ich hätte. Ich antwortete: »Keines, ich komme einfach nur mal so vorbei.« Nun, das war nicht die Antwort, die er erwartet hatte. Er sagte: »Chamuel, wir sind die Sphäre, in der neue Strategien ihren Ursprung finden. Wir sorgen dafür, dass der Ideenreichtum nirgendwo im Universum verloren geht. Wir bemühen uns, dass jede Seele ihren Auftrag und ihre Aufgabe erfüllen kann, indem sie sich fokussiert und sich ein Ziel setzt. Wir stellen die Energieströme bereit, so dass die Wesen ihren Plan entwickeln können, um erfolgreich zu sein. Aufgrund der Energie des Erforschens und Entwickelns ist das Universum fähig, sich zu entfalten. Also, warum bist du hier?«

Öhm, ehrlich, kein Plan. Weil Michael das so wollte? Mir wurde klar, es musste schnellstmöglich ein Plan her. Ich dachte also: *Okay, was ist eigentlich mein Ziel? Meinen Auftrag zu erfüllen, soweit schon mal gut. Was ist mein Auftrag? Die Weisheit der Engel auf der Erde zugänglich zu machen und das Bewusstsein für die Seelensphären und das Universum zu aktivieren. Okay, das wäre auch geklärt.* Ich sah Sharon an und sagte: »Ich möchte die Energie der Menschlichkeit von der Energie der Göttlichkeit unterscheiden können, damit ich mich jederzeit für das Göttliche entscheiden kann!«

Was dann geschah, war überraschend. Sharon trat ein Stück zurück, und an seiner Stelle erschienen das Gold- und das Silberwesen. Sie verschmolzen vor meinen Augen und bildeten ein wundervolles Gitternetz in Form einer riesigen Pyramide. In dem Gitternetz bildeten sich bezaubernde Ornamente. Ich war völlig verzückt, denn ich liebe Ornamente. Die Pyramide hatte trotz der Ornamente eine unbeschreiblich geradlinige Struktur und Klarheit. Vor mir auf Augenhöhe erschien eine kleine Öffnung in der Pyramide. Ich sah es als Einladung an und trat ein. Hinter mir schloss sich die Öffnung wieder, die Pyramide hob ein Stück vom Boden ab und begann zu schweben. Sie fing an, sich langsam um sich selbst zu drehen, dabei begann auch ich zu schweben. Das Gold- und Silberwesen beförderten mich behutsam in die Mitte der Pyramide. Und so schwebte ich schwerelos in der Pyramide, umgeben von lebendigen, irisierenden Ornamenten, erschaffen vom Gold- und Silberwesen.

Eine Weile konnte ich den Zustand der vollkommenen Ruhe und Gelassenheit genießen, bis sich meine Umgebung ganz sanft veränderte. Ich nahm eine leichte Vibration wahr, die allmählich zu mir vordrang. Das Gold- und das Silberwesen wurden aktiv. Ich beobachtete, wie sie mir feine Energiestrahlen zusandten. Zuerst umhüllten sie meinen ätherischen Körper, bis ich ganz aus Gold und Silber bestand. Ich fühlte mich unbeschreiblich edel und hoheitsvoll, dabei gleichzeitig kindlich und unberührt, von allen irdischen Gedanken und Gefühlen befreit. Alles erschien mir plötzlich in einem neuen Licht.

Ich konnte das Erwachen einer neuen Sichtweise in mir erkennen. Nein, ich sah unbeschreiblich *viele* Sichtweisen in mir erwachen! Meine menschlich begrenzte Sichtweise explodierte in mir. Ich sprengte alles weg, was mich im Inneren davon abhielt, kosmisch universell zu denken, zu fühlen oder wahrzunehmen. Die Energie floss aus meinem Inneren nach außen, und dort traf meine freigesetzte Energie auf das Gold- und Silberwesen. Sie fingen die Schwingung auf, und ich spürte eine starke Vibration, dann folgte vollkommene Stille. Wir drei schwebten gemeinsam bewegungslos in der Mitte der Pyramide.

Achtsam und vorsichtig fing das Goldwesen an, sich zu bewegen. Es entfernte sich ungefähr 25 Zenimeter von meinem ätherischen Körper. Das Silberwesen folgte ihm.

Ich schwebte weiterhin ganz ruhig vor mich hin. Gold- und Silberwesen begannen eine wunderschöne Gold- und Silberkugel um mich herum zu formen. Es war meine Energie, die sie in diese Form gewandelt hatten. Als die gesamte gewandelte Energie um mich herum lag, begann sie in mich einzufließen.

Sie strömte durch meinen gesamten Körper, berührte mein Sein in vollkommener Tiefe. Ich fühlte mich aufgeladen mit der Erkenntnis, dass ich ein allumfassendes Wesen bin. Ich bin das Universum, ich bin du, ich bin alles und nichts. Seit diesem Erlebnis verstehe ich, dass wir niemals getrennt sind. Alles lebt in mir, und alles lebt in dir. Wir sind das Universum.

Die Gold- und Silberwesen setzten mich wieder sanft auf den Boden ab und zogen sich zurück. Ich war überwältigt von diesem Erlebnis und unfähig, auch nur eine einzige Regung außer einem Dauergrinsen zu zeigen. Flüchtig verneigte ich mich vor Sharon, mehr war einfach nicht drin, und Michael begleitete mich wieder in meinen menschlichen Körper zurück.

Meditation Sirius-Sphäre

~ Liege wohl und bequem auf deiner Unterlage.
~ Entspanne dich.
~ Atme sanft ein und aus.
~ Lass jede Disharmonie, die du in deinem Körper wahrnimmst, los.
~ Werde leicht und weich.
~ Atme ein und aus, bis sich dein ganzer Körper harmonisch im Einklang mit deinem Atem bewegt.
~ Du fühlst, wie dein menschlicher Körper immer weiter in die wohlige Entspannung gleitet.
~ Du fühlst dich in deinem menschlichen Körper zufrieden, spürst die Sicherheit, die dein menschlicher Körper dir übermittelt.
~ Deine Gedanken und deine Sinne sind ausgeglichen, Wohlbehagen breitet sich in deinem gesamten Körper aus.
~ Atme in Leichtigkeit ein und aus.
~ In diesem Augenblick nimmst du wahr, wie deine geistigen Sinne in dir erwachen.
~ Dein Blick wendet sich nach innen und weitet sich für die höherschwingenden Energien.

~ Du empfindest eine pulsierende Wärme, die von einem lebendigen Licht ausgesendet wird.
~ Dieses warme Licht strömt liebevolle Heiterkeit aus.
~ Das pulsierende Licht nähert sich dir langsam.
~ Es wird dir bewusst, dass es das Licht von Seraphim Michael ist.
~ Die Freude über sein Erscheinen bahnt sich einen Weg in deine Gefühle, und du bist überglücklich.
~ In diesem Augenblick ist Seraphim Michael bei dir, an deiner Seite.
~ Mit deinen inneren Augen kannst du ihn deutlich wahrnehmen.
~ Seine bedingungslose Liebe und Hingabe an dich berühren dein Herz.
~ Tiefe innere Ruhe und Ausgeglichenheit erfüllen dein Sein.
~ Er berührt dich mit seiner Energie, und ihr begrüßt euch innig.
~ Seraphim Michael erklärt dir, dass er dir das Geschenk einer Astralreise in die Sirius-Sphäre machen will.
~ Damit er dich mit in die Seelensphäre nehmen kann, ist deine Erlaubnis erforderlich.
~ Bitte gib ihm dein Einverständnis – in diesem Augenblick.
~ Nach deinem Einverständnis erklärt er dir, dass es für die Reise in die Seelensphäre erforderlich ist, deinen Astralkörper aus deinem menschlichen Körper zu heben.
~ Du bist jedoch weiterhin vollständig und sicher mit deinem menschlichen Körper verbunden.
~ Seraphim Michael beginnt nun sehr sanft, deinen Astralkörper mit seiner wundervollen Energie einzuhüllen.
~ Er empfängt dich mit seinen großen Flügeln und trägt dich in seinen starken Armen.

- ~ Du bist vollkommen sicher und geborgen. Du bist in Liebe eingehüllt.
- ~ Seraphim Michael hat in diesem Augenblick deinen Astralkörper aus deinem menschlichen Körper gehoben und erhöht die Energieschwingung für deine Reise in die Sirius-Sphäre behutsam.
- ~ Eure gemeinsame Astralreise in die Sirius-Sphäre hat begonnen.
- ~ Durch das Anheben der Energie wird dein Astralkörper von einer angenehmen Wärme durchflutet.
- ~ Leichter und leichter empfindest du deinen Astralkörper.
- ~ Deine inneren Sinne nehmen eine veränderte Schwingung wahr und Seraphim Michael erklärt dir, dass ihr im Schwingungsfeld der Sirius-Sphäre angekommen seid.
- ~ Ganz zaghaft berühren deine Füße den ätherischen Boden.
- ~ Seraphim Michael bittet dich, deine Astralaugen langsam zu öffnen.
- ~ Er hält dich an der Hand und legt seinen wunderschönen Flügel um dich.
- ~ Dich durchströmt eine Welle der Glückseligkeit, als du zu verstehen beginnst, welch ein Geschenk du hier erleben darfst.
- ~ Behutsam beginnst du, die Umgebung der Sirius-Sphäre zu betrachten.
- ~ Die wundervolle Energie, die du wahrnimmst, überwältigt dich.
- ~ Das Gefühl der Neugierde entsteht in dir, und du bist gespannt, was dich alles erwartet.
- ~ Du schaust dich um und erkennst Landschaften, die eine unbeschreibliche Energie des Erforschens ausströmen.

~ Wie von selbst beginnst du dich in der Sirius-Sphäre zu bewegen.
~ Du saugst die Energie regelrecht in dich hinein.
~ In völliger Harmonie und Freiheit wagst du den ersten Schritt und beginnst deinen Weg der Selbsterforschung.
~ In der Ferne siehst du eine Gruppe von Wesen auf dich zukommen.
~ Noch bevor sie bei dir ankommen, kannst du ihre Freude spüren, dich zu sehen.
~ Angesteckt von dieser Freude gehst du auf sie zu.
~ Du umarmst jeden von ihnen innig.
~ Avatar Sharon nimmt dich liebevoll in Empfang und legt dir sanft seine Hand auf dein Drittes Auge.
~ Die Wesen nehmen dich in ihre Mitte, und vor dir bildet sich ein Weg, der nur für dich bestimmt ist.
~ Bei jedem Schritt den du vorwärts schreitest, wird die Energie der Neugierde auf das Leben in dir stärker.
~ Jeder Schritt bringt einen Schub der Erkenntnis, dass du alles in dir trägst, was es für ein erfülltes Leben braucht.
~ Die bedingungslose Liebe eines jeden umhüllt dich und lässt dich fast schweben.
~ Wohlbehagen erfüllt dein gesamtes Sein, solch eine Liebe und Glückseligkeit hast du schon lange nicht mehr empfunden.
~ Du kannst in der Ferne ein bezauberndes Gebilde aus purem Gold und Silber erkennen.
~ Avatar Sharon und Seraphim Michael begleiten dich.
~ In diesem Augenblick bist du an dem goldenen Gebilde angekommen. Das Gebilde ähnelt nichts, was dir bekannt ist. Die Form erregt deine Neugierde und weckt die Fantasie in dir.

~ Avatar Sharon begleitet dich zu dem Gebilde und du betrachtest fasziniert die verschlungenen Formen.
~ Das Goldwesen öffnet einen Spalt in dem Gebilde und du trittst ein. Deine Begleiter warten draußen.
~ Spüre wie das Gold seine Macht in dir entfaltet.
~ Das Gold regnet von oben auf dich herab und selbst der Boden ist vollkommen mit Gold bedeckt.
~ Du kannst wahrnehmen, wie das Gold atmet und du gleichst deinen Atem in absoluter Harmonie seinem Rhythmus an.
~ Der gesamte Raum erstrahlt in goldenem Licht und durchflutet deinen Astralkörper. Das Gold dringt in jeden Winkel deines Seins.
~ Mehr und mehr fühlst du dich erquickt und erfrischt.
~ Nach einer Zeit öffnet sich das Dach des Gebildes und das Silberwesen lässt eine wundervolle Treppe entstehen.
~ Langsam erklimmst du die Treppe und bist im nächsten Augenblick auf dem Dach des Gebildes angekommen.
~ Du hast einen fantastischen Ausblick über die Sphäre und genießt diesen Augenblick.
~ Das Silberwesen formt einen Stuhl, auf dem du Platz nimmst.
~ Jetzt bittet dich das Silberwesen, die Augen zu schließen und dich ganz auf dich selbst zu konzentrieren.
~ Du kannst deine Mitte wahrnehmen und hieraus entspringt dein Bedürfnis, Neues zu erleben.
~ Du fühlst dich harmonisch und glückselig.
~ Die Angst und die Zweifel, die dich bisher gelähmt haben, werden von dem Silberwesen in freudige Erwartung auf neue Abenteuer gewandelt.
~ Du explodierst fast vor Tatendrang und kannst es kaum erwarten, zu neuen Ufern aufzubrechen.

- Avatar Sharon tritt an deine Seite und berührt dich leicht an deinem Kronenchakra.
- In diesem Moment ergießen sich hunderte von Ideen in deine Gedankenwelt. Dein Kopf schwirrt von so vielen neuen Perspektiven.
- Avatar Sharon tritt einen Schritt zurück und lächelt dich an.
- Zusammen mit Avatar Sharon begibst du dich zu der Gruppe, die auf dich wartet.
- Voller Wärme bedankst du dich bei deinen Gastgebern für dieses zauberhafte Geschenk.
- Du schaust Seraphim Michael lächelnd an. Er gibt dir zu verstehen, dass die Zeit des Abschieds von der Sirius-Sphäre für dich gekommen ist.
- Alle umarmen dich nacheinander, und ihr verabschiedet euch herzlich voneinander.
- Seraphim Michael stellt sich zu dir, nimmt dich in seine starken Arme, und du schmiegst dich hingebungsvoll an ihn.
- Er breitet seine weichen Flügel um dich, und du fühlst dich umhüllt und getragen.
- Er fängt an, die Schwingung der Sirius-Sphäre langsam zu verringern und an die Frequenz der Erdschwingung anzugleichen.
- In diesem Augenblick seid ihr im irdischen Schwingungsfeld eingetaucht.
- Seraphim Michael legt deinen Astralkörper vollständig in deinen menschlichen Körper zurück, und du kannst spüren, wie sie sich perfekt miteinander verbinden und verschmelzen, wie du wieder mit allen Körpern zur Einheit wirst. Du bist vollkommen glücklich und befriedet.
- Du weißt, all die Liebe, all die Kraft und Verbundenheit,

die du in der Sirius-Sphäre erfahren durftest,
wirst du mit in deinen menschlichen Körper einbinden
und im irdischen Dasein leben.

~ Ein tiefes Gefühl der Freiheit breitet sich von deinem Herzchakra über deinen gesamten Körper aus.
~ Seraphim Michael lächelt dich an, umarmt dich und winkt dir zum Abschied.
~ Du schickst ihm einen Liebesstrahl und fängst an, in deiner Zeit ins Hier und Jetzt zurückzukommen.
~ Lass dir Zeit, genieße deine Gefühle, nimm dein Umfeld mit neuem Blick wahr.

Seelensphäre
ORION

Begleitender Engel
Seraphim Uriel

Vorsteher	Avatar Oronape
Bekannte Avatare	Avatar Buddha, Avatar Grace
Erste Manifestation	vor 3,5 bis 3 Milliarden Jahren
Ort der Manifestation	Indien, Asien
Unterste Dimension	6. Dimension, 1. Ebene
Aufstiegsprozess	aktuell im Prozess
Lichtwesen	Orianer
Weitere Seelengruppen	Gomyth

Orion ist eine Seelensphäre, die an Kreativität nicht zu überbieten ist, denn hier wirkt die Energie des Obertons, der unser Universum in Schwingung hält.

Orion ist die Sphäre, in der die unendliche Schöpferkreativität unablässig neue Formen hervorbringt.

Die göttliche Ästhetik und Klänge in materielle Form umzusetzen, ist ein göttliches Schöpfungsprinzip.

In den unteren Dimensionen formt sich durch Schwingung Materie, in den oberen Dimensionen kann eine feinstoffliche Form erzeugt werden. Die Energieform der Orion-Sphäre zeigt sich in ihrer Wirkung überall im Universum.

Die Aufgabe der Orion-Sphäre ist es, mit ihrer göttlichen Schwingung kreativ zu werden und ihre Ideen in Form zu bringen. Mit ihrer Schöpferkraft beweisen sie ein enormes Vorstellungsvermögen, und sie lieben es, in einer Meditation mit Gedankenkraft gemeinsam zu schöpfen. Ohne ihre Schöpferkraft gäbe es unser Universum in der heutigen Form nicht. Aus dieser Sphäre inkarnierten viele Avatare, die eine aktive Rolle auf der Erde einnahmen, beispielsweise Grace, Buddha, Shiva oder Babaji.

Orianer tragen in sich Struktur, innere Stärke und eine klare Zielstrebigkeit. Sie lassen alles mit heiterer Ruhe, Gelassenheit und Großzügigkeit geschehen. Sie sind Ästhetiker und Künstler, die durchaus die Romantik lieben. Zudem sind sie meist sehr genügsam und zufrieden. Manchmal blitzt jedoch ihre Strenge auf, und sie können wie ein Vulkan explodieren. Das kommt allerdings äußerst selten vor.

Die orianische Energie wirkt harmonisierend bei folgenden Themen: Rechthaberei, innerer Unruhe, Angst, Verschwendungssucht, Geiz und Aggressivität, Teilnahmslosigkeit und psychischem Stress, jeglicher Art von Verwirrtheit, gleich ob diese durch eine Sucht oder eine Erkrankung entstanden ist. Bei mangelnder Fantasie unterstützt die orianische Energie besonders gerne. Findet ein Wesen seine Charakterstärke nicht, hilft diese Energie, sie wieder in sich zu entdecken.

Begleitender Seraphim
Uriel

Name	»Das Feuer Gottes«
Farbe	Rot/Gold
Seelenzwilling	Seraphim Raphael
Seelenpartner	Seraphim Chamuel
Aufgaben	Prüfen der Seelen, Stärke und Heilung bringen, Visionen schöpfen; Begleitung der Erde, seit die Engel hinzugekommen sind.

ENERGIE UND CHARAKTER

Uriel ist der kosmische Chirurg. Mit seinem Zwilling Raphael bildet er das Heiler-Team unter den Engeln. Sein loderndes Feuer erhellt und motiviert alle, die ihm begegnen. Sein Humor und seine Tatkraft sind einfach ansteckend.

Er gibt Struktur und verhilft zur eigenen Entschlusskraft. Dabei unterstützt seine vorwärtsdrängende Kraft die eigene Wahrheitsfindung. Er stärkt den Glauben an sich selbst und lehrt, spirituelle Macht liebevoll einzusetzen. Sein Durchhaltevermögen unterstützt ihn bei all seinen Aufträgen, und mit seiner Kreativität gelingt es ihm, in jeder Situation die passende Lösung zu finden.

Auf der Erde unterstützt Uriel die Menschen
bei der Umwandlung von

- Lethargie in liebevolle Aktion,
- Disharmonie in Harmonie,
- Kraftlosigkeit in Stärke,
- Erschöpfung in Impulsivität.

Uriel ist der kreativste unter den Seraphim und damit der optimale Engel für die Orion-Sphäre. Sein inneres Feuer erhellt alles um ihn herum, verbrennt Altes und lässt daraus Neues entstehen.

Uriel ist mit seiner vorwärtsdrängenden Art wie geschaffen für diese Sphäre und lehrt im Orion, die Fantasie in ästhetisch-göttlicher Schönheit auszudrücken. Da er seine innere Kraft in schöpferischer Entfaltung auslebt, ist er ein geschätzter Begleiter in der Sphäre, denn trotz seiner unerschöpflichen Kreativität ist Uriel immer auch äußerst strukturgebend.

Vorsteher
Avatar Oronape

Name	»Göttliche Kreativität«
Farbe	Rot
Seelenzwilling	Avatar Artemis
Seelenpartner	Avatar Nephtara
Aufgaben	Hüter der Schöpferkraft, Kreativität, Veränderung, Vorstellungskraft, Fülle, Projekte erfolgreich umsetzen, Einfallsreichtum, Gefühl für Kunst

ENERGIE UND CHARAKTER

Machtvoll, nachdrücklich, akkurat und fantasievoll – Avatar Oronape ist eine energische und dennoch feinsinnige Seele. Er ist der Vorsteher der Orion-Sphäre und ein rigoroser Avatar, der seine Sphäre kompromisslos begleitet.

Selten legt er seine Gedankenwelt offen. Wenn dies jedoch geschieht, verbreitet sich seine Energie in der gesamten Sphäre. Avatar Oronape ist überaus korrekt. Er duldet keine Energie, die der Göttlichkeit widerspricht. Sein Führungsstil unterscheidet sich von dem anderer Avatare und deren Seelensphären, da er weitestgehend in der zwölften Dimension verbleibt, die er nur in Ausnahmefällen verlässt. Avatar Oronape delegiert zu erfüllende Aufträge an verschiedene Avatare aus der Orion-Sphäre. Alle Seelen der Sphäre, auch Besucher, müssen sich strikt an die kosmischen Schöpfungsgesetze halten. Obwohl Avatar Oronape in der zwölften Dimension verweilt, ist seine Energie in jedem Winkel der Sphäre spürbar und unterstützt die Seelen in ihrem Aufwachprozess. Die Macht seiner Schöpfungskraft lässt wenig bis gar keinen

Spielraum für negative Gefühle oder Gedanken. Oronape schenkt dir Schöpferkraft in allen Bereichen.

Allgemeines

Obwohl die Kreativität in dieser Sphäre unendlich ist, leben in ihr nur wenige unterschiedliche Wesenheiten. Wiederum bezeichne ich auch hier nur die Lichtwesen der Sphäre als Orianer. Die unterste Bewusstseins-Stufe des Orion befindet sich in der sechsten Dimension.

Die Orion-Sphäre zu beschreiben ist, aus der Distanz betrachtet, einfach. Allerdings nur aus der Distanz. Sobald diese Sphäre ihre Tore öffnet, wird ihre Kreativität spürbar. Diese drückt sich nicht in der Vielfältigkeit unterschiedlicher Wesen aus, sondern in der Kreativität, die jedem orianischen Wesen gegeben ist. Hier finden die kreativen Künste ihre Heimat, sowohl was die bauliche Ausdrucksform anbelangt wie jede andere Form der Kunst. Der fantastische Schaffenswille ist in der Orion-Sphäre in allen Dimensionen präsent. Bei eingehender Betrachtung der zarten oder auch monumentalen Formen überwältigt deren Anmut. Selbst in der zwölften Dimension formen Liebeswellen ergreifende Schönheit.

Das Erschaffen von immer neuen Ausdrucksformen ist erstaunlich, denn die Kreativität ihrer Fantasie ist atemberaubend. Keine Sekunde steht hier die Energie still, daher ist die Orion-Sphäre in stetigem Wandel. Bilder entstehen, wachsen und verfallen, entstehen neu und verlaufen in eine neue Form. Das verleiht der Sphäre eine unbeschreibliche Stärke. Jeder Augenblick erzeugt einen neuen, anderen Ausdruck, was die gesamte Sphäre sehr flexibel und wandlungsfreudig macht. Nichts wird festgehalten oder verewigt!

Die Orion-Sphäre ist gigantisch groß. Aus diesem bezaubernden Energiefeld inkarnieren indessen nur wenige unterschiedliche Wesen in die irdische Matrix. Viele Orianer verlassen nie oder nur selten ihre Sphäre, um in die dritte Dimension hinabzusteigen. Genauso wie die Sirianer haben sie ein eigenes Projekt in der dritten Dimension gegründet. Sofern sie ihre Sphäre verlassen, inkarnieren sie bevorzugt in ihr eigenes Projekt, uns bekannt als das Sternbild Orion. Inkarnieren sie in andere Projekte, geschieht das in Unternehmungen, die in höheren Dimensionen stattfinden, oder sie erfüllen Aufträge im freien Universum.

Wie bei allen Sphären gibt es verschiedene Wesensgruppen im Orion, die Artenvielfalt ist jedoch erheblich geringer als in der Feen & Elfen- oder der Wal & Delphin-Sphäre. Die orianischen Lichtwesen und die Wesenheit Gomyth stellen die größten Seelengruppen der Orion-Sphäre dar. Die Üppigkeit dieser Sphäre entfaltet sich eher durch die Kreativität der einzelnen Wesen. Jeder Orianer besitzt in sich eine Kreativität, die ihresgleichen sucht.

Mit der Erde fühlen sich Orianer nicht allzu tief verbunden. Sie sind gerne hier und erfüllen ausgesprochen pflichtbewusst ihre Aufgaben, im Einklang mit der Erde leben sie indessen nicht. Sie fühlen sich intensiver zum Oriongürtel hingezogen und sind dort äußerst aktiv.

Der Orion entfaltet eine Energie des stetigen Wandels, und dadurch fühlt sich die Energie im Vergleich zu anderen Sphären dichter an. Sie erscheint »schwerer«, obwohl die Schwingung in den einzelnen Dimensionen und Ebenen immer gleich ist, und selbst die Wesen der Sphäre fühlen sich kompakter an als in anderen Seelensphären.

Alle Orianer sind ruhige und gelassene Wesen. Aufgrund ihrer inneren Gelassenheit gibt es in dieser Seelensphäre keine Form von Stress. Sie betrachten alles aus der Distanz und fühlen sich nicht persönlich betroffen. Sie sind humorvoll und lachen gerne. Die orianische Grundstimmung ist gelassener Optimismus. Es dauert eine geraume Zeit, bis die Sphäre aus der Ruhe oder dem Rhythmus kommt. Orianer sind Genießer, Hektik verabscheuen sie, es sei denn, sie sind im kreativen Schöpfungsmodus, dann muss alles rasend schnell gehen. Außerdem sind sie durchweg musikalisch und tönen unablässig. Musik spielt eine besondere Rolle in dieser

Sphäre. Da sie Meister im Erschaffen sind, kreieren sie in den unteren Dimensionen mit Tönen ihr materielles Umfeld.

Orianer sind bescheidene Wesen. Sie präsentieren sich außerordentlich genügsam und überaus großzügig und lieben es, Gott mit ihrer Schöpfung zu erfreuen. Sie sind gesellige Wesen, die sehr auf ihren Freiraum achten und ihre Gedankenwelt vor Fremdeinflüssen schützen. Orianer sprechen nicht gerne über Gefühle, sie drücken sie meist über ihre Kreativität aus. Verletzt ein Wesen ihre Liebe zu Gott, können sie wie ein Vulkan explodieren, was ganz besonders bei der Wesenheit Gomyth spektakulär aussieht. Meist baut sich die Energie über eine gewisse Zeitspanne auf, und kommt es dann zur Explosion, ist dem Gegenüber der Grund meist unklar. Für das Gegenüber kommt der Vulkanausbruch ohne vorherige Warnung und ist dementsprechend eindrücklich.

Alle Wesen der Sphäre leben gemeinschaftlich zusammen, wo immer es sie hinzieht. Sie geben sich oft der Meditation hin und sind durchaus bereit, dafür eine Schaffenspause einzulegen. Anschließend schöpfen sie mit doppeltem Einsatz.

Die Seelen in der Orion-Sphäre sind großzügig und sanft. Sie sind niemals gewalttätig und vermeiden, soweit möglich, jeglichen Konflikt. Allerdings können sie bei Bedarf eine Brutalität an den Tag legen, die überrascht. Dadurch gehören sie zu den größten »Kriegern« in unserem Universum und zeigen dabei ihre unerschöpfliche kreative Ader. Müssen sie Kriegerenergie leben, dann immer nur zum Schutz des Universums und seiner Wesen. Dabei agieren sie stets nur verteidigend, niemals angreifend.

Orianer sind geradlinige Wesen, die genau das meinen, was sie sagen, Oberflächlichkeit gibt es hier nicht. Auf einen Orianer kann man sich verlassen. Sie sind integre, hingebungsvolle und loyale Seelen. Wie Lemurer verstehen es Orianer, sich selbst zu heilen. Dennoch sind sie keine Heiler im allgemeinen Sinne, denn sie können die Heilenergie nicht auf andere Wesen übertragen.

Im Kosmos ist die Orion-Sphäre ein enorm großes Energiefeld. Von außen betrachtet lässt sich die Ausdruckform nicht festlegen, wie das bei anderen Sphären der Fall ist. Obwohl die Grundschwingungen der Wesenheiten sich gleichen, ändert die Sphäre ihren Ausdruck im Sekundentakt. Der gemeinsame Nenner der unterschiedlichen orianischen Charaktere findet sich in ihrer Schöpferkraft. Ihre vehementen Stimmungsausbrüche geschehen zwar selten, aber wenn das Feuer explosionsartig auflodert und wieder erlischt, bleibt nicht viel von ihrer Umgebung übrig. Das stört sie nicht weiter, sie schöpfen einfach wieder neu.

Das Tönen wirkt besänftigend auf sie, besonders bei geselligen Zusammenkünften, wobei prinzipiell überall und zu jeder Gelegenheit getönt wird. Jedes Wesen in der Orion-Sphäre beherrscht das Tönen, und es wird dementsprechend von allen angewandt. Die überwiegende Gelassenheit durch das Tönen wirkt sich in allen Dimensionen des Orion aus und ist somit in jeder Ebene spürbar.

Die Sphäre präsentiert sich schlicht, ohne Überheblichkeit und in vollkommenem Einklang mit dem universalen Ur-Ton. In der Orion-Sphäre ist es erlaubt, jegliches Abenteuer zu erfahren, das man sich wünscht. Es fällt leicht, die schöpferische Kreativität auch spielerisch auszuprobieren. Fehler werden gelassen registriert und bereinigt. Niemals wird ein Wesen dafür getadelt oder bestraft, seine Kreativität zu erforschen.

Die Orianer

Sie lieben es, ihr Erscheinungsbild zu verändern. Sie formen mal einen weiblichen, mal einen männlichen Körper. Die Körper sind immer klar und deutlich zu unterscheiden. Sie geben ihrer Einzigartigkeit in beiden Energien Raum. Gleich welchen körperlichen Ausdruck sie annehmen, ihre Seelenqualität ist immer im Allumfassenden spürbar. Sie behalten die Vorliebe, ihren Ausdruck in jeder Sekunde zu wechseln, bis in die zehnte Dimension bei. Danach erübrigt sich die Wandlung, daher kann ihnen keine bestimmte Ausdrucksform mehr zugeschrieben werden.

Sie erschaffen sich in jeglicher Form: groß, klein, mollig, schlank, und manchmal bunt oder mit mehr Körperteilen, als wir es kennen. In der Orion-Sphäre ist erlaubt, was gefällt. Es gibt keine Regeln oder Vorschriften, außer zu gestalten und zu schöpfen. Sie lieben es, die Form ihres Gegenübers anzunehmen, was verwirrend sein kann. Mit der Kleidung oder den Haaren halten sie es wie mit allem: ausprobieren und experimentieren. Wobei die Ergebnisse nicht unbedingt den menschlichen Vorstellungen entsprechen.

Orianer sind »handfeste« Wesen. Sie sind deutlich erkennbar und spürbar. Ihnen haftet nichts Geheimnisvolles an. Sie lieben die klare Linie und verhalten sich dementsprechend. Sie scheuen sich nicht, Körperformen zu erschaffen, denen wir Menschen wenig abgewinnen können. Ihr Sinn für Schönheit und Ästhetik erstreckt sich in alle Richtungen. Sie formen zur Freude Gottes und finden darin ihre vollkommene Hingabe an sich selbst und an das Universum. Befinden sie sich in einem Prozess des Erschaffens, konzentrieren sie sich ausnahmslos auf diesen Vorgang und wirken dann präsent und gleichzeitig entrückt.

Orianer offenbaren ihre starken Kräfte schonungslos. In ihnen lodert das kosmische Feuer, und sie nutzen es. Es ist nicht die gewalttätige Energie des Krieges, sondern die klare Energie der Schöpfung. Sie suchen und finden Wege, Schaden zu vermeiden und das Göttliche in einem Wesen hervorzuheben.

Orianer sind nicht nachtragend. Nach einem Gewitter ist die Luft wieder rein. Ihre feinen Sensoren empfangen jegliche Signale, die Gefahr andeuten, besonders in seelischen Angelegenheiten, was ihrem ausgeprägten Beschützerinstinkt zugutekommt.

Die Kommunikation mit einem Orianer kann anstrengend sein, denn sie betrachten alles aus der Sicht der Selbstreflexion, und das ist für außenstehende Wesen nicht immer leicht. Hier kommt Orianern ihr Humor zu Hilfe, denn durch ihn können sie in jeglichen Situationen über sich selbst schmunzeln, allerdings erst, nachdem sie einen Prozess durchlaufen haben. Bis dahin verabreichen sie ihren Humor in überschaubaren Portionen. Das hindert sie nicht darin, ihren Humor auch an anderen Wesen auszuprobieren. Es kann durchaus sein, dass der Spaß auf Kosten inkarnierter Wesen oder anderer Orianer geht, wobei sie niemals verletzend oder herabwürdigend sind. Dieser kreative, humorvolle Umgang mit Situationen und der Kommunikation löst tiefgehende Prozesse aus und befähigt sie, hinderliche Gefühle in vorwärtstreibende Kraft zu wandeln. Ihre Kommunikationsart ist manchmal kompliziert, denn obwohl sie für sich selbst klar sind, muss man ihre Art der Klarheit verstehen.

Orianer sind geduldig, doch diese Geduld hat ihre Grenzen. Wird die Grenze überschritten, erfolgt einer ihrer berüchtigten Vulkanausbrüche, was mitunter einschüchternd auf inkarnierte Wesen wirkt. Je bewusster ein Orianer ist, desto geduldiger ist er, oder zumindest hat er gelernt, seine Ungeduld zu zügeln.

Orianer besitzen keine »Schulen«. Inkarnierte Wesen und Orianer werden einem orianischen Begleiter zugeteilt, der bis zu zweihundert »Schüler« betreut. Übernimmt ein Orianer die Begleitung, bemüht er sich, das Lernen für seine Schüler angenehm zu gestalten. Sollte ein inkarniertes Wesen andere Meinungen vertreten, stellt das für einen Orianer kein Problem dar. Er lässt geschehen, was er für richtig und passend erachtet. Die Meinung des anderen wird von allen Seiten mit Humor beleuchtet, hat jedoch keinen Einfluss auf die Entscheidungen des Orianers.

Die Kommunikation der Orianer findet auf extrem hohem Niveau statt. In ihren Ansichten sind sie nicht zimperlich, jedoch fair. Gute-Laune-Konversation betreiben sie nicht. Sofern sie kommunizieren, geht es ausschließlich um tiefgreifende Prozesse, gleichgültig, ob es sich dabei um einen Auftrag oder eine Lernsituation handelt. Sie sind der Meinung, dass ein Lerneffekt durch Beobachten und Ausstrahlen ihrer Energie erzeugt wird. Sie kommunizieren klar, kurz und verständlich. Die Frage, ob ihr Gegenüber der Kommunikation folgen kann, ist für sie unerheblich, denn sie sind der Meinung, dass das Geäußerte schon irgendwann erfasst werden kann. Kommunikation hat im Orion nicht erste Priorität, sie ist nur ein Mittel, zügiger mit inkarnierten Wesen zu arbeiten. Priorität hat das Schöpfen. Dennoch lieben sie Worte und gehen schöpferisch mit ihnen um. »Worte« können aus Gesten, Farben oder auch Formen bestehen. Am liebsten kommunizieren Orianer, indem sie erschaffen.

Häufige Charaktereigenschaften der Orianer:

~ Sie sind ruhig und dennoch feurig.
~ Sie sind beharrlich.
~ Sie lieben es, zu kreieren.
~ Sie lieben die Gemeinschaft.
~ Sie sind beschützend.
~ Sie sind kreativ und ästhetisch.
~ Sie schöpfen die Form im Universum.
~ Sie sind fantasievoll.
~ Sie sind hervorragende Krieger.
~ Sie sind explosiv und dennoch gelassen.
~ Sie sind humorvoll.
~ Sie neigen zu Übertreibungen.
~ Sie neigen zu Uneinsichtigkeit.
~ Sie sind unparteiisch und objektiv.

Orianer versammeln sich gerne zum gemeinsamen Schöpfen, wobei ihr Humor auf eine tiefgründige Weise sichtbar wird. Orianischer Humor eröffnet sich nicht allen inkarnierten Wesen in der Sphäre. Gleiches gilt für inkarnierte Orianer auf der Erde. Ihr Humor wird auf der Erde ab und an kritisch gesehen. Er ist nicht frei von ironischen Untertönen oder feinem Spott. Meistens nehmen Orianer sich und ihren Bewusstwerdungsprozess kritisch und humorvoll auf die Schippe. Es ist auch durchaus üblich, dass es dabei ein wenig rauer zugeht.

In der Orion-Sphäre finden gigantische Events statt, die einzig der Freude am Schöpfen dienen. Bei solchen Events herrscht pure Freude am Schöpfen und am Sein. Lassen sich Orianer dazu verführen, können sie hervorragende und einfallsreiche Geschichtenerzähler sein. Sie verweben auf vollkommene Weise Unterhaltung und Lerneffekt. Durch die Musik des Tönens wird der Aspekt des Schöpfungsaktes vertieft. Sie lieben bombastische Musik, die sie aus sich selbst heraus produzieren. Tönen Millionen Orianer zusammen, entsteht eine wahrlich fulminante Sinfonie. Das Tönen erzeugt eine kraftvolle innere Schwingung, die durch das Öffnen des Bewusstseins in die Sphäre strömt. Gomyth empfängt die Schwingung und setzt sie in Formen um.

Orianer beschäftigen sich vorwiegend mit der Energiewandlung und -gestaltung. Sie schöpfen Formen und erschaffen gigantische Realitätswelten im Universum. Ihre Gestaltungskraft ist grenzenlos. Sie sind fähig, aus ihrer Sphäre heraus im Universum zu agieren. Zum Schöpfen versammeln sich viele Millionen Seelen und erzeugen gemeinsam die nötigen Töne. Orianer lieben es, das Universum mit ihrer Schöpferkraft zu gestalten. Dabei achten sie jeweils auf die Vorstellungen aller Wesen im Kosmos.

Orianer leben frei in ihrer Sphäre. Brauchen sie ein »Dach über dem Kopf«, erschaffen sie es an Ort und Stelle, was selten geschieht, denn sie benötigen Raum für ihre kreativen Gedanken. Sie bilden keine festen Gemeinschaften, sondern schließen sich nach Bedarf einer Gruppe an. Eine feste Zahl ist nicht messbar, alles ist im stetigen Wandel. In der Orion-Sphäre gibt es keine konstanten Versammlungsplätze. Wird eine Form benötigt, wird sie durch alle Anwesenden kurzerhand erschaffen.

Hauptaufgabe der Orianer ist das Schöpfen, wodurch sie unserem Universum Form geben, was bedeutet, dass der Aufbau unseres Universums den Orianern zu verdanken ist. Aufgrund ihrer göttlichen Schöpfungsenergie waren sie dazu ausersehen, diesem Universum die optimale Gestalt zu verleihen, auf deren Basis eine Entwicklung auf vielfältige Weise stattfinden darf. Eine weitere Aufgabe ist das Erzeugen einer kraftvollen Körperschwingung. Sie lehren Wesen im Universum, ihre eigene Schöpferkraft zu entfalten. Sie schulen die Seelen, in sich ein Feld der Manifestationsenergie zu erzeugen. Durch diesen Vorgang kann alles Erdenkliche überall manifestiert werden, sofern es im Plan der Wesen vorgesehen ist.

Gomyth

Gomyth ist *eine* Wesenheit und bereits in die Avatar-Ebene aufgestiegen. Wie die Wasser- oder Windseele ist sie in ihrer gesamten Sphäre vorhanden. Sie füllt die Orion-Sphäre gleichmäßig in allen Dimensionen und Ebenen aus. Gomyth ist ein fließendes Wesen, das jeden Ausdruck annehmen kann. Es kann sich verdichten oder sich in vollkommene Schwingung wandeln. Es schimmert perlmuttfarben in den höheren Dimensionen und elfenbeinfarben in den unteren Sphären. Es kann sich zu atemberaubenden, verschlungenen Ornamenten verfestigen oder absolut gerade Linien bilden. Gomyth ist die Energie, aus der im Orion alle Gebäude in den tieferen Dimensionen entstehen. Orianer und Gomyth bilden zusammen eine göttliche Einheit. Tönen Orianer, setzt Gomyth die Energie in Ausdruck und Form um.

Orianer formen die Wesenheit Gomyth nach ihrer göttlich kreativen Vorstellungskraft. Somit gibt sich Gomyth allen Orianern in Vollkommenheit hin. Das Vertrauen und die Liebe zwischen ihnen sind in der Sphäre überall wahrnehmbar.

Gomyth ist ein weiches, kindliches Wesen. Sein unschuldiger und vertrauensvoller Ausdruck der Göttlichkeit nimmt der Orion-Sphäre einiges an Unnachgiebigkeit und Kompromisslosigkeit. Obwohl Gomyth gleichfalls kompromisslos in seiner Hingabe ist, bewirkt seine kindliche Art einen spielerischen Umgang mit der Kompromisslosigkeit innerhalb der Sphäre. Gleichzeitig bewirkt die liebevolle Akzeptanz der kosmischen Gesetze, dass jedes Wesen die Gesetze genauso hingebungsvoll annehmen kann. Gomyth folgt dem Rhythmus der orianischen Sphäre vertrauensvoll und stellt den schöpferischen Akt der Orianer vor alle eigenen Bedürfnisse. Niemals denkt dieses Wesen an seinen eigenen Willen. Niemals verweigert es sich der kreativ schöpferischen Energie der orianischen Wesen. Gomyth stellt sich allen im Universum liebevoll zur Verfügung. Es verleiht den Gefühlen und Emotionen aller Seelen und der göttlichen Schöpfung vollendeten Ausdruck in Form und Gestalt.

Gomyth ist verführungsresistent, es lässt sich weder manipulieren noch umschmeicheln, sondern sieht direkt in die tiefgründige Ebene einer Seele und zeigt augenblicklich die Absichten auf.

Tönen

Tönen ist zwar keine eigene Wesenheit, jedoch eine wichtige Handlungsweise im Kosmos. Auf der Erde wurde das Tönen noch nicht als wichtiges Instrument zur Bewusstwerdung entdeckt.

Orianer erzeugen in sich einen Seelenton. Dieser Vorgang wird auf der Erde Tönen genannt. Es geht dabei nicht um Singen, sondern lediglich darum, dem eigenen Körper seine persönliche Schwingung zurückzugeben.

Orianer gehen einen Schritt weiter und öffnen ihr Bewusstsein. Der elektrisierende Ton strömt in die Sphäre, worauf er von Gomyth aufgenommen wird. Gomyth »übersetzt« die Energie, Emotionen und Gefühle in Ausdruck und Form.

Die Orion-Sphäre auf der Erde

Die Orianer verliebten sich von Anfang an in das Projekt Erde. Sie erkannten die Chance, die sich allen teilnehmenden Seelensphären bot. Als das Projekt vom obersten kosmischen Rat freigegeben wurde, begannen sie alle nötigen Vorbereitungen, damit das Projekt reibungslos starten konnte.

Zuerst mussten die Voraussetzungen dafür geschaffen werden, dass alle beteiligten Planeten, Sterne und das Sonnenwesen ihre optimale Position einnehmen konnten. Hierbei arbeiteten verschiedene Seelensphären zusammen. Sobald alle ihre Position eingenommen hatten, konnte das Abenteuer auf und mit der Erde beginnen. Besonders in der ersten Zeitepoche, Lemurien, formten Orianer die Erde maßgeblich mit.

Sie unterstützten alle Inkarnierenden dabei, ihre irdische körperliche Form zu finden. Die Herausforderung war groß, musste doch alles aufeinander abgestimmt werden, und es erforderte einiges an Weitsicht, jegliches dabei zu beachten.

Bis heute begleiten Orianer die Seelen bei der Weiterentwicklung ihrer körperlichen Formen, und das nicht nur auf der Erde.

Das erste direkte Zusammentreffen der Energiefelder von Orion und der Erde fand im heutigen Indien statt. Die Energie verbreitete sich weiter über Asien nach Europa und von dort über die gesamte Erde. Die kreative Energie explodierte regelrecht, und unsere Erde entwickelte sich zu einem wilden Ort, an dem es keine Einschränkungen gab. Mittlerweile haben wir die Form gefunden, die am besten zum Erden-Dasein passt. Jetzt dürfen wir lernen, unsere Kreativität auszubauen oder sogar neu zu entfalten.

Die Hochblütezeit der Orianer auf der Erde liegt in der Vergangenheit. Orianer strömten auf die Erde und erfuhren die Energie und Materie direkt an sich selbst. Durch das Erfahrene konnten sie ihre Arbeit auf der Erde verfeinern und zur Vollkommenheit ausbauen. Ihre Erfahrungen sind äußerst wertvoll, und so sind im kosmischen Rat der Erde Orianer, die selbst intensive Inkarnationen auf der Erde erlebt haben, herzlich willkommen, beispielsweise Buddha oder Shiva.

Ob die göttlich liebende Kreativsphäre hier nochmals ein solch herausragendes Ausmaß annehmen wird, bleibt abzuwarten. Bis vor kurzem noch wollten sich die Orianer komplett von der Erde zurückziehen. Die schöpferische Kreativität nahm auf der Erde ab, und statt ihrer herrschte die Energie der nüchternen Technik vor. Seraphim Uriel, der ab dem Jahr 2029 die irdische Führung übernimmt, verdeutlichte ihnen jedoch, dass ihre Schöpferkraft mehr denn je auf der Erde benötigt wird. Deswegen werden in den nächsten Jahren wieder vermehrt Orianer auf die Erde inkarnieren. Ebenso wird die Wesenheit Gomyth ihr Wirken auf der Erde ausdehnen oder, je nach Entwicklung der Erde, vielleicht sogar anfangen zu inkarnieren.

Die Orion-Sphäre wird heute einzig von seinen Lichtwesen in menschlicher Gestalt auf der Erde vertreten. Andere Orianer waren nicht bereit, in der Materie am Projekt mitzuwirken. Gomyth sendet seine Energie der Kreativität, weigerte sich jedoch, direkt ins irdische Matrixfeld einzutauchen. Die Orion-Sphäre auf der Erde verkörpert das kreativ Schaffende. Neue Formen in die Realität zu bringen und Unmögliches möglich zu machen sind ihre Herausforderungen. Durch die überwältigende Technik in unserer Zeit ist die natürliche Kreativität etwas ins Abseits geraten. Das wird sich mit der stärkeren Präsenz der Orianer zukünftig wieder ändern, und die Schönheit der Formen kehrt zurück.

Auf der Erde wurden die meisten monumentalen Bauwerke von Orianern ersonnen. Doch gleichgültig, ob es nun um die Pyramiden, den Kölner Dom, Schloss Neuschwanstein, das Taj Mahal, das Potala-Kloster in Nepal oder ein ganz normales Einfamilienhaus geht, das Wissen darum, Statik und Schönheit miteinander zu verbinden, kommt aus der orianischen Sphäre.

Wie bei allen Wesen auf der Erde, entfaltet nicht jeder inkarnierte Orianer sein kreatives Potenzial. Orianer sind als Menschen zurückhaltende Seelen. Allerdings nur, wenn man ihrer Meinung ist und die Arbeit nach ihren Vorstellungen erfüllt. Sollte dem nicht so sein, nun, dann explodieren sie, und zwar so, dass um sie herum zunächst einmal kein Grashalm mehr wächst, was bei ihrem Gegenüber erst einmal eine Schockstarre verursachen kann. Darüber sind sie selbst immer sehr überrascht. Sie sind nur ein klein wenig nachtragend, was sich meist schnell beheben lässt.

Orianer genießen die Gesellschaft, jedoch benötigen sie auch längere Auszeiten. Sie kommen meist gut mit sich selbst zurecht, sind jedoch glücklich, wenn sie sich mit einem Gegenüber austauschen können. Was sie hingegen nicht mögen, sind oberflächliche, dumme und rücksichtslose Menschen.

Orianer sind auf der Erde hingebungsvolle Wesen, allerdings sind einige von ihnen körperlich nicht sehr belastbar, was durch ihre Intelligenz aber wieder wettgemacht wird.

Sie sind großzügig und Schenken bereitet ihnen Freude. Dass sie selbst ein Geschenk auf der Erde sind, sehen sie hingegen selten. Daher muss man es ihnen ab und zu sagen.

INKARNIEREN ORIANER AUF DIE ERDE, BEVORZUGEN SIE FOLGENDE BERUFE …

Alles, was in irgendeiner Form mit Musik zu tun hat, zieht sie magisch an. Daher sind Orianer in der Musikbranche vielfach vertreten, ob als Instrumentenbauer, Musiker, Tontechniker oder Sänger. Sie lieben außerdem den Beruf des Architekten, und zwar in jeglicher Form, ob nun für Gebäude oder Landschaften. Ab und an sind sie auch im Immobilienbereich tätig. Ganz klar sind sie in kreativen Sparten wie Designer, Lehrer für bildende Künste, Maler oder Dekorateur anzutreffen. Selbst zum Yoga-Lehrer oder Sportlehrer fühlen sie sich berufen. Manche versuchen sich als Künstler, Autor, Konditor oder Koch. Hier können sie ihrer Fantasie freien Lauf lassen.

Ein Erlebnis mit der Orion-Sphäre

Was soll ich sagen – die Orion-Sphäre war eine richtiggehende Offenbarung für mich. Dachte ich doch bis zu meinem Erlebnis mit ihnen, ich besäße eine ausgesprochen reiche Fantasie und Kreativität. Zumindest hatte ich das häufig von Lehrern und anderen Mitmenschen gehört. Doch sie lagen allesamt total falsch. Meine Fantasie und Kreativität sind gar nichts im Vergleich zur Orion-Sphäre. Und auch die Erde und ihre Vielfältigkeit ist im Vergleich zur orianischen Schöpferkraft im Universum richtiggehend eintönig.

Manche Menschen sagen, wir sollten uns nicht in der Fantasie verlieren und uns der Realität auf der Erde zuwenden. Ich sage: Vergiss die Realität auf der Erde und lebe die Fantasie und Kreativität von Orion! Damit kämen wir der Realität unseres wahren Seins wesentlich näher, als allgemein angenommen wird. Wie auch immer, einer meiner stetigen Begleiter, Seraphim Uriel, ist der begleitende Seraphim für die Orion-Sphäre. Dementsprechend lotste er mich recht schnell in diese wundervolle Energie.

Eines Tages saß ich auf meinem Meditationskissen und unterhielt mich mit Seraphim Jophiel. Wobei das eher ein Monolog seinerseits war. Aus meinem Augenwinkel heraus sah ich Uriel schräg hinter mir sitzen. Er grinste vor sich hin und amüsierte sich köstlich über meine Lage. Das fand ich nicht sehr erbaulich, Jophiel hin oder her. Ich warf Uriel einen flehenden Blick zu, mich zu erlösen. Hocherfreut stellte ich fest, dass er mein Flehen erhörte und daraufhin ganz leise mit Jophiel sprach.

Konzentriert hörte Jophiel zu, fing an zu lächeln und nickte. *Oweia*, dachte ich. *Hoffentlich komme ich jetzt nicht vom Regen in die Traufe.* Was immer ich sonst nch dachte, es war zu spät. Uriel richtete sich auf, umhüllte mich, und los ging die Reise. Dann erhöhte Uriel die Energie, und bald spürte ich, wie sich um mich herum die Orion-Sphäre auftat. Eine sanfte Energie streifte mich und löste in mir ein wundervolles Wohlbehagen aus. Langsam kam ich im Energiefeld der Orion-Sphäre an, und mein Blick wurde klar.

Eine wundervolle Pracht breitete sich vor mir aus. Es war atemberaubend. Eine Landschaft wie aus einem Märchen. Die gesamte Sphäre erschien aus einem Stück erschaffen. Das gesamte Erscheinungsbild bestand komplett aus dem Wesen Gomyth. Dazwischen sah man verschiedene Orianer gemächlich hin und her schweben oder gemütlich beisammensitzen. Der Anblick war nur eine Momentaufnahme, denn im nächsten Augenblick zeigte sich ein vollkommen anderes Bild. Unendliche Weite und nichts außer einem wundervollen »Sternenhimmel«. Sobald sich ein Bild zeigte, löste es sich schon wieder auf, und das nächste entstand. Mir schwirrte der Kopf. Die Menge an Eindrücken innerhalb kurzer Zeit war zu viel, ich kapitulierte und setzte mich hin. *Es ist unmöglich, diese Flut an Sinneseindrücken zu verarbeiten.* Dachte ich zumindest.

Gomyth erschuf eine bezaubernde Arena aus einer Blumenwiese, überdacht von einem Sternenhimmel, an dem die Sonne schien.

Avatar Oronape setzte sich an meine rechte Seite, und Seraphim Uriel erschien zu meiner Linken. Die Arena begann sich mit allen möglichen Orianern zu füllen. Sie sahen alle anders aus. Ich sah kein Wesen, das auch nur annähernd dem nächsten glich. Ich war fasziniert. Allerdings hatte ich nicht lange Zeit zum Betrachten, denn schon begann Oronape, mich durch eine leichte Berührung in den Kreis der Orianer aufzunehmen. In meinem Kopf begann sich alles zu drehen. Die Bilder folgten in einer noch schnelleren Abfolge als bisher. Es wurde immer schneller, und ich befürchtete schon, verrückt zu werden. Meine Schmerzgrenze war bei weitem überschritten und ich versuchte alles anzuhalten. Jetzt hatte ich definitiv keine Lust mehr, an diesem Ort zu sein.

Was allerdings niemanden zu interessieren schien.

Im nächsten Augenblick geschah etwas sehr Bemerkenswertes. Ich hörte in mir alle Orianer gleichzeitig. Sie sagten: »Chamuel, lass deine Menschlichkeit hinter dir und werde, was du bist. Eins mit allem.« Der abrupte Stillstand in meinem Kopf war schockierend. Ich spürte, wie sich mein Astralkörper auflöste und ich mit meiner Energie einfach in alles eintauchte. Es gab keine einzelnen Bilder mehr. Alles war auf einmal und gleichzeitig vorhanden. Es war wie eine Sinfonie, in der alle Instrumente zu einem grandiosen Ohrenschmaus zusammenfanden. Alles war einzeln und doch zusammen. Alles hatte seinen Raum und seinen Platz. Nichts war missgestimmt und nichts deplatziert. Gleich welche Bilder ich entdeckte, sie fügten sich nahtlos ineinander. Ich war bewegt. Ich verstand, dass jedes einzelne Wesen in diesem Universum die Kreativität der Göttlichkeit ist. Ich wurde ruhig und ließ die Schöpfung in mir wirken. Nichts war mehr hektisch, nichts war erschreckend, nichts schnell und nichts langsam. Es war. Es ist. Es wird. Alles gleichzeitig. Niemals zuvor hatte ich ein ähnliches Gefühl verspürt. Niemals zuvor hatte ich mich weniger menschlich gefühlt. Niemals zuvor hatte ich es zugelassen, meine eigene Herrlichkeit zu sehen. Niemals zuvor hatte ich in diesem Ausmaß verstanden, was Liebe bedeutet.

Ich verstand, dass Kreativität ein hohes Gut ist, das wir in jeder Sekunde unseres Seins leben sollten. Die Erfahrung, dass ich alle Kreativität in mir leben kann, sofern ich die menschliche Denkweise hinter mir lasse, war grandios. Endlich konnte ich es zulassen, dass alle Wesen, die mich besuchten, mir mit ihrer bevorzugten Ausdrucksweise begegnen konnten. Das war eine tiefgreifende Erkenntnis, durch die sich mir ein weiteres Tor zu meinem Verständnis des Universums auftat. Ich begriff viele Zusammenhänge besser und erhielt einen intensiveren Einblick in die Handlungsweisen der feinstofflichen Welt. Beglückt und reich beschenkt verabschiedete ich mich von Oronape und allen Orianern.

Wieder zurück in meinem menschlichen Körper probierte ich sofort meine neue Kreativität aus. Bis heute entdecke ich immer wieder Neues. Die Vielfalt ist schier unerschöpflich.

Meditation Orion-Sphäre

- Liege wohl und bequem auf deiner Unterlage.
- Entspanne dich.
- Atme sanft ein und aus.
- Lass jede Disharmonie, die du in deinem Körper wahrnimmst, los.
- Werde leicht und weich.
- Atme ein und aus, bis sich dein ganzer Körper harmonisch im Einklang mit deinem Atem bewegt.
- Du fühlst, wie dein menschlicher Körper immer weiter in die wohlige Entspannung gleitet.
- Du fühlst dich in deinem menschlichen Körper zufrieden, spürst die Sicherheit, die dein menschlicher Körper dir übermittelt.
- Deine Gedanken und deine Sinne sind ausgeglichen,

Wohlbehagen breitet sich in deinem gesamten Körper aus.

- ~ Atme in Leichtigkeit ein und aus.
- ~ In diesem Augenblick nimmst du wahr, wie deine geistigen Sinne in dir erwachen.
- ~ Dein Blick wendet sich nach innen und weitet sich für die höherschwingenden Energien.
- ~ Du empfindest eine pulsierende Wärme, die von einem lebendigen Licht ausgesendet wird.
- ~ Dieses warme Licht strömt liebevolle Heiterkeit aus.
- ~ Das pulsierende Licht nähert sich dir langsam.
- ~ Es wird dir bewusst, dass es das Licht von Seraphim Uriel ist.
- ~ Die Freude über sein Erscheinen bahnt sich einen Weg in deine Gefühle, und du bist überglücklich.
- ~ In diesem Augenblick ist Seraphim Uriel bei dir, an deiner Seite.
- ~ Mit deinen inneren Augen kannst du ihn deutlich wahrnehmen.
- ~ Seine bedingungslose Liebe und Hingabe an dich berühren dein Herz.
- ~ Tiefe innere Ruhe und Ausgeglichenheit erfüllen dein Sein.
- ~ Er berührt dich mit seiner Energie, und ihr begrüßt euch innig.
- ~ Seraphim Uriel erklärt dir, dass er dir das Geschenk einer Astralreise nach Orion machen will.
- ~ Damit er dich mit in die Orion-Sphäre nehmen kann, ist deine Erlaubnis erforderlich.
- ~ Bitte gib ihm dein Einverständnis – in diesem Augenblick.
- ~ Nach deinem Einverständnis erklärt er dir, dass es für die Reise in die Orion-Sphäre erforderlich ist, deinen Astralkörper aus deinem menschlichen Körper zu heben.

- Du bist jedoch weiterhin vollständig und sicher mit deinem menschlichen Körper verbunden.
- Seraphim Uriel beginnt nun sehr sanft, deinen Astralkörper mit seiner wundervollen Energie einzuhüllen.
- Er empfängt dich mit seinen großen Flügeln und trägt dich in seinen starken Armen.
- Du bist vollkommen sicher und geborgen. Du bist in Liebe eingehüllt.
- Seraphim Uriel hat in diesem Augenblick deinen Astralkörper aus deinem menschlichen Körper gehoben und erhöht die Energieschwingung für deine Reise zur Orion-Sphäre behutsam.
- Eure gemeinsame Astralreise zur Orion-Sphäre hat begonnen.
- Durch das Anheben der Energie wird dein Astralkörper von einer angenehmen Wärme durchflutet.
- Leichter und leichter empfindest du deinen Astralkörper.
- Deine inneren Sinne nehmen eine veränderte Schwingung wahr und Seraphim Uriel erklärt dir, dass ihr im Schwingungsfeld des Orions angekommen seid.
- Ganz zaghaft berühren deine Füße den ätherischen Boden.
- Seraphim Uriel bittet dich, deine Astralaugen langsam zu öffnen.
- Er hält dich an der Hand und legt seinen wunderschönen Flügel um dich.
- Dich durchströmt eine Welle der Glückseligkeit, als du zu verstehen beginnst, welch ein Geschenk du hier erleben darfst.
- Behutsam beginnst du, die Umgebung des Orions zu betrachten.
- Die wundervolle Farbenpracht, die du wahrnimmst, überwältigt dich.

- Das Gefühl der Heilung breitet sich in deinem ganzen Sein aus.
- Du schaust dich um und erkennst Landschaften, die eine unbeschreibliche Heilkraft ausströmen.
- Wie von selbst beginnst du dich in der Orion-Sphäre zu bewegen.
- Du saugst die Energie regelrecht in dich hinein.
- In völliger Harmonie und Freiheit wagst du den ersten Schritt und beginnst deinen Kreativ-Weg.
- In der Ferne siehst du eine Gruppe von Wesen auf dich zukommen.
- Noch bevor sie bei dir ankommen, kannst du ihre Freude spüren, dich zu sehen.
- Angesteckt von dieser Freude gehst du auf sie zu.
- Du umarmst jeden von ihnen innig.
- Avatar Oronape nimmt dich liebevoll in Empfang und legt dir sanft seine Hand aufs Herz.
- Die Wesen nehmen dich in ihre Mitte, und vor dir bildet sich ein Weg, der nur für dich bestimmt ist.
- Bei jedem Schritt, den du vorwärts schreitest, kannst du die Energie der Kreativität fühlen.
- Die Wesen um dich begleiten dich zu einem wundervollen Platz, der völlig frei und unberührt vor dir liegt.
- Ihr setzt euch in einen Kreis und in der Mitte ist die absolute Leere.
- Du bist aufgeregt und gleichzeitig vollkommen gelassen.
- Die bedingungslose Liebe eines jeden umhüllt dich und lässt dich fast schweben.
- Wohlbehagen erfüllt dein gesamtes Sein, solch eine Liebe und Glückseligkeit hast du schon lange nicht mehr empfunden.

~ Die Orianer verbinden sich gedanklich untereinander und mit dir.
~ Avatar Oronape erhöht deine Schwingung.
~ Dein gesamter Astralkörper beginnt zu vibrieren.
~ In diesem Augenblick erscheint vor dir das Wesen Gomyth.
~ Es strahlt vollkommene Liebe und Hingabe aus.
~ Avatar Oronape ermutigt dich, dein Tor zu deinen tiefsten Bedürfnissen zu öffnen.
~ Sofort öffnet sich in dir eine Tür, hinter der deine geheimsten Träume versteckt sind.
~ Spüre, wie sich deine unerfüllten Träume ihren Weg an die Oberfläche bahnen.
~ Sie verweben sich mit allen Anwesenden und auch mit Gomyth.
~ Ganz gleich was deine tiefsten Träume sind, hier und jetzt darfst du sie leben.
~ Entscheide dich für einen Traum und beobachte, wie er durch dich Gestalt annimmt.
~ Gomyth formt deine Traumwelt und du tauchst tief in diesen Traum ein.
~ Dein größter Traum wird durch Gomyth lebendig und du erlebst dies alles jetzt, in diesem Augenblick.
~ Lass dir genügend Zeit deinen Traum zu erfahren.
~ Mehr und mehr tauchst du vollkommen in deine Traumwelt ein und schmückst sie durch deine erwachte Kreativität aus.
~ Dein Traum ist kein Traum mehr, sondern eine von dir erlebte und gelebte Realität.
~ Du fühlst dich erfüllt und vollkommen befriedigt.
~ Nach einer Zeit reicht Avatar Oronape dir seine Hand und hilft dir aufzustehen.

~ Du spürst wie der Traum in dir deine Kreativität beflügelt und du wieder neue Kraft für das Leben auf der Erde schöpfst.
~ Du fühlst dich harmonisch und glückselig.
~ Avatar Oronape berührt dich an deinem Herzchakra und erklärt dir, dass du auch auf der Erde mit deiner neu erwachten Schöpferkraft arbeiten kannst.
~ Du bist fähig, auf der Erde dein Leben nach deinen Vorstellungen und Träumen zu gestalten.
~ Voller Wärme bedankst du dich bei deinen Gastgebern für dieses zauberhafte Geschenk.
~ Du schaust Seraphim Uriel lächelnd an.
~ Er gibt dir zu verstehen, dass die Zeit des Abschieds von der Orion-Sphäre für dich gekommen ist.
~ Alle umarmen dich nacheinander, und ihr verabschiedet euch herzlich voneinander.
~ Seraphim Uriel stellt sich zu dir und nimmt dich in seine starken Arme, und du schmiegst dich hingebungsvoll an ihn.
~ Er breitet seine weichen Flügel um dich, und du fühlst dich umhüllt und getragen.
~ Er fängt an, die Schwingung der Sphäre langsam zu verringern und an die Frequenz der Erdschwingung anzugleichen.
~ In diesem Augenblick seid ihr im irdischen Schwingungsfeld eingetaucht.
~ Seraphim Uriel legt deinen Astralkörper vollständig in deinen menschlichen Körper zurück, und du kannst spüren, wie sie sich perfekt miteinander verbinden und verschmelzen, wie du wieder mit allen Körpern zur Einheit wirst. Du bist vollkommen glücklich und befriedet.
~ Du weißt, all die Liebe, all die Kraft und Verbundenheit, die du in der Seelensphäre erfahren durftest, wirst du mit in

deinen menschlichen Körper einbinden und im irdischen Dasein leben.

~ Ein tiefes Gefühl der Freiheit breitet sich von deinem Herzchakra über deinen gesamten Körper aus.
~ Seraphim Uriel lächelt dich an, umarmt dich und winkt dir zum Abschied.
~ Du schickst ihm einen Liebesstrahl und fängst an, in deiner Zeit ins Hier und Jetzt zurückzukommen.
~ Lass dir Zeit, genieße deine Gefühle, nimm dein Umfeld mit neuem Blick wahr.

Seelensphäre

PLEJADEN

Begleitender Engel
Seraphim Zadkiel

Vorsteher	Avatar Aaron Shiro
Bekannter Avatar	Avatar Sanat Kumara
Erste Manifestation	vor 2,5 bis 2 Milliarden Jahren
Ort der Manifestation	China
Unterste Dimension	6. Dimension, 8. Ebene
Aufstiegsprozess	aktuell im Prozess
Lichtwesen	Plejader
Weitere Seelengruppen	Kwajojin

Die Seelensphäre Plejaden stellt eine erhebende und edle Energie bereit, die die göttliche Energie der Kommunikation in Vollkommenheit verkörpert. Sie ist die Sphäre der Philosophie und der Verständigung. Ihr gesamter Fokus ist darauf gerichtet, dass alle Wesen in unserem Universum miteinander agieren können.

Außer in der zwölften Dimension bedienen sich die Wesen im Kosmos unterschiedlicher Arten der Sprache. Die unerschöpflichen Möglichkeiten, Buchstaben, Farben und Bewegungen in Sprache zu verwandeln, sind fantastisch. Die Möglichkeit, Gefühle und Schwingungen in einer gemeinsamen Sprache zu vereinen, bringt ungeahnte Erleichterung. Die Plejaden-Sphäre lehrt uns, eine gemeinsame »göttliche Sprache« zu erlernen und überall anzuwenden.

Die Energieform der Plejaden wirkt im ganzen Universum, doch auf der Erde ist sie besonders aktiv. Sie fördert bei allen Wesen das kosmische Denken und Fühlen. Fühlen ist ebenfalls eine Form von Sprache. Die Freude am Philosophieren und an der Dichtkunst wird uns durch die Plejader übermittelt. Darüber hinaus vermitteln sie auch Ruhe, Stille und inneres Gleichgewicht. In ihnen lebt die Energie der Leidenschaft und der Offenheit für das Neue. Sie setzen das Wissen über die Unendlichkeit allen Seins in Kommunikation um und ermöglichen hiermit jedem Wesen, das Universum auf seine Weise zu verstehen. Die Energie der positiven Kommunikation übermitteln sie besonders gerne.

Die Energie der Plejaden wirkt harmonisierend bei folgenden Themen: Unkonzentriertheit, negativer Kommunikation, Schreibblockaden, eingeschränktem Denkvermögen, Gefühllosigkeit, Lethargie und Oberflächlichkeit, allen Arten von Sprachstörungen, wie beispielsweise Stottern oder auch der Angst davor, die eigene Meinung zu äußern.

Begleitender Seraphim
Zadkiel

Name	»Gottes Gerechtigkeit«
Farbe	Violett/Silber
Seelenzwilling	Seraphim Luzifer
Seelenpartner	Seraphim Gabriel
Aufgaben	Universale Gesetze, innerer Wandel, Überwindung von »Karma«

ENERGIE UND CHARAKTER

Zadkiel ist ein leidenschaftlicher Engel. Er gibt sich hin und dient dem Universum unaufhörlich. Seine Ruhe wirkt sich sehr positiv im Kosmos aus, er wirkt überall harmonisierend. Er sorgt in unserem Universum dafür, dass kosmische Gesetze eingehalten werden, und lehrt alle Wesen die Auswirkungen der Gesetze, indem er ihnen die Konsequenzen aufzeigt.

Auf der Erde unterstützt Zadkiel die Menschen bei der Umwandlung von

- ~ Festhalten in Loslassen,
- ~ Verlustangst in Sicherheit,
- ~ Trauer in Frieden,
- ~ Verbissenheit in Freiheit,
- ~ Starre in Leidenschaft.

Seraphim Zadkiel begleitet die Plejaden-Sphäre mit seiner Ruhe und seiner Leidenschaft. Seine Passion, die göttliche Gerechtigkeit in allen Ebenen zu offenbaren, ist überdeutlich spürbar. Zadkiel ist mit seiner dynamischen Intensität wie geschaffen für die Sphäre. Er lehrt in der Sphäre, durch den richtigen Umgang mit »Worten«, göttliche Erleuchtung zu erfahren. Zadkiel ist der optimale Begleiter, da er seine innere Kraft der Wandlung für alle Seelen bereitstellt. Seine einfühlsame und bedächtige Ausdrucksweise fügt sich perfekt in die Plejaden-Sphäre ein.

Vorsteher
Avatar Aaron Shiro

Name	»Der Weg der Erleuchtung«
Farbe	Helles Lila
Seelenzwilling	Avatar Daymas
Seelenpartner	Seraphim Luthiel
Aufgaben	Hüter der göttlichen Kommunikation, Anmut, Empfangen der göttlichen Botschaften, Willensstärke, Geduld

ENERGIE UND CHARAKTER

Avatar Aaron Shiro ist ein leises und überaus friedfertiges Wesen, der behutsam und umsichtig seine Sphäre im Aufstiegsprozess führt. Er ist ein Wesen, das niemals einen negativen Gedanken gelebt oder erfahren hat. Als Vorsteher der Plejaden-Sphäre ist er ein vollendeter Lyriker und führt die Sphäre mit lockerer Souveränität. Er ist hingebungsvoll gegenüber allen Seelen im Universum und dient gleichermaßen seiner eigenen Sphäre wie auch dem Kosmos. Die unteren Dimensionen besucht er leider selten. Zudem weigert er sich, Aufträge zu erteilen, und diskutiert lieber das weitere Vorgehen. Seine Charakterstärke besticht durch eine zarte Ausstrahlung, und seine Handlungen sind bedächtig und sanft. Seine Energie ist allumfassende Hingabe gegenüber jeder Art der göttlichen Sprache, die er sacht allen Seelen im Universum nahebringt.

Allgemeines

Wie bisher nenne ich auch hier nur die Lichtwesen der Sphäre Plejader, für alle anderen verwende ich ihren irdischen Namen, auch wenn die meisten Wesen der Sphäre, bis auf Kwajojin, auf der Erde wenig bis gar nicht bekannt sind.

Im plejadischen Energiefeld fällt als Erstes auf, dass es besonders leise und tiefgründig ist. Die Sphäre ist durchscheinend und wirkt unwirklich, und alles schwingt sacht hin und her, während sie Wärme und gleichzeitig Distanz ausstrahlt. Alle Arten kosmischen Fühlens und Denkens über den Sinn des göttlichen Seins kommen aus dieser Seelensphäre. Wer, wie, was, wo, warum bin ich? Was lasse ich geschehen, welche Energieströme dienen der göttlichen Liebe? Wie diene ich mir selbst und dadurch der Gemeinschaft? Was geschieht im kosmischen Schöpfungsakt?

Plejader diskutieren in unendlicher Freude und Gedankenfreiheit über jedes Thema. Sie begegnen sich in Gruppen, lösen sich wieder auf und begegnen sich mit dem gleichen Thema neu. Milliarden von

Sichtweisen bezüglich eines Buchstabens und seiner Energie oder eines Gefühls werden von ihnen mit sagenhafter Geduld und Zähigkeit betrachtet. Plejader fallen niemals einem anderen Wesen ins Wort oder in die Gedanken und sind hervorragende Zuhörer.

Die Artenvielfalt der Wesenheiten ist in der Plejaden-Sphäre eher spärlich. Die plejadischen Lichtwesen bleiben lieber unter sich. Dennoch gibt es unterschiedliche Wesensgruppen, wovon nicht viele auf die Erde inkarnieren. Wie in vielen anderen Seelensphären vermeiden die meisten Seelen der Sphäre eine Inkarnation ins Irdische, sie inkarnieren vorwiegend in ihr eigenes Plejaden-Projekt. Somit sind die plejadischen Lichtwesen nahezu die einzige Seelenform auf der Erde, abgesehen von Kwajojin. Allerdings sind ihre Erscheinungsformen so winzig, dass sie oft in der Auflistung übersehen werden. Ihre Wirkungsweise ist allerdings enorm.

Plejader sind freudige Seelen. Sie gönnen sich kaum Pausen und sind unablässig im Kosmos unterwegs. Die gesamte Sphäre ist unternehmungslustig und inkarniert in alle Bereiche des Universums. Im Gegensatz zu manch anderer Sphäre sind sich alle Plejader sehr ähnlich, von *gleich* kann deshalb allerdings noch lange nicht die Rede sein. Die unterste Bewusstseinsstufe der Plejader befindet sich in der dritten Ebene der sechsten Dimension.

Die Energie des »denkenden« Ausdrucks wird im ganzen Universum benötigt, daher stellen sie diese Energie jedem Wesen im Kosmos zur Verfügung. Plejader sind *Denker* und, wie Sirianer, an fast allen Projekten im Kosmos beteiligt, denn Kommunikation wird letztlich überall benötigt. Worte und Gedanken besitzen große Macht, und die Plejader sind ihre Hüter. In welcher Form das geschieht, ist genauso vielfältig wie die Wesen im Universum. In der Plejaden-Sphäre entfaltet sich die Energie der »Sprache« in allen Variationen, und es ist spielend leicht, die richtigen Worte zu finden. Die passende Beschreibung fliegt ihnen regelrecht zu.

Obgleich Plejader manchmal ein wenig herablassend wirken, sind sie hingebungsvolle Wesen. Sie nehmen ihre Aufgaben für Gott überaus ernst und schießen manchmal über das Ziel hinaus, was sie durch ihren spitzbübischen Charme sofort ausgleichen. Dennoch ist ihre übliche Energie mehr gedämpft und leise. Sie lieben das Diskutieren in allen Lebenslagen und mit allen Wesen, irdische Streitgespräche verabscheuen sie allerdings.

Die Seelen der Plejaden-Sphäre sind mit viel Hingabe ausgestattet und vertiefen sich vollständig in eine Diskussionsrunde. Sie sind warme Wesen, die ausgesprochen hilfsbereit sind. Mitunter können sie stur sein und an Vorgängen oder Meinungen festhalten, auch wenn das Gegenteil schon lange erwiesen ist. Plejader besitzen eine hohe denkende Intelligenz, womit sie bisweilen ein wenig angeben und andere Wesen überfordern.

Plejadische Lichtwesen inkarnieren gerne auf die Erde. Aufgrund der neuen Kommunikationstechnik fühlen sie sich wieder wohler und inkarnieren häufiger als vor 150 Jahren. Vorwiegend betreuen sie das Projekt Erde jedoch von ihrer Sphäre aus. Es gibt einen irdisch-kosmischen Rat, in dem sie unablässig neue Ideen für die Erde einbringen. Das überfordert andere Seelensphären mitunter. Plejadern fällt es leicht, die Geduld anderer Wesen überzustrapazieren. Ihr Ideenreichtum, sich über Kommunikation auszudrücken, ist unerschöpflich. In ihrer Sphäre bilden sie gerne Grüppchen, in denen sie Ideen platzieren und diskutieren. Anschließend muss ein anderer stellvertretend die Idee im kosmischen Rat vorstellen. Langweilt sie der kosmische Rat, nehmen sie sich das Recht heraus, diesen ohne Erlaubnis zu verlassen.

Plejader sind mehr als andere Wesenheiten darauf bedacht, ihre Eigenheiten zu leben. Man könnte sie fast als egozentrisch bezeichnen. Sie sehen in erster Linie sich selbst, und dann erst kommt der andere. Überarbeitung kommt bei ihnen nicht vor, sie kennen eindeutig ihre Grenzen.

Sie können unablässig reden, ohne ihr Gegenüber auch nur einmal zu Wort kommen zu lassen. Jedoch ist dieses Gebaren in der Sphäre ein natürlicher göttlicher Aspekt. Plejader sind gedankenvolle und empfindsame Wesen, die es lieben zu diskutieren. Sie akzeptieren die Meinung anderer Wesen, sofern diese zu Wort kommen und gute Argumente liefern. Inkarnierte Wesen aus anderen Sphären werden angehalten, friedvoll zu sprechen und zu handeln. Eine Hauptaufgabe der Plejader ist es, den Ausdruck des Denkens in der Sphäre zu lehren. Das bedeutet, zu lernen, seinem inneren Sein über Kommunikation oder Sprache Ausdruck zu verleihen, nach dem Motto: Ich denke, also bin ich.

Die Plejader

Die Erscheinung der Plejader ist groß und wirkt auf uns etwas seltsam. Plejader lieben es, ihrer Energie Form zu geben. Für menschliches Verständnis besitzen sie zu lange Arme und Beine. In der Sphäre sind die Proportionen vollkommen auf die Schwingung ihres Wesens abgestimmt. Ihre langen Körper bewirken ein sanftes Hin- und Her-Wiegen. Ihre »Ohren« formen sie nach Art von Schmetterlingsflügeln, die in allen Farben leuchten. Zudem manifestieren sie gern eine bodenlange Haarpracht. Diese ähnelt jedoch nicht unbedingt unserer irdischen Vorstellung von Haaren. Es können durchaus Federn oder auch mal eine Art Zweige wie bei Bäumen sein. Sie nehmen sich die Freiheit, sich ganz ihren Vorlieben hinzugeben.

Sie lieben den Ausdruck von weiblicher und männlicher Schwingung und frönen in allen materiellen Dimensionen ausgiebig diesen beiden körperlichen Formen. Weibliche und männliche Ausdrucksformen werden von allen Wesen gleichermaßen angenommen. Je nach Empfinden fühlen sie sich mehr zu der einen oder anderen Schwingung hingezogen. Hier gilt jedoch das Gleiche wie bei den »Haaren«: Ein plejadischer weiblicher oder männlicher Ausdruck entspricht nicht zwingend dem irdischen Vorstellungsbild.

Eine Art Kleidung ist in den unteren Sphären vorhanden, denn sie ist für sie ein Ausdruck ihrer Stimmung. Sie wählen meist einen Farbton im dezenten Spektrum. Allerdings gibt es durchaus Momente, in denen sie schrille und leuchtende Farben für ihre Kleidung wählen, die vorwiegend aus wallenden, üppigen, bodenlangen Gewändern besteht. Darüber tragen sie je nach Bedürfnis einen Umhang, der sie komplett verhüllt. Dadurch wirken sie geheimnisvoll und ein wenig abweisend.

Farblich lieben Plejader das Spektrum aller Lila-Töne. In der Sphäre gibt es Millionen von Schattierungen des Farbtons. Selbst ihre Seele erstrahlt in einem sanften, mit silbernen Mustern durchzogenen Lila-Ton. Sie strahlen nicht aufdringlich hell, vielmehr leuchten sie in einem sanften, satten Ton. Sie bevorzugen es, sich von anderen Lichtwesen zu unterscheiden und legen Wert darauf, dass das sichtbar ist. Obwohl sie tiefgründige, ernsthafte Wesen sind, besitzen sie eine Ader für ausgefallenen Humor. Sie lieben alles, was blinkt, da sie, trotz ihrer Ruhe, auffallen und beachtet werden wollen. Sie mögen alles Ausgefallene und sind fähig, eine Kleinigkeit über Jahre hinweg zu betrachten, darüber zu sinnieren und zu diskutieren.

Plejader erscheinen transparent in ihrer Gestalt und allzeit tief in Gedanken versunken. Oft sind sie hin- und hergerissen, während sie, ihrer Umgebung entrückt, über Vor- und Nachteile der Sprache sinnieren. Emotionen leben sie eher gedämpft und weniger offensichtlich. Es fällt ihnen schwer, sich mehreren Dingen gleichzeitig zu widmen, da sie sich hoch konzentriert und kontinuierlich einer Sache hingeben. Plejader sind Wesen, die gerne arbeiten, sich dabei allerdings Zeit lassen. Bis sie sich aufraffen, eine Arbeit zu erledigen, vergeht ebenfalls ein gewisser Zeitraum. Schließlich gilt es, Perfektion zu erreichen, wobei sie sich ab und an verzetteln. Nach Vollendung einer Überlegung sind sie frei, sich Neuem zu widmen.

Plejader schätzen Versammlungen. Prinzipiell finden immer Versammlungen statt, bei denen ausführlich und unendlich diskutiert und debattiert wird. Ganz gleich, welches Thema ansteht, alles wird wie eine »Staatsaffäre« behandelt. In dieser Sphäre hören sich alle die Meinung anderer bis zum Schluss an und warten geduldig, bis sie an der Reihe sind. Sie schwingen in ihren Diskussionen mit ihrer Energie sanft hin und her. Betrachtet man ihre Zusammenkünfte, erscheinen sie fast wie ein Kornfeld an einem lauen Sommertag.

Doch wie alle Wesen können Plejader auch mal in Wallung geraten. Sie werden dabei niemals laut, egal wie heftig ihre Wallung sein mag. Es ist eher ein innerer Sturm, der sich in spürbarer äußerer Ungeduld ausdrückt.

Plejader sind in sich gekehrte Wesen, die bei Bedarf auf absolut extrovertiert umschalten können. »Eile mit Weile« ist eine ihrer Lebenseinstellungen, und das, obwohl sie eine gewisse Ungeduld in sich tragen. Das gilt für alle Bereiche ihres Daseins. Sie denken viel, bevor sie handeln. So kann es geschehen, dass eine Handlung erst Jahrhunderte später erfolgt. Unüberlegte Schritte sind ihnen ein Gräuel und werden tunlichst vermieden.

Plejader lieben die Herausforderung, jedoch muss alles in Ruhe und gleichzeitiger Effizienz geschehen. Hektik mögen sie nicht. Plejader schmieden gerne Pläne, und zwar, ohne andere Licht- oder Engelwesen einzubeziehen. Sie stellen ihre Mitwesen gerne vor vollendete Tatsachen. Dabei gehen sie davon aus, dass jede Seele ihren Gedankengängen folgen kann, was bedauerlicherweise nicht der Realität entspricht und das Gegenüber ratlos zurücklässt. Daher zeigen Plejader immer wieder einmal einen erstaunten Gesichtsausdruck, was ihnen ein überaus amüsantes Aussehen verleiht.

Die Kommunikation mit Plejadern gestaltet sich aufwendig. Nicht-Plejader sind oft ratlos, was ihre Aussagen exakt zu bedeuten haben. Sie lieben Rätsel und Wortspiele und bauen diese ausgiebig in ihre Kommunikation ein. Meist kommunizieren sie telepathisch, und dabei werden das Farbspektrum sowie unterschiedliche Lautbildungen zur Verständigung genutzt. Sie sind zwar stets bemüht, sich klar und unmissverständlich auszudrücken, doch leider ist ihre Erfolgsquote dabei recht gering. Plejader kommunizieren langatmig, doch wählen sie als Schlusspunkt oft verständliche Worte.

Ihr Lebensinhalt ist die Kommunikation. In ihrer Sphäre dreht sich alles um diesen Bereich. Keine Handlung geschieht, ohne dass vorher ausführlich darüber debattiert wurde. Plejader sind damit die Diplomaten im Kosmos. Sie sind Geheimnissen sehr zugetan, aber gleichzeitig immer bestrebt, diese aufzudecken.

Plejader sind großzügige Wesen. Werden Sie jedoch ausgenutzt, reagieren sie darauf noch empfindlicher als andere Seelen. Besonders großzügig sind sie mit Belehrungen, meist unter Verwendung ihrer unermesslichen Wortauswahl.

Häufige Charaktereigenschaften der Plejader:

~ Sie sind nachdenklich.
~ Sie sind introvertiert.
~ Sie lieben das Gespräch.
~ Sie lieben das Nachdenken.
~ Sie sind intelligent.
~ Sie benötigen immer Gesprächspartner.
~ Sie belehren gerne andere Wesen.
~ Sie sind von sich selbst überzeugt.
~ Sie unterstützen die Zusammenarbeit aller Wesen.
~ Sie sind langatmig.
~ Sie sind ein wenig schwatzhaft.
~ Sie sind zerstreute und besinnliche Charaktere.
~ Sie sind hilfsbereite Seelen.
~ Sie lieben jegliche Art von Kommunikation.

Plejader gestalten ihr Dasein in der Sphäre mit der Erforschung der Kommunikation. Sie sind göttliche Kommunikationswissenschaftler. Die Erforschung eines einzigen Ausdrucks oder einzelner Worte kann Jahrtausende andauern. Ist der Prozess in der Sphäre abgeschlossen, erweitern sie ihn auf das gesamte Universum. Sie finden es spannend, wahrzunehmen, wie andere Wesen auf Ausdrücke oder Worte reagieren und was ein Ausdruck in einem Wesen auslösen kann. Die Erde bietet hierzu umfassende Experimentier- und Beobachtungsmöglichkeiten.

Bewusstseinsprozesse durchlaufen Plejader in gemächlichem Tempo. Sie streben nicht bewusst und zielgerichtet nach Erleuchtung, sondern erlangen sie per Zufallsprinzip. Meditationen liegen ihnen nicht sonderlich, längeres Schweigen ist nicht ihr Ding. Sie benötigen den Austausch mit anderen Seelen. Sie bevorzugen es, ihrem Gegenüber hingebungsvoll zu lauschen und neue Sichtweisen in ihre eigenen einzubauen. Hierdurch ergänzen sie ihr Wissen und erweitern ihre Weisheit.

Der Entfaltungsprozess nimmt einen gewaltigen Zeitraum in Anspruch. Zuerst muss mit vielen Wesen über das Wissen diskutiert und debattiert werden, bis ein Plejader sich entschließt, eine Erfahrung in sein Bewusstsein aufzunehmen. Plejader können nicht einfach einen Entschluss fassen, nein, zuerst denken sie darüber intensiv nach, anschließend erörtern sie ihre Gedanken mit anderen Seelen. Ist der Vorgang beendet, stellen sie ihre Gedanken bei einer großen Zusammenkunft vor, und alles beginnt von vorne.

Bei näherer Betrachtung erscheint der Bewusstwerdungsprozess ein nimmer endendes Verfahren zu sein. Jedoch ist das nur aus der Betrachtungsweise eines menschlichen Gehirns der Fall. Kosmisch gesehen fügen Plejader ihrem Bewusstsein immer feinere Frequenzen hinzu. Wenn sie in die nächstfolgende Dimension einsteigen, erscheint ein »Wort« aus der neuen Perspektive in einem gänzlich neuen Kleid. Während eines Bewusstwerdungsprozesses wird ein Plejader still. Er zieht sich in sich selbst zurück und ist völlig mit seiner Selbstkonfrontation beschäftigt.

Plejader sind hervorragende Lehrer, denn sie können Dinge ausgesprochen gut erklären. Ihre Geschichten sind spannend und immer praxisorientiert. Nur manchmal sind sie etwas langatmig, weil sie sich schlichtweg in einer Erklärung verlieren können. Plejader sind im Universum als kosmische Lehrer anerkannt und gern gesehen. Sie fungieren als Botschafter zwischen den einzelnen Seelensphären und erhalten dabei immer einen Lehrauftrag.

Plejader kommunizieren zwar gerne, allerdings nicht über tiefe Gefühle. Alles, was einen Plejader tief in seiner Essenz berührt und bewegt, bleibt dort. Erst wenn sich eine Lösung abzeichnet, öffnet er sich gegenüber anderen Wesen. Ist der Zeitpunkt gekommen, bricht ein gigantischer Staudamm und ein sintflutartiger Schwall an Worten und Gefühlen ergießt sich über die Anwesenden.

Plejader leben in Gemeinschaften zusammen, die ein inniges Verhältnis zueinander pflegen. Sie wandeln immerfort durch ihre Sphäre. Im gemächlichen Tempo bewegen sie sich wie ein wogendes Kornfeld hin und her. Dabei werden Ideen von Plejader zu Plejader getragen. Wohnstätten benötigen sie nicht, sie erholen sich bei einer angenehm geführten Diskussion. Dennoch bewahren sie sich ihre Privatsphäre, in die zwar einzelnen Plejadern Zutritt gewährt wird, inkarnierten Wesen jedoch nie. Zweierpartnerschaften sind in der Sphäre durchaus üblich, obgleich nicht sonderlich weit verbreitet. Plejader lieben die Erfahrung und die darin enthaltene Abwechslung. Sie empfinden sich nicht als monogam, sondern als polygam.

Hauptaufgabe der Plejader ist das Denken und Kommunizieren. Sie arbeiten nicht, wie wir es kennen, sondern denken, und das ihr gesamtes universales Dasein lang.

Kwajojin

So heißt die zweitgrößte Wesensgruppe der plejadischen Sphäre. Auf der Erde kennen wir sie als Bakterien und Viren. In ihrer Sphäre gehören sie der gleichen Wesensgruppe an, auch wenn sie auf der Erde zwei unterschiedliche Ausdrucksformen wählen. Sie leben eine überaus friedliche, hingebungsvolle Energie im Universum. Kwajojin sind neugierig auf eine sensible, achtsame Weise. Sie bemühen sich, ihre dienende Essenz allen Wesen im Universum zur Verfügung zu stellen. Auf der Erde wird ihre Hingabe sichtbar, wenn wir ihre Funktion betrachten. Als Einzeller dienen sie allen inkarnierenden Wesen auf vielfältige Art und Weise. Allerdings sind nicht alle unter ihnen mit unseren Körpern kompatibel, und diese können dann Krankheiten hervorrufen.

Kwajojin nehmen in ihrer Sphäre keine bestimmte Form an. Sie manifestieren einen Körper nach Bedarf. Dieser kann sowohl schwammartig als auch menschlich sein. Ihre Mimik ist ausgesprochen witzig, und die Mimik plejadischer Lichtwesen erscheint im Vergleich sehr angestrengt.

Die Kwajojin bilden Bewusstwerdungsgruppen, die gemeinsam ihre Entfaltung vorantreiben. Sie sind für das Projekt Erde unabdingbar und stehen Gaia sehr nahe.

Die Plejaden-Sphäre auf der Erde

Die Energie der Plejaden-Sphäre war beim Projekt Erde von Beginn an mit im Spiel, und besonders die Kwajojin stürzten sich regelrecht auf dieses Projekt. Sie mussten sich ein wenig gedulden, bis die passenden Voraussetzungen geschaffen waren, doch dann inkarnierten sie in Scharen. Vor circa 3,5 Milliarden Jahren begannen zuerst die Kwajojin zu inkarnieren. Sie verteilten sich großflächig über das gesamte Matrixfeld der Erde und begannen auf der Erde ihre Vielfalt im gleichen Ausmaß wie in ihrer Sphäre zu leben. Sie sind die zufriedensten Wesen im irdischen Matrixfeld und leben glücklich ihr materielles Dasein. Die Lichtwesen inkarnierten zu einem wesentlich späteren Zeitpunkt.

Die Energie der Kommunikation war von Anfang an dabei. Wesen wie Stein, Feuer und Wasser kommunizierten untereinander mit Unterstützung der Plejader.

Bis heute hat sich daran nichts geändert.

Das erste Zusammentreffen der Energiefelder der Plejaden und der Erde fand im heutigen China statt. Von dort verbreitete sich die Energie in Windeseile auf der gesamten Erde. Durch die unterschiedlichen Berührungspunkte mit den einzelnen Seelensphären nahmen die Wesen die Schwingung der Plejaden unterschiedlich wahr. Hierdurch entstanden auf der Erde verschiedene Sprachen. Die Menschen übernahmen die Art der Kommunikation aufgrund der jeweiligen Schwingung der Orte oder Energiefelder auf der Erde und entwickelten auf diese Weise ihre ganz unterschiedlichen

Sprachen. Dabei wären alle Wesen fähig, eine gemeinsame kosmische Sprache zu sprechen.

Gefühle in Worte zu fassen oder einem Gefühl mit Worten Ausdruck zu verleihen ist das Energie-Geschenk, das die plejadischen Lichtwesen aus ihrer Sphäre mit auf die Erde bringen. Die Energie des denkenden Ausdrucks, gleich in welcher Form, ob als Sprache, Handlung, Gestik, Mimik, Krankheit oder Kreativität, stammt von ihnen. Ohne die Plejader wären wir nicht fähig, uns in den unteren Dimensionen zu verständigen oder überhaupt miteinander zu kommunizieren, was ganz besonders für die Erde mit ihrer Vielfältigkeit gilt.

Die plejadischen Lichtwesen begannen in der atlantischen Zeit-Epoche zu inkarnieren, was zuerst nicht vorgesehen war. Die Entwicklung auf der Erde beeindruckte sie jedoch so sehr, dass sie beschlossen, ebenfalls die Chance der Bewusstwerdung auf der Erde zu nutzen. Auch als Mensch sind sie in allen Bereichen ausgesprochen kommunikativ. Ihnen sind Worte und darüber hinaus alle sonstigen Formen der Kommunikation überaus wichtig. Besonders Worte haben bei ihnen eine Wirkung bis auf den Grund ihrer Seele, und nichts heilt oder verletzt sie so sehr, wie Worte das vollbringen können.

Sie teilen sich gerne mit und haben das Talent, ganze Heerscharen von Menschen zu unterhalten. Wenn sie ein Gespräch beginnen, dauert es meist länger, denn sie hören sich, auch auf der Erde, gerne selbst sprechen. Dabei sind sie oft leise, wodurch der Zuhörer Mühe hat, ihnen zu folgen. Haben sie das Gefühl, dass etwas von dem Gesagten nicht richtig verstanden wurde, sind sie bestrebt, es in allen möglichen Facetten nochmals zu erklären. Das kann sich über Jahre hinziehen, da sie immer und immer wieder auf das Thema zurückkommen.

Ansonsten sind sie wundervolle Wesen, die gerne andere unterstützen und dienen, wo es benötigt wird. Es stört sie auch nicht weiter, dass sie ihre Mitmenschen mit ihrer Kommunikationsfreude manchmal überfordern.

Prinzipiell lieben Plejader die Erde und bieten ihr in allen Belangen Hilfe an, auch wenn sie nicht immer inkarnieren. Sie sind im Kosmos die nährenden Wesen und lehren das absolute Vertrauen in Gott.

INKARNIEREN PLEJADER AUF DIE ERDE, BEVORZUGEN SIE FOLGENDE BERUFE ...
Alle Tätigkeiten, die mit Kommunikation zu tun haben, wie zum Beispiel Schriftsteller, Lektor oder Verleger. Zudem sind sie hervorragende Philosophen, Geschichtenerzähler und Dichter. Sie sind vorzügliche Lehrer, besonders in Geschichte und Literatur. Außerdem besitzen sie ein gutes Gespür für die Berufe des Sekretärs, des Diplomaten oder des Politikers. Vermehrt anzutreffen sind sie als Psychiater oder Psychologe, Mediator, Journalist oder Radio-/Fernsehmoderator.

Ein Erlebnis mit der Plejaden-Sphäre

Der plejadischen Sphäre verdanke ich einiges, zum Beispiel die Tatsache, dass ich Bücher schreibe. Früher war meine Lust am Schreiben – sagen wir mal – sehr eingeschränkt. So enthielten meine Postkarten aus den Ferien immer den gleichen Satz, der da lautete: »Wegen Ferien kein Text.« Das entsprach genau meiner Auffassung in Bezug auf das Schreiben.

Eines Tages jedoch beschlossen meine beiden Begleiter, dass es an der Zeit für mich sei, ein Buch zu schreiben. Zuerst dachte ich, sie scherzten, und meinte lapidar: »Viel Glück beim Finden einer willigen Person auf der Erde.« Sie schauten mich strahlend an und meinten: »Schon gefunden!« Ich sah in diesem Augenblick wahrscheinlich nicht sehr strahlend aus, zumindest fühlte ich mich nicht so. Ich war versucht, meinen Mund zum Widerspruch zu öffnen, aber als ich ihre Blicke sah, schloss ich ihn unverrichteter Dinge wieder.

Die Sache war beschlossen und Widerstand zwecklos, das war klar. Einen kleinen Versuch startete ich dennoch. Ich sagte: »Sorry, ich bin die Falsche für diese Aufgabe. Ich kann nicht mal eine Postkarte schreiben. Mir fällt einfach nichts ein.« Sie meinten dagegen: »Kein Problem, dein Besuch in der Plejaden-Sphäre ist schon vorbereitet. Sie freuen sich auf dich.«

Mist, dachte ich. Nun half alles Jammern nichts, ich ergab mich in mein Schicksal und nahm diesen Kelch an. Diesmal begleitete mich Michael. Er hüllte mich ein, und im nächsten Moment waren wir in der plejadischen Seelensphäre. Als erstes empfing mich ein leises Murmeln, das sich sanft auf und ab schwang. Als zweites empfing mich Avatar Aaron Shiro, der plejadische Vorsteher, ein wahrlich sanftes Wesen. Seine Begrüßungsrede dauerte eine Ewigkeit und hätte noch länger angehalten, wenn Michael nicht eingeschritten wäre. Aaron Shiro ließ sich jedenfalls nur wenig davon beeindrucken. Er verband sich mit mir, und wir schritten auf eine Gruppe zu. Die Plejader standen im Halbkreis und wiegten sich hin und her. Während sie das geschehen ließen, was wirklich witzig aussah, sprach einer der Plejader sanft und sehr langsam. Ich verstand kein Wort, nicht ein einziges.

Von diesem ganzen Gewoge und Gemurmel wurde ich ganz schläfrig und driftete mit meinen Gedanken in andere Gefilde ab. In meiner Vorstellung düste ich gerade mit einem Wal durch die Meere, als ich von Aaron Shiro wieder in die plejadische Realität zurückbeordert wurde. Ich versuchte mich zu konzentrieren, was wirklich schwierig war, und richtete meinen Fokus auf die Gruppe. Erfreut stellte ich fest, dass ich sie nun verstand. Sie hatten die Sprache gewechselt. Aaron Shiro erklärte ihnen, dass mein Besuch der Erweiterung meines Wortschatzes dienen sollte. *Oha*, dachte ich. *Bis ich wieder nach Hause komme, ist mein menschlicher Körper unbrauchbar, da er mindestens virhundert Jahre alt sein wird.* Es ging dann doch schneller, Gott sei Dank.

Die Gruppe begann sich intensiver hin und her zu wiegen, und ich stand mittendrin und schwang im gleichen sanften Rhythmus mit. Ich spürte, wie ihre Worte in mich einflossen. Ich dachte sie gar nicht, sie flossen einfach. Ich wusste nicht, was die einzelnen Energien bedeuteten, doch ich nahm wahr, wie sich in mir ein Kelch mit Worten füllte. Ich begann, in meinen Gedanken andere Worte zu nutzen als bisher. Es war magisch – auf einmal füllte sich ein Satz wie von selbst mit neuen Begriffen und Ausdrücken.

Ich war begeistert. Ich öffnete meinen Spirit und ließ die Worte einfach in mich hineinplumpsen. Nach einiger Zeit verstummte die Gruppe, und ich war angefüllt mit einem wundervollen Wortschatz. Das Projekt »Buch schreiben« konnte beginnen.

Ich verabschiedete mich von den Plejadern und kehrte beglückt in meinen Körper zurück. Allerdings war mir damals noch nicht klar, wie viel Arbeit ein Buchprojekt tatsächlich bedeutet.

Meditation Plejaden-Sphäre

- ~ Liege wohl und bequem auf deiner Unterlage.
- ~ Entspanne dich.
- ~ Atme sanft ein und aus.
- ~ Lass jede Disharmonie, die du in deinem Körper wahrnimmst, los.
- ~ Werde leicht und weich.
- ~ Atme ein und aus, bis sich dein ganzer Körper harmonisch im Einklang mit deinem Atem bewegt.
- ~ Du fühlst, wie dein menschlicher Körper immer weiter in die wohlige Entspannung gleitet.
- ~ Du fühlst dich in deinem menschlichen Körper zufrieden, spürst die Sicherheit, die dein menschlicher Körper dir übermittelt.
- ~ Deine Gedanken und deine Sinne sind ausgeglichen, Wohlbehagen breitet sich in deinem gesamten Körper aus.

- ~ Atme in Leichtigkeit ein und aus.
- ~ In diesem Augenblick nimmst du wahr, wie deine geistigen Sinne in dir erwachen.
- ~ Dein Blick wendet sich nach innen und weitet sich für die höherschwingenden Energien.
- ~ Du empfindest eine pulsierende Wärme, die von einem lebendigen Licht ausgesendet wird.
- ~ Dieses warme Licht strömt liebevolle Heiterkeit aus.
- ~ Das pulsierende Licht nähert sich dir langsam.
- ~ Es wird dir bewusst, dass es das Licht von Seraphim Zadkiel ist.
- ~ Die Freude über sein Erscheinen bahnt sich einen Weg in deine Gefühle, und du bist überglücklich.
- ~ In diesem Augenblick ist Seraphim Zadkiel bei dir, an deiner Seite.
- ~ Mit deinen inneren Augen kannst du ihn deutlich wahrnehmen.
- ~ Seine bedingungslose Liebe und Hingabe an dich berühren dein Herz.
- ~ Tiefe innere Ruhe und Ausgeglichenheit erfüllen dein Sein.
- ~ Er berührt dich mit seiner Energie, und ihr begrüßt euch innig.
- ~ Seraphim Zadkiel erklärt dir, dass er dir das Geschenk einer Astralreise in die Plejaden-Sphäre machen will.
- ~ Damit er dich mit in diese Seelensphäre nehmen kann, ist deine Erlaubnis erforderlich.
- ~ Bitte gib ihm dein Einverständnis – in diesem Augenblick.
- ~ Nach deinem Einverständnis erklärt er dir, dass es für die Reise in die Seelensphäre erforderlich ist, deinen Astralkörper aus deinem menschlichen Körper zu heben.

~ Du bist jedoch weiterhin vollständig und sicher mit deinem menschlichen Körper verbunden.
~ Seraphim Zadkiel beginnt nun sehr sanft, deinen Astralkörper mit seiner wundervollen Energie einzuhüllen.
~ Er empfängt dich mit seinen großen Flügeln und trägt dich in seinen starken Armen.
~ Du bist vollkommen sicher und geborgen. Du bist in Liebe eingehüllt.
~ Seraphim Zadkiel hat in diesem Augenblick deinen Astralkörper aus deinem menschlichen Körper gehoben und erhöht die Energieschwingung für deine Reise in die Plejaden-Sphäre behutsam.
~ Eure gemeinsame Astralreise in die Plejaden-Sphäre hat begonnen.
~ Durch das Anheben der Energie wird dein Astralkörper von einer angenehmen Wärme durchflutet.
~ Leichter und leichter empfindest du deinen Astralkörper.
~ Deine inneren Sinne nehmen eine veränderte Schwingung wahr und Seraphim Zadkiel erklärt dir, dass ihr im Schwingungsfeld der Plejaden angekommen seid.
~ Ganz zaghaft berühren deine Füße den ätherischen Boden.
~ Seraphim Zadkiel bittet dich, deine Astralaugen langsam zu öffnen.
~ Er hält dich an der Hand und legt seinen wunderschönen Flügel um dich.
~ Dich durchströmt eine Welle der Glückseligkeit, als du zu verstehen beginnst, welch ein Geschenk du hier erleben darfst.
~ Behutsam beginnst du, die Umgebung der Plejaden zu betrachten.

~ Die wundervolle Farbenpracht, die du wahrnimmst, überwältigt dich.
~ Das Gefühl der Besonnenheit breitet sich in deinem ganzen Sein aus.
~ Du schaust dich um und erkennst Landschaften, die eine unbeschreibliche Kraft ausströmen.
~ Wie von selbst beginnst du, dich in der Plejaden-Sphäre zu bewegen.
~ Du saugst die Energie regelrecht in dich hinein.
~ In völliger Harmonie und Freiheit wagst du den ersten Schritt und beginnst deinen Weg.
~ In der Ferne siehst du eine Gruppe von Wesen auf dich zukommen.
~ Noch bevor sie bei dir ankommen, kannst du ihre Freude spüren, dich zu sehen.
~ Angesteckt von dieser Freude gehst du auf sie zu.
~ Du umarmst jeden von ihnen innig.
~ Avatar Aaron Shiro nimmt dich liebevoll in Empfang und legt sanft seinen Arm um dich.
~ Die Wesen nehmen dich in ihre Mitte, und vor dir bildet sich ein Weg, der nur für dich bestimmt ist.
~ Bei jedem Schritt, den du vorwärts schreitest, fühlst du in deinem Kopf Worte, die du niemals zuvor vernommen hast.
~ Avatar Aaron Shiro begleitet dich zu einem wundervollen Platz und lädt dich ein, dich bequem hinzusetzen.
~ Die Plejader setzen sich in einem Kreis um dich herum.
~ Die bedingungslose Liebe von jedem einzelnen umhüllt dich und lässt dich fast schweben.
~ Wohlbehagen erfüllt dein gesamtes Sein, solch eine Liebe und Glückseligkeit hast du schon lange nicht mehr empfunden.

~ Du kannst durch sie die Macht der Sprache wahrnehmen.
~ Avatar Aaron Shiro bittet dich, seine Hand und die Hand deines Nachbarn zu ergreifen.
~ In diesem Augenblick beginnt ihr zusammen mit euren Oberkörpern sanft hin und her zu wiegen.
~ Avatar Aaron Shiro murmelt leise vor sich hin und die Worte dringen tief in dich ein.
~ Jede Zelle nimmt die wundervollen Worte in sich auf.
~ Spüre, wie sich die Worte in dir formen und es dir leichtfällt, wundervolle Sätze zu bilden.
~ Mehr und mehr fühlst du einen gigantischen Wortschatz in dir.
~ Was immer du ausdrücken willst, die Worte strömen in Leichtigkeit zu dir.
~ Jetzt beginnen die Plejader, dich die Sprache der Farben zu lehren.
~ In dir entstehen die spektakulärsten Farben, die deine Vorstellungskraft bei weitem übersteigen.
~ Jede Farbe, die in dir entsteht, übermittelt dir ihre Botschaft. Du sprichst ab jetzt die Sprache der Farben.
~ Du genießt die Zeit hier, in der du Neues lernen darfst.
~ Nach einiger Zeit hilft dir Avatar Aaron Shiro aufzustehen.
~ Du spürst, wie der Ballast in dir in Liebe und Kraft gewandelt wurde.
~ Du fühlst dich harmonisch und glückselig.
~ Avatar Aaron Shiro berührt dich an deinem Herzchakra und erklärt dir, dass die Sprache des Universums in dir lebt.
~ Voller Wärme bedankst du dich bei deinen Gastgebern für dieses zauberhafte Geschenk.
~ Du schaust Seraphim Zadkiel lächelnd an.
~ Er gibt dir zu verstehen, dass die Zeit des Abschieds von der Plejaden-Sphäre für dich gekommen ist.

- Alle umarmen dich nacheinander, und ihr verabschiedet euch herzlich voneinander.
- Seraphim Zadkiel stellt sich zu dir und nimmt dich in seine starken Arme, und du schmiegst dich hingebungsvoll an ihn.
- Er breitet seine weichen Flügel um dich, und du fühlst dich umhüllt und getragen.
- Er fängt an, die Schwingung der Seelensphäre langsam zu verringern und an die Frequenz der Erdschwingung anzugleichen.
- In diesem Augenblick seid ihr im irdischen Schwingungsfeld eingetaucht.
- Seraphim Zadkiel legt deinen Astralkörper vollständig in deinen menschlichen Körper zurück, und du kannst spüren, wie sie sich perfekt miteinander verbinden und verschmelzen, wie du wieder mit allen Körpern zur Einheit wirst. Du bist vollkommen glücklich und befriedet.
- Du weißt, all die Liebe, all die Kraft und Verbundenheit, die du in der Seelensphäre erfahren durftest, wirst du mit in deinen menschlichen Körper einbinden und im irdischen Dasein leben.
- Ein tiefes Gefühl der Freiheit breitet sich von deinem Herzchakra über deinen gesamten Körper aus.
- Seraphim Zadkiel lächelt dich an, umarmt dich und winkt dir zum Abschied.
- Du schickst ihm einen Liebesstrahl und fängst an, in deiner Zeit ins Hier und Jetzt zurückzukommen.
- Lass dir Zeit, genieße deine Gefühle, nimm dein Umfeld mit neuem Blick wahr.

Seelensphäre
LARIMAR

Begleitender Engel
Seraphim Metatron

Vorsteher	Avatar Alewar
Bekannter Avatar	Avatar Siry
Erste Manifestation	vor 2,5 Milliarden Jahren
Ort der Manifestation	Indien
Unterste Dimension	7. Dimension, 5. Ebene
Aufstiegsprozess	zuletzt vor 1.000 Jahren
Lichtwesen	Narays
Weitere Seelengruppen	Ponom

Larimar ist eine Energie, die bis vor ein paar Jahren auf der Erde noch weitestgehend unbekannt war, daher gibt es aus dieser Sphäre keine bekannten Avatare auf der Erde. Larimar ist die Sphäre der Meditation. Alle Wesen der Sphäre sind kindlich und arglos, während sie sich vollkommen hingeben. In dieser Sphäre wird die Individualität innerhalb einer Gemeinschaft gelebt.

Narays und Ponom leben eine bedingungslose und liebevolle Symbiose. Sie konzentrieren sich auf die Hinwendung zu Gott und vergessen dabei vollkommen ihre Umgebung.

Auf der Erde wirkt die Energieform von Larimar noch nicht in ihrer ganzen Vollkommenheit. Dafür ist sie in den höheren Dimensionen unseres Universums in jedem Winkel spürbar. Ihre Energie der Tiefen-Meditation und der Hingabe an die Schöpfung bereichert alle Seelensphären. Besonders das Wissen um das »Ich Bin« und die Erinnerung an die liebende Einheit ist in den höheren Sphären ausschlaggebend für die weitere Entfaltung. Zudem übermittelt die Sphäre Geborgenheit, Zentrierung und Sanftmut. Sie fördert gedankliche Freiheit und das göttliche Verständnis. Sie erweckt auf der Erde das Entdecken der Spiritualität und des eigenen Lichtkörpers.

Die Larimar-Energie wirkt harmonisierend bei folgenden Themen: Zerstreutheit, Angst vor der eigenen Spiritualität, psychischen Traumata und dem Verlust der eigenen spirituellen Identität. Sie fördert die Erinnerung an unser wahres Sein und wirkt gegen das Vergessen dessen, wer wir in Wahrheit sind. Zudem begleitet sie den Prozess der Heimkehr. Das bedeutet, dass sie ihre Hilfe beim Verlassen des Körpers anbietet und Wesen unterstützt, die Sterbebegleitung leisten.

Begleitender Seraphim
Metatron

Name	»Gottes Gegenwart«
Farbe	Türkis
Seelenzwilling	Seraphim Sandalphon
Seelenpartner	Seraphim Haniel
Aufgaben	Aufsicht und Betreuung der Seelen im Allgemeinen, Beschützer der Indigo-, Kristall- und Diamant-Kinder

ENERGIE UND CHARAKTER

Metatron absolvierte als erster Seraphim-Engel seinen Aufstiegsprozess über die Erde. Aus diesem Grund ist er für die Erde besonders wichtig. Er zeigt auf, dass mit Zielorientiertheit und Fokussierung alles erreicht werden kann. Er lehrt alle Seelen im Universum, ihre Verantwortung selbst zu tragen. Im Kosmos nimmt er mittlerweile eine herausragende Position ein. Er ist meistens sehr streng, still, behütend und immer überaus korrekt.

Auf der Erde unterstützt Metatron die Menschen bei der Umwandlung von

~ Orientierungslosigkeit in das Erkennen von Zielen,
~ Kontrollverlust in die Anerkennung von Grenzen,
~ Depression in Selbstwertgefühl,
~ Verlorenheit in ein Gefühl von Raum.

Seraphim Metatron begleitet Larimar mit seiner Geradlinigkeit. Er ist liebevoll, jedoch nicht verschnörkelt. Seine klare Handlungsweise entspricht der Larimar-Energie in Vollkommenheit. Mit seiner strengen und fokussierten Energie passt Metatron hervorragend in die Sphäre, und mit seiner präsenten Struktur und Unnachgiebigkeit unterstützt er die liebenden Wesen von Larimar, den Weg in die zwölfte Dimension zu finden. Sein stilles Wesen unterstützt Larimar im Prozess der Meditation, indem der gesamte Wille auf die Energie der göttlichen Schöpfung ausgerichtet wird. Trotz seiner strengen Ausstrahlung besitzt Metatron eine kindliche Ader, die er in der Sphäre häufig auslebt.

Vorsteher
Avatar Alewar

Name	»Göttliches Zentrum in mir«
Farbe	Helles Türkis
Zwilling	Avatar Elosimur
Seelenpartner	Avatar Yuratimo
Aufgaben	Hüterin der kindlichen Unschuld, Verbundenheit, Selbstvertrauen, Freude über das eigene Dasein

Avatar Alewar ist ein verspielter Avatar, jedoch ist sie nicht kindisch. Vielmehr lebt in ihr die göttliche Kindlichkeit. Sie ist eine naive Seele, die ihre gesamte Ausrichtung über Meditation auf Gott lenkt. Ihre Naivität entspringt ihrer wundervollen Unschuld, die sie in jeder Sekunde ihres Seins lebt.

Avatar Alewar begleitet die Larimar-Sphäre nicht immer aktiv, denn sie funktioniert weitestgehend autark. Dennoch wird eine Vorsteherin benötigt, damit die Interessen der Seelensphäre im großen universellen Rat wahrgenommen und vertreten werden. Avatar Alewar gewährt jedem Wesen der Sphäre viel Freiraum und erteilt selten Anordnungen oder Aufträge. Sie übermittelt lediglich die Beschlüsse aus den kosmischen Räten und andere Gegebenheiten, die für die Sphäre von Interesse sind.

Negativität ist in der Larimar-Sphäre unbekannt, alle Wesen leben in liebevollem Miteinander. So auch Avatar Alewar. Ihre Hingabe an die universelle Schöpfung berührt tief. Avatar Alewar offenbart dir die Unschuld deiner göttlichen Herkunft.

Allgemeines

Die Seelensphäre Larimar präsentiert eine unbeschreibliche Hingabe an die eigene göttliche Essenz sowie an alles, was ihr von außen begegnet. Sie stellt nichts in Frage und nimmt alle Gegebenheiten als unausweichliche Folge des Universums und seiner Polarität hin. Die Narays (Lichtwesen) tragen in sich die Schwingung des göttlichen »Ich bin, der ich bin«. Narays begrenzen sich nicht, sie sind allumfassende Wesen, die kein »Mein« und »Dein« kennen. Sie leben Gemeinschaft in einer uns unbekannten Dimension. Ihre Achtsamkeit gegenüber der kosmischen Schöpfung ist besonders intensiv. Alle Wesen in Larimar lieben ohne Vorbehalt und geben sich allem hin. Sie sind die Sphäre, die keine Bewertung kennt, und sie sind die Meister der göttlichen Meditation.

Die Sphäre war bis vor ein paar Jahren nur zur Unterstützung des Projekt Erdes gedacht. Sie sandten die Energie der Aufhebung des Ego-Bewusstseins und des damit verbundenen Aufstiegs in die höheren Sphären. Zudem stellten sie die Energie der tiefen, verbindenden Freundschaft und der Meditationskraft zur Verfügung. Im Gegensatz zu anderen Sphären sandte die Larimar-Sphäre keine Lichtwesen auf die Erde. Selbst im Universum waren sie im Verhältnis zu anderen Sphären wenig vertreten. Sie blieben lieber innerhalb ihrer eigenen Sphäre. Die Wesen der Sphäre beginnen sich aktuell unserem Kosmos mehr und mehr zu öffnen, was für sie mit einem tiefgreifenden Prozess verbunden ist. Hinzu kommt, dass irdische Inkarnationen, die seit kurzem stattfinden, eine völlig neue Ausrichtung ihres Seins bewirken. Sie richten des Öfteren ihren Blick über ihre Sphäre hinaus und lernen, sich im Kosmos zu bewegen.

Ihre Hauptaufgabe besteht vor allem darin, die Energien zur Bewusstwerdung bereitzustellen. Die Fähigkeit, von einem zum anderen Moment in tiefste Meditation zu fallen, besitzen alle Wesen in dieser Sphäre. Besonders die Lichtwesen, die Narays, nutzen diese Fähigkeit ausgiebig. Die unterste Bewusstseinsebene der Larimar-Sphäre befindet sich in der fünften Ebene der siebten Dimension, und sie streben weiterhin eine schnelle Entwicklung der Bewusstwerdung an.

Die Seelen dieser Sphäre sind kindlich unschuldige Wesen. Verantwortungsbewusstsein kennen sie nicht, zumindest nicht nach irdischen Maßstäben. Gemeinschaft leben sie auf eine kindliche Art und fühlen sich vorbehaltlos mit allem verbunden, daher ist Verantwortung für sie kein Thema.

Auf den ersten Blick erscheint Larimar unbeschwert, dies muss aber auf den zweiten Blick revidiert werden. Die Sphäre strahlt neben der Unbeschwertheit eine deutliche Ernsthaftigkeit aus. Die Wesen sind von kindlichem Gemüt, jedoch ist es eine Kindlichkeit mit absolutem Tiefgang. Sie nehmen das Universum in seiner Gesamtheit mit allen Einflüssen der Polarität wahr. Sie können die Gefühle nicht nachempfinden, doch spüren sie jede Disharmonie.

Innerhalb ihrer Sphäre können sie Schmerz, Verletzung, Illusion, Verführung und ebenso Glück, Freude und Spaß nicht empfinden. Sie spüren einzig eingeschränkte Liebe. Ihre Art wahrzunehmen und die Intensität ihrer Wahrnehmung sind die Gründe, warum sie lieber mit sich und ihrer Sphäre sind, anstatt aktiv im Universum mitzuwirken. Stattdessen richten sie ihren Fokus auf ihre eigene Energie, die sie in erster Linie durch Meditation erhöhen. Die erhabene Stille, gepaart mit ihrem verspielten Lachen, ergibt eine faszinierende Schwingung. Die Schwingung breitet sich durch sie ins Universum aus und berührt alle Wesen und Sphären.

Larimar ist nicht mit der Üppigkeit einer Feen & Elfen-Sphäre gesegnet und dennoch wesentlich vielfältiger als beispielsweise die Plejaden-Sphäre. Besonders facettenreich ist sie allerdings nicht. Zwei Wesenheiten dieser Sphäre sind besonders an der Erde interessiert. Das sind zum einen die Lichtwesen, die als Mensch inkarnieren, und zum anderen die Ponom. Ponom sind weder Lichtwesen noch Tier- oder Pflanzenwesen. Eine genauere Beschreibung liefere ich weiter unten im Text. Sie sind auf besondere Weise mit der Erde verbunden, jedoch nur indirekt, durch ihre tiefe Verbundenheit mit den Narays. In der Sphäre sind sie regelrecht miteinander verwoben, niemals trifft man einen Ponom ohne einen Naray an. Es handelt sich allerdings weder um eine Seelenpartnerschaft noch um die Zwillingsflamme, es entspricht mehr der Ebene einer tiefen Freundschaft. Narays und Ponom sind durch ein Band der gegenseitigen Hingabe miteinander verbunden. Dieses Band kann nicht gelöst werden und bleibt bis zur Auflösung des Universums erhalten.

Das Verhältnis zwischen den verschiedenen Larimar-Wesen ist ausgeglichen. Ausgeglichenheit und Harmonie entsprechen ihrem Charakter, ihrer Grundschwingung und damit der Schwingung der gesamten Sphäre. Avatar Alewar gilt zwar als »oberste« Naray, doch gibt es hier keine Führung im irdischen Sinn. Sie dient in erster Linie als Ansprechpartnerin für Wesen, die Kontakt zur Larimar-Sphäre suchen, beispielsweise für eine Inkarnation, als sphärische Begleitung oder als Unterstützung bei einem universellen

Projekt. Inkarnationen in die Sphäre unterliegen einem strengen Verfahren. Ein Wesen muss verschiedene Anforderungen erfüllen, bevor es inkarnieren darf.

Die Larimar-Sphäre ist die Sphäre der Kindlichkeit, und dennoch besitzen alle Seelen einen ernsten und tiefgründigen Charakter. Diese Kombination ergibt den Inbegriff eines vollkommen erwachten göttlichen Wesens, denn sie lassen sich ausschließlich von ihrer Intuition leiten. Gedankengänge sind ihnen fremd. Daher sind sie überaus manipulierbar, wenn sie auf der Erde inkarniert sind. Andere Wesen zu manipulieren käme ihnen selbst nie in den Sinn, weder in ihrer Sphäre noch im Universum.

Die Kommunikation inkarnierter Wesen mit Larimar-Seelen gestaltet sich schwierig bis ermüdend. Sie »denken« nicht, sie existieren einfach nur im Augenblick, im Jetzt. Denken ist ein Prozess, den sie nicht nachvollziehen können. Missverständnisse sind dadurch vorprogrammiert. Mit der Zeit lernen inkarnierte Wesen, die Larimar-Seelen zu verstehen, und damit auch, im Jetzt zu leben. Die Hingabe der Larimar-Seelen erfolgt ohne alle Erwartungen, ohne Vorstellungen und ohne Verlangen, in offener, unschuldiger und kindlicher Art und Weise. Untereinander verstehen sich Larimar-Wesen unabhängig von jeder Kommunikation. Sie *sind*, das ist alles, und mehr brauchen sie nicht.

Larimar-Wesen sind keine aktiven Planer und Gestalter. Ihre Hauptbeschäftigung besteht im Meditieren, und sollten sie nicht meditieren, dann spielen oder kuscheln sie mit allen Wesen der Sphäre. Sie benötigen nichts, sie sind einfach glücklich, sein zu dürfen. Mit aktiven Taten unterstützten Larimar-Wesen das Universum wenig bis gar nicht. Sie stellen jedoch ihre Energie zur Verfügung, und jeder darf diese Energie in Eigenverantwortung nutzen. Wie und wann eine Seele diese Unterstützung nutzen möchte, ist allen im Kosmos selbst überlassen. Für negative Zwecke kann diese Energie allerdings nicht missbraucht werden.

Das Erscheinungsbild der Larimar-Sphäre wirkt wie ein riesiger kosmischer Spielplatz. Überall spielen oder meditieren Wesen. Ihr immerwährendes herzliches Lachen und ihre Glückseligkeit sind in allen Ebenen spürbar. Die gesamte Sphäre beschäftigt sich ausgiebig mit dem Glücklich- oder Glückselig-Sein. Sie beteiligen sich nicht an irgendwelchen »Arbeiten«. Beeindruckend dabei ist ihre Hingabe an das »Sein«. Ihre Aktivitäten wirken spielerisch und sind immer auf den Augenblick bezogen.

Die gemeinsamen Nenner aller Wesen in Larimar sind ihre göttliche Hingabe, Vertrauen und grenzenlose Zufriedenheit. Die Wesen in Larimar sind absolut selbstgenügsam und zufrieden. Nach außen könnte das abweisend und desinteressiert wirken. Sie verspüren keinen Drang, sich ins universale Geschehen einzumischen. Kämpfe, Verstrickungen oder Machtspiele interessieren sie nicht, noch sind sie für Manipulation zu haben, daher sind sie am liebsten unter sich. Geduld zählt nicht unbedingt zu ihren Stärken, daher ist es wenig verwunderlich, dass sie kein Durchhaltevermögen hinsichtlich universeller Angelegenheiten haben.

Larimar ist eine Sphäre, die alle Seelen akzeptiert, wie sie sind. Sie will niemanden verändern oder formen, und Erwartungshaltungen sind hier unbekannt. Die enorme Kraft, sein zu dürfen, wie es dem eigenen Seelenzustand entspricht, ist unendlich befreiend und birgt in sich eine enorme Heilkraft. Sich nicht verbiegen zu müssen und ungeachtet jedweden Verhaltens vorbehaltlos akzeptiert zu werden schenkt Erlösung. Dieser Konsens versetzt jede Seele in die Lage, Selbstreflexion zu betreiben. Ehrlich, klar und ohne Selbstvorwürfe die eigenen Handlungen zu betrachten ist immens befreiend und hat einen grandiosen Lern- und Erkenntniseffekt.

Larimar lehrt uns: Egal was ist, Gott liebt uns, ohne Erwartungen und Forderungen! Die friedliche Bewusstwerdung Larimars dient dem ganzen Universum. Sie wird zum Vorbild, ohne dass diese Wesen aktiv daran arbeiten.

Im Universum erstrahlt die Sphäre als ein verspieltes, ruhiges Energiefeld. Ihre hingebungsvolle Liebe zur Schöpfung strömt in jeden Winkel unseres Kosmos. Larimar ist bestrebt, seine Einzigartigkeit zu wahren, indem sie ihre eigenen Bewusstseinsprojekte starten. Im Universum ist Larimar bei allen Wesen für seine Toleranz bekannt. Dennoch lehnt die Sphäre es ab, Begleiter aus anderen Sphären zu akzeptieren. Einzig Seraphim Metatron wird in Larimar als Begleiter geduldet, obwohl er der Engelssphäre angehört. Denn die Sphäre ist vollkommen mit sich selbst zufrieden und findet ihre Erfüllung aus sich selbst heraus.

Larimar-Wesen lassen sich nicht beirren und beschreiten ihren Weg ausschließlich auf ihre ureigene Weise. Dieses Recht gestehen sie natürlich allen anderen Wesen ebenfalls zu.

Narays

Larimar befindet sich bereits in der siebten Dimension, und je höher eine Seelensphäre schwingt, desto durchscheinender und lichter wird sie.

Narays schweben in ihrer Sphäre. Materialisieren sie einen Körper, so entspricht dieser dem eines zehnjährigen irdischen Kindes und ihm fehlen Funktionen, die wir auf der Erde als selbstverständlich betrachten. Ihnen geht es ausschließlich um die Körperform, nicht um die Funktionen eines Körpers, denn diese benötigen sie nicht mehr. In ihrer Sphäre gibt es keine Nahrung außer der göttlichen Liebesenergie.

Die Unterscheidung zwischen weiblicher und männlicher Schwingung ist in dieser Sphäre unbekannt, sie sind grundsätzlich androgyn. Ihre Charaktere spiegeln ebenfalls die androgyne Seite der Seele. Kleidung gibt es nicht, sie hüllen sich in glänzendes Licht oder erscheinen annähernd durchsichtig. Sie bewegen sich offen und frei, ohne Scheu oder Scham, und leben kosmische Sexualität auf eine kindliche Art, die nichts mit der irdischen Sexualität zu tun hat. Das Endergebnis ist das gleiche: ein kosmischer Orgasmus.

Narays sind stille, nicht an der Außenwelt interessierte Wesen. Oftmals bemerkt man einen Naray erst, wenn er zu lachen beginnt. Sie sind wie kleine, feine, unsichtbare Schatten. Schlaf ist ihnen unbekannt. Zusammen mit ihrem Ponom können sie sich über Tage hinweg zurückziehen und die Zweisamkeit leben. Ihre Kommunikation findet auf einer Ebene statt, die keine Worte oder Gesten benötigt. Die universale Sprache ist ihnen suspekt. Sie verstehen sie nicht und sind auch nicht gewillt, sie zu erlernen. Kein Plejader war je bei ihnen erfolgreich. Sie sprechen die Sprache der göttlichen Liebe, darin ist für sie alles enthalten.

Narays sind von Natur aus liebenswürdig. Ihre heitere und gleichzeitig tiefsinnige Lebensfreude ist jederzeit spürbar. Sie wirken auf Außenstehende eher verträumt und wenig präsent, was auch den Tatsachen entspricht. Durch ihre verträumte Art erscheinen sie nicht bodenständig. Allerdings ist das nur die halbe Wahrheit, denn sie besitzen eine Form der Bodenständigkeit, die dem irdischen Bild nicht entspricht. Sie richten ihren Fokus auf die höchste Schwingung des Universums und baden darin. Sie erkennen Disharmonie und sind fähig, einen Ausgleich zu schaffen. Sie leben selbst in ihrer untersten Dimension und Ebene kein universales Geschehen, sondern sind bestrebt, sich ganz ihrer Göttlichkeit hinzugeben.

Das Aussehen eines Wesens ist für sie nicht von Belang, sie finden alles schön. Gefällt ihnen etwas besonders gut, bilden sie für sich selbst diese Form nach.

Aufgrund ihrer kindlichen Natur sind Narays zwar stille Wesen, doch nicht immer leise. Sie toben und tollen durch alle Dimensionen und Ebenen ihrer Sphäre. Ungehindert leben sie die Natur ihrer Kindlichkeit aus, dabei sind sie vollkommen im Vertrauen. Was als Nächstes geschieht, ist bei ihnen nie voraussehbar, sie sind ganz und gar unberechenbar, da sie vertrauensvoll ihren Impulsen und ihrem Seelenausdruck folgen. Sie vermeiden es, allein zu sein, daher leben sie ausschließlich in Gruppen zusammen, und eine Trennung von ihrem Ponom ist in der Sphäre ausgeschlossen.

Sie empfinden allen Seelen gegenüber völliger Akzeptanz und gestehen jeder Seele zu, ihre Bewusstwerdung nach eigenem Empfinden zu gestalten. Daher sind für sie universelle Aktivitäten nicht nachvollziehbar. Da sich Narays hauptsächlich mit Meditieren beschäftigen, werden sie bei allen aktiven Handlungen und Projekten im Universum außen vor gelassen.

Häufige Charaktereigenschaften der Narays:

~ Sie sind kindlich.
~ Sie sind verträumt.
~ Sie sind anspruchslos.
~ Sie sind gerne mit anderen zusammen.
~ Sie vermeiden allzu intensiven Kontakt zum Universum.
~ Sie sind leicht zu manipulieren.
~ Sie sind die Meister der Nicht-Kommunikation.
~ Sie sind bezaubernd naiv.
~ Sie sind anhänglich.
~ Sie setzen Gott ins Zentrum.
~ Sie sind an dem Geschehen im Universum desinteressiert.
~ Sie beschäftigen sich vorwiegend mit ihrer eigenen Sphäre.
~ Sie nehmen keinen Anteil an den Erfahrungen anderer Wesen.
~ Sie sind fähig, ein Wesen komplett zu ignorieren.

Zusammenkünfte gibt es in dieser Sphäre nicht, zumindest nicht zur Bewusstwerdung. Zum Spielen oder Meditieren hingegen vereinen sie sich in großen Gruppen.

Meditation spielt für die Narays eine herausragende Rolle, und jegliche Handlung wird zuerst in der Meditation erfahren, bevor sie anschließend in Aktion umgesetzt wird. Sie betrachten auch ernste oder bedrohliche Situationen immer mit spielerischer Leichtigkeit, und Lösungen werden im gleichen Augenblick spielerisch umgesetzt. Spielerisch, leicht und im vollkommenen Vertrauen auf Gott und seine Schöpfung erleben sie ihren Bewusstwerdungsprozess. Da sie keinerlei Erwartungen haben, ist für sie jeder Weg möglich, der mit Gott vereinbar ist.

Feste oder Partys werden ausgelassen und mit vollem Einsatz gefeiert. Ihre Feste gestalten sie in der Manier einer monumentalen Kindergeburtstagsparty, wobei sanfte Musik in Larimar überaus beliebt ist. Sie halten nichts von großen Sinfonien, ihre Musik ist einfach und sehr schlicht.

Einen festen »Tagesablauf« gibt es hier nicht. Sie finden sich zu gemeinsamen Meditationen zusammen, sofern sie wollen, und gemeinsames Meditieren bedeutet nicht, dass sie über das Gleiche meditieren. Beendet ein Naray seine Meditation, kann er die Energie verlassen, ohne die anderen zu stören.

Aufstiegsprozesse vollziehen Narays immer zusammen mit ihrem Ponom. Kein Naray würde seinen Ponom zurücklassen. Sie sind miteinander auf besondere Weise verwoben, was wir in ähnlicher Form in der Zamarah-Sphäre bei Drachen und Drachenreitern wiederfinden. Naray und Ponom können sich nicht trennen. Erst in der zwölften Dimension lösen sie das Band ihrer Verschmelzung. Steht ein Naray mit seinem Ponom vor einem Erleuchtungsschritt, der zum Aufstieg führt, ziehen sie sich zusammen in eine tiefgehende Meditation zurück. Sie verbleiben so lange in der Meditation, bis sie in die nächste Ebene eingetaucht sind. Ihre »Körper« lösen sich in der alten Ebene langsam auf und fließen in einer weichen Bewegung in die höhere Ebene ein. Einen Empfang gibt es in der neuen Ebene nicht. Alles verläuft gleichermaßen weiter wie in der vorherigen Ebene.

Larimar-Wesen nutzen fast ausschließlich ihre eigene Sphäre für ihren Aufstiegsprozess, und für Seelen aus anderen Sphären ist Larimar zur Bewusstwerdung wenig geeignet. Natürlich gibt es Ausnahmen. Elben und Engel fühlen sich in der Larimar-Sphäre ausgesprochen wohl. Sie besitzen einige Gemeinsamkeiten und ein Verständnis für das Verhalten und die Handlungen der Narays. Selbstverständlich steht Larimar allen Wesen für eine Inkarnation zur Verfügung, was allerdings selten benutzt wird. Narays akzeptieren Seelen aus anderen Sphären, bemühen sich jedoch nicht um sie. Inkarniert ein Wesen ins Larimar-Energiefeld, ist es weitgehend auf sich allein gestellt. In dieser Sphäre wird durch Beobachten, Erleben und Erfahren gelernt.

In Larimar gibt es keine festen Regeln des Zusammenlebens. Mal leben die Narays in Gemeinschaften, mal im Alleingang mit ihrem Ponom. Untereinander pflegen die Narays kein enges Verhältnis, sie fühlen sich niemandem verpflichtet. Sie bleiben gerne an einem Ort in ihrer Sphäre, denn sie lieben das Gewohnte. Veränderungen nehmen sie zwar hin, jedoch ohne Freude am Neuen. Das liegt an ihrer Gefühlswelt. Sie geben sich den veränderten Umständen hin, während sie dabei keine Emotionen empfinden. Sie kommen mit allen gut aus, sind an tiefgehenden Verbindungen, außer mit ihrem Ponom, jedoch nicht interessiert.

Zwar sind Narays nicht als Lehrer geeignet und übernehmen auch keine Aufgaben in dieser Richtung, dennoch unterstützen sie Wesen, sofern jene es wünschen. Sie lieben es, Dinge zu manifestieren, die ihnen Freude bereiten. Ist ihr Bedürfnis befriedigt, lösen sie die Energieform auf und schöpfen etwas Neues.

Ponom

So werden Wesenheiten genannt, die die Formen von »Tieren« wählen, obwohl sie keine Tierwesen sind. Sie formieren sich unterschiedlich. Ihre Ausdrucksweise ist im höchsten Maß auf das Erscheinungsbild ihres Narays abgestimmt.

Je nach Charakter des Narays findet der Ponom seinen Weg zum eigenen Erscheinungsbild. Eine bevorzugte Gestalt gibt es dabei nicht. Die Vielfältigkeit auf der Erde entspricht der Vielfältigkeit in der Larimar-Sphäre. Manchmal wandelt sich die Gestalt auch, je nach Entfaltung des zugehörigen Narays.

Ponom sind hingebungsvolle Wesen, die unter der universalen Situation leiden. Ihre weiche und zärtliche Ausstrahlung berührt alle Wesen. Die Ponom sind die Zwillinge der Drachenwesen aus der Zamarah-Sphäre, die sich auf gleiche Weise mit ihren Lichtwesen, den Drachenreitern, verbinden. Im Gegensatz zu den Drachen sind Ponom jedoch anhängliche und behutsame Wesen. Sie beschützen auf ihre ureigene Weise die Narays und begleiten sie zu ihrer Erleuchtung. Sie geben sich allem hin und widersprechen niemals.

Sie geben dabei wenig Instruktionen oder Empfehlungen. Ponom konzentrieren sich eher auf sich selbst und ihren Naray.

Larimar auf der Erde

Die Larimar-Sphäre war von Anfang an ins Projekt Erde mit eingebunden, eine aktive Rolle war allerdings nicht vorgesehen. Lediglich der Energiestrom aus der Sphäre wurde tief ins Bewusstsein der Erde geleitet. Er besitzt eine unterstützende Funktion für die Erde und ermöglicht Gaia damit eine intensivere Bewusstwerdung. Durch die direkte Verbindung zur Erde profitieren auch alle anderen inkarnierten Seelen von diesem Energiestrom.

Das erste Zusammentreffen der Energiefelder von Larimar und der Erde fand nicht, wie üblich, auf direktem Wege statt. Seraphim Michael fungierte vielmehr als Empfänger der Energien und leitete diese zur Erde weiter.

Die Sphäre war zwar gewillt, am Projekt teilzunehmen, doch eine feste Zusage gaben sie nicht. Als Lösung wurde der Umweg über Seraphim Michael vorgeschlagen, bis sie sich letztlich dazu entschlossen, verbindlich am Projekt Erde mitzumachen. Ein direkter Kontakt von Larimar zu den Wesen auf der Erde war daher zuerst nicht möglich. Heute kommt die Energie direkt und ohne Umweg zur Erde, und ihre Lichtwesen inkarnieren ebenfalls auf direktem Weg ins irdische Feld. Obwohl sie sich auf der Erde oftmals verloren vorkommen, ist ihnen daran gelegen, an diesem Projekt mitzuwirken. Sie glauben an den Fortschritt des Projekts und freuen sich darüber, einen Teil dazu beitragen zu können. Allerdings ist nicht vorgesehen, dass noch andere Wesen außer den Narays einen materiellen Körper auf der Erde annehmen.

Die Vorteile einer Inkarnation für die Larimar-Wesen wurden in der Sphäre erst vor kurzem erkannt. Die Daseinsform der Larimar-Wesen ist für eine irdische Inkarnation nicht besonders geeignet. Mit der Konformität, den gesellschaftlichen Einschränkungen und der Manipulation auf der Erde kommen sie nicht zurecht. Es widerspricht ihrer Seelenschwingung, die auf freien Selbstausdruck, Akzeptanz und Friedfertigkeit ausgelegt ist. Ihre absolute Hingabe an Gott, ohne etwas zu verlangen oder zu wollen, steht ihrer Selbstständigkeit auf Erden im Weg. Auf die Zuwendung eines anderen Wesens sind sie nicht angewiesen und hegen in dieser Hinsicht auch keine Erwartungshaltung. Es fällt ihnen dennoch schwer, ihren irdischen Weg allein zu beschreiten, denn ihnen ist die Materie nicht vertraut und sie können irdische Gefühle meist nicht deuten.

Oftmals verspüren sie Hunger, wissen jedoch nicht, dass sie essen sollten. Meist können sie nicht einmal das Gefühl benennen. Sie fühlen und akzeptieren ihre Gefühle, ohne dass daraus eine Handlung entsteht. Daher sind anfangs viele Larimar-Seelen bereits im Kindesalter wieder in ihre Sphäre zurückgekehrt. Leider kamen zu Beginn die meisten Larimar-Seelen mit einer körperlichen Erkrankung auf die Erde. Die Verbindung mit der Materie ängstigte sie. Das bewirkte ebenfalls eine frühe Heimkehr in ihre Sphäre. Mittlerweile besitzen sie jedoch einen gewissen Erfahrungsschatz, und ihre Inkarnationen funktionieren besser. Sie nehmen mittlerweile deutlichen Einfluss auf ihre Familien und ihr Umfeld. Ihr Einfluss auf die Erde besteht darin, aufzuzeigen, wie wir wahrhaft leben sollten: ohne Gier und ohne Manipulation. Die Energie für friedliche Bewusstwerdung und Meditation bleibt uns auf alle Fälle weiterhin erhalten.

Eine intensive Verbindung zu Gaia ist bei den Narays hingegen nicht gegeben. Sie verbinden sich außerhalb ihrer Sphäre selten mit Wesen. Sie vermissen ihre Sphäre und die Verbundenheit zu ihrem Ponom auf der Erde massiv, was ihnen nicht gut bekommt. Optimal wäre, wenn ein Naray auf der Erde von Anfang an ein Haustier sein eigen nennen könnte.

Das verleiht ihnen eine gewisse Stabilität.

Narays inkarnieren seit dem Jahr 2000 und sind bemüht, weiterhin Seelen auf die Erde zu senden. Es ist geplant, dass sich ihre Anzahl leicht erhöht, jedoch nicht um das Tausendfache. Dabei ist ihre Präsenz auf der Erde auch von der Entwicklung des irdischen Projektes abhängig. Sollte die Menschheit weiterhin in solch hohem Maße der Gier frönen, werden sie keine Seelen mehr senden. Der Gund ist: Ihre Kraft wird auf der Erde verkannt. Bis jetzt werden sie aus kosmischer Sicht mehr als Besucher denn als fester Bestandteil des Projekt Erdes betrachtet.

Als Mensch sind sie auf der Erde schwer zu verstehen. Sie besitzen eine »Denkweise«, die komplett konträr zur üblichen menschlichen Denkweise verläuft. Das Unverständnis, auf das sie oft stoßen, ist ihnen unbegreiflich, und das kann aus ansonsten vollkommen friedlichen Narays plötzlich aggressive Wesen werden lassen. Ihr Unvermögen zu kommunizieren löst in ihnen auf der Erde eine grenzenlose Hilflosigkeit und Ohnmacht aus. Das führt dazu, dass sie ihren Körper als »Sprachinstrument« einsetzen, und das meist in Form von Gewalt. Ansonsten sind sie stille Menschen, die keinen oder nur wenig Kontakt zu anderen suchen. Sie erfreuen sich an der Natur und an Tieren.

Erkennen Eltern die Seele ihres Kindes und geben ihm den nötigen Freiraum, erblüht das Wesen in absoluter Liebe.

INKARNIEREN NARAYS AUF DIE ERDE, BEVORZUGEN SIE FOLGENDE BERUFE ...

Larimar-Lichtwesen inkarnieren im großen Ausmaß erst seit etwa 2005 auf die Erde. Sie erfahren ihre Menschlichkeit in allen Bereichen, allerdings ist für viele eine Berufswahl schwer zu treffen. Die Tendenz geht in den sozialen Bereich, besonders jedoch in den Bereich der Spiritualität. Sie werden versuchen, ein neues Bewusstsein für die Spiritualität jedes Einzelnen zu erwecken.

Ein Erlebnis mit der Larimar-Sphäre

Meine Erlebnisse mit Larimar sind sehr dürftig. Obwohl ich diese Wesen überaus schätze, dient mir ihre Energie für meine Aufgabe auf der Erde wenig. Dennoch nutze ich ihre Sphäre für meine Seelensphären-Wanderungen, in erster Linie, weil es dort so schön ist. Meine Neugierde auf die Sphäre war jedenfalls groß, und so nahm mich Metatron mit auf die Reise. Metatron hüllte mich ein und wir begaben uns auf den Weg in die Larimar-Sphäre.

Normalerweise dauert es nicht lange und ich fühle die Sphäre um mich herum. Aufgrund der hohen Schwingung der Sphäre dauerte meine Reise diesmal länger als üblich. Ich spürte deutlich, dass sich die Schwingung anders anfühlte, und mein Astralkörper ließ sich Zeit, sich an die Umstände zu gewöhnen. Doch nach einiger Zeit war es so weit, und wir waren angekommen. Alles wirkte still und friedlich. Zu Anfang konnte ich die Energie nicht fassen, da alles sowohl greifbar als auch gleichzeitig nicht vorhanden zu sein schien. Mich zu fokussieren fiel mir schwer, und ich versuchte, die Energie einzuordnen, was mir indes nicht gelang.

Während ich mich noch abmühte, erschien Avatar Alewar an meiner Seite. Eine winzige Berührung ihrerseits reichte aus, dass ich klar wurde. Sie schaute mich an und lief davon. *Oha*, dachte ich, *nichts wie hinterher.* Was nicht ganz einfach war, denn der Umgang mit der Energie fiel mir weiterhin schwer. Das schien Alewar allerdings nicht zu berühren, der Abstand zwischen ihr und mir vergrößerte sich zusehends.

Gottseidank war Metatron weiterhin an meiner Seite und unterstützte mich dabei, ihr zu folgen. Plötzlich stand sie ganz still, begann zu leuchten und war augenblicklich in tiefer Meditation versunken. Endlich erreichte ich sie und betrachtete sie fasziniert. Während ich in diese Betrachtung vertieft vor ihr stand, tauchte ich selbst in eine Meditation ein. Solch eine Meditation hatte ich bisher noch nicht erlebt. In keiner anderen Seelensphäre war das Erleben in einer Meditation derart intensiv. Ich konnte meine Erfahrung fast körperlich spüren und hatte das Gefühl, mich tatsächlich mitten in meiner Mediation zu befinden. Es fühlte sich an wie »zwei in eins«. Ich erlebte und beobachtete gleichzeitig. Ich nahm alles in mir und um mich herum wahr, hatte aber gleichzeitig Abstand zu dem Geschehen. Ich erlebte eine wundervolle Meditation, die mich ins freie Universum beförderte. Von meiner Warte aus konnte ich einiges beobachten und erhielt Informationen, wie die Seelensphären zusammen agieren. Ich war schwer beeindruckt, wie alles ineinandergreift und funktioniert. Mein Verständnis für das Universum und seine Funktionsweise weitete sich deutlich aus.

Nach einiger Zeit ermüdete ich, und Alewar holte mich mit einer Berührung in das Jetzt der Seelensphäre zurück. Ich sah viele Larimar-Wesen um mich herum, de spielten, tanzten oder meditierten, je nachdem, wonach ihnen gerade der Sinn stand. Inmitten des Geschehens legte Metatron seine Energie um mich, und ich war im nächsten Moment wieder vollkommen zurück auf der Erde.

Dieses Erlebnis in Larimar beschäftigte mich noch lange. Selbst heute noch empfinde ich die Sphäre als ein Energiefeld, das sich mit nichts anderem vergleichen lässt.

Meditation Larimar-Sphäre

~ Liege wohl und bequem auf deiner Unterlage.
~ Entspanne dich.
~ Atme sanft ein und aus.
~ Lass jede Disharmonie, die du in deinem Körper wahrnimmst, los.
~ Werde leicht und weich.
~ Atme ein und aus, bis sich dein ganzer Körper harmonisch im Einklang mit deinem Atem bewegt.
~ Du fühlst, wie dein menschlicher Körper immer weiter in die wohlige Entspannung gleitet.
~ Du fühlst dich in deinem menschlichen Körper zufrieden, spürst die Sicherheit, die dein menschlicher Körper dir übermittelt.

- ~ Deine Gedanken und deine Sinne sind ausgeglichen, Wohlbehagen breitet sich in deinem gesamten Körper aus.
- ~ Atme in Leichtigkeit ein und aus.
- ~ In diesem Augenblick nimmst du wahr, wie deine geistigen Sinne in dir erwachen.
- ~ Dein Blick wendet sich nach innen und weitet sich für die höherschwingenden Energien.
- ~ Du empfindest eine pulsierende Wärme, die von einem lebendigen Licht ausgesendet wird.
- ~ Dieses warme Licht strömt liebevolle Heiterkeit aus.
- ~ Das pulsierende Licht nähert sich dir langsam.
- ~ Es wird dir bewusst, dass es das Licht von Seraphim Metatron ist.
- ~ Die Freude über sein Erscheinen bahnt sich einen Weg in deine Gefühle, und du bist überglücklich.
- ~ In diesem Augenblick ist Seraphim Metatron bei dir, an deiner Seite.
- ~ Mit deinen inneren Augen kannst du ihn deutlich wahrnehmen.
- ~ Seine bedingungslose Liebe und Hingabe an dich berühren dein Herz.
- ~ Tiefe innere Ruhe und Ausgeglichenheit erfüllen dein Sein.
- ~ Er berührt dich mit seiner Energie, und ihr begrüßt euch innig.
- ~ Seraphim Metatron erklärt dir, dass er dir das Geschenk einer Astralreise nach Larimar machen will.
- ~ Damit er dich mit in die Seelensphäre nehmen kann, ist deine Erlaubnis erforderlich.
- ~ Bitte gib ihm dein Einverständnis – in diesem Augenblick.
- ~ Nach deinem Einverständnis erklärt er dir, dass es für die Reise in die Seelensphäre erforderlich ist, deinen Astralkörper aus deinem menschlichen Körper zu heben.

~ Du bist jedoch weiterhin vollständig und sicher mit deinem menschlichen Körper verbunden.
~ Seraphim Metatron beginnt nun sehr sanft, deinen Astralkörper mit seiner wundervollen Energie einzuhüllen.
~ Er empfängt dich mit seinen großen Flügeln und trägt dich in seinen starken Armen.
~ Du bist vollkommen sicher und geborgen. Du bist in Liebe eingehüllt..
~ Seraphim Metatron hat in diesem Augenblick deinen Astralkörper aus deinem menschlichen Körper gehoben und erhöht die Energieschwingung für deine Reise nach Larimar behutsam.
~ Eure gemeinsame Astralreise nach Larimar hat begonnen.
~ Durch das Anheben der Energie wird dein Astralkörper von einer angenehmen Wärme durchflutet.
~ Leichter und leichter empfindest du deinen Astralkörper.
~ Deine inneren Sinne nehmen eine veränderte Schwingung wahr und Seraphim Metatron erklärt dir, dass ihr im Schwingungsfeld Larimars angekommen seid.
~ Ganz zaghaft berühren deine Füße den ätherischen Boden.
~ Seraphim Metatron bittet dich, deine Astralaugen langsam zu öffnen.
~ Er hält dich an der Hand und legt seinen wunderschönen Flügel um dich.
~ Dich durchströmt eine Welle der Glückseligkeit, als du zu verstehen beginnst, welch ein Geschenk du hier erleben darfst.
~ Behutsam beginnst du, die Umgebung Larimars zu betrachten.
~ Die wundervolle Gelassenheit, die du wahrnimmst, überwältigt dich.

~ Das Gefühl der Kindlichkeit breitet sich in deinem ganzen Sein aus.
~ Du schaust dich um und erkennst Landschaften, die einen unbeschreiblichen Frohsinn ausströmt.
~ Wie von selbst beginnst du dich in Larimar zu bewegen.
~ Du saugst die Energie regelrecht in dich hinein.
~ In völliger Harmonie und Freiheit wagst du den ersten Schritt und beginnst deinen Weg der Kindlichkeit.
~ In der Ferne siehst du eine Gruppe von Wesen auf dich zukommen.
~ Noch bevor sie bei dir ankommen, kannst du ihre kindliche Freude spüren.
~ Freudig gehst du auf sie zu.
~ Du verneigst dich vor ihnen.
~ Avatar Alewar nimmt dich liebevoll in Empfang und berührt dich sanft.
~ Die Wesen nehmen dich in ihre Mitte, und vor dir bildet sich ein Weg, der nur für dich bestimmt ist.
~ Bei jedem Schritt, den du vorwärts schreitest, tauchst du tiefer in dich hinein.
~ Jeder einzelne Schritt bringt dich deinem wahren Sein näher.
~ Die bedingungslose Liebe umhüllt dich und lässt dich fast schweben.
~ Wohlbehagen erfüllt dein gesamtes Sein, solch eine Liebe und Glückseligkeit hast du schon lange nicht mehr empfunden.
~ Du kannst spüren, wie mit jedem Schritt dein wahres Sein tiefgründiger wird. Freude durchströmt deinen Astralkörper.
~ Avatar Alewar und Seraphim Metatron begleiten dich zu einer Stelle, an der du dich hinsetzt.

- In diesem Augenblick tauchst du vollkommen in deine Meditation ein.
- Du fühlst deine Kindlichkeit und kannst alles, was dir begegnet, wie ein Kind, unvoreingenommen betrachten.
- Lass dir Zeit für deine meditative Reise zu dir selbst.
- Alles was dir begegnet, bist du.
- Spüre dein Sein.
- Spüre deine Schönheit.
- Spüre deine Macht und Kraft.
- Mehr und mehr fühlst du dich erquickt und erfrischt.
- Nach einiger Zeit reicht dir Avatar Alewar ihre Hand und hilft dir, aufzustehen.
- Du spürst, wie der Ballast in dir in Liebe und Kraft gewandelt wurde.
- Du fühlst dich harmonisch und glückselig.
- Avatar Alewar berührt dich am Herzchakra und erklärt dir, dass deine Kindlichkeit und dein wahres Sein immer in dir ruhen. Du brauchst nur etwas Mut, um dich auf der Erde zu leben.
- Voller Wärme bedankst du dich bei deinen Gastgebern für dieses zauberhafte Geschenk.
- Du schaust Seraphim Metatron lächelnd an.
- Er gibt dir zu verstehen, dass die Zeit des Abschieds von Larimar für dich gekommen ist.
- Alle umarmen dich nacheinander, und ihr verabschiedet euch herzlich voneinander.
- Seraphim Metatron stellt sich zu dir und nimmt dich in seine starken Arme, und du schmiegst dich hingebungsvoll an ihn.
- Er breitet seine weichen Flügel um dich, und du fühlst dich umhüllt und getragen.
- Er fängt an, die Schwingung der Seelensphäre langsam zu

verringern und an die Frequenz der Erdschwingung anzugleichen.

~ In diesem Augenblick seid ihr im irdischen Schwingungsfeld eingetaucht.

~ Seraphim Metatron legt deinen Astralkörper vollständig in deinen menschlichen Körper zurück, und du kannst spüren, wie sie sich perfekt miteinander verbinden und verschmelzen, wie du wieder mit allen Körpern zur Einheit wirst. Du bist vollkommen glücklich und befriedet.

~ Du weißt, all die Liebe, all die Kraft und Verbundenheit, die du in der Seelensphäre erfahren durftest, wirst du mit in deinen menschlichen Körper einbinden und im irdischen Dasein leben.

~ Ein tiefes Gefühl der Freiheit breitet sich von deinem Herzchakra über deinen gesamten Körper aus.

~ Seraphim Metatron lächelt dich an, umarmt dich und winkt dir zum Abschied.

~ Du schickst ihm einen Liebesstrahl und fängst an, in deiner Zeit ins Hier und Jetzt zurückzukommen.

~ Lass dir Zeit, genieße deine Gefühle, nimm dein Umfeld mit neuem Blick wahr.

Seelensphäre

SUN & STAR

Begleitender Engel
Seraphim Sandalphon

Vorsteher	Avatar Laro
Bekannte Avatare	Lord Zorchey, Lady Xyna
Erste Manifestation	vor 2–1,5 Milliarden Jahren
Ort der Manifestation	kein fester Bezugspunkt auf der Erde
Unterste Dimension	1. Dimension, 1. Ebene, bis 12 Dimension, 12. Ebene
Aufstiegsprozess	individuell
Wesen	Sonnen-, Sternen-, Planetenwesen
Weitere Seelengruppen	Asteroiden, Kometen, Mondwesen

Die Seelensphäre Sun & Star repräsentiert eine kraftvolle Energie des Miteinanders, die genau genommen keine Seelensphäre im allgemeinen Sinne ist. Die Wesen der Sphäre schlossen sich zu einem lockeren Verbund zusammen. Wir auf der Erde bezeichnen diese Gruppierungen, die über alle Dimensionen im Universum verteilt sind, als Galaxien oder Sonnensysteme.

Die Wesen besitzen unterschiedliche Charaktere, und für sie ist es unangenehm, mit anderen Wesen verschmolzen zu sein. Die Sun & Star-Sphäre verkörpert die Energie der Selbstständigkeit und Freiheit, denn in keiner anderen Sphäre wird die Selbstverantwortung in solchem Ausmaß gelebt.

Sie verkörpert die Unabhängigkeit schlechthin und die damit verbundene Selbstreflexion ist gelebte Realität.

Die Energieform der Sun & Star-Sphäre wirkt in allen Bereichen unseres Universums, und ohne sie wäre kein Projekt außerhalb einer Seelensphäre möglich. Die Wesen strotzen vor Selbstbewusstsein und experimenteller Kreativität. Sie fürchten sich nicht vor dem

Erkennen der eigenen Schwächen und akzeptieren sich, wie sie sind, wobei sie in Selbstbestimmung entscheiden, welchen Weg sie beschreiten. Sie leben die Akzeptanz ihres Gegenübers und erfreuen sich an ehrlicher Freundschaft. Sie suchen selbstverantwortlich ihren Weg und achten immer auf lösungsorientierte Gedanken. Sie können über sich selbst lachen und sind bestrebt, die eigene Individualität zu leben. Sie sind mutig genug, auch *Nein* zu sagen.

Die Sun & Star-Energie wirkt harmonisierend bei folgenden Themen: Resignation, Mangeldenken, mangelndem Selbstwert, Ablehnung der Eigenverantwortung, Aggression, Opfer- und Täter-Rollen. Besondere Wirkung zeigt diese Energie bei der Verleugnung der eigenen Kräfte. Wer ein Meister werden will, muss seine Kraft und Macht annehmen und lenken können. Dabei zeigt sie auch auf, wenn ein Wesen an Selbstüberschätzung leidet, und hilft, den Willen zu eigenständigen Lösungen zu finden. Wer Sehnsucht nach einer Partnerschaft oder Angst vor dem Alleinsein hat, kann diese Energie zur Wandlung nutzen. Zudem wirkt sie ausgleichend.

Begleitender Seraphim
Sandalphon

Name	»Hüter des göttlichen Gartens«
Farbe	Helles Goldbraun/Orange
Zwilling	Seraphim Metatron
Seelenpartner	Seraphim Ariel
Aufgaben	Universale Entfaltungsvorgänge überwachen, Vermittler zwischen allen Planeten-, Sternen- und Sonnenwesen

ENERGIE UND CHARAKTER

Sandalphon ist ein überaus fröhlicher und unbeschwerter Engel. Mit seinem sorglosen, witzigen und freiheitsliebenden Charakter bringt er Heiterkeit selbst in düstere Angelegenheiten. Bewusstwerdungsprozesse gestaltet er unterhaltsam. Er begegnet allen Wesen mit seinem leichten Sein. Sein umtriebiger Unternehmungsgeist animiert dazu, jegliches Abenteuer auszuprobieren.

Auf der Erde unterstützt Sandalphon die Menschen bei der Umwandlung von

- Sturheit in Selbstreflexion,
- Intrigen in Ehrlichkeit,
- Resignation in Aktivität,
- Schweigen in Kommunikation.

Seraphim Sandalphon begleitet die Sun & Star-Sphäre mit seiner unerschütterlichen Heiterkeit. Er ist jederzeit für alles zu haben und immer bereit, Neues auszuprobieren und sich auf nicht kalkulierbare Abenteuer einzulassen.

Sein Name passt hervorragend zu seiner Aufgabe. Er betrachtet das Universum als den großen Garten Gottes und sich selbst als Gärtner. Er liebt es, durch das freie Universum zu wandeln und »seinen Garten« zu hegen und zu pflegen.

Sandalphon ist mit seiner unkomplizierten und lebenslustigen Art wundervoll mit der Sun & Star- Sphäre verbunden. Seine umtriebige Lebensfreude, sein lockeres Auftreten und sein sonniges Gemüt passen sich hervorragend an die Energie der Sphäre an. Sandalphon ist der Hüter der göttlichen Galaxien. Er begleitet alle Sun & Star-Wesen in allen Dimensionen.

Vorsteher
Avatar Sora

Name	»Heller Glanz der Sonne«
Farbe	Orange/Blau
Seelenzwilling	Avatar Daytoton
Seelenpartner	Avatar Wombar
Aufgaben	Hüterin der kosmischen Freiheit, Grenzen aufzeigen, Mitgefühl, sich in sich selbst zu Hause fühlen, Unabhängigkeit, eigene Erneuerung, Vernetzung, Erleuchtung

ENERGIE UND CHARAKTER

Freiheitsliebend, bestimmend, ermunternd und keck – Avatar Sora ist eine draufgängerische, immer gut gelaunte Persönlichkeit. Ihr strahlendes Sonnenwesen erleuchtet alle Seelen dieser gigantischen Sphäre. Als Vorsteherin der Sun & Star-Sphäre ist sie darauf bedacht, dass jedes Wesen seine Bewusstwerdung im Einklang mit allen Beteiligten absolviert. In diesem lockeren Verbund hält Avatar Sora die Fäden fest in ihren Händen.

Bei ihr kommen alle Informationen aus sämtlichen Dimensionen und Ebenen zusammen. Das ist eine gigantische Aufgabe, betrachten wir nur einmal unser Sonnensystem, unsere Galaxie und unsere Dimensionen. Ihre Energie ist fähig, alle Sterne, Planeten, Monde und sonstigen Himmelswesen zu vereinen.

Als Sonnenwesen ist Avatar Sora es gewohnt, fröhlich zu strahlen. Sie begleitet ihre Sphäre mit Disziplin und Ordnung und erfüllt ihre Führungsrolle, indem sie schwungvoll Befehle erteilt. Durch ihre überschäumende Lebensfreude stört das jedoch keinen. Sie offenbart dir Selbstständigkeit in allen Bereichen deines Lebens.

Allgemeines

Wie bereits gesagt, die Sun & Star-Sphäre ist keine Seelensphäre im herkömmlichen Sinne. Die Wesen verschmelzen nicht miteinander und bilden kein gemeinsames Energiefeld. Das ist der größte Unterschied zu allen anderen Sphären, wodurch sie einzigartig sind. Im Folgenden benutze ich der Einfachheit halber trotzdem weiter die Bezeichnung »Sphäre«.

Die Sun & Star-Sphäre erscheint so, als hätte Gott einen riesigen, mit leuchtenden Diamanten gefüllten Beutel im Kosmos ausgeschüttet. Manchmal gibt es Ansammlungen von vielen Wesen, manchmal durchstreift ein Wesen allein den Kosmos. Sie rasen durchs Universum oder trödeln langsam vor sich hin, alles ist möglich. Alle Sun & Star-Wesen leben ihren Charakter vollkommen aus. Sie lassen sich weder etwas vorschreiben noch halten sie sich an Regeln. Dennoch bilden sie Galaxien, in denen sie miteinander agieren.

Die Sun & Star-Sphäre erscheint uns von der Erde aus als eine träge und langsame Energie, was keineswegs der Fall ist. Vielmehr zeigt sich ihre Lebendigkeit durch schnelles Tempo. Die unterste Bewusstseinsstufe der Sun & Star-Sphäre beginnt in der tiefsten Seins-Form unseres Universums: der ersten Dimension. Mittlerweile befindet sich die erste Dimension in einem Auflösungsprozess. Das bedeutet, dass es bald keine erste Dimension mehr geben wird, da alle Wesen ihr Bewusstsein angehoben haben.

Für die Sun & Star-Sphäre gelten besondere Aufstiegsmechanismen. Der Zusammenhalt einer Galaxie geriete in Schieflage, wenn sich ein Wesen plötzlich verflüchtigt. Die Wesen in der Sphäre sind nicht miteinander verschmolzen, jedoch bilden sie Verbände, in denen sie aufeinander angewiesen sind. Daher muss immer für Ausgleich gesorgt werden.

Die Seelen sind sehr unterschiedlich, sowohl in ihrer Form als auch im Wesen an sich. Ihre charakterliche Vielfältigkeit ist unbeschreiblich. Trotz aller Unterschiede sind sie in der Lage, gemeinsam zu existieren und ihre Bedürfnisse kompromisslos durchzusetzen. Sun & Star-Wesen besitzen ausgeprägte Eigenarten und eine gesunde Portion Egoismus. Die Sphäre vollbringt spektakuläre Auftritte und liebt das Extravagante. Eine klare und exakte Beschreibung der Sphäre im Allgemeinen zu geben ist schwierig, denn die Wesen einfach zu unterschiedlich. In der Sphäre gibt es nicht nur Seelen mit ausgeprägtem Selbstbewusstsein. Seelen mit sanften und fast schüchternen Charakteren sind ebenso anzutreffen, allerdings in wesentlich geringerer Zahl. Zudem sind nicht alle Wesen der Sphäre witzig, einige sind sehr ernst und streng. Sie übernehmen es, die Interessen der Sun & Star-Sphäre in den kosmischen Räten zu vertreten. Da sie im Universum flächendeckend präsent sind, ist ihre Anwesenheit in kosmischen Räten zwingend notwendig. Sie mischen sich jedoch wenig in Angelegenheiten der Seelensphären ein. Sie versuchen so weit wie möglich nicht in Projekte eingebunden zu werden, denn sie sind Einzelgänger und bestrebt, es auch zu bleiben.

Die gesamte Sun & Star-Sphäre pulsiert unaufhörlich in einem Auf und Ab. Die Folge davon ist, dass das Universum gleichfalls von der ersten bis zur zwölften Dimension in einem wechselnden Rhythmus schwingt. Je nach den Gegebenheiten entstehen explosive Situationen im Kosmos, und die Wesen liefern sich grandiose und spektakuläre Verfolgungsjagden. Manchmal findet eine überwältigende Verschmelzung statt, ein andermal eine Aufspaltung der Seelen. Die Sun & Star-Sphäre ist an wildem Spektakel nicht zu überbieten. Eins sucht man in der Sun & Star-Sphäre vergeblich: Entspannung.

Projekte wie das der Erde trifft man, im Verhältnis zur Zahl der Wesenheiten, im Kosmos nur in geringem Maße an. Andererseits gibt es auch Wesensgruppen von Planeten, die sich gerne bereit erklären, an Projekten teilzunehmen. Im Allgemeinen ist es ihnen jedoch lieber, sich nicht binden zu müssen.

Das spiegelt sich auch in ihrer Art der Kommunikation wider. Sie diskutieren gerne, bleiben dabei jedoch diffus in ihren Antworten.

Sollten sie sich auf eine Diskussion einlassen, geben sich die Seelen aus der Sun & Star-Sphäre revolutionär und herausfordernd. Sie drehen Argumente von oben nach unten und zeigen ihre Schwachstellen auf. Ist ihr Gegenüber dann verwirrt und unklar, bereitet es ihnen großes Vergnügen, still zu beobachten. Sie liefern keine Antworten, sondern geben lediglich Impulse. Fungieren sie als geistige Begleiter, lernt das von ihnen betreute Wesen, eigene Entscheidungen zu fällen und die Verantwortung in vollem Umfang zu tragen. Denn eine Hauptaufgabe der Sun & Star-Sphäre ist es, aufzuzeigen, wie wichtig die Selbstwahrnehmung und die daraus resultierende Selbstverantwortung ist.

Die Sphäre bietet einen Arten- und Formenreichtum, der seinesgleichen sucht, dennoch besitzen alle Sun & Star-Wesen eine gemeinsame Grundschwingung. Alle Wesen der Sphäre tragen eine kriegerische Ader in sich, die sich in den höheren Dimensionen in die Energie des Beschützens umwandelt.

Sun & Star-Wesen nehmen gerne die Unterstützung aller Wesen in Anspruch, jedoch nur, wenn die Unterstützung nach ihren eigenen Regeln gewährt wird.

Alle Sun & Star-Wesen frönen dem Spektakel und dem Pompösen. Einfach einen Erleuchtungsprozess zu durchlaufen, reicht ihnen nicht, jeder muss sehen, wie sie aufsteigen. Meist geschieht das mit einem imposanten Schauspiel, ähnlich einem Urknall.

Festaktivitäten gibt es in der Sphäre keine. Hierzu sind die Wesen zu individuell. Sie würden sich niemals einig werden, wie ein Fest abzulaufen hat. Was nicht bedeutet, dass sie nicht ihren Spaß aneinander und miteinander haben. Den haben sie sogar in großem Ausmaß. Die meisten der Wesen besitzen einen tiefsinnigen Humor, gepaart mit der Fähigkeit, sich selbst nicht allzu ernst zu nehmen, was für viel Heiterkeit sorgt.

Seelen aus anderen Sphären inkarnieren selten in die Sun & Star-Sphäre. Die Form einer Sonne oder eines Planeten anzunehmen ist ein heikles und kompliziertes Verfahren. Unmöglich ist es indes nicht. Eine Inkarnation in die Sphäre beinhaltet viele Hürden, die nicht einfach zu nehmen sind. Ein Beispiel: Muss eine Inkarnation abgebrochen werden, so geschieht das auf spektakuläre Weise. Es kommt zu einer Explosion, und die frei gewordene Materie verleiben sich umliegende Planeten ein. Ein Sternen-, Sonnen- oder Planeten-Wesen kann sich nicht einfach in Luft auflösen. Das würde die gesamte Balance der Dimension ins Wanken bringen. Daher dauern Inkarnationen in die Sphäre Milliarden von irdischen Jahren. Zudem ist es zwingend erforderlich, bestimmte Regeln und Vorgehensweisen einzuhalten.

Kein Wesen der Sun & Star-Sphäre ist fähig, Materie von sich aus anzunehmen. Die Materie wird ihnen zugeführt, etwa durch einen Seraphim oder Avatar. Das ist ein großer Unterschied zu allen anderen Wesenheiten in unserem Universum. Das geschieht, da in jeder Galaxie oder in jedem Sonnsystem zumindest ein, meist jedoch mehrere Planetenwesen an einem Projekt beteiligt sind. Ein Beispiel dafür ist unsere Galaxie mit der Erde.

Sonnenwesen

Das Erscheinungsbild der Sonnenwesen ist ein strahlendes Leuchten. Sie leben die Leichtigkeit und neigen dazu, schwerwiegende Dinge zu verharmlosen. Allerdings besitzen sie eine vulkanische Energie, die sich explosionsartig Ausdruck verleiht, wenn es nicht nach ihrem Willen geht. Sie sind die launischsten Wesen der Sphäre, und man weiß nie hundertprozentig, wann die Stimmung umschlägt.

Die materielle Form der Sonnenwesen erhält in den unteren Dimensionen durch die Steinwesen aus Lemurien und das Feuerwesen aus Zamarah ihren Ausdruck. In den höheren Dimensionen ziehen die Stein-, Metall-, Feuer- und sonstigen Wesen ihre Energie ab und kehren in ihre eigene Sphäre zurück. Übrig bleibt die pure Energie des Sonnenwesens.

Sonnenwesen sind nicht zimperlich, was den Umgang mit ihresgleichen angeht. Auch andere Wesen nehmen sie nicht sonderlich ernst, es sei denn, es handelt sich um Avatare oder Seraphim. Wobei es hier durchaus gewaltige Unterschiede gibt. Nicht jedem Seraphim oder Avatar wird der gebührende Respekt entgegengebracht.

Sonnenwesen verdrehen gerne einmal die Spielregeln und verbiegen die Wahrheit, wie es ihnen gerade passt und angenehm erscheint. Sie fühlen sich anderen Sun & Star-Wesen haushoch überlegen und versuchen immer wieder, eine Führungsposition einzunehmen. Doch da sie dazu neigen, bestehende Problematiken einfach auszublenden, gelingt ihnen das nur selten. Sie werden kontinuierlich von ihrer Umgebung mit ihren Schwächen konfrontiert, und das ertragen sie nur schwer. Sie fühlen sich königlich und sind bestrebt, das in vollem Ausmaß zu leben. Sie sind absolut extrovertiert, von Schüchternheit keine Spur.

Sonnenwesen lieben es, lange an einem für sie angenehmen Ort zu verweilen. Vorzugsweise sollten alle anderen Wesen um sie herumkreisen, denn schließlich sind sie der Mittelpunkt. Sie bestimmen gerne über Wesen und führen, erwünscht oder nicht, das Zepter. Läuft etwas nicht nach ihren Vorstellungen, lassen sie das jedes Wesen in der Umgebung sofort spüren. Sie sind der Meinung, dass Emotionen augenblicklich gelebt und geäußert Spüren Sonnenwesen, dass sie gerade nicht der Mittelpunkt des Geschehens sind, ziehen sie sich zurück, jedoch ertragen sie Einsamkeit schwer und sind daher bestrebt, immer mehrere Wesen in ihrer Nähe zu haben. Selbst bei intensiven Bewusstwerdungsprozessen bleiben sie präsent für andere. Sie durchschreiten ihre Entwicklung nicht im stillen Kämmerchen, sondern für jeden sichtbar. Sie lassen alle an ihrem Werdegang teilhaben und nehmen die Anerkennung für einen Erleuchtungsschritt huldvoll entgegen.

Sonnenwesen ruhen sich gerne in ihrem eigenen Glanz aus. Haben sie einmal einen Kraftakt erfolgreich absolviert, muss dieser für lange Zeit bestehen bleiben. Sie kosten ihn bis ins kleinste Detail aus. Sonnen sind nicht allzu geduldig, sie reden am liebsten über sich selbst, und das so viel und lange wie irgend möglich. Zuhören gehört nicht zu ihren Stärken. Es fällt ihnen außerordentlich schwer, konstruktive Kritik anzunehmen. Erhalten sie Tipps oder Ratschläge, ignorieren sie diese vorzugsweise. Sonnenwesen können auch schwer Unterstützung von anderen Wesen annehmen, gleich in welchem Bereich.

Sonnenwesen besitzen dennoch eine wundervoll warmherzige Seite. Finden sie Gefallen an einem Wesen, neigen sie zur Selbstaufgabe. Dann kennt ihre Hingabe und Liebe keine Grenzen. Ihr Strahlen und ihren Glanz verschenken sie an alles und jeden, überall.

Häufige Charaktereigenschaften der Sonnenwesen:

~ Sie stehen gerne im Mittelpunkt.
~ Sie sind wärmend.
~ Sie lieben die Selbstbestimmung.
~ Sie lieben es, zu strahlen.
~ Sie fühlen sich keinem verpflichtet.
~ Sie sind extrovertiert.
~ Sie sind tonangebend.
~ Sie lieben es, bedient zu werden.
~ Sie sehen sich als Maß aller Dinge.
~ Sie sind selbstbewusst.
~ Sie neigen zu Übertreibungen.
~ Sie neigen dazu, andere mit ihrer Liebe und ihrem Glanz zu überfordern.
~ Sie sind gute Wächter.
~ Sie halten das Universum im Gleichgewicht.

Sonnenwesen würden gerne ein geselliges Beisammensein leben. Bedauerlicherweise ist ihnen das aufgrund der Notwendigkeit der Konstellationen nicht immer möglich. Sie halten intensiven Kontakt mit allen Wesen in ihrer »Nähe« und genießen es, alle Fäden in der Hand zu halten. Sie lieben, wie fast alle Wesen im Universum, die Musik. Ihre Musik entsteht durch ihr Dahingleiten im Kosmos.

Sonnenwesen sind wundervolle Lehrer. Nehmen sie einen Schüler an, ist das ein wahrer Glücksfall, solange der Schüler keine Fragen stellt. Sie hören sich selbst gerne reden und referieren geschickt und spannend. Sonnenwesen aus den hohen Sphären übernehmen häufig Lehraufträge im Universum. Von sich aus bieten sie allerdings selten Unterstützung an. Zudem verflüchtigen sie sich, sobald es darum geht, diverse Aufgaben im Kosmos wahrzunehmen. Sie geben Hilfestellung, wenn sie darum gebeten werden, doch sie unterstützen lieber, indem sie Wesen erlauben, in ihr Energiefeld zu inkarnieren. Und ihre Hauptaufgabe sehen sie darin, andere Wesen anzustrahlen.

Sonnenwesen sind am Bewusstwerdungsprozess des Universums zwar interessiert, doch leider mehr peripher als aktiv. Sie wollen zwar alles wissen, aber sich zu beteiligen oder etwas dafür zu tun, sehen sie weniger ein. Sonnenwesen inkarnieren durchaus auch in andere Sphären und Projekte. Vergleicht man die Anzahl der Inkarnationen jedoch mit der bei anderen Wesen, ist sie eher gering. Sie bevorzugen eindeutig ihre eigene Form. Ist es unabdingbar, beteiligen sie sich auch an Kriegen. Doch verhält es sich meist so, dass sie unfreiwillig mit hineingezogen werden.

Hauptaufgabe der Sonnenwesen ist die Erhaltung der Stabilität innerhalb der einzelnen materiellen Dimensionen.

Sternenwesen

Das Erscheinungsbild der Sternenwesen ist tiefgründig und nachdenklich. Sie sind die tiefsinnigsten Wesen der Sphäre. Ihre nachdenkliche Art ist berührend. Sie sind absolut aufrichtig und ehrlich. Sie stehen nicht gerne im Mittelpunkt und versuchen es tunlichst zu vermeiden, dass Sonnenwesen sie in Beschlag nehmen.

Sternenwesen können wild sein, doch ist ihre Energie nicht wie ein Vulkan, sondern mehr wie ein Erdbeben, das sich grollend nach oben arbeitet. Allerdings lassen sie selten ihren Emotionen freien Lauf, und so werden sie ab und an missverstanden. Ist das der Fall, ziehen sie sich kurzfristig zum Nachdenken zurück. Ist dieser Vorgang abgeschlossen, öffnen sie sich wieder und sind dann zur Kommunikation bereit. Sternenwesen sind kontrollierte Wesen, die bemüht sind, Situationen aus unterschiedlichen Blickwinkeln zu betrachten.

Die Ausdrucksform der Sterne ist die gleiche wie bei den Sonnenwesen. Sie stellen sich ganz und gar in den Dienst der Galaxien oder Sonnensysteme und passen sich den Gegebenheiten an. Sie sind wesentlich achtsamer im Umgang mit ihresgleichen und immer bemüht, auf die Bedürfnisse ihrer Umgebung einzugehen. Sie gehen mit allen Wesen respektvoll um und sind gute Tröster.

Sternenwesen halten sich gern an vorgegebene Abläufe, und es widerstrebt ihnen, irgendwelche Regeln zu missachten oder sogar zu brechen. Sie benötigen klare Strukturen und vorhersehbare Vorgänge. Von Spontanität halten sie wenig. Sternenwesen stellen sich jedem Thema augenblicklich und schieben nichts vor sich her. Sie scheuen sich jedoch, Führungspositionen einzunehmen, denn Verantwortung zu tragen erscheint ihnen eine zu große Belastung.

Sternenwesen sind gerne für sich. Aufgrund ihres introvertierten Charakters scheuen sie sich, allzu vehement aufzutreten. Fast könnte man sie als schüchtern bezeichnen, das trifft es jedoch nicht genau. Sie sind schlichtweg mit sich selbst zufrieden, ruhen in sich und suchen keine Bestätigung im Außen.

Sternenwesen lieben es, im Universum umherzuwandern. Ergibt sich die Gelegenheit, aus einem System auszubrechen, nehmen sie diese augenblicklich wahr.

Sie sind freiheitsliebende Wesen, die in einem gewissen Rahmen durchaus unternehmungslustig sind. Dabei bevorzugen sie es, nicht allzu intensiv in eine Aufgabe eingebunden zu sein. Sie reagieren wesentlich flexibler auf Situationen als Sonnenwesen, dennoch lieben sie klare und absehbare Abläufe. Unvorhersehbare Geschehnisse verwirren sie und werfen sie aus ihrer Bahn.

Hast und Hektik ist nichts für Sterne, denn sie sind geduldiger als Sonnenwesen, jedoch nicht allzu sehr. Sie sind gute Zuhörer und immer gewillt, bei einer Problemlösung mitzuwirken.

Sternenwesen sind immer an konstruktiver Kritik interessiert. Für sie ist es regelrecht ein Sport, Lösungen für Probleme zu finden. Sie mögen es, neue Gedanken zu erforschen und anzuwenden und sind daher für alle Tipps und Informationen dankbar. Sie sind wundervolle Freunde, zumindest solange du in ihrer Nähe bist. Verabschiedest du dich aus ihrem Umfeld, vergessen sie dich schnell wieder. Sie halten keinen Kontakt auf allzu große Distanz.

Häufige Charaktereigenschaften der Sternenwesen:

~ Sie lieben das Nachdenken.
~ Sie sind kühlend.
~ Sie lieben das Umherziehen.
~ Sie lieben es, Sonnen und Planeten zu beobachten.
~ Sie fühlen sich den Engeln sehr verbunden.
~ Sie sind introvertiert.
~ Sie handeln im Hintergrund.
~ Sie lieben es, allen Wesen zu dienen.
~ Sie sehen sich als Mittler zwischen den Sonnenwesen und dem Rest der Sphäre.
~ Sie sind auf rationale Weise emotional.
~ Sie neigen zu Fluchtverhalten.
~ Sie neigen dazu, ihr eigenes Licht hinter das anderer Wesen zu stellen.
~ Sie sind gute Strategen.
~ Sie halten das Gleichgewicht zwischen den Sphären.

Sternenwesen sind mit ihrer Situation im Kosmos ganz glücklich. Sie wünschen keinen allzu engen Kontakt zu anderen Wesen. Sie lieben alle Wesen, jedoch nach Möglichkeit aus einer für sie angenehmen Distanz.

Für verantwortungsvolle Aufgaben sind sie wenig zu begeistern, sofern es sich um einen langanhaltenden Einsatz handelt. Kurze Aufträge erledigen sie mit Freude und vollem Einsatz. Während eines Bewusstwerdungsprozesses bleiben sie für sich. Sie ertragen dabei keine anderen Wesen, und selbst ihre sphärischen Begleiter gehen auf Abstand. Sie kommunizieren ihren Wunsch nach Rückzug klar und liebevoll. Sie durchlaufen ihren Prozess im Inneren.

Sternenwesen sind als Begleiter oder Lehrer gut geeignet. Sie achten auf die Bedürfnisse ihres Schützlings und lassen ihn eigene Ideen verwirklichen und Abenteuer erleben. Sie schreiten selten in Prozesse ein. Sollte ihr Schützling straucheln, fangen sie ihn liebevoll und ohne Bewertung auf. Sie geben Impulse und ermutigen dazu, weitere Ideen auszuprobieren.

Sternenwesen inkarnieren liebend gern überall im Universum, sofern sie ihren Weg beschreiten können und nicht allzu intensiv in eine Gemeinschaft eingebunden werden. Sie sind die »Vagabunden« der Sphäre. Man begegnet ihnen in allen Bereichen, und selbst auf der Erde sind sie häufiger anzutreffen als Sonnenwesen. Sie finden es zudem lustig, andere Gestalten und Formen anzunehmen.

Sterne sind hervorragende Krieger und dienen Seraphim Michael in mehreren Funktionen.

Planetenwesen

Das Erscheinungsbild der Planetenwesen, auch einfach Planeten genannt, ist bunt und aufgeweckt. Diese Wesen sind die flexibelsten und luftigsten ihrer Sphäre. Sie scheuen sich nicht, Dinge direkt anzugehen und offen über »Fehler« zu sprechen.

Planetenwesen neigen weder zu Wutausbrüchen noch ziehen sie sich in sich selbst zurück. Planeten sind sensible Seelen und anfälliger für hinderliche Emotionen. Was Sonnen verbrennen und Sterne kalt lässt, trifft Planeten mit voller Wucht. Sie lassen sich gerne begleiten und beraten und lieben die Seraphim und Avatare.

Einige Planetenwesen gehen im gesamten Universum in den unteren Dimensionen Symbiosen mit unterschiedlichen Seelensphären ein. Das heißt, dass sie eine Sphäre innerhalb der Sphärenenergie begleiten. Das ist für alle Seelensphären eine wundervolle Erfahrung. Sie verbinden sich mit dem Energiefeld, treten jedoch nicht in die Sphäre ein. Sie sind von »außen« mit dabei.

Planetenwesen leben die Wahrheit und sind stets bestrebt, diese zu finden. Sie akzeptieren die Meinung anderer Wesen und neigen dazu, sich diese zu eigen zu machen. Planetenwesen verhalten sich wie Kinder in ihrer Sphäre, denn alles Neue und Spannende muss ausprobiert werden. Sie schießen dabei ziemlich oft über das Ziel hinaus und verursachen hierdurch so manchen ungewollten Crash im Universum. Allerdings kann ihnen keiner böse sein. Sie sind dermaßen naive, kindliche Wesen, dass ihnen leicht vergeben wird. Sie weisen keine Spur von Schüchternheit auf, ganz im Gegenteil, sie gehen offen und voller Vertrauen auf alle Wesen zu. Planetenwesen mögen es, sich sicher und geborgen zu fühlen, und sind daher ganz glücklich, ein Sonnenwesen in ihrer Mitte zu haben. Sie sind nicht bestrebt, im Mittelpunkt zu stehen, obwohl sie diese Funktion meisterlich bewältigen würden, denn sie können eine ganze Galaxie unterhalten. Sie lieben alles am Universum und sind begierig darauf, jede noch so kleine Information zu erhalten.

Planeten können warten und beobachten ihre Umgebung genau. Sie sind geduldige Wesen, die gerne über ihr Sein kommunizieren, und andererseits lauschen sie aufmerksam den Geschichten anderer Wesen. Planeten sind herzliche Wesen, die es lieben, die leichte und kindliche Seite der Göttlichkeit zu leben. Sie geben sich allen Wesen hin.

Planeten wählen einen Platz im Universum, der ihren Anforderungen entspricht. Daher besitzen sie weit weniger Spielraum, ihre Position frei zu wählen, als Sternen- oder Sonnenwesen. In ihrer Sphäre sind sie diejenigen, die am häufigsten an Projekten mit anderen Sphären teilnehmen.

Häufige Charaktereigenschaften der Planetenwesen:

~ Sie gehen gerne Symbiosen ein.
~ Sie sind kindlich.
~ Sie lieben Geborgenheit.

- Sie lieben es, neue Erfahrungen zu machen.
- Sie wirken verbindend.
- Sie sind verspielt.
- Sie lieben es, andere Wesen zu behüten.
- Sie brauchen klare Richtlinien.
- Sie sind naiv und manipulierbar.
- Sie neigen dazu, sich zu verzetteln.
- Sie neigen dazu, schnell die Lust an Projekten zu verlieren.
- Sie sind gute Alleinunterhalter.
- Sie geben uns die Möglichkeit, mannigfaltige Erfahrungen zu erleben.

Planetenwesen durchlaufen ihre Bewusstwerdung immer in Begleitung eines Seraphims oder Avatars. Sie benötigen dieses Auffangnetz als Sicherheit, um sich auf gewisse Abläufe einzulassen. Planeten benötigen ein vertrautes Umfeld für Entfaltungswege. Sie verweilen eine lange Zeit an einem Ort. Sie kommen ohne stabiles Energiefeld nicht in die Situation, frei und vertrauensvoll einen Lernschritt zu absolvieren.

Sie übernehmen Lehraufträge im Kosmos und betreuen alle Arten von Wesen in jeglichen Dimensionen. Sie selbst inkarnieren fleißig in sämtliche Sphären und lernen begierig alles, was es zu lernen und zu erfahren gibt.

Sun & Star-Sphäre auf der Erde

Das erste Zusammentreffen der Energiefelder der Sun & Star-Sphäre und der Erde ist nicht leicht zu beschreiben. Hier gilt es, zwei unterschiedliche Aspekte zu berücksichtigen. Ein Aspekt ist die Erschaffung unseres Sonnensystems. Dieser Zusammenschluss wurde vor zehn Milliarden Jahren im kosmischen Rat der dritten Dimension beschlossen. Bis letztlich alle Planeten, Sterne und Sonnen an ihren Plätzen waren, verging einige Zeit.

Beim zweiten zu beachtenden Aspekt geht es um die Inkarnation der unterschiedlichen Wesen auf der Erde. Als erster inkarnierte ein Stern aus der dritten Dimension ins irdische Matrixfeld. Das war zu Beginn der jetzigen Samairis-Zeitepoche, also kurz nach dem Ende von Atlantis. Dieser erste Kontakt lief wenig erfreulich ab, da der Stern die menschliche Materie nicht sehr gut annehmen konnte. Mit der Zeit und ein wenig Übung besserte sich die Lage. Allerdings fühlen sich die Wesen bis heute als Menschen nicht sonderlich wohl. Zum einen liegt das am menschlichen Körper, zum anderen am irdischen Dasein prinzipiell. Sie fühlen sich meist verloren und nicht verstanden. Sun & Star-Wesen inkarnierten deshalb bis jetzt nur in geringer Zahl ins Matrixfeld der Erde. Der kosmische Rat der Erde hat beschlossen, dass künftig mehr Sun & Star-Seelen ins irdische Energiefeld inkarnieren dürfen, sofern sie dazu gewillt sind. Im kosmischen Rat wird streng darauf geachtet, das Gleichgewicht zwischen den Seelen-Sphären auf der Erde einzuhalten. Das bedeutet, dass alle Sphären mit der gleichen Energie vorhanden sind, gleich ob in Materie oder feinstofflich.

Prinzipiell inkarnieren fast alle Wesenheiten der Sun & Star-Sphäre auf der Erde, doch verhält es sich so, dass Sternen-, Planeten- und Sonnenwesen die häufigsten Vertreter sind. Sie wählen, wie Licht- oder Engelwesen, die menschliche Form. Meist inkarnieren Seelen aus der vierten und fünften Dimension. Für sie ist die Erde ein optimaler Ort, um ihr Bewusstsein zu entfalten. Wesen aus höheren Dimensionen inkarnieren weniger häufig. Einer der Gründe für die Beliebtheit der Erde ist ihr Artenreichtum. Auf der Erde sind zwölf unterschiedliche Sphären aktiv beteiligt. Das fasziniert die Sun & Star-Wesen ungemein.

Als Mensch auf der Erde fällt es Sun & Star-Wesen sehr schwer, in der Gesellschaft ihren Platz zu finden. Zudem können sie nicht nachvollziehen, warum die Eigenverantwortung auf der Erde in solch hohem Maß abgegeben wird.

Sie sind selbstständig und verfolgen ihr Ziel unabhängig davon, was ein anderes Wesen ihnen erzählt.

Öffnet sich ein Sun & Star-Wesen als Mensch seinem Gegenüber, entstehen Freundschaften, die über das irdische Dasein hinaus bestehen bleiben.

INKARNIEREN SUN & STAR-WESEN AUF DIE ERDE, BEVORZUGEN SIE KEINE BESTIMMTEN BERUFE ...
Sie wollen schlicht alles ausprobieren.

Ein Erlebnis mit der Sun & Star-Sphäre

Meine Begegnung mit der Sun & Star-Sphäre war eines jener Erlebnisse, die sich tief in mein Bewusstsein gegraben haben. Seitdem sehe ich mein Dasein auf der Erde als Chance, dem Universum zu dienen und nicht nur einfach mein Leben zu leben.

Es war mir davor nicht bewusst gewesen, dass Sonnen, Planeten oder Sternenwesen auf der Erde eine menschliche Inkarnation vollbringen können. Als ich einem Sonnenwesen zum ersten Mal begegnete, war ich daher sehr erstaunt. Ich begann, mich intensiver mit der Sun & Star-Sphäre zu beschäftigen.

Ihre Freiheit und Selbstständigkeit faszinierten mich. Die Weite und Unendlichkeit, von der Erde aus betrachtet, fand ich äußerst interessant. Daher war ich nicht sonderlich erstaunt, als eines Tages Sandalphon erschien und mich fragte, ob ich gewillt sei, mit ihm zusammen die Sphäre zu besuchen. Ich willigte natürlich sofort ein. Sandalphon umhüllte mich, und los ging es.

Fast augenblicklich spürte ich eine Veränderung der Energie. Anders als in den anderen Sphären hatte ich jedoch nicht das Gefühl, in eine Sphäre einzutauchen, sondern ich war einfach da. Zudem nahm ich keine Verdichtung der Energie wahr, sondern eine unbeschreibliche Weite und Schwerelosigkeit.

Ich schaute mich um und betrachtete das Schauspiel vor mir. Anders als von der Erde aus, sah ich die Sphäre nicht mit ihrem materiellen Kleid, sondern die Wesen an sich. Sie leuchteten mit solcher Kraft, dass mein Herz vor Liebe überquoll. Aus dem Blickwinkel der Erde sieht man nur die Sonne leuchten, doch aus der Perspektive des Kosmos strahlen alle Sun & Star-Wesen aus sich heraus ins Universum. Ihre Erhabenheit berührte mich zutiefst.

Ich betrachtete konzentriert meine Umgebung, bis ich eine leichte Berührung wahrnahm. Avatar Sora war erschienen. Ihre Erscheinung kann man nur als göttlich bezeichnen. Sie vertiefte ihre Berührung und begleitete mich in die Mitte einer Galaxie. Meine Sinne waren auf die Seelen der einzelnen Wesen gerichtet. Langsam betrachtete ich sie: Milliarden von Sternen, Sonnen, Planeten, Kometen und Asteroiden.

Ich dehnte mich aus und begann den Tanz der Sphäre zu erfassen. Zusammen tanzten sie mit einer Schnelligkeit, die es mir schwer machte, ihnen zu folgen. Doch allmählich erkannte ich die Abfolge des Tanzes und die daraus entstehende Energie. Die Energie ergoss sich ins Universum und berührte andere Galaxien. Das Schauspiel war eine gemeinsame Sinfonie von Energien. Die Harmonie zwischen allen Beteiligten war einfach unfassbar.

Ich spürte, wie in meinem Inneren eine Last in Freude verwandelt wurde. Ich erkannte, dass wir nur gemeinsam Großes erschaffen können und dass jeder seinen Platz in der Schöpfung hat, den nur er ausfüllen kann. Diese Erkenntnis beglückte mich. Doch was mich am meisten berührte, war die Strahlkraft jeder einzelnen Seele der Sun & Star-Sphäre. Leider ist es mir nicht möglich, diese mit menschlichen Worten auszudrücken. Für diese grandiose Herrlichkeit gibt es keine irdische Beschreibung.

Meditation Sun & Star-Sphäre

~ Liege wohl und bequem auf deiner Unterlage.
~ Entspanne dich.
~ Atme sanft ein und aus.
~ Lass jede Disharmonie, die du in deinem Körper wahrnimmst, los.
~ Werde leicht und weich.
~ Atme ein und aus, bis sich dein ganzer Körper harmonisch im Einklang mit deinem Atem bewegt.
~ Du fühlst, wie dein menschlicher Körper immer weiter in die wohlige Entspannung gleitet.
~ Du fühlst dich in deinem menschlichen Körper zufrieden, spürst die Sicherheit, die dein menschlicher Körper dir übermittelt.
~ Deine Gedanken und deine Sinne sind ausgeglichen, Wohlbehagen breitet sich in deinem gesamten Körper aus.
~ Atme in Leichtigkeit ein und aus.
~ In diesem Augenblick nimmst du wahr, wie deine geistigen Sinne in dir erwachen.
~ Dein Blick wendet sich nach innen und weitet sich für die höherschwingenden Energien.
~ Du empfindest eine pulsierende Wärme, die von einem lebendigen Licht ausgesendet wird.
~ Dieses warme Licht strömt liebevolle Heiterkeit aus.
~ Das pulsierende Licht nähert sich dir langsam.
~ Es wird dir bewusst, dass es das Licht von Seraphim Sandalphon ist.
~ Die Freude über sein Erscheinen bahnt sich einen Weg in deine Gefühle, und du bist überglücklich.
~ In diesem Augenblick ist Seraphim Sandalphon bei dir, an deiner Seite.

- ~ Mit deinen inneren Augen kannst du ihn deutlich wahrnehmen.
- ~ Seine bedingungslose Liebe und Hingabe an dich berühren dein Herz.
- ~ Tiefe innere Ruhe und Ausgeglichenheit erfüllen dein Sein.
- ~ Er berührt dich mit seiner Energie, und ihr begrüßt euch innig.
- ~ Seraphim Sandalphon erklärt dir, dass er dir das Geschenk einer Astralreise in die Sun & Star-Sphäre machen will.
- ~ Damit er dich mit in die Seelensphäre nehmen kann, ist deine Erlaubnis erforderlich.
- ~ Bitte gib ihm dein Einverständnis – in diesem Augenblick.
- ~ Nach deinem Einverständnis erklärt er dir, dass es für die Reise in die Seelensphäre erforderlich ist, deinen Astralkörper aus deinem menschlichen Körper zu heben.
- ~ Du bist jedoch weiterhin vollständig und sicher mit deinem menschlichen Körper verbunden.
- ~ Seraphim Sandalphon beginnt nun sehr sanft, deinen Astralkörper mit seiner wundervollen Energie einzuhüllen.
- ~ Er empfängt dich mit seinen großen Flügeln und trägt dich in seinen starken Armen.
- ~ Du bist vollkommen sicher und geborgen. Du bist in Liebe eingehüllt..
- ~ Seraphim Sandalphon hat in diesem Augenblick deinen Astralkörper aus deinem menschlichen Körper gehoben und erhöht die Energieschwingung für deine Reise in die Sun & Star-Sphäre behutsam.
- ~ Eure gemeinsame Astralreise in die Sun & Star-Sphäre hat begonnen.
- ~ Durch das Anheben der Energie wird dein Astralkörper von einer angenehmen Wärme durchflutet.
- ~ Leichter und leichter empfindest du deinen Astralkörper.

- Deine inneren Sinne nehmen eine veränderte Schwingung wahr und Seraphim Sandalphon erklärt dir, dass ihr im Schwingungsfeld der Sun & Star-Sphäre angekommen seid.
- Ganz zaghaft lässt Seraphim Sandalphon dich los und du schwebst in einem Meer aus Energie.
- Seraphim Sandalphon bittet dich, deine Astralaugen langsam zu öffnen.
- Er hält dich an der Hand und legt seinen wunderschönen Flügel um dich.
- Dich durchströmt eine Welle der Glückseligkeit, als du zu verstehen beginnst, welch ein Geschenk du hier erleben darfst.
- Behutsam beginnst du, die Umgebung der Sun & Star-Sphäre zu betrachten.
- Die wundervolle Farbenpracht, die du wahrnimmst, überwältigt dich.
- Das Gefühl der Unendlichkeit ist beeindruckend.
- Du schaust dich um und erkennst Galaxien von monumentaler Schönheit.
- Wie von selbst beginnst du, dich in der Sun & Star-Sphäre zu bewegen.
- Du saugst die Energie regelrecht in dich hinein.
- In völliger Harmonie und Freiheit schwebst du durch das Universum.
- In der Ferne siehst du eine Gruppe von Wesen auf dich zukommen.
- Noch bevor sie bei dir ankommen, kannst du ihre Freude spüren, dich zu sehen.
- Angesteckt von dieser Freude schwebst du auf sie zu.
- Du umarmst jeden von ihnen innig.
- Avatar Sora nimmt dich liebevoll in Empfang und umhüllt dich sanft mit ihrem Sonnenstrahl.

~ Die Wesen nehmen dich in ihre Mitte und gemeinsam schwebt ihr durch das unendliche Universum.
~ Die Weite, die sich vor dir öffnet, ist phänomenal.
~ Jede Galaxie entlädt spektakuläre Energieströme ins Universum.
~ Die bedingungslose Liebe jedes Sun & Star-Wesens umhüllt dich und lässt dich noch mehr schweben.
~ Wohlbehagen erfüllt dein gesamtes Sein, solch eine Liebe und Glückseligkeit hast du schon lange nicht mehr empfunden.
~ Du kannst spüren, wie ihr Strahlen, die unendliche Weite und die Freiheit in dich eindringen und dein Sein erfüllen.
~ Avatar Sora begleitet dich durch den Kosmos.
~ Du siehst Sternenstaub und schwebst sacht durch ihn hindurch.
~ Dein Astralkörper ist erfüllt von einem inneren Leuchten.
~ Avatar Sora führt dich zu einem Sonnensystem und du erkennst, dass es dein Sonnensystem ist.
~ Du siehst die Erde, wunderschön und friedlich. Du weißt, wenn du in deinen menschlichen Körper zurückkommst, wirst du die Erinnerung behalten und den Frieden auf Erden leben.
~ Das Zusammenspiel zwischen allen Wesen der Sun & Star-Sphäre berührt dich.
~ Kein Wesen kann ohne das andere existieren und doch leben sie ihre Individualität in Freiheit.
~ Du verstehst, auch du bist Teil eines großen Ganzen.
~ Spüre wie die Sun & Star-Sphäre in dir die Weite des großen Ganzen eröffnet.
~ Du fühlst dich weit und frei.
~ Mehr und mehr fühlst du dich erquickt und erfrischt.

- Du lässt alle Energie in dich einfließen und nimmst wahr, wie du mehr und mehr in dir erwachst.
- Nach einiger Zeit reicht dir Avatar Sora ihre Hand und begleitet dich zu Seraphim Sandalphon zurück.
- Du spürst, wie die Enge in dir in Weite und Freiheit gewandelt wurde.
- Du fühlst dich harmonisch und glückselig.
- Voller Wärme bedankst du dich bei deinen Gastgebern für dieses zauberhafte Geschenk.
- Du schaust Seraphim Sandalphon lächelnd an.
- Er gibt dir zu verstehen, dass die Zeit des Abschieds von der Sun & Star-Sphäre für dich gekommen ist.
- Alle umarmen dich nacheinander, und ihr verabschiedet euch herzlich voneinander.
- Seraphim Sandalphon stellt sich zu dir und nimmt dich in seine starken Arme, und du schmiegst dich hingebungsvoll an ihn.
- Er breitet seine weichen Flügel um dich, und du fühlst dich umhüllt und getragen.
- Er fängt an, die Schwingung der Seelensphäre langsam zu verringern und an die Frequenz der Erdschwingung anzugleichen.
- In diesem Augenblick seid ihr im irdischen Schwingungsfeld eingetaucht.
- Seraphim Sandalphon legt deinen Astralkörper vollständig in deinen menschlichen Körper zurück, und du kannst spüren, wie sie sich perfekt miteinander verbinden und verschmelzen, wie du wieder mit allen Körpern zur Einheit wirst.
- Du bist vollkommen glücklich und befriedet.
- Du weißt, all die Liebe, all die Kraft und Verbundenheit, die du in der Seelensphäre erfahren durftest, wirst du mit

in deinen menschlichen Körper einbinden
und im irdischen Dasein leben.

~ Ein tiefes Gefühl der Freiheit breitet sich von deinem Herzchakra über deinen gesamten Körper aus.
~ Seraphim Sandalphon lächelt dich an, umarmt dich und winkt dir zum Abschied.
~ Du schickst ihm einen Liebesstrahl und fängst an, in deiner Zeit ins Hier und Jetzt zurückzukommen.
~ Lass dir Zeit, genieße deine Gefühle, nimm dein Umfeld mit neuem Blick wahr.

Seelensphäre

ZAMARAH

Begleitender Engel
Seraphim Nathaniel

Vorsteher	Avatar Tonjash
Bekannte Avatare	Lord Tonjash, Lady Mysmej
Erste Manifestation	vor 6 bis 4,5 Milliarden Jahren
Ort der Manifestation	gleichmäßig über die gesamte Erde
Unterste Dimension	8. Dimension, 10. Ebene
Aufstiegsprozess	zuletzt vor 38.000 Jahren
Lichtwesen	Drachenreiter
Weitere Seelengruppen	Drachen, Feuer

Zamarah ist ein Energiefeld, das an kraftvoller Aufrichtigkeit seinesgleichen sucht, denn in keiner anderen Seelensphäre wird strenge Geradlinigkeit in solchem Ausmaß gelebt. Es ist die Sphäre der aktiven Handlung zum Wohle der Schöpfung. Keine andere Sphäre ist so klar und direkt in ihrer Ausrichtung auf Gott. Sie ist feurig und temperamentvoll in jeglicher Hinsicht.

Die Zamarah-Sphäre verkörpert die konkrete Realität der eigenen Göttlichkeit, was bedeutet, dass die Wesen von Anbeginn an wissen, das ihr Ursprung göttlicher Natur ist.

Sie verbinden sich auf vollendete Weise miteinander, und Lichtwesen und Drachen bilden eine einzige Einheit. Dabei umhüllt und durchdringt das Feuerwesen diese Sphäre.

Die Energieform Zamarahs ist im Universum äußerst präsent. Auf der Erde ist sie vorwiegend in militärischen Bereichen spürbar. Sie ist geradlinig, vernünftig und unnachgiebig. Die Wesen der Zamarah-Sphäre wählen immer die direkte Kommunikation, sind schonungslos ehrlich und leben dabei eine tiefe Verbindung mit allen Wesen im Universum. Sie setzen aktive Handlungen und sind unbarmherzig im Kampf gegen Negativität und Illusion. Sie scheuen keine Selbstreflexion und setzen kompromisslos ihre Wahrheit um. Zudem sind sie sehr naturverbunden und freiheitsliebend. Weitere Eigenschaften sind: liebevolle Herzlichkeit, Vertrauen, Erhabenheit, Stolz und Würde.

Die Zamarah-Energie wirkt harmonisierend bei folgenden Themen: Mangeldenken, Wankelmut, innerer und äußerer Unsicherheit oder mangelndem Selbstwertgefühl, Unehrlichkeit, Selbstbetrug. Diese Energie unterstützt Wesen bei Angst vor der Realität und fördert die Selbstreflexion sowie die Wahrheitsfindung. Sie ermuntert bei fehlendem Durchhaltevermögen oder Realitätsverlust. Sie gleicht Kältegefühl und Angst vor Feuer aus. Sie hilft dabei, offen die eigene Meinung zu vertreten.

Begleitender Seraphim
Nathaniel

Name	»Gott gibt«
Farbe	Tiefes Magenta/Lila
Seelenzwilling	Seraphim Bariel
Seelenpartner	Seraphim Muriel
Aufgaben	Kontrolle über die Grenzen zu Luzifers Reich, Einhaltung der Grenzen für alle Wesen, Prüfung der Seelen, die Luzifers Reich verlassen wollen.

ENERGIE UND CHARAKTER

Nathaniel ist ein Kämpfer-Engel. Neben Michael ist er es, der die Luzifer-Sphäre in ihre Schranken weist. Er ist ein stiller, ruhiger Engel, der seine Worte pointiert wählt. Seine Gradlinigkeit duldet keine Diskussionen in Situationen, in denen es nur einen Weg gibt. Er ist besonnen und überaus korrekt, bei ihm werden keine Begebenheiten zurechtgebogen. Wird er herausgefordert, kann er zerstörerische Maßnahmen ergreifen.

Auf der Erde unterstützt Nathaniel die Menschen
bei der Umwandlung von

- Wankelmütigkeit in Entscheidungskraft,
- Unruhe in Besonnenheit,
- Lügen in Geradlinigkeit,
- Nachgiebigkeit in Standhaftigkeit.

Seraphim Nathaniel begleitet Zamarah mit seiner unendlichen Entschlossenheit. Mit seinem asketischen Erscheinungsbild passt Nathaniel hervorragend in die Sphäre.

Seine offene, direkte und ungeschönte Kommunikation ist perfekt auf die Sphäre abgestimmt.

Er ist mit seiner schlichten und unumwundenen Art wundervoll mit der Zamarah-Sphäre verbunden.

Seine liebevolle Strenge und Unnachgiebigkeit passen sich hervorragend an die Energie der Sphäre an. Nathaniel ist der Hüter der göttlichen Entfaltung.

Alle Wesen müssen seine Energie durchlaufen, wollen sie in die zwölfte Dimension aufsteigen.

Vorsteher
Avatar Laphron

Name	»Loderndes Feuer in Gott«
Farbe	Magenta, Bronze
Zwilling	Avatar Ulphah
Seelenpartner	Seraphim Xylphaniel
Aufgaben	Hüter der Drachenflamme, Erwecken des inneren Feuers, Bodenständigkeit, Entschlossenheit, Täuschungen erkennen, Empfindsamkeit, Entfaltung der eigenen Macht

ENERGIE UND CHARAKTER

Spartanisch, ehrlich, rational und asketisch – Avatar Laphron ist ein beherrschtes und rational handelndes Wesen. Er trifft seine Entscheidungen schnell, auch wenn das bedeutet, dass ein Wesen vielleicht einmal das Nachsehen hat. Er führt die Sphäre mit Umsicht und überaus sachlich, große Emotionen kennt er nicht. Dieser Avatar ist bescheiden und konzentriert sich auf die Erfüllung seiner Aufträge. Er ist in Hunderten von kosmischen Räten vertreten, in denen er eine aktive Rolle einnimmt.

Seinen Auftrag als Vorsteher nimmt er sehr ernst. Er lässt es sich nicht nehmen, sich um jede Seele zu bemühen, und steht mit allen in engem Kontakt. Aufträge erteilt er klar und unmissverständlich. Sein inneres Feuer erstrahlt im gesamten Universum.

Er handelt immer zum Wohle der gesamten Schöpfung und niemals zum Wohle eines Einzelnen oder einer Gruppe. Seine ganze Aura strahlt vollendete Ritterlichkeit aus. Avatar Laphron offenbart dir das innere Feuer, das in jeder Seele brennt.

Allgemeines

Zamarah erscheint in der Sphäre als ein einziger Energiestrudel aus Feuer. Seine rasend schnelle Energieschwingung entfacht ein regelrechtes Feuerwerk. Nicht einen Moment des Innehaltens gibt es in Zamarah. Alles pulsiert hochfrequent und die gesamte Sphäre fließt ineinander, löst sich, vereinigt sich wieder und explodiert in einem riesigen Feuerball. Gleichzeitig strahlt die Sphäre eine unbeschreibliche Ruhe aus. Alles geschieht mit göttlicher Präzision und in vollendeter Übereinstimmung mit den Seelen der Sphäre. Die Wesen erscheinen auf den ersten Blick als eine Seele. Tatsächlich jedoch sind es Milliarden einzelner Charaktere, die sich perfekt miteinander verbinden. Alle Wesen in Zamarah sind charakterstarke Seelen. Sie lassen sich nicht beeinflussen oder gar manipulieren und teilen klar und ohne Rücksicht ihre Ansichten mit. Zamarah besitzt nicht die Vielfältigkeit anderer Sphären, denn hier leben genau drei unterschiedliche Wesenheiten: Das Feuerwesen, das eine einzige Wesenheit ist, die Lichtwesen und die Drachenwesen.

Dennoch ist die Mannigfaltigkeit der Energien überaus beeindruckend. Die Wesenheiten aus Zamarah inkarnieren alle ins irdische Matrixfeld. In heutiger Zeit jedoch ist die stärkste Spezies, die des Feuerwesens. Lichtwesen, die Drachenreiter, inkarnieren in geringerem Ausmaß. Drachen inkarnieren sehr selten und bevorzugen eine Reptilienform. Lichtwesen und Drachen fanden in anderen kosmischen Projekten optimalere Bedingungen, da sie zusammen eine Inkarnation absolvieren können.

Zamarah ist wild in seiner Energie und in seiner Wildheit ist das Ziel unmissverständlich auf die kraftvolle Entfaltung des göttlichen Bewusstseins gerichtet.

Mit der Erde sind die Wesen aus Zamarah vorwiegend durch das Feuerwesen verbunden, dass das Dasein auf der Erde sehr genießt. So lange wir das Feuerwesen auf der Erde benötigen, wird es uns zur Verfügung stehen, was angesichts der wesentlich höheren Sphärenschwingung nicht unbedingt vorauszusetzen ist. Das Feuerwesen dient der Erde in vielerlei Hinsicht, ist es doch zerstörerisch und gleichzeitig heilend und nährend.

Die unterste Bewusstseins-Stufe befindet sich in der achten Dimension, auf der zehnten Ebene. Sollte die Erde weiterhin in der dritten Dimension verweilen, wird es für Lichtwesen aus Zamarah schwieriger, ins irdische Feld zu inkarnieren. Momentan wird mit einem Aufstieg Zamarahs allerdings nicht gerechnet, wobei bisher auch noch nicht absehbar ist, wie eine Bewusstseinsentwicklung dort eigentlich aussehen wird. Die Sphäre besitzt eine bombastische Energie, für die Drachen mit ihrer klaren und direkten Ausstrahlung sorgen. Spüren Drachen einen Hauch von Unsicherheit in einem Wesen, löschen sie diese, in Zusammenarbeit mit dem Feuer, aus. Drachen sind an keinen Diskussionen interessiert, es sei denn, sie machen sich einen Spaß daraus, andere zu verwirren. Lass dich niemals auf eine längere Diskussion mit einem Drachen ein, sei versichert, du verlierst, denn die Drachen verstehen es hervorragend, die Sinne ihres Gegenübers zu verwirren. Lichtwesen, also die Drachenreiter, sind anspruchslose Wesen.

Das Feuerwesen ist ausgesprochen temperamentvoll, und im Überschwang hat es seine Energie häufig nicht so ganz unter Kontrolle, vor allem in den unteren Dimensionen. Das Feuerwesen ist bereits ein Avatar und somit vollkommen erleuchtet.

Die Seelen aus Zamarah sind streng und fordernd. Sie akzeptieren keine Unsicherheit und kein Wenn und Aber. Sie können durchaus einen vernichtenden Eindruck machen. Sie unterstützen keine Wesen, die nicht klar in ihren »Forderungen« und ihrem Willen sind. Wenden sie sich einer Seele als Begleiter zu, erfährt dieser eine unangenehme Zeit. Sie konfrontieren massiv und akzeptieren keine Schwäche. Entweder ein Wesen will oder es will nicht. Dazwischen gibt es für Zamarah-Wesen nichts.

Die Heilenergie des Feuers ist für die Erde außerordentlich wichtig. Das Feuer erfährt in sich nichts Schmerzvolles. Es ist zur Selbstreinigung fähig und benötigt in der Sphäre keine Stätte der Heilung. Drachen würden niemals eine andere Seele, als ihre

Drachenreiter um Unterstützung bitten. Sollte ein Drachen, was sehr selten vorkommt, Hilfe benötigen, so erfährt er sie in seiner Sphäre. Festaktivitäten gibt es in Zamarah keine, für sie ist das »Kinderkram«. Sie fühlen sich zu erhaben, um solche Spiele zu spielen. Diese Art von Vergnügung ist unter ihrer Würde. Dennoch leben sie Freude und Witz. Sie sind gerne zusammen und erzählen sich Geschichten und Erlebnisse, dabei präsentieren sie einen kleinen Hang zur Ausschmückung, der jedoch nicht verschnörkelt ist. Besondere Plätze für Versammlungen besitzen sie in der achten Dimension nicht mehr.

Sie sind so verbunden, dass sie immer und zu jeder Zeit miteinander kommunizieren können. Im Kosmos ist Zamarah eine pulsierende Erscheinung, alles flimmert und wirkt unglaublich lebendig. In keiner anderen Sphäre ist die Strenge Gottes so deutlich spürbar wie in Zamarah. Sie konfrontiert und gleichzeitig öffnet sie Türen und zeigt neue Wege auf.

Eine Hauptaufgabe Zamarahs im Kosmos ist die Aufsicht über den Bewusstwerdungsprozess im Allgemeinen.

Drachenreiter

Das Erscheinungsbild der Drachenreiter ist streng und asketisch. Sie strahlen eine ruhige Entschlossenheit aus, die leicht mit Unnahbarkeit zu verwechseln ist. Die Ausdrucksform der Drachenreiter in Zamarah könnten wir als extrem durchtrainiert bezeichnen. An ihnen ist nichts Weiches oder Sanftes, sie wirken stählern. Sie sind hoheitsvoll und achtsam im Umgang miteinander. Jedoch geht es in ihrem Umgang miteinander wesentlich rauer zu als im Rest des Universums. Zärtliches Gesäusel ist ihnen fremd und unangenehm. Sie sprechen eine klare und unmissverständliche Sprache. Alles Blumige ist ihnen suspekt und wird nicht gelebt.

Ihre »Kleidung« ist in den unteren Dimensionen zweckmäßig, ohne verspielte Accessoires. Sie wählen in den unteren Dimensionen gedämpfte Erdtöne, wie beispielsweise ein sanftes Rot, Braun oder Orange. Ihre Kleidung ähnelt dem Design von Militäranzügen, allerdings ist sie wesentlich luftiger, denn diese Sphäre ist extrem heiß.

Drachenreiter sind bodenständige und handfeste Wesen, die genau wissen, was sie wollen. Sie bekunden sehr deutlich ihre Meinung. Teilen sie etwas mit, so geschieht das geradeheraus. Sie bewegen sich rasend schnell und exakt. Alles geschieht dennoch in Ruhe und mit stiller Gelassenheit. Ihre Gradlinigkeit ist durch ihre Handlungen spürbar und fühlbar. Kein Handgriff ist zu viel, nichts wird ausgelassen. Sie finden immer genau die richtige Mischung, und all ihre Aktionen werden rasch erledigt. Müßiggang gibt es in dieser Sphäre nicht.

Kommunizieren Drachenreiter, so sind ihre Aussagen direkt und verständlich. Sie sind in der Lage, sich jedem Wesen klar mitzuteilen. Die Kommunikation mit Drachenreitern ist sehr unkompliziert. Sie sind nicht zimperlich, sofern Kritik konstruktiv und unterstützend angebracht wird. Sie selbst äußern im Augenblick des Geschehens ihre Meinung. Sie teilen alles immer zeitnah mit. Mit ihrem Drachen haben sie eine so innige Verbindung, dass keine Kommunikation notwendig ist. Sie wissen, was sie gegenseitig benötigen oder was zu tun ist.

Inkarnieren Wesen in die Zamarah-Sphäre, so müssen sie rasch die Ausdrucksweise der Sphäre erlenen, denn besonders die Drachen sind keine geduldigen Wesen, wenn es um Kommunikation geht.

Häufige Charaktereigenschaften der Drachenreiter:

~ Sie sind streng und präzise.
~ Sie sind humorvoll und kameradschaftlich.
~ Sie lieben die Verbundenheit zu ihren Drachen.
~ Sie lieben die Weite ihrer Sphäre.
~ Sie sind absolut loyal.
~ Sie sind klar strukturiert.
~ Sie sind schlicht und ausdauernd.

- Sie lieben es, gemeinsam mit ihren Drachen zu fliegen.
- Sie sehen alle Geschöpfe im Universum auf der gleichen Stufe.
- Sie sind »stolz« und königlich.
- Ihr Motto ist »Einer für alle, alle für einen«.
- Sie neigen zu Untertreibungen.
- Sie sind gute Vermittler.
- Sie stehen nicht gerne im Mittelpunkt.

Drachenreiter lieben das ruhige gesellige Beisammensein. Sie können eine Zusammenkunft mit ihren Drachen und dem Feuerwesen unendlich lange ausdehnen und genießen. Wobei hier meist geschwiegen wird. Drachenreiter sind ausgeglichene Wesen. Sie nutzen die göttliche Schwingung für wundervoll sanfte Musik, die dennoch sehr bombastisch anmutet.

Drachenreiter sind gesellig, jedoch sind sie genauso gerne mit ihrem Drachen alleine. Sie verbringen nicht selten zusammen eine Zeit der Bewusstwerdung in einsamen Gefilden. In dieser Zeit schotten sie sich vom Rest der Gruppe oder Familie ab und konzentrieren sich ausschließlich auf ihre Entfaltung. Drachenreiter und Drache haben ihre Bewusstwerdung aneinander gekoppelt, daher besteht die Chance, dass sie wesentlich zügiger zur Erleuchtung gelangen. Allerdings befinden wir uns im Universum der Polarität, daher kann es auch geschehen, dass das Gegenteil eintritt. Das heißt, der Prozess kann auch durch einen der beiden aufgehalten werden, was glücklicherweise die Ausnahme ist. Die gemeinsame Bewusstwerdung ist zwingend, da sie nur als Einheit aufsteigen können. Kein Drache und kein Drachenreiter kann ohne seinen Partner in der neuen Ebene existieren. Bei einem Bewusstwerdungsprozess sind Drachenreiter und Drachen auf sich allein gestellt, sie erhalten von keinem anderen Wesen Unterstützung.

Drachenreiter sind hervorragende Mentoren, auch wenn man sie nicht als Lehrer im üblichen Sinn bezeichnen kann, denn sie lehren nicht, sondern erklären nur. Das ist für sie ein großer Unterschied. Sie geben Hilfestellung, sofern diese gebraucht wird.

Das bedeutet, dass sie abwarten, um zu sehen, wie ein Schüler mit einer Situation umgeht. Verstrickt er sich, geben sie Impulse. Drachenreiter fungieren als geistige Begleiter in ihrer Sphäre und sind in dieser Funktion bei allen Wesen im Kosmos außerordentlich beliebt. Besonders bei Inkarnationen auf die Erde werden sie und die Drachen oft gebeten, als Begleiter zu wirken. Sie greifen selten in Bewusstwerdungsprozesse ein, vielmehr senden sie ihrem Schützling klare Impulse. Untereinander unterstützen sie sich vorbildlich. In keiner anderen Sphäre wird das gemeinsame Erwachen in solchem Ausmaß er- und gelebt.

Drachenreiter und ihre Drachen sind vielseitig im Kosmos unterwegs. Sie inkarnieren in alle Sphären und auch in alle Ebenen und Dimensionen. Sie unterstützen Seraphim Michael bei seiner Arbeit und ebenso den Begleiter ihrer Sphäre, Seraphim Nathaniel. Ihr intuitives Wissen, wie man Luzifer und seinen Mannen Einhalt gebietet, ist bemerkenswert. Auch wenn sie jegliche Art von Gewalt verabscheuen, sind sie bereit, ihr Können in den Dienst Gottes zu stellen. Drachen sind kraftvoll, jedoch nicht kriegerisch. Ebenso verhält es sich mit den Drachenreitern.

Drachenreiter interessieren sich nicht für einzelne Entwicklungsstufen im Universum, sie arbeiten vielmehr mit Wesen in den kosmischen Räten zusammen und feilen am großen Plan des Universums. Kleinigkeiten sind für sie uninteressant und werden schlichtweg ignoriert. Drachenreiter fokussieren sich stets auf das Gesamtbild und arbeiten am Allumfassenden, und das mit so viel Hingabe, dass sie alles um sich herum vergessen können.

Zudem sind sie ausgesprochen ausdauernd.

Drachenreiter schließen sich zu Gemeinschaften zusammen, die so lange bestehen, bis ein Drachenreiter und sein Drache in die nächste Ebene aufsteigen. Anschließend formiert sich die Gemeinschaft neu. Eine solche Gemeinschaft besitzt eine gigantische Größe und verteilt sich auf ein unermesslich weites Gebiet, denn weder Drachen noch Drachenreiter ertragen Enge. Das Feuerwesen formt riesige Gebilde, in denen sich Drachen und Drachenreiter aufhalten.

Drachenreiter beschreiten nach einer Inkarnation ihren ganz eigenen Heilungsweg und verweigern in aller Regel die Unterstützung der Sphäre von Lemurien.

Die Hauptaufgabe der Drachenreiter besteht darin, das Universum vor Illusionen zu schützen. Doch nicht jede Illusion ist bösartig. Prinzipiell bedeutet Illusion, dass ein Wesen seinen Weg zu Gott nur eingeschränkt wahrnehmen kann, da irreführende Wege sichtbarer sind. Im Kosmos können sowohl Luzifer wie auch seine Gehilfen Illusionsfelder erschaffen, die wie Spinnennetze funktionieren. Verfängt sich ein Wesen darin, eilen die Drachen und Drachenreiter zu Hilfe.

Drachen

Das Erscheinungsbild der Drachen im Universum unterscheidet sich nicht wesentlich von unserer irdischen Vorstellung. Das ist in ihrer Sphäre komplett anders. Hier drückt sich die Form in unendlichen Möglichkeiten aus.

Drachen wirken, ebenso wie Drachenreiter, streng. Zudem könnte der Eindruck von Überheblichkeit entstehen, der durchaus manchmal zutreffend ist. Sie betrachten sich als die intelligenteste Wesenheit im Universum. Die Drachenreiter belassen sie in diesem Glauben, sie führen mit ihren Drachen keine Diskussionen.

Drachen weisen wesentlich mehr unterschiedliche Charaktere auf als die Drachenreiter. Ihre Charaktereigenschaften reichen von wild bis handzahm, von kriegerisch bis lieblich.

Drachen sind freundlich, solange man sie nicht hinters Licht führen will. Unaufrichtigkeit ertragen sie nicht, auch wenn sie selbst die Wahrheit schon gerne mal nach ihren Bedürfnissen auslegen. Überhaupt sind sie sehr launisch und schnell pikiert.

Sie wollen wie Könige behandelt werden, und im Gegenzug behandeln sie ihr Gegenüber wie Untergebene. Außer ihre Drachenreiter – diese werden immer respektvoll behandelt.

Drachen sind ausgesprochen fürsorglich. Sie lieben es, Wesen zu beschützen. Handelt ein Wesen allerdings gegen die Überzeugung eines Drachen, kann sich das Blatt blitzartig wenden.

Drachen besitzen durchweg eine unnachgiebige Ader, die sie bei Bedarf auch einsetzen. Lehren sie, beobachten sie ihre »Schüler« gerne, um sie anschließend zu sich zu zitieren. Sie bewegen sich schnell und leise, so dass sie von ihren Schülern nicht immer rechtzeitig wahrgenommen werden. Bei ihnen geht es streng und kontrolliert zu, denn sie ahnden jede Kleinigkeit. Dennoch ist es vorteilhaft, mit Drachen zusammenzuarbeiten. Sie konfrontieren, zeigen jedoch gleichzeitig Wege und Lösungen auf. Das gilt allerdings nur für Schüler, die einen absoluten Willen zur eigenen Entfaltung zeigen. Drachen sind sehr genau, und jede noch so kleine Verfehlung wird augenblicklich beanstandet. Gerade deshalb sind Drachen ebenso wie Drachenreiter hervorragende Mentoren.

Drachen nutzen viele Kanäle zur Kommunikation und lassen es sich nicht nehmen, ausschweifende Vorträge über das Universum und seine Entwicklung zu halten, besonders wenn sie daran aktiv beteiligt waren. Drachen sind durchaus ungeduldige Wesen, wenn etwas nicht nach ihrem Willen geschieht, und sie neigen dazu, zu ihrem Vergnügen mit ihrem Gegenüber zu spielen.

Drachen sind im Gegensatz zu Drachenreitern sehr komplexe und komplizierte Wesen. Sie besitzen verschlungene Pfade des Denkens, und keiner außer den Drachenreitern kann ihnen folgen. Sie sind perfekt darin, Wesen zu verwirren und ihnen dadurch ihre Schwächen schonungslos vor Augen zu führen.

Häufige Charaktereigenschaften der Drachen:

~ Sie sind unnachgiebig.
~ Sie sind auf lehrreiche Art hinterhältig.
~ Sie lieben die Verbundenheit mit ihren Drachenreitern.
~ Sie lieben die Freiheit.
~ Sie sind machtvoll.
~ Sie sind beschützend.

- Sie sind herrschaftlich.
- Sie lieben die Intelligenz.
- Sie tragen das goldene Herz und teilen es mit den Drachenreitern.
- Sie sind majestätisch und temperamentvoll.
- Sie lieben Rätsel.
- Sie neigen zu Übertreibungen.
- Sie sind gute Begleiter.
- Sie stehen gerne im Mittelpunkt.

Drachen mögen es, bei Festen auf der Erde oder in anderen Sphären zuzusehen. Sie beteiligen sich je nach Befinden sogar daran, beispielsweise mit himmlischen Farbspielen. Sie lieben Musik noch mehr als die Drachenreiter und können sich meist nicht satthören. Das ist ein wesentlicher Unterschied zu ihrem Betragen in ihrer eigenen Sphäre.

Sie lassen sich ab und an dazu hinreißen, wundervolle und vor allem lange Reden zu halten. Ihre Reden sind feurig, doch die Dauer überfordert meistens die Anwesenden.

Drachen übernehmen viele Aufgaben im Universum und lieben es, mit ihren Drachenreitern allein durch das unermesslich große Universum zu fliegen. Sie sind oft Boten zwischen verschiedenen Welten oder Sphären. Dabei sind sie stets bestrebt, Seraphim Michael zu dienen, denn er ist der Einzige, der ihnen Befehle erteilen darf. Drachen verabscheuen alles, was mit Luzifer zu tun hat. Sie wurden auf die unterschiedlichste Art und Weise massiv von ihm missbraucht, und einige Drachen befinden sich sogar noch immer in den Fängen von Luzifer.

Drachen sind ausgesprochen ausdauernde Wesen. Sie bleiben geduldig an einem Thema dran, bis es gelöst ist. Sie können Millionen Jahre auf den richtigen Moment warten. Als Wegbegleiter sind sie bedauerlicherweise weniger geduldig. Hier können sie sogar richtiggehend mürrisch werden.

Feuerwesen

Das Feuerwesen ist eine einzige Wesenheit, vergleichbar mit dem Wasserwesen oder dem Windwesen. Es ist in dieser Sphäre die temperamentvollste Seele. Das Feuerwesen besitzt weder zu Drachen noch zu den Drachenreitern eine innige Verbindung. Vielmehr wirbelt es in der Sphäre umher.

Das Feuerwesen ist gerne mit sich allein und vermeidet engen Kontakt zu Wesen, die nicht der Zamarah-Sphäre angehören, was es jedoch nicht daran hindert, allen Wesen unvoreingenommen und allzeit zu dienen. Das Feuerwesen ist bereits in die zwölfte Dimension aufgestiegen und dient aus der Avatar-Ebene seiner Seelensphäre. Es bietet allen Wesen hervorragenden Schutz. Es ist eine wundervoll einhüllende und tragende Wesenheit.

Die Zamarah-Sphäre auf der Erde

Das erste Zusammentreffen der Energiefelder von Zamarah und der Erde fand im heutigen Island statt. Bis heute sind in Island die Zamarah-Energien am intensivsten spürbar. Das Feuerwesen verteilte sich, von Island ausgehend, blitzartig über die Erde. Besonders im Inneren unseres Planeten feuert es die irdische Bewusstwerdung an. Es unterstützt aktiv alle Wesen bei ihrem Aufwachprozess, indem es seine Energie aus dem Erdinneren heraus ausstrahlt. Seine Essenz ist überall spürbar und wird auf der ganzen Erde als reinigend empfunden. Das Feuerwesen wird der Erde immer dienen. Erlischt seine Energie, ist das Projekt Erde beendet.

Drachen inkarnierten wesentlich später als das Feuerwesen ins irdische Matrixfeld und speziell in der ersten Zeitepoche der Erde, Lemurien, spielten sie eine große Rolle.

Sie inkarnierten vorwiegend in der Form, die uns als Dinosaurier bekannt ist. Drachen fanden und finden die Erde immer noch spannend, obwohl sie heute in materieller Form wenig anzutreffen sind. In ihrer Hochphase entwickelten sie verschiedene Körper, was ihnen viel Freude machte.

Nachdem die lemurische Sphäre beschlossen hatte, dass Lichtwesen inkarnieren sollten, wurden die Dinosaurier auf der Erde zum Problem. Tyrannosaurus und Mensch sind nicht wirklich kompatibel. Und auch der riesige Sauropode *Patagotitan mayorum* ist für ein Zusammenleben mit menschlichen Wesen nur wenig geeignet. Die Lemurer lösten das Problem mit einem Meteoriteneinschlag und dem Entzug der Energie der Dinosaurier. Sie schlossen einfach das Inkarnationstor. Das bedeutete das Ende der lemurischen Zeit und den Anfang der atlantischen Zeitepoche.

Die Drachenessenz ist selbstverständlich weiterhin für die Erde aktiv und kann jederzeit genutzt werden. Drachen inkarnieren nicht mehr oft ins irdische Feld, was nichts an ihrer Präsenz ändert; ganz im Gegenteil, sie arbeiten momentan im irdischen Energiefeld tatkräftig mit. Manchmal – leider nur sehr selten – inkarnieren Drachen in Form von Reptilien, vorwiegend als Krokodile, Warane oder sonstige Echsen.

Drachenreiter begannen in der atlantischen Zeit mit ihren irdischen Inkarnationen. Zu Anfang waren sie nicht begeistert, aber nachdem ihre Drachen so viel Spaß auf der Erde hatten, wurden sie ebenfalls neugierig. Zuerst arbeiteten sie aus der feinstofflichen Ebene heraus intensiv mit der Erde und erkundeten, ob eine Inkarnation einen wirklichen Vorteil für das Projekt bringen würde. Sie stellten fest, dass ein Kontrast zur Feen & Elfen-Sphäre und ebenso zur Regenbogen-Sphäre vorteilhaft für die Erde wäre, und begannen ihr Inkarnationsverfahren. Ihre Strenge bereicherte das Projekt Erde in allen Bereichen. Durch sie erhielt das Projekt Erde eine klarere Linie.

Drachenreiter sind als Menschen sehr asketisch und ohne Schnörkel. Sie lieben die Freiheit und die Natur auf der Erde. Ihre Ehrlichkeit ist gerade in der heutigen Zeit für unseren Aufstiegsprozess ausschlaggebend. Oft sind Drachenreiter introvertierte Menschen, die jedoch bei einem entsprechenden Umfeld durchaus einen ganzen Saal unterhalten können. Über Gefühle zu sprechen fällt ihnen schwer, sie zu zeigen ebenso. Dennoch sind sie liebevolle Partner, die im Stillen und ohne großes Aufsehen wirken.

Zamarah entfaltet auf der Erde eine eindringliche und intensive Energie. Es ist nicht möglich, sich ihr auf der Erde zu verweigern. Sie ist stets deutlich spürbar.

INKARNIEREN ZAMARAH-WESEN AUF DIE ERDE, BEVORZUGEN SIE FOLGENDE BERUFE ...

Alle Berufe, bei denen Feuer eine Rolle spielt, wie Feuerwehrmann, Pyrotechniker, Schweißer, Arbeiter in einem Stahlwerk oder Feuertänzer/Feuerschlucker. Der Beruf des Kaminfegers übt ebenfalls eine gewisse Anziehungskraft auf sie aus. Sie lieben die Natur und erwählen dafür häufig folgende Berufe: Geologe, Bergsteiger/Führer, Paläontologe, Turnierreiter oder Zoologe. Aufgrund ihres klar strukturierten Denkens und ihrer Geradlinigkeit finden sie auch in folgenden Berufen ihre Erfüllung: Psychologe, Reporter, Politiker, Künstler, Pilot, Sozialpädagoge oder Lehrer.

Ein Erlebnis mit der Zamarah-Sphäre

Was soll ich sagen – Drachen haben mich immer schon fasziniert. Daher war ich hocherfreut, als ich erfuhr, dass diese Wesen nicht der Fantasie entspringen, sondern wirklich und wahrhaftig existieren. Ich konnte es deshalb kaum erwarten, Nathaniel besser kennenzulernen, denn mir war klar, dass er es sein würde, der mich in die Zamarah-Sphäre mitnehmen würde.

Als es soweit war, bekam ich es aber doch ein wenig mit der Angst zu tun. Schließlich handeln die meisten Drachengeschichten nicht von besonders freundlichen Drachen, und meistens werden sie als nicht zimperlich und äußerst gefräßig beschrieben. Wobei ich das Letztere gleich wieder verwarf. In den Sphären gibt es keine

Nahrung, zumindest wüsste ich nicht, dass man sich dort gegenseitig auffuttert. Nun, es blieb mir nichts anderes übrig, als all meine Bedenken über Bord zu werfen und mich auf das Abenteuer einzulassen. Nathaniel umhüllte mich, und los ging es.

Was mir als Erstes auffiel: Es ist unbeschreiblich heiß dort. Ich sah mich ein wenig eingeschüchtert um. Das Feuerwesen ist definitiv gigantisch, und ich schmiegte mich erst einmal dichter an Nathaniel. Er grinste, doch ich hatte nicht sehr viel Zeit, darüber nachzudenken, wie es jetzt wohl weitergehen sollte, denn Avatar Laphron stand neben mir. Ein wirklich sehr sympathischer Avatar. Er nahm mich unter seine Fittiche und marschierte zielstrebig mit mir los. Wohin? Keine Ahnung. Wir waren gefühlte Stunden unterwegs. Begleitet wurden wir vom Feuerwesen, das sich von seiner besten Seite zeigte, indem es immer wieder explodierte und einen Funkenregen über uns ergoss. Als ich schon langsam nicht mehr konnte, kamen wir schließlich bei einer Höhle an, die – wie sollte es anders sein – von dem Feuerwesen gebildet wurde.

Avatar Laphron blieb stehen und ermunterte mich, hineinzugehen. Darüber war ich ehrlich gesagt nicht so erbaut, denn ich konnte ja überhaupt nicht sehen, was hinter der Feuerwand verborgen lag. Und Avatar Laphron konnte ich nicht fragen, denn er stand wie eine Steinsäule da und hielt seinen Blick stur auf die kleine Öffnung im Feuer gerichtet.

Da ich nun einmal hier war, marschierte ich los, in der Hoffnung, dass ich es nicht bereuen würde. Als ich durch die kleine Öffnung ging, erwartete mich ein wahrlich gigantischer Drache. Ich konnte ihn nicht genau erkennen, denn irgendwie war es dunkel, obwohl das Feuerwesen um uns herumtanzte. Als das Feuerwesen mehr Raum gab, quollen mir fast die Augen über. Vor mir lag ein Drache, in den ich mich sofort und augenblicklich verliebte. Ich hätte mir bis zu diesem Moment nicht vorstellen könne, dass ein Drache Augen hat, die solch eine Güte und Sanftheit ausstrahlen. Als ich meine Augen endlich von seinen losreißen konnte, betrachtete ich ihn in seiner Gesamtheit. Ein weiterer Schock durchlief mich: Der Drache war rosa, mit einem langen flauschigen Fell, einer Krone und riesigen Ohrringen.

Meine Augenbrauen hoben sich wohl in die Höhe, denn der Drache sagte zu mir: »Ich habe mich nur dir angepasst.« Seine Stimme hallte monumental in meinem Kopf wider, und ich erschrak ein wenig. Er: »Gefällt es dir nicht?« Ich: »Doch, ich finde dich wunderschön.« Er: »Dachte ich mir.« Ende der Kommunikation. Eine Zeit lang standen wir uns gegenüber – das heißt, ich stand und er lag, und schauten uns einfach nur an.

Jedoch nicht lange.

Ich lief los und warf mich in seine Energie.

Wir begannen zu verschmelzen.

Ich kann den Vorgang nicht beschreiben, dazu fehlen mir definitiv die richtigen Worte. Doch ich fühlte keine Begrenzung mehr zwischen ihm und mir. Wir wurden eins.

Er trug mich in unendliche Höhen, und wir »flogen« durch die Sphäre, und der Raum öffnete sich zum Universum.

Zumindest dachte ich das, denn später wurde mir klar, dass wir uns keinen Millimeter bewegt hatten. Ich fühlte mich aber getragen und behütet. Ich spürte die Kraft und die Energie des Drachen in mir. Mir wurde bewusst, dass ich seine Kraft jederzeit für meinen Auftrag nutzen kann.

Ich erkannte, dass ich unendlich geliebt bin.

Langsam trennten sich unsere Energien wieder, und ich konnte mich in meinem Astralkörper wahrnehmen. Ich schaute den Drachen an und lächelte glückselig.

Er erklärte mir: »Ich bin dein Drache, wir sind verbunden, und ich bin immer bei dir. Ich begleite dich, wo immer du bist.«

Ich verneigte mich, und bevor ich auch nur wusste, was geschah, war ich wieder in meinem menschlichen Körper.

Doch jetzt mit der Kraft meines Drachens.

Meditation Zamarah-Sphäre

~ Liege wohl und bequem auf deiner Unterlage.
~ Entspanne dich.
~ Atme sanft ein und aus.
~ Lass jede Disharmonie, die du in deinem Körper wahrnimmst, los.
~ Werde leicht und weich.
~ Atme ein und aus, bis sich dein ganzer Körper harmonisch im Einklang mit deinem Atem bewegt.
~ Du fühlst, wie dein menschlicher Körper immer weiter in die wohlige Entspannung gleitet.
~ Du fühlst dich in deinem menschlichen Körper zufrieden, spürst die Sicherheit, die dein menschlicher Körper dir übermittelt.
~ Deine Gedanken und deine Sinne sind ausgeglichen, Wohlbehagen breitet sich in deinem gesamten Körper aus.
~ Atme in Leichtigkeit ein und aus.
~ In diesem Augenblick nimmst du wahr, wie deine geistigen Sinne in dir erwachen.
~ Dein Blick wendet sich nach innen und weitet sich für die höherschwingenden Energien.
~ Du empfindest eine pulsierende Wärme, die von einem lebendigen Licht ausgesendet wird.
~ Dieses warme Licht strömt liebevolle Heiterkeit aus.
~ Das pulsierende Licht nähert sich dir langsam.
~ Es wird dir bewusst, dass es das Licht von Seraphim Nathaniel ist.
~ Die Freude über sein Erscheinen bahnt sich einen Weg in deine Gefühle, und du bist überglücklich.
~ In diesem Augenblick ist Seraphim Nathaniel bei dir, an deiner Seite.

~ Mit deinen inneren Augen kannst du ihn deutlich wahrnehmen.
~ Seine bedingungslose Liebe und Hingabe an dich berühren dein Herz.
~ Tiefe innere Ruhe und Ausgeglichenheit erfüllen dein Sein.
~ Er berührt dich mit seiner Energie, und ihr begrüßt euch innig.
~ Seraphim Nathaniel erklärt dir, dass er dir das Geschenk einer Astralreise nach Zamarah machen will.
~ Damit er dich mit in die Seelensphäre nehmen kann, ist deine Erlaubnis erforderlich.
~ Bitte gib ihm dein Einverständnis – in diesem Augenblick.
~ Nach deinem Einverständnis erklärt er dir, dass es für die Reise in die Seelensphäre erforderlich ist, deinen Astralkörper aus deinem menschlichen Körper zu heben.
~ Du bist jedoch weiterhin vollständig und sicher mit deinem menschlichen Körper verbunden.
~ Seraphim Nathaniel beginnt nun sehr sanft, deinen Astralkörper mit seiner wundervollen Energie einzuhüllen.
~ Er empfängt dich mit seinen großen Flügeln und trägt dich in seinen starken Armen.
~ Du bist vollkommen sicher und geborgen. Du bist in Liebe eingehüllt.
~ Seraphim Nathaniel hat in diesem Augenblick deinen Astralkörper aus deinem menschlichen Körper gehoben und erhöht die Energieschwingung für deine Reise nach Zamarah behutsam.
~ Eure gemeinsame Astralreise nach Zamarah hat begonnen.
~ Durch das Anheben der Energie wird dein Astralkörper von einer angenehmen Wärme durchflutet.
~ Leichter und leichter empfindest du deinen Astralkörper.

~ Deine inneren Sinne nehmen eine veränderte Schwingung wahr und Seraphim Nathaniel erklärt dir, dass ihr im Schwingungsfeld Zamarahs angekommen seid.
~ Ganz zaghaft berühren deine Füße den ätherischen Boden.
~ Seraphim Nathaniel bittet dich, deine Astralaugen langsam zu öffnen.
~ Er hält dich an der Hand und legt seinen wunderschönen Flügel um dich.
~ Dich durchströmt eine Welle der Glückseligkeit, als du zu verstehen beginnst, welch ein Geschenk du hier erleben darfst.
~ Behutsam beginnst du, die Umgebung Zamarahs zu betrachten.
~ Die wundervolle Tiefgründigkeit, die du wahrnimmst, überwältigt dich.
~ Das Gefühl dieser Tiefgründigkeit breitet sich in deinem ganzen Sein aus.
~ Du schaust dich um und erkennst Landschaften, die eine unbeschreibliche Klarheit ausströmen.
~ Wie von selbst beginnst du dich in Zamarah zu bewegen.
~ Du saugst die Energie regelrecht in dich hinein.
~ In völliger Harmonie und Freiheit wagst du den ersten Schritt und beginnst deinen Weg.
~ In der Ferne siehst du eine Gruppe von Wesen auf dich zukommen.
~ Noch bevor sie bei dir ankommen, kannst du ihre Freude spüren, dich zu sehen.
~ Angesteckt von dieser Freude gehst du auf sie zu.
~ Du umarmst jeden von ihnen innig. Vor den Drachen verneigst du dich.
~ Avatar Laphron nimmt dich liebevoll in Empfang.

- Die Wesen nehmen dich in ihre Mitte, und vor dir bildet sich ein Weg, der nur für dich bestimmt ist.
- Bei jedem Schritt, den du vorwärts schreitest spürst du die Ehrlichkeit in dir.
- Jeder einzelne Schritt in der Sphäre trägt dazu bei, dass du dir selbst in Ehrlichkeit begegnen kannst.
- Die bedingungslose Liebe von jedem umhüllt dich und lässt dich fast schweben.
- Wohlbehagen erfüllt dein gesamtes Sein, solch eine Liebe und Glückseligkeit hast du schon lange nicht mehr empfunden.
- Du nimmst wahr, wie deine innere Einstellung zu dir selbst eine Wandlung erfährt.
- Avatar Laphron begleitet dich zu einem gewaltigen Drachen.
- Der Drachen schaut direkt in dein Herz.
- In diesem Augenblick erkennst du, dass es dein Drache ist.
- Der Drache, der dich auf die Erde begleitet hat und dir in allen Belangen zur Seite steht.
- Avatar Laphron bittet dich, auf den Rücken des Drachen zu steigen.
- Mutig kletterst du hinauf und nimmst Platz.
- Im gleichen Moment erhebt sich der Drache und ihr fliegt durch die Sphäre.
- Spüre wie der Wind dich berührt und spüre den Drachen auf dem du sitzt.
- Nehme die Lebendigkeit deines Drachen wahr.
- Mit jeder Sekunde auf dem Rücken des Drachen wird dein Blick ehrlicher und klarer.
- Mehr und mehr fühlst du dich erquickt und geklärt.
- Du fühlst dich erfrischt und geläutert.
- Du nimmst wahr, dass du ab jetzt in aller Ehrlichkeit auf der Erde leben kannst.

- ~ Dein Drache öffnet sein Herz für dich und du nimmst mit Freude seine Energie in dir auf.
- ~ Nach eurem Flug kehrt der Drache zum Ausgangspunkt zurück.
- ~ Dort erwartet dich Avatar Laphron, der dir dabei hilft, von deinem Drachen abzusteigen.
- ~ Du spürst, wie Ballast in dir in Ehrlichkeit und Tiefgründigkeit gewandelt wurde.
- ~ Du fühlst dich harmonisch und glückselig.
- ~ Avatar Laphron berührt dich am Herzchakra und erklärt dir, dass dein Drache ab jetzt auf der Erde immer bei dir sein wird.
- ~ Voller Wärme bedankst du dich bei deinen Gastgebern für dieses zauberhafte Geschenk.
- ~ Du schaust Seraphim Nathaniel lächelnd an.
- ~ Er gibt dir zu verstehen, dass die Zeit des Abschieds von Zamarah für dich gekommen ist.
- ~ Alle umarmen dich nacheinander, und ihr verabschiedet euch herzlich voneinander.
- ~ Seraphim Nathaniel stellt sich zu dir und nimmt dich in seine starken Arme, und du schmiegst dich hingebungsvoll an ihn.
- ~ Er breitet seine weichen Flügel um dich, und du fühlst dich umhüllt und getragen.
- ~ Er fängt an, die Schwingung der Seelensphäre langsam zu verringern und an die Frequenz der Erdschwingung anzugleichen.
- ~ In diesem Augenblick seid ihr im irdischen Schwingungsfeld eingetaucht.
- ~ Seraphim Nathaniel legt deinen Astralkörper vollständig in deinen menschlichen Körper zurück, und du kannst spüren, wie sie sich perfekt miteinander verbinden und

verschmelzen, wie du wieder mit allen Körpern zur Einheit wirst. Du bist vollkommen glücklich und befriedet.

~ Du weißt, all die Liebe, all die Kraft und Verbundenheit, die du in der Seelensphäre erfahren durftest, wirst du mit in deinen menschlichen Körper einbinden und im irdischen Dasein leben.
~ Ein tiefes Gefühl der Freiheit breitet sich von deinem Herzchakra über deinen gesamten Körper aus.
~ Seraphim Nathaniel lächelt dich an, umarmt dich und winkt dir zum Abschied.
~ Du schickst ihm einen Liebesstrahl und fängst an, in deiner Zeit ins Hier und Jetzt zurückzukommen.
~ Lass dir Zeit, genieße deine Gefühle, nimm dein Umfeld mit neuem Blick wahr.

Seelensphäre

ANSARA

Begleitender Engel
Seraphim Haniel

Vorsteher	Avatar Tamura
Bekannter Avatar	Lord Docha
Erste Manifestation	vor 1 bis 0,5 Milliarden Jahren
Ort der Manifestation	China, Süd-Amerika, Afrika
Unterste Dimension	9. Dimension, 8. Ebene
Aufstiegsprozess	zuletzt vor 2.000 Jahren
Lichtwesen	Talaner
Weitere Seelengruppen	Tolam, Shymi, Luspha, Wohambi

Ansara – schon allein dieser Name entspricht einer sanften, friedlichen Welle, und das Energiefeld ist eine Verheißung auf Frieden. Hier lebt die unbeschreibliche Lieblichkeit der gütigsten Wesen in unserem Universum oder zumindest unseres Projektes.

Die Ansara-Sphäre ist die Sphäre der absoluten Sanftheit, und keine andere Sphäre lebt die göttliche Güte und Gnade in solch einem Ausmaß. Sie ist unendlich zart in all ihren Daseinsformen. Die Sphäre verkörpert die milde, fürsorgliche Göttlichkeit in uns und lebt Sanftheit in vollkommener Hingabe an sich selbst und Gott. Sie verbindet sich in Leichtigkeit mit allen Wesen im Universum und ist für jeden ein wahrer Segen.

Die Energieform von Ansara ist vorwiegend in den höheren Dimensionen unseres Universums spürbar. Energieströme aus dieser Sphäre fließen im ganzen Kosmos, allerdings werden sie in den unteren Dimensionen weniger aufgenommen und gelebt. Die Wesen stellen allen ihre Sanftheit und Lieblichkeit zur Verfügung. Sie verkörpern ihre Weichheit und Güte in beeindruckender Weise. Sie zeigen, wie man Achtsamkeit, Vertrauen, Toleranz und Verständnis leben kann, ohne sich selbst aufzugeben. Ihre Ruhe und positive

Einstellung zu allen Handlungen beweisen, dass ein Ziel mit innerer, zarter Kraft erfolgreich umgesetzt werden kann. Sie sind introvertiert, warmherzig und wohltätig. Ihre sensible Intuition lässt ihnen ausreichend Freiraum für Flexibilität und fördert hierdurch den Frieden in der Sphäre.

Die Ansara-Energie wirkt harmonisierend bei folgenden Themen: Exzessiver Extrovertiertheit, Groll, der Unfähigkeit zu vergeben, Aggression, Mangeldenken, Hoffnungslosigkeit und Hektik, allen Zuständen, die mit innerer Härte einhergehen. Diese Energie hilft, die eigene Opferrolle abzulegen und mehr Eigenverantwortung zu übernehmen. Sie unterstützt bei Verbitterung und Pessimismus, trägt dazu bei, Frieden in sich zu erwecken. Bei Gefühllosigkeit, Starre oder innerer Unruhe wirkt diese Energie besänftigend und ausgleichend. Wesen, die an Selbstsucht, Egodenken und Unverständnis leiden, lässt sie die Zärtlichkeit des inneren Seelenkerns erkennen.

Begleitender Seraphim
Haniel

Name	»Gott ist Wahrheit«
Farbe	Helles Lila und helles Blau
Seelenzwilling	Seraphim Ariel
Seelenpartner	Seraphim Metatron
Aufgaben	Wesen in die zwölfte Dimension begleiten. Weibliche Attribute in Sanftheit und Eleganz leben.

ENERGIE UND CHARAKTER

Seraphim Haniel ist der weichste und weiblichste Engel im Universum. Ihre umhüllende und wärmende Liebe berührt alle Wesen. Haniels Güte fördert bei allen die göttliche Intuition. Sie lehrt respektvollen Umgang mit der gesamten göttlichen Schöpfung und im Besonderen den vergebenden Umgang mit sich selbst.

Auf der Erde unterstützt Haniel die Menschen
bei der Umwandlung von

~ Verbitterung in Güte,
~ Härte in Mitgefühl,
~ Grobheit in Zartheit,
~ Ungeduld in Geduld,
~ Einsamkeit in Gesehen-Werden.

Seraphim Haniel begleitet die Ansara-Sphäre mit ihrer unendlichen Güte seit Anbeginn. Schon in der Entstehungsphase der Sphäre nahm sie die Verbindung auf.

Sie ist der geduldigste Seraphim, wodurch sie sich vollkommen in die friedliche Energie der Ansara-Sphäre einfügt. Ihre weiche, sanfte Hingabe an alle Wesen umhüllt die Sphäre und trägt sie der Erleuchtung entgegen. Haniel ist die Hüterin der göttlichen Gnade. Alle Wesen erfahren durch sie Gnade in sich selbst.

Vorsteher
Avatar Tamura

Name	»Lieblichkeit des Herzens«
Farbe	Helles Lila/Türkis
Zwilling	Avatar Bailoc
Seelenpartner	Avatar Symley

Aufgaben	Hüterin des kosmischen Friedens, Glaube, Vertrauen, Traumzeit, Hingabe, Zurückgezogenheit, Stille

ENERGIE UND CHARAKTER

Zart, defensiv, anmutig und zärtlich – Avatar Tamura ist eines der sanftesten Wesen im Universum. Als Vorsteherin der Ansara-Sphäre begleitet sie diese mit ihrer Stille und Ruhe und erzeugt dabei einen Raum der Heiligkeit. Ihre schüchterne und anmutige Ausstrahlung berührt den Kosmos. Avatar Tamura strahlt eine tiefgründige Harmonie aus, die sich auf alles in der Sphäre überträgt. Avatar Tamura offenbart dir die Stille in deinem Bewusstsein. Sie kommuniziert nicht, sondern ist schlicht präsent. Ihre Anwesenheit reicht aus, um alles in Harmonie und Frieden zu tauchen. In ihrer Präsenz löst sich jegliche Bedürftigkeit auf.

Die Seelen der Ansara-Sphäre vollbringen ihren Aufstiegsweg vorwiegend innerhalb ihrer Sphäre. In jeder Dimension ist eine friedvolle Atmosphäre spürbar, die von Avatar Tamura erzeugt und gehalten wird. In Ansara ist es nicht mehr notwendig, dass Avatar Tamura Aufträge erteilt.

Von allen beteiligten Sphären auf der Erde ist Ansara diejenige, die am höchsten schwingt.

Allgemeines

Die Ansara-Sphäre erzeugt das Erscheinungsbild eines sanft fließenden, himmlischen Wasserfalls. Ansara-Energie berührt auf sanfte Art alle Wesen im Kosmos. In Ruhe und Stille, vollkommen friedlich, offenbart dieses Energiefeld seine Weisheit. In dieser bezaubernden Sphäre gibt es weder Hektik noch Hast. Der fühlbare Pulsschlag, der im Einklang mit dem göttlichen Rhythmus schwingt, ist tief bewegend. Die sanfte Energie der Sphäre repräsentiert die göttliche Lieblichkeit, die jedem Geschöpf innewohnt. In dieser Sphäre erscheint die Energie fast schüchtern und außergewöhnlich lieblich.

Ansara ist mit einer warmherzigen, gütigen Schwingung im Universum präsent. Sie ist flauschig, federleicht und dennoch klar spürbar. Auf der Erde verwechseln wir Sanftheit oft mit Willensschwäche. Ansara-Wesen präsentieren uns das Gegenteil, die sind in ihrer Güte und Warmherzigkeit unbeschreiblich stark und besitzen einen in sich ruhenden Charakter. Sie sind verständnisvoll und ehrlich in ihren Handlungen und akzeptieren keine Handlungen, die gegen ihre Sanftmut und gegen Gott gerichtet sind.

Die Wesen erscheinen auf den ersten Blick abwesend und unnahbar. Sie wirken entrückt und zerbrechlich. Tatsächlich sind sie jedoch die stärksten Wesen unseres Projekt Erdes. Ihre Herzqualität überstrahlt jeden Schmerz, jedes Leid und jede irdische Unpässlichkeit. Sie lassen sich nicht von Illusionen einfangen und schreiten mit zarten, sicheren Schritten ihrer Bewusstwerdung entgegen, denn sie folgen ausschließlich ihrem Herzzentrum.

In der Sphäre herrscht ein wundervoller Überfluss an Formenreichtum. Die Seelen aus Ansara kreieren ihre ureigene Formenvielfalt. Aufgrund ihrer hohen Schwingungsebene sind ihre Formen für das menschliche Vorstellungsvermögen nicht nachvollziehbar, ihre »Körper« sind zu abstrakt und fließend.

In der Ansara-Sphäre leben viele Wesenheiten, die sich scheuen, ihre Sphäre zu verlassen. Einzig die Lichtwesen begeben sich ins offene Universum. Als einzige Seelen aus der Sphäre sind sie interessiert genug, den Schritt in den Kosmos zu wagen. Alle anderen Wesenheiten bleiben vorwiegend in der Sphäre und inkarnieren nur auf Haniels Bitte hin. Denn in keiner universalen Sphäre finden sie die Bedingungen, die ihrem friedlichen Charakter entsprechen. Ansara-Lichtwesen sind hoch entfaltete Seelen, und ihre Inkarnation auf die Erde dürfen wir als ein Wunder betrachten.

Ansara ist eine der friedvollsten Sphären im Universum, und ihre Wesen haben nie die unterste Dimension unseres Kosmos erlebt. Sie richten ihre Energie absolut auf Gott und auf die Vereinigung mit der Einheit aus. Sie kennen keine Gedanken, die sich mit Negativität befassen. Die meisten Wesen aus Ansara sind bereits in die zwölfte Ebene der zwölften Dimension aufgestiegen. Die unterste Bewusstseinsstufe befindet sich in der achten Ebene der neunten Dimension. Ansaras letzter Aufstieg erfolgte vor etwa zweitausend Jahren, jedoch sind die Wesen fähig, jeden Augenblick eine Entfaltung zu erfahren. Die Friedensenergie der Ansara-Sphäre fördert eine Beschleunigung ihrer Bewusstwerdung.

Neben den Lemurern besitzen auch Talaner eine angeborene Heilfähigkeit. Alle sind fähig, sich selbst zu reinigen, auch in der untersten Dimension. Die Ansara-Sphäre stellt jedoch selten Heilenergie für den Kosmos zur Verfügung, denn die darin beheimateten Wesen fokussieren ihren Willen mehr auf ihre eigene Sphäre. Auf einen ausdrücklichen Wunsch oder eine Bitte hin verweigern sie sich jedoch keiner Seele im Kosmos.

Sie beteiligen sich selten an universalen Geschehnissen und sind nur mit jeweils einem Lichtwesen in den unterschiedlichen Räten vertreten. Ratschläge geben sie nie. Als sphärische Begleiter fungieren Talaner selten bis gar nicht. Talaner bitten niemals andere Wesen um Unterstützung. Das Gleiche gilt für die gesamte Sphäre. Einzig Seraphim Haniel unterstützt die einzelnen Wesen und die gesamte Sphäre mit ihrer wundervollen Energie.

Ansara ist eine stille, ruhige Sphäre. Daher gibt es keine lauten Festaktivitäten. Alles, was schnell oder hektisch scheint, wird vermieden. Große Seelenansammlungen haben ebenfalls keinen Raum in dieser Sphäre. Sie finden sich in kleinen Gruppen zusammen und erzählen sich liebevolle Geschichten und Erlebnisse. Sie tauschen sich über ihr Befinden und über Gott aus. Spaß oder Witz, wie wir es auf der Erde kennen, ist in dieser Sphäre unbekannt. Sie sind jedoch keinesfalls ernste oder verbissene Wesen. Sie sind einfach unbeschreiblich sanft und gütig und bewegen sich nach eigenem

Empfinden in der Sphäre. Sie begegnen sich mit Achtsamkeit und vollkommenem Verständnis. Sollte ein Wesen einen »Fehler« begehen, so wird augenblicklich die Gnade Gottes spürbar. Vergebung ist ein wichtiger Bestandteil der Sphäre. Eine Hauptaufgabe Ansaras besteht darin, die göttliche Gnade ins Universum zu leiten.

Die Talaner

Das Erscheinungsbild der Talaner ist weich. Sie strahlen eine beruhigende Eleganz aus. Sie sind warmherzig und introvertiert. Nichts und niemand kann diese Wesen aus ihrer Mitte oder ihrer Ruhe bringen. Die Ausdrucksform der Talaner in Ansara ist einfach himmlisch. Ihr gesamtes Erscheinungsbild wirkt weich und ihre Konturen verschwimmen. Feste Strukturen sind nicht vorhanden, alles ist fließend, nichts ist kontinuierlich, vielmehr befindet sich alles in stetiger zarter Bewegung.

Talaner sind überaus achtsame Wesen und verletzen niemals ein anderes Wesen, auch nicht zufällig. Sie überprüfen die Schwingung jeder ihrer Aussagen. Nur wenn sie die richtige Mischung enthält, geben sie die Energie frei. Talaner sind behutsam und zurückhaltend im Umgang miteinander. Sie achten darauf, nie die Grenze eines Wesens zu überschreiten. Sie gehen zärtlich mit allen Wesen in ihrer Sphäre um und pflegen eine tiefe Verbundenheit zu Haniel. Sofern sie kommunizieren, sprechen sie eine liebliche und dennoch klare Sprache. Die Sphäre leuchtet in beruhigenden Blau- und Lila-Tönen. Kleidung gibt es keine mehr.

Talaner sind verträumte Wesen und dennoch klar in ihrem Willen und wandeln in absoluter Glückseligkeit durch die Sphäre. Sie spielen keine Spiele und sind immer ehrlich in ihren Aussagen. Sie lassen alles mit liebevoller Überlegung und bedächtig geschehen, wodurch planlose Handlungenausgeschlossen sind. Jede ihrer Aktionen hat einen wohldurchdachten Hintergrund. Ihre Grundstimmung ist sanfte Fürsorglichkeit ihrem Nächsten gegenüber.

Sie sind stets bemüht, Gott zu dienen und seinen Willen im Universum geschehen zu lassen.

Talaner kommunizieren wenig. Sie befinden sich in einem steten Glückszustand. Sie fühlen kein Bedürfnis, sich anderen mitzuteilen. Sie spüren vielmehr, wie sich die Schwingung um sie herum anfühlt. Teilen sie sich einmal mit, so geschieht das auf leise, umsichtige Weise. In Ansara ist die Kommunikation mit Talanern von Liebe und Respekt geprägt. Sie lassen sich bei einer Unterhaltung ausreichend Zeit. Sie warten ab, bis ein Wesen vollkommen erfasst hat, was sie mitteilen wollen.

Sie kommunizieren ausschließlich mit positiver Energie, und jegliche Kommunikation geschieht lautlos, meist mit dem göttlichen Farbspektrum. Mit inkarnierten Wesen kommunizieren sie rein durch das Erfühlen der Schwingung. So erkennen sie augenblicklich, sollte ein Wesen Spielchen spielen. In diesem Fall wird das Wesen der Sphäre verwiesen und hat die Chance vertan, jemals wieder in Ansara inkarnieren zu dürfen.

Eine Inkarnation in die Ansara-Sphäre ist für dich möglich, sobald du dein Bewusstsein in die achte Ebene der neunten Dimension erhoben hast, sonst ist eine Inkarnation ausgeschlossen.

Häufige Charaktereigenschaften der Talaner:

~ Sie sind sanft und weich.
~ Sie sind verständnisvoll und gütig.
~ Sie lieben die Hingabe an Gott.
~ Sie lieben es, allen Wesen zu vergeben.
~ Sie sind willensstark.
~ Sie sind still und friedlich.
~ Sie sind behutsam.
~ Sie kommunizieren nicht gerne.
~ Sie sind stille Wesen.
~ Sie wehren sich niemals.
~ Sie geben sich allen Situationen hin.
~ Sie neigen dazu, zu viel von anderen Wesen zu tragen.

- Sie sind introvertiert.
- Sie fokussieren sich auf sich selbst.

Talaner lieben das Arbeiten in ihrer Sphäre. Sie pflegen einen lockeren gegenseitigen Austausch. Sofern es sich ergibt, finden sie sich zu stiller innerer Einkehr zusammen. Hierbei geht es vorwiegend um die Energie jedes Wesens in Ansara. Sie umsorgen sich gegenseitig in jeder Hinsicht.

Talaner übernehmen in Ansara keine Führungsposition. Die Führung wird vielmehr unter allen Wesen gerecht aufgeteilt; jeweils eine Wesensgruppe übernimmt für einen bestimmen Zeitraum die Aufgabe der Betreuung und Repräsentation im Universum. Allerdings übernehmen nur Talaner die Aufgabe, ihre Seelensphäre im Universum zu vertreten.

Talaner begeben sich häufig in die Einsamkeit, was sie für ein gutes Mittel halten, ihren inneren Kern zu fühlen und ihre Essenz zu erkennen. Manchmal begeben sie sich innerhalb einer Gruppe in einen Prozess des Erwachens. Ihre Bewusstwerdung absolvieren sie mit Unterstützung aller Avatare der Sphäre oder für sich allein. Im Ausnahmefall kann es auch geschehen, dass sie beschließen, eine Erleuchtung gemeinsam in einer Gruppe zu erleben. Sie sind während eines Prozesses immer in der Sphäre präsent und schotten sich nicht ab. Da sie ihre Bewusstwerdung nicht voneinander abhängig machen, kann jede Seele jederzeit in eine andere Ebene aufsteigen. Sie bilden keine Familien oder Gruppen, sondern sind in der Sphäre miteinander verbunden und leben die göttliche Freiheit in der Gemeinschaft.

Übernehmen sie einmal die Aufgabe eines kosmischen Begleiters, sind sie liebevolle Mentoren. Sie begleiten ihre Schützlinge in allen Situationen und stehen diese gemeinsam mit ihnen durch. Allerdings begleiten sie einzig und allen Wesen, die bereits die neunte Dimension erreicht haben.

Einen allgemeinen Lehrauftrag für das Universum besitzen sie nicht. Wünscht ein Wesen ihre Anwesenheit als kosmischer Lehrer, verschließen sie sich jedoch dieser verantwortungsvollen Aufgabe nicht. Ihre Lehrmethode besteht im Fühlen. Sie sind der Meinung, dass etwas erst verinnerlicht wird, wenn in seiner Gesamtheit gefühlt wurde. Als sphärischer Begleiter und/oder Lehrer begleiten sie ein Wesen über einen langen Zeitraum. Voraussetzung dafür ist eine vorherige Inkarnation in ihre Sphäre.

Ausschließlich Talaner verlassen die Ansara-Sphäre, alle anderen Wesenheiten verbleiben innerhalb der Sphäre. Talaner unterstützen das Universum aus ihrer Sphäre heraus oder indem sie vereinzelt eine Friedensaufgabe in den verschiedenen kosmischen Räten übernehmen. Einige Talaner unterstützen Seraphim Michael in seiner Friedensmission, obwohl sie Wesen sind, die niemals kämpfen, sondern absolut friedliche göttliche Geschöpfe sind. Sie besitzen die sanfte, heilende Kraft der Gnade und der Vergebung.

Talaner sind, auch wenn sie den Kosmos nicht häufig besuchen, sehr an der Entwicklung des Universums interessiert. Sie übernehmen durchaus Aufgaben, die dem Universum dienen, sozusagen in Homework. Sie haben sich vor allem darauf spezialisiert, dem Kosmos Energie aus ihrer Sphäre heraus zur Verfügung zu stellen. Die Hauptaufgabe der Talaner besteht darin, die Energie des Friedens, der Gnade und der Vergebung aus ihrer Sphäre in unser wundervolles Universum zu leiten.

Die Ansara-Sphäre auf der Erde

Ansara entfaltet selbst auf der Erde eine intensive, zärtliche und sanfte Energie. Ihre Friedfertigkeit ist berauschend, sofern sich Menschen darauf einlassen. Ist ein Mensch bereit, die Friedensenergie der Ansara-Sphäre zu leben, wird er in sich keine anderen Gedanken mehr ertragen außer Frieden.

Das erste Zusammentreffen der Energiefelder fand vor rund zwei Milliarden Jahren in China und Südamerika statt. Allerdings zogen sich die Talaner-Lichtwesen gleich wieder auf die feinstoffliche Ebene zurück. Sie verankerten einzig die Energie des kommenden Erdenzeitalters – Samairis – auf der Erde. Allerdings dauerte es dann noch 1,6 Milliarden Jahre, bis die Energie tatsächlich freigegeben wurde.

Ihren Einfluss auf das Projekt nahmen sie von Anfang an wahr. Ihre sanften und friedvollen Wesen bemühten sich, die Entwicklung auf der Erde mit sehr viel Fingerspitzengefühl zu unterstützen. Sie führten der Erde unablässig Friedensenergie zu, damit die inkarnierenden Wesen ihre Göttlichkeit auf der Erde auch entfalten konnten. Sie nehmen ihre Aufgabe im kosmischen Rat der Erde sehr ernst, obwohl sie am irdischen Geschehen bis 2015 kein größeres Interesse gezeigt hatten.

Nachdem deutlich wurde, dass wesentlich mehr Friedensenergie benötigt wird, beschlossen einige Talaner den Schritt einer Inkarnation zu wagen. Seither beglücken sie uns persönlich auf der Erde. Die Inkarnation der Talaner wird durch den großen Bewusstseinsunterschied zwischen der Erde und ihrer Seelensphäre massiv erschwert. Hinzu kommt, dass ihre feine Seele für das irdische Matrixfeld wenig geeignet ist. Inkarnieren sie, sind ihre menschlichen Körper sehr feingliedrig oder schmächtig. Ihre »Körper« sind bereits der höheren Schwingung angepasst, daher ist Essen für sie nicht wichtig, oftmals verweigern sie es.

Sie lernen sehr langsam, da sie sich nur schwer an die auf der Erde vorherrschende Energie der dritten Dimension gewöhnen können. Zudem sind sie körperlich nicht sehr aktiv, denn sie müssen erst noch lernen, ihren Körper zu steuern.

Es ist ganz und gar sinnlos, ihnen mit herkömmlichen »Erziehungsmethoden« zu begegnen. Eltern, die ein Ansara-Kind empfangen, dürfen lernen, sich vollkommen auf die Liebe und Sanftheit dieses Wesens einzustellen.

Ein weiterer Aspekt der Ansara-Wesen, der auf der Erde ungewohnt ist: Sie wehren sich nicht, ob nun verbal oder körperlich. Sie sind und bleiben sanft, gleichgültig, was ihnen begegnet.

INKARNIEREN TALANER AUF DIE ERDE, BEVORZUGEN SIE FOLGENDE BERUFE:
Die Seelen aus Ansara sind noch neu auf der Erde. Sie inkarnieren seit 2015 und werden, falls möglich, Berufe wählen, bei denen sie aktiv am Weltfrieden arbeiten. Es ist durchaus möglich, dass sie auch neue Berufe erschaffen.

Ein Erlebnis mit der Ansara-Sphäre

Leider kann ich nicht allzu viel aus der Ansara-Sphäre berichten. Es ist die vorerst letzte Sphäre, die aktiv in das Projekt Erde eingestiegen ist. Erst 2015 ging das große Tor für sie auf, was nicht bedeutet, dass die Sphäre bis zu diesem Zeitpunkt nicht mitgearbeitet hätte. Ihre Energie floss aus der Sphäre von Beginn an ins irdische Feld mit ein, und sie arbeiten seither hingebungsvoll auf der feinstofflichen Ebene mit der Erde.

Erst vor sechs Jahren erfuhr ich von der Sphäre und bat, sie besuchen zu dürfen. Es verging über ein Jahr, bevor mein Ansinnen erlaubt wurde. Doch eines Tages war es so weit, und Haniel begleitete mich in die Ansara-Sphäre.

Haniel umhüllte mich, und wir begannen unsere Reise. Ähnlich wie bei Larimar dauerte mein Ankommen länger als üblich. Der Unterschied zwischen der Energie auf der Erde und der Energie von Ansara war immens. Niemals zuvor hatte ich den Gegensatz dergestalt intensiv wahrgenommen. Ich hatte das Gefühl, als würde ich in ein anderes Universum eintauchen.

Als wir endlich die Schwingung der Sphäre erreicht hatten, stieg in mir ein Gefühl tiefen Friedens auf. Ich genoss einen Moment lang die Stille und Ruhe und fühlte mich einfach unbeschreiblich beglückt. Nicht lange, und ich erkannte ein Wesen, das würdevoll auf uns zuschritt. Ich stand vor Tamura. Was für eine grazile Erscheinung! Die Güte ihrer Seele strömte förmlich aus ihren Augen, und ich konnte mich nicht von ihrem Blick lösen.

Sie forderte mich auf, ihr zu folgen. Wir schwebten nicht weit, bis sich ein gigantisches Energiefeld vor uns aufbaute. Sie sagte: »Chamuel, wenn du deine wahre Göttlichkeit erfahren willst, dann betrete das Energiefeld.« Nun, ich betrat das Energiefeld nicht einfach nur, sondern schwang mich voller Elan hinein. Was dann folgte, kann ich leider nicht beschreiben. Es war das Grandioseste, was ich mit meinem irdischen Körper sphärisch jemals erleben durfte. Niemals zuvor war ich so erfüllt von allem, was mir begegnete, was war und was ist. Glückselige Liebe ist wohl das passendste Wort dafür.

Bis heute trage ich dieses Gefühl in mir.

Meditation Ansara-Sphäre

~ Liege wohl und bequem auf deiner Unterlage.
~ Entspanne dich.
~ Atme sanft ein und aus.
~ Lass jede Disharmonie, die du in deinem Körper wahrnimmst, los.
~ Werde leicht und weich.
~ Atme ein und aus, bis sich dein ganzer Körper harmonisch im Einklang mit deinem Atem bewegt.
~ Du fühlst, wie dein menschlicher Körper immer weiter in die wohlige Entspannung gleitet.
~ Du fühlst dich in deinem menschlichen Körper zufrieden, spürst die Sicherheit, die dein menschlicher Körper dir übermittelt.
~ Deine Gedanken und deine Sinne sind ausgeglichen, Wohlbehagen breitet sich in deinem gesamten Körper aus.
~ Atme in Leichtigkeit ein und aus.
~ In diesem Augenblick nimmst du wahr, wie deine geistigen Sinne in dir erwachen.

~ Dein Blick wendet sich nach innen und weitet sich für die höherschwingenden Energien.
~ Du empfindest eine pulsierende Wärme, die von einem lebendigen Licht ausgesendet wird.
~ Dieses warme Licht strömt liebevolle Heiterkeit aus.
~ Das pulsierende Licht nähert sich dir langsam.
~ Es wird dir bewusst, dass es das Licht von Seraphim Haniel ist.
~ Die Freude über ihr Erscheinen bahnt sich einen Weg in deine Gefühle, und du bist überglücklich.
~ In diesem Augenblick ist Seraphim Haniel bei dir, an deiner Seite.
~ Mit deinen inneren Augen kannst du sie deutlich wahrnehmen.
~ Ihre bedingungslose Liebe und Hingabe an dich berühren dein Herz.
~ Tiefe innere Ruhe und Ausgeglichenheit erfüllen dein Sein.
~ Sie berührt dich mit ihrer Energie, und ihr begrüßt euch innig.
~ Seraphim Haniel erklärt dir, dass sie dir das Geschenk einer Astralreise in die Ansara-Sphäre machen will.
~ Damit sie dich mit in die Seelensphäre nehmen kann, ist deine Erlaubnis erforderlich.
~ Bitte gebe ihr dein Einverständnis in diesem Augenblick.
~ Nach deinem Einverständnis erklärt sie dir, dass es für die Reise in die Seelensphäre erforderlich ist, deinen Astralkörper aus deinem menschlichen Körper zu heben.
~ Du bist jedoch weiterhin vollständig und sicher mit deinem menschlichen Körper verbunden.
~ Seraphim Haniel beginnt nun sehr sanft, deinen Astralkörper mit ihrer wundervollen Energie einzuhüllen.

Sie empfängt dich mit ihren großen Flügeln und trägt dich in ihren starken Armen.

~ Du bist vollkommen sicher und geborgen. Du bist in Liebe eingehüllt..

~ Seraphim Haniel hat in diesem Augenblick deinen Astralkörper aus deinem menschlichen Körper gehoben und erhöht behutsam die Energieschwingung für deine Reise in die Ansara-Sphäre.

~ Eure gemeinsame Astralreise in die Ansara-Sphäre hat begonnen.

~ Durch das Anheben der Energie wird dein Astralkörper von einer angenehmen Wärme durchflutet.

~ Leichter und leichter empfindest du deinen Astralkörper.

~ Deine inneren Sinne nehmen eine veränderte Schwingung wahr und Seraphim Haniel erklärt dir, dass ihr im Schwingungsfeld der Ansara-Sphäre angekommen seid.

~ Ganz zaghaft berühren deine Füße den ätherischen Boden.

~ Seraphim Haniel bittet dich, deine Astralaugen langsam zu öffnen. Sie hält dich an der Hand und legt ihren wunderschönen Flügel um dich.

~ Dich durchströmt eine Welle der Glückseligkeit, als du zu verstehen beginnst, welch ein Geschenk du hier erleben darfst.

~ Behutsam beginnst du, die Umgebung der Ansara-Sphäre zu betrachten.

~ Die friedvolle Sanftmut, die du wahrnimmst, überwältigt dich.

~ Das Gefühl tiefer Hingabe umgibt dich.

~ Du schaust dich um und erkennst Landschaften, die eine unbeschreibliche Schönheit und Grazie ausströmen.

~ Wie von selbst beginnst du, dich in der Ansara-Sphäre zu bewegen.

~ Du saugst die Energie regelrecht in dich hinein.
~ In völliger Harmonie und Freiheit wagst du den ersten Schritt und beginnst deinen Weg.
~ In der Ferne siehst du eine Gruppe von Wesen auf dich zu schweben.
~ Noch bevor sie bei dir ankommen, kannst du ihre Freude spüren, dich zu sehen.
~ Angesteckt von dieser Freude schwebst du auf sie zu.
~ Du umarmst jeden von ihnen sanft.
~ Avatar Tamura nimmt dich liebevoll in Empfang.
~ Vor dir bildet sich ein Weg, der nur für dich bestimmt ist.
~ Bei jedem Schritt, den du vorwärts schreitest, nimmst du mehr Frieden in dir wahr.
~ In diesem Augenblick sind Avatar Tamura und du am Zielpunkt angekommen.
~ Vor dir siehst du ein wundervolles Energiefeld, das in einem Lila-Blauton sanft schimmert.
~ Die bedingungslose Liebe des Energiefeldes umhüllt dich und lässt dich noch mehr schweben.
~ Wohlbehagen erfüllt dein gesamtes Sein, solch eine Liebe und Glückseligkeit hast du schon lange nicht mehr empfunden.
~ Avatar Tamura begleitet dich in das schimmernde Energiefeld hinein.
~ Sobald du das Energiefeld betrittst, fließen alle negativen Gefühle von dir ab.
~ Avatar Tamura umarmt dich sanft und du lässt dich vollkommen in ihre Arme fallen.
~ Die Energie steigert sich in dir um das Hundertfache.
~ Du nimmst wahr, wie göttlicher Frieden in dir entsteht.
~ Dein Herz quillt über vor Frieden.

~ Die Energie des Friedens fließt in alle Bereiche deines Astralkörpers.
~ Nachdem dein gesamter Astralkörper mit Liebe angefüllt ist, strömt die Energie des Friedens weiter in deinen menschlichen Körper.
~ Du spürst, wie jegliches negative menschliche Gefühl weicht und an seine Stelle Frieden einkehrt.
~ Jede Schwingung deines Astralkörpers Körpers ist mit Frieden angefüllt.
~ Du schließt deine Astralaugen und genießt.
~ Du fühlst dich harmonisch und glückselig.
~ Du fühlst dich erquickt und befreit von dunkeln Gedanken.
~ Avatar Tamura berührt dich sanft an deinem Dritten Auge und du fühlst die Verbundenheit zu allem was ist.
~ Langsam öffnest du deine Astralaugen und schaust sie an.
~ Voller Wärme bedankst du dich bei Tamura für dieses zauberhafte Geschenk.
~ Avatar Tamura und du verlassen das wundervolle Energiefeld.
~ Am Rand erwartet dich Seraphim Haniel.
~ Du schaust Seraphim Haniel lächelnd an.
~ Sie gibt dir zu verstehen, dass die Zeit des Abschieds von der Ansara-Sphäre für dich gekommen ist.
~ Alle umarmen dich nacheinander, und ihr verabschiedet euch herzlich voneinander.
~ Seraphim Haniel stellt sich zu dir und nimmt dich in ihre starken Arme, und du schmiegst dich hingebungsvoll an sie.
~ Sie breitet ihre weichen Flügel um dich, und du fühlst dich umhüllt und getragen.
~ Sie fängt an, die Schwingung der Seelensphäre langsam

zu verringern und an die Frequenz der Erdschwingung anzugleichen.

- ~ In diesem Augenblick seid ihr im irdischen Schwingungsfeld eingetaucht.
- ~ Seraphim Haniel legt deinen Astralkörper vollständig in deinen menschlichen Körper zurück, und du kannst spüren, wie sie sich perfekt miteinander verbinden und verschmelzen, wie du wieder mit allen Körpern zur Einheit wirst. Du bist vollkommen glücklich und befriedet.
- ~ Du weißt, all die Liebe, den Frieden und die Verbundenheit, die du in der Ansara-Sphäre erfahren durftest, wirst du mit in deinen menschlichen Körper einbinden, in jede Körperzelle einfließen lassen und im irdischen Dasein leben.
- ~ Ein tiefes Gefühl der Freiheit breitet sich von deinem Herzchakra über deinen gesamten Körper aus.
- ~ Seraphim Haniel lächelt dich an, umarmt dich und winkt dir zum Abschied.
- ~ Du schickst ihr einen Liebesstrahl und fängst an, in deiner Zeit ins Hier und Jetzt zurückzukommen.
- ~ Lass dir Zeit, genieße deine Gefühle, nimm dein Umfeld mit neuem Blick wahr.

Seelensphäre

ENGELSPHÄRE

Begleitender Seraphim
Uriel

Vorsteher	Seraphim Ampheniel
Bekannter Seraphim	Seraphim Michael
Erste Manifestation	vor 6 bis 5,5 Milliarden Jahren
Ort der Manifestation	kein spezieller Ort auf der Erde
Unterste Dimension	12. Dimension, 12. Ebene
	3 x 3 Ebenen innerhalb der Sphäre
Aufstiegsprozess	nicht nötig
Wesen	Engel
Weitere Seelengruppen	keine

Engel sind auf der Erde die bekanntesten Wesen, denen eine feinstoffliche Existenz zugesprochen wird.

Wahrscheinlich ist trotzdem den wenigsten die Existenz einer Engel-Sphäre bekannt. Unbestritten ist jedoch die Tatsache, dass die Sphäre pure Liebe ist. Sie ist das absolute Sein ohne eigenen Willen. Alles geschieht zum Wohle der göttlichen Schöpfung, was unermessliche Freiheit bedeutet.

Im Kosmos ist die Engel-Sphäre das Herzzentrum der göttlichen Schöpferquelle. Aus ihr strömt die pure Liebe. Sie hält die Verbindung zum Universum und zur Einheit aufrecht. Die Engelenergie repräsentiert Reinheit sowie die liebende Kraft und Macht des Göttlichen in uns. Diese Energieform wirkt tiefgreifend im Universum. Schaut man genauer hin, geht es in unserem Universum um Liebe oder Nichtliebe. Hieraus entstehen alle Energien, die wir kennen und leben.

Bekannte Engel aus der Sphäre sind Seraphim Michael und Seraphim Raphael.

Engelenergie wirkt harmonisierend bei folgenden Themen: Verlust der Liebe zu sich selbst und Verlust des Bewusstseins der eigenen Göttlichkeit, auch bei negativen Gefühlen und Gedanken. Diese Energie hilft insbesondere, alles zu erkennen, was nicht zur Seele des Inkarnierten gehört, und den Mut aufzubringen, die eigene Bewusstwerdung weiter voranzutreiben.

Begleitender Seraphim
Uriel

Name	»Das Feuer Gottes«
Farbe	Rot/Gold
Seelenzwilling	Seraphim Raphael
Seelenpartner	Seraphim Chamuel
Aufgaben	Prüfung der Seelen, Stärke, Heilung, Visionen schöpfen; er begleitet die Erde, seit Engel hinzugekommen sind.

ENERGIE UND CHARAKTER

Seraphim Uriel ist der Chirurg unter den Engeln. Mit seinem Zwilling, Seraphim Raphael, bildet er das Heiler-Team in der Gemeinschaft der Engel. Sein loderndes Feuer erhellt alle, die ihm begegnen. Er gibt Struktur und führt zur eigenen Entschlusskraft. Er hilft, die eigene Wahrheit zu finden. Er stärkt den Glauben an sich selbst und lehrt, spirituelle Macht liebevoll einzusetzen. Seine Entschlusskraft und sein Durchhaltevermögen unterstützen ihn bei all seinen Aufträgen. Seine Kreativität hilft ihm, in jeder erdenklichen Lage immer eine Lösung zu finden.

Auf der Erde unterstützt Seraphim Uriel die Menschen bei der Umwandlung von

~ Lethargie in liebevolle Aktion,
~ Disharmonie in Harmonie,
~ Kraftlosigkeit in Stärke,
~ Erschöpfung in Impulsivität.

Seraphim Uriel betreut die Engel-Sphäre von außerhalb. Er ist dafür zuständig, dass keine Fremdenergie in die Engel-Sphäre eindringt. Er betreut die Engel, wenn sie die Sphäre verlassen, doch besonders achtet er auf Engel, die wieder in die Sphäre eintauchen wollen. Kehrt ein Engel in die Engel-Sphäre zurück, so löscht er alle universale Energie, indem er diese in göttliches Sein wandelt. Engel, die in die Sphäre zurückkehren, besitzen keinerlei universale Erinnerungen mehr.

Vorsteher
Seraphim Ampheniel

Name	»Das Auge Gottes«
Farbe	Helles Bronze, helles Blau
Seelenzwilling	nicht bekannt
Seelenpartner	nicht bekannt
Aufgaben	Leiten der Engel-Sphäre

ENERGIE UND CHARAKTER

Seraphim Ampheniel ist schwer zu erfassen. Er verlässt die Engel-Sphäre nicht, somit hatte ich bisher nur sehr wenig Kontakt zu ihm. Bei den wenigen Gelegenheiten empfand ich ihn allerdings als äußerst hilfsbereit und charismatisch.

Seraphim Ampheniel ist ein magischer Engel. Er ist der Hüter des göttlichen Liebesfunkens. Er ruht vollkommen in sich, und jegliche Energie richtet er immer ausschließlich auf die Erfüllung seiner Bestimmung.

Allgemeines

Das Energiefeld der Engel-Sphäre existiert ausschließlich in der zwölften Dimension, da sich Engel nicht mit ihrer gesamten Seele im Universum befinden, sondern weiterhin Seelenanteile in der Einheit verweilen. Bei der Entstehung des Universums sind die Engelwesen lediglich mit der Hälfte ihrer Seelenanteile eingeflossen. Das ist eine absolute Besonderheit im Vergleich zu allen anderen Wesenheiten unseres Kosmos. Daraus ergibt sich eine intensive Verbindung zur göttlichen Einheit. Die Engel-Sphäre dürfte folgerichtig ein in sich abgeschlossenes System sein, das äußerst strengen Richtlinien unterliegt.

Die Engel-Sphäre ist eine friedliche und zugleich sehr aktive Sphäre, in der außer den Engeln keine weitere Wesensform existiert. Die Engel selbst empfinden ihre Sphäre als lebhaft und bunt. Sie genießen das sanfte Sein ihrer Sphäre und ihrer Bewusstwerdung. Innerhalb der Engel-Sphäre gibt es keine Materie, es gibt weder hell noch dunkel, nur bewusste Schwingung.

Nicht alle Engel sind in ihrer Bewusstheit bereits vollkommen entfaltet, vielmehr durchlaufen sie einen Bewusstwerdungsprozess wie alle anderen Wesen in unserem Universum. Das kann sowohl innerhalb ihrer Sphäre geschehen als auch im Kosmos.

Viele Engel übernehmen ihrem Bewusstsein entsprechend eine Schutzaufgabe bei anderen Seelen. Sie begleiten sie durch viele Projekte und/oder Inkarnationen hindurch.

Es gibt drei mal drei Hierarchie-Ebenen innerhalb der Sphäre:

Erste Engel-Sphäre (oberste Hierarchie)

9. Seraphim
8. Cherubim
7. Elohim

Zweite Engel-Sphäre (mittlere Hierarchie)

6. Throne
5. Kräfte
4. Gewalten

Dritte Engel-Sphäre (unterste Hierarchie)

3. Fürstentümer
2. Erzengel
1. Engel

Diese Abstufungen der Engelhierarchie sind mit den zwölf mal zwölf Dimensionen und Ebenen vergleichbar, die alle anderen Wesen im Universum durchlaufen. Alle sonstigen Seelensphären oder Energiefelder sind offen und können von jeglichen Wesenheiten besucht werden. Die Engel-Sphäre bildet hier eine Ausnahme. Es ist einzig Engelwesen gestattet, die Sphäre zu betreten, weitere Wesen gibt es in der Sphäre demzufolge nicht.

Die Engel-Sphäre wird von einer feinen Membran umhüllt, die nur Engelwesen passieren können. Innerhalb der Engel-Sphäre existiert eine weitere Membran, die als Abgrenzung zwischen dem Universum und der göttlichen Einheit dient. Sie umspannt das gesamte Universum und ist innerhalb der Engel-Sphäre hauchdünn.

Es gibt Milliarden unterschiedlicher Engel mit verschiedensten Charaktereigenschaften. Engel sind sich ihrer Einzigartigkeit bewusst und fördern untereinander ihre Talente und entwickeln ihre spezifischen Stärken. Sie stellen ihre Energie dem Universum zur Verfügung, wobei ihre Hauptaufgabe darin besteht, alle Wesen an die göttliche Liebe zu erinnern. Sie richten ihre ganze Energie auf das Erwachen im Kosmos.

Als erster Engel verließ Luzifer die Sphäre, was nicht beabsichtigt war. Seraphim Michael verließ als zweiter Engel die Sphäre, was beabsichtigt war, und tauchte ins Universum mit seinen Milliarden von unterschiedlichen Seelensphären und Energiefeldern ein. Nach und nach folgten ihm Heerscharen von Engeln. Engeln jeder Bewusstseinsstufe ist es erlaubt, die Sphäre zu verlassen und ihren Entfaltungsprozess nach eigenen Wünschen zu gestalten. Gleichwohl gibt es Engel, die nie die Engel-Sphäre verlassen und auch bis heute keine Ambitionen dazu zeigen.

Da die Engel-Sphäre ausschließlich in der zwölften Dimension beheimatet ist, benötigen Engel zum Verlassen ihrer Sphäre ein gesondertes Verfahren. Verlassen Engel die Sphäre, werden sie durch einen Seraphim-Energiestrahl in die Dimension begleitet, die ihrer Schwingungsebene entspricht. Ein Seraphim benötigt keinen anderen Seraphim, er kann sich allzeit frei im Universum bewegen. Will ein Engel wieder in die Engel-Sphäre eintauchen, benötigt er wiederum die Hilfestellung eines Seraphim.

Die Seelen der Engel-Sphäre sind kompromisslos, was die Hingabe an Gott betrifft. Verstößt ein hohes Wesen gegen die göttliche Ordnung, sind Engel diejenigen, die das Wesen zur Ordnung rufen. Sie unterstützen keine Wesen, die sich mit voller Absicht Luzifers Energie hingeben, weder auf der Erde noch im Universum.

Fungieren sie als Schutzengel, begleiten sie das Wesen über einen längeren Zeitraum hinweg. Ihre Aufgabe besteht darin, die Seele bei allem, was ihr dienlich ist, zu unterstützen. Arbeiten sie als sphärische Begleiter, so sorgen sie dafür, dass die Lebensaufgabe erfüllt wird und die Lernprozesse stattfinden. Ein entscheidender Aufgabenbereich der Engel-Sphäre ist die Einhaltung der göttlichen Gesetze im Universum. Zudem sorgt Seraphim Michael für das Gleichgewicht innerhalb der Polarität.

In der Engel-Sphäre gibt es durchaus Lachen und Freude und ebenso wildes »Herumtollen«. Engel können verspielt oder streng sein. Alles jedoch geschieht in und mit Liebe und Hingabe an Gott. Ihre Handlungen richten sich nach dem göttlichen Willen. In keiner anderen Sphäre ist das Eins-Sein mit Gott so präsent und spürbar wie in der Engel-Sphäre.

Doch Achtung: Engel verhalten sich nicht immer wie die liebevollen Wesen, als die sie vorzugsweise beschrieben werden; sie können, je nach Anforderung, auch zerstörerisch sein.

Als Beispiel wären hier Seraphim Michael und die Zerstörung von Atlantis zu nennen.

Die Engel

Das Erscheinungsbild der Engel lässt sich nicht konkret beschreiben. Meist werden sie mit Flügeln dargestellt. Die Ausdrucksform der Flügel kam nicht von ihnen selbst, sondern wurde im Universum erschaffen. Sie zeigt, wie bei anderen Wesen ebenso, die Art ihres Seins. Die Anzahl der Flügel zeigt ihren Bewusstheitsgrad an: je mehr Flügel, desto bewusster. Ihre Energie ist vielseitig und erstreckt sich vom Krieger (Seraphim Michael) bis zur Lieblichkeit (Seraphim Haniel).

Arbeiten Engel in den höheren Dimensionen, erscheinen sie meist als Flamme, Lichtkugel oder Lichtgestalt. In den unteren Sphären nehmen sie durchaus »menschliche« Gestalt an und wählen eine weibliche oder männliche Schwingung. Sie können diese bei Bedarf verändern oder anpassen. Nicht immer erscheint Seraphim Michael beispielsweise in männlicher Form.

Die Ausdrucksform der Engel reicht von groß und mächtig über zart und filigran bis zu einem Hauch von Nichts. Je nach Essenz und Aufgabe nehmen sie entsprechend Materie an. Engel sind hoheitsvoll und respekteinflößend oder auch kindlich, lieblich und entzückend. Sie sind das eine und das andere und alles, was dazwischen liegt.

Engel sind sowohl massiv, als auch luftig in ihrer Energie. Grundsätzlich kann man davon ausgehen, je bewusster ein Engel, desto kompakter und komplexer ist seine Energie und seine Handlung.

Selbst ein Engel mit weichen Energien wie Seraphim Gabriel oder Seraphim Haniel fühlen sich massiver an als alle kriegerischen Engel der unteren Hierarchien.

Engel in der Engel-Sphäre gehen miteinander achtsam und umsichtig um. Jeder Engel unterstützt alle anderen Engel. Sie sind gleichwertig, ungeachtet ihrer Bewusstseinsstufe. Ein »Sich-über-andere-Stellen« gibt es nicht.

Engel untereinander sprechen eine deutliche Sprache, die von Nicht-Engeln allerdings des Öfteren nicht verstanden wird. Im Universum sind sie sehr kreativ und leben auch ihre Kommunikation in allen erdenklichen Varianten aus.

Engel richten ihren Blick in der Sphäre ausschließlich auf Gott. Es ist für Engel ein Kraftakt, ihren Blick aus der Engel-Sphäre hinaus ins Universum zu richten. Sie sind nicht sonderlich darauf erpicht, ins Universum einzutauchen, dennoch übt der Kosmos eine Anziehung auf sie aus. Befinden sich Engel innerhalb ihrer Sphäre, können sie nicht wahrnehmen, was im Kosmos geschieht. Das ist der Grund, warum nur die Hälfte aller Engel ihre Sphäre verlassen. Am Tor zur Engel-Sphäre stehen Wächter, die willige Engel dazu ermutigen, Erfahrungen im Universum zu machen.

Engel arbeiten in ihrer Sphäre, indem sie sich Gott in Vollkommenheit hingeben. Im Universum arbeiten sie vorwiegend für andere Wesen, beispielsweise als Schutzengel oder sphärische Begleiter. Allerdings wäre es völlig falsch, sie als Untergebene oder Diener im irdischen Sinn zu betrachten.

Ein Seraphim-Engel akzeptiert ein Einmischen in seine Arbeitsmethoden nicht. Gerade Seraphim Michael ist hierbei mehr als streng. Er lässt sich nicht sagen, wie etwas zu geschehen hat. Er ignoriert Befehle oder Bitten anderer Wesen.

Alle Engel besitzen ein tiefgreifendes Freiheitsbedürfnis und einen weitreichenden Gerechtigkeitssinn.

Für Engel muss jede Handlung und jedes Geschehen immer der göttlichen Ordnung entsprechen.

Häufige Charaktereigenschaften der Engel:

~ Sie sind liebevoll und hingebungsvoll.
~ Sie sind verträumt.
~ Sie lieben es, Gott zu dienen.
~ Sie lieben es, dem Universum zu dienen.
~ Sie können streng sein, wenn nötig.
~ Sie sind eigensinnig.
~ Sie können naiv und stur sein.
~ Sie lieben das Musizieren.
~ Sie sehen manches durch eine rosarote Brille.
~ Sie sind mächtig und erhaben.
~ Sie sind Hüter der Tore zur Einheit.
~ Sie neigen zur Selbstaufgabe.
~ Sie lachen sehr gerne und oft.
~ Sie zeigen neue Sichtweisen auf.

Engel lieben gemeinsames Erschaffen. Außerhalb ihrer Sphäre sind sie gerne mit anderen unterwegs und feiern ausgiebige Feste, denn sie sind gesellige Wesen und daher selten alleine anzutreffen. Einige von ihnen schließen sich gern zu Gruppen oder Teams zusammen, andere hingegen lieben die Stille und das Alleinsein.

In ihrer Sphäre sind Engel immer mit allen in Gemeinschaft verbunden. Dort gibt es keinen Rückzugsort, alle Engel bilden ein einziges Bewusstsein. Würden die Wächterengel an den Toren zum Kosmos nicht ihre Aufmerksamkeit erregen, würden sie das Universum und die darin enthaltenen Wesenheiten komplett übersehen.

Die Bewusstseinsentfaltung innerhalb der Engel-Sphäre vollzieht sich langsamer als im Universum. Das ist erstens auf die geringere Zahl von Hierarchiestufen und zweitens auf die begrenzte Erfahrungswelt in der Engel-Sphäre zurückzuführen.

Sie ist wesentlich eingeschränkter als im Universum oder in den anderen Seelensphären und bietet daher weniger Impulse zur Entfaltung. Folglich wählen manche Engel die unendlichen Möglichkeiten des Universums.

Engel sind vorbildliche Lehrer. Sie begleiten Wesen über einen langen Zeitraum, und selbst Seraphim Michael ist sich nicht zu schade, eine Begleiter- und Lehrer-Funktion auszuüben. Sie verlangen ihren Schülern einiges ab, doch sind sie immer bereit, sich vollkommen für sie einzusetzen. Merken sie jedoch, dass der Schüler gegen sie arbeitet, werden sie ihren Lehrauftrag beenden. Doch dies geschieht nur außerhalb der Sphäre. Innerhalb der Engel-Sphäre sind Lehraufträge unbekannt.

Engel erwachen in sich und durch sich selbst in der Sphäre. Vollkommen erwachte Engel, also Seraphim, folgen Seraphim Michael in den Kosmos und unterstützen ihn bei allen Angelegenheiten außerhalb der Engel-Sphäre.

Engel sind vielschichtiger, als sie auf der Erde wahrgenommen werden. Sie inkarnieren im ganzen Universum und mischen überall mit, übernehmen allerlei Aufgaben, sowohl sphärisch im Universum, als auch inkarniert in den verschiedenen Sphären und Projekten, so auch auf der Erde. Engel im Kosmos erledigen jegliche Art von Auftrag, vom Krieger bis zum Tröster ist alles dabei. Dabei scheuen sie sich nicht, im Kosmos Gewalt anzuwenden, sofern es notwendig ist. In der Engel-Sphäre gibt es die Energie von Gewalt nicht.

Innerhalb ihrer Sphäre übernehmen Engel keine universalen Aufgaben. Tauchen sie in den Kosmos ein, dann immer mit einem bestimmten Auftrag.

Die Engel-Sphäre auf der Erde

Im kosmischen Rat der Seelensphären befürworteten die Engel das Projekt Erde. Sie erkannten die vielfältigen Chancen, die sich hierdurch bieten würden. Sie beschlossen daher, aktiv am Aufbau des Projekt Erdes teilzunehmen. Die wahre Dimension der Möglichkeiten offenbarte sich ihnen jedoch erst später.

Sie arbeiteten – bis auf Seraphim Uriel – nicht unbedingt an der Gestaltung mit, sondern sorgten vielmehr dafür, die einzelnen

Energien zu verbinden. Seelen, die bereit waren, am Projekt mitzuwirken, wie das Stein- oder das Feuerwesen, unterstützten sie in ihrem Inkarnationsprozess. Später, in der Zeit von Atlantis, wurde die Arbeit der Engel am Projekt Erde intensiver, und bis heute übernehmen sie zahlreiche Aufgaben. Nachdem ihnen die Arbeit mit und an dem Projekt viel Freude bereitete, blieben sie bis zum heutigen Tage aktiv dabei.

Das erste Zusammentreffen der Energiefelder von Engel-Sphäre und Erde fand im sphärischen Energiefeld der Erde statt, also ohne direkten Kontakt zu Gaia. Seraphim Michael ummantelte das Energiefeld der Erde mit einem Schutzschild. Daher ist Seraphim Michael einer der bekanntesten Engel auf Erden, seine Energien sind auf der Erde vorherrschend. War zu Anfang ausschließlich Seraphim Uriel im kosmischen Rat der Erde präsent, hat sich die Zahl der Seraphim dort mittlerweile massiv erhöht.

Zu Anfang ließen die Engel Zurückhaltung walten und nahmen in erster Linie die Position von Beobachtern ein. Nachdem das Projekt gedieh, übernahmen sie die unterschiedlichsten Aufgaben. Sie fungierten als Schutzengel, als geistige Begleiter und als Schutzschild für das gesamte Projekt, sie begleiteten die Wesen zurück in ihre Seelensphäre, verbanden Energien und noch vieles mehr.

Zu Beginn war eine Inkarnation der Engel in das Projekt Erde überhaupt nicht vorgesehen. Das änderte sich mit dem Zeitalter von Atlantis, und heute inkarnieren viele Engel aller Bewusstseinsebenen ständig ins irdische Matrixfeld.

Der erste Engel inkarnierte im heutigen England. Mit dem Voranschreiten des Projekts entdeckten immer mehr Engelwesen, welcher Reichtum an Lernsituationen sich hier bietet, und sie begannen, mit Freude zu inkarnieren. Mit ihrem Erscheinen auf der irdischen Bildfläche entfaltete sich die Energie der Vergebung und des Friedens in diesem Projekt. Heute sind Engel ein fester Bestandteil der Menschheit und nicht mehr wegzudenken.

Engel auf der Erde leben alles, was sich im Irdischen anbietet. Sie leben einfach oder pompös, sind Waldarbeiter oder Könige. Sie lieben es, zu dienen und andere zu umsorgen, füllen aber genauso die Rolle des Befehlshabers aus. Engel wollen alles erleben und planen daher ihre Inkarnationen minutiös, sofern sie nicht direkt aus der Engel-Sphäre ins irdische Matrixfeld eintauchen.

Inkarnieren sie direkt ins irdische Matrixfeld, erhalten sie ihren Plan im kosmischen Rat der Erde. Sollte das der Fall sein, besitzen sie keinerlei Wissen über die Erde.

Die meisten Engel inkarnieren aus einem anderen Projekt oder einer anderen Seelensphäre auf die Erde.

Als Menschen haben Engel eine große charakterliche Spannbreite, denn sie möchten einfach alles leben. Häufig äußert sich das in einem starken Helfersyndrom. Ansonsten sind Engel bemüht, auf der Erde als Musiker, in einem medizinischen Beruf oder auch in der Forschung dienen zu dürfen.

Zudem empfinden die meisten inkarnierten Engel eine große Sehnsucht, die sie sich nicht erklären können. Da Engel nur mit 50% ihrer Seelenanteile im Universum und mit 50% in der Einheit sind, fühlen sie die reine Göttlichkeit wesentlich intensiver als alle anderen Wesen im Universum. Dieser Umstand ruft oft eine große Sehnsucht nach der Einheit in ihnen hervor.

INKARNIEREN ENGEL AUF DIE ERDE, BEVORZUGEN SIE FOLGENDE BERUFE …

Sie fühlen sich in allen sozialen Berufen zu Hause und sind häufig in unterstützenden und beratenden Bereichen anzutreffen. Sie lieben sämtliche medizinischen Fachgebiete und Gesundheitsthemen. Als Sänger, Songwriter und Tänzer geben sie sich mit Leidenschaft der Musik hin. Sie versuchen sich aber auch gerne als Autoren und Geschichtenerzähler. Prinzipiell probieren Engel gern alles aus, da sie vielfältige Charaktere besitzen.

Ein Erlebnis mit der Engel-Sphäre

Mein Erlebnis mit der Engel-Sphäre ist schnell erzählt, wobei »erzählt« es nicht genau trifft, denn es gab keins.

Will ein Engel wieder in die Engel-Sphäre eintauchen, muss er alles Irdische hinter sich lassen. Das bedeutet, dass kein Engel im menschlichen Kleid oder im Universum direkten Zugang zur Engel-Sphäre hat. Daher kann ich leider nicht mit einer Geschichte aus dieser Sphäre dienen. Kontakt besteht dennoch durch die Energiestrahlen, die durch die Seraphim in der Sphäre weitergeleitet werden. Diese Energie wird durch Engel im Universum gebündelt, wodurch Engel-Energiezentren im Universum entstehen konnten.

Hier hatte ich durchaus unterschiedliche Begegnungen. Eine meiner schönsten Begegnungen war der erste Besuch eines solchen Energiezentrums im Universum mit Seraphim Michael. Er fragte mich, ob ich den Seraphim-Engeln begegnen möchte, die vorwiegend mit der Erde arbeiten. *Was für eine Frage*, dachte ich, *natürlich will ich sie alle kennenlernen.* Seraphim Michael umhüllte mich, und unsere gemeinsame Reise begann.

Auf dem Weg in das Energiefeld kamen mir dann doch Zweifel. Ich weiß nicht warum, aber es beschlich mich ein wirklich ungutes Gefühl: »Was werden sie über mich denken? Ich bin gerade ein Mensch, und meine Fähigkeiten, verglichen mit ihren, naja, da brauchen wir gar nicht drüber reden.«

Diese Gedanken gingen mir durch den Kopf, so dass ich gar nicht mitbekam, dass wir längst angekommen waren. Erschrocken kam ich wieder im Jetzt an. Ich schaute mich um, und da waren sie, die Seraphim, die ich so gut kannte: Raphael, Uriel, Sandalphon, Gabriel, Ariel, Metatron, Jophiel, Nathaniel, Zadkiel, Haniel und Muriel. Alle Gedanken fielen von mir ab, ich spürte nur noch Freude, Glückseligkeit, Liebe. Ich fühlte mich zu Hause, verstanden und gesehen, wie ich wirklich bin. Sie nahmen mich in ihre Mitte, und ich genoss ihre Energie. Sie tankten mich mit ihrer Energie auf und spendeten mir, was auch immer ich benötigte.

Meine Liebe zu ihnen, zum Universum, zur Erde und vor allen Dingen zu Gott floss über. Ich war wieder im *Wir* angekommen, als würde sich etwas in mir, das außer sich geraten war, wieder komplettieren und in mein Zentrum rücken. Ein wahrhaft überwältigendes Gefühl.

Mit einem Lächeln kehrte ich in meinen menschlichen Körper zurück.

Meditation Engel-Sphäre

- Liege wohl und bequem auf deiner Unterlage.
- Entspanne dich.
- Atme sanft ein und aus.
- Lass jede Disharmonie, die du in deinem Körper wahrnimmst, los.
- Werde leicht und weich.
- Atme ein und aus, bis sich dein ganzer Körper harmonisch im Einklang mit deinem Atem bewegt.
- Du fühlst, wie dein menschlicher Körper immer weiter in die wohlige Entspannung gleitet.
- Du fühlst dich in deinem menschlichen Körper zufrieden, spürst die Sicherheit, die dein menschlicher Körper dir übermittelt.
- Deine Gedanken und deine Sinne sind ausgeglichen, Wohlbehagen breitet sich in deinem gesamten Körper aus.
- Atme in Leichtigkeit ein und aus.
- In diesem Augenblick nimmst du wahr, wie deine geistigen Sinne in dir erwachen.
- Dein Blick wendet sich nach innen und weitet sich für die höherschwingenden Energien.

~ Du empfindest eine pulsierende Wärme, die von einem lebendigen Licht ausgesendet wird.
~ Dieses warme Licht strömt liebevolle Heiterkeit aus.
~ Das pulsierende Licht nähert sich dir langsam.
~ Es wird dir bewusst, dass es das Licht von einem Seraphim-Engel ist.
~ Die Freude über sein Erscheinen bahnt sich einen Weg in deine Gefühle, und du bist überglücklich.
~ In diesem Augenblick ist der Seraphim-Engel bei dir, an deiner Seite.
~ Mit deinen inneren Augen kannst du ihn deutlich wahrnehmen.
~ Seine bedingungslose Liebe und Hingabe an dich berühren dein Herz.
~ Tiefe innere Ruhe und Ausgeglichenheit erfüllen dein Sein.
~ Er berührt dich mit seiner Energie, und ihr begrüßt euch innig.
~ Der Seraphim-Engel erklärt dir, dass er dir das Geschenk einer Astralreise in ein Engel-Energiefeld machen will.
~ Damit er dich mitnehmen kann, ist deine Erlaubnis erforderlich.
~ Bitte gib ihm dein Einverständnis – in diesem Augenblick.
~ Nach deinem Einverständnis erklärt er dir, dass es für die Reise in das Engel-Energiefeld erforderlich ist, deinen Astralkörper aus deinem menschlichen Körper zu heben.
~ Du bist jedoch weiterhin vollständig und sicher mit deinem menschlichen Körper verbunden.
~ Der Seraphim-Engel beginnt nun sehr sanft, deinen Astralkörper mit seiner wundervollen Energie einzuhüllen.
~ Er empfängt dich mit seinen großen Flügeln und trägt dich in seinen starken Armen.

~ Du bist vollkommen sicher und geborgen. Du bist in Liebe eingehüllt.
~ Der Seraphim-Engel hat in diesem Augenblick deinen Astralkörper aus deinem menschlichen Körper gehoben und erhöht die Energieschwingung für deine Reise in das Engel-Energiefeld behutsam.
~ Eure gemeinsame Astralreise hat begonnen.
~ Durch das Anheben der Energie wird dein Astralkörper von einer angenehmen Wärme durchflutet.
~ Leichter und leichter empfindest du deinen Astralkörper.
~ Deine inneren Sinne nehmen eine veränderte Schwingung wahr und der Seraphim-Engel erklärt dir, dass ihr im Schwingungsfeld des Energiefeldes angekommen seid.
~ Der Seraphim-Engel bittet dich, deine Astralaugen langsam zu öffnen.
~ Er hält dich an der Hand und legt seinen wunderschönen Flügel um dich.
~ Dich durchströmt eine Welle der Glückseligkeit, als du zu verstehen beginnst, welch ein Geschenk du hier erleben darfst.
~ Behutsam beginnst du, die Umgebung des Energiefeldes zu betrachten.
~ Die Liebe die du wahrnimmst, überwältigt dich.
~ Das Gefühl der Liebe breitet sich in deinem ganzen Sein aus.
~ Du schaust dich um und betrachtest eine Vielzahl von Engeln, die eine unbeschreibliche Liebesenergie verströmen.
~ Wie von selbst beginnst du dich zu bewegen.
~ Du saugst die Energie regelrecht in dich hinein.
~ Mit völliger Hingabe lässt du diese Energie auf dich einwirken.
~ In der Ferne siehst du eine Gruppe von Engeln auf dich zukommen.

~ Noch bevor sie bei dir ankommen, kannst du ihre Freude spüren, dich zu sehen.
~ Angesteckt von dieser Freude gehst du auf sie zu.
~ Du umarmst jeden von ihnen innig.
~ Dein Schutzengel nimmt dich liebevoll in Empfang.
~ Alle Engel nehmen dich jetzt in ihre Mitte und du öffnest dich für ihre Liebe.
~ Jeder einzelne Engel lässt dich seine Liebe, seine Macht und Kraft spüren.
~ Du nimmst wahr, wie tiefgreifend die Liebe in dir fließt.
~ Die bedingungslose Liebe jedes einzelnen umhüllt dich und lässt dich schweben.
~ Du hast das Gefühl, dich vollkommen in dir selbst aufzulösen.
~ Wohlbehagen erfüllt dein gesamtes Sein, solch eine Liebe und Glückseligkeit hast du schon lange nicht mehr empfunden.
~ Du kannst spüren, wie mit jeder Sekunde deine Liebe zu dir selbst tiefgründiger wird.
~ Pure Freude durchströmt deinen Astralkörper.
~ Dein Schutzengel legt seine Flügel um dich.
~ Er fängt an seine Herzenergie mit deiner zu verbinden.
~ In diesem Augenblick werdet ihr vollkommen Eins.
~ Dein Schutzengel gibt dir zu verstehen, dass er immer bei dir ist. Er lebt in deinem Herzen.
~ Du lässt dich von seiner Liebe zu dir berühren.
~ Behutsam löst sich dein Schutzengel von dir.
~ Mehr und mehr fühlst du dich erquickt und erfrischt.
~ Du spürst wie Ballast in dir, in Liebe und Kraft gewandelt wurde.
~ Du fühlst dich harmonisch, glückselig und voller Liebe.
~ Dein Seraphim-Engel tritt nun zu dir.

- Sanft legt er seine Flügel um dich.
- Er berührt dich sanft an deinem Kopf und segnet dich für deinen weiteren Weg auf der Erde.
- Voller Wärme bedankst du dich bei deinem Seraphim-Engel für dieses zauberhafte Geschenk.
- Du schaust alle Engel lächelnd an.
- Dein Seraphim-Engel gibt dir zu verstehen, dass die Zeit des Abschieds von dem Energiefeld der Engel für dich gekommen ist.
- Alle umarmen dich nacheinander, und ihr verabschiedet euch herzlich voneinander.
- Dein Seraphim-Engel stellt sich zu dir und nimmt dich in seine starken Arme, und du schmiegst dich hingebungsvoll an ihn.
- Er breitet seine weichen Flügel um dich, und du fühlst dich umhüllt und getragen.
- Er fängt an, die Schwingung des Energiefeldes langsam zu verringern und an die Frequenz der Erdschwingung anzugleichen.
- In diesem Augenblick seid ihr im irdischen Schwingungsfeld eingetaucht.
- Dein Seraphim-Engel legt deinen Astralkörper vollständig in deinen menschlichen Körper zurück, und du kannst spüren, wie sie sich perfekt miteinander verbinden und verschmelzen, wie du wieder mit allen Körpern zur Einheit wirst. Du bist vollkommen glücklich und befriedet.
- Du weißt, all die Liebe, all die Kraft und Verbundenheit, die du im Engel-Energiefeld erfahren durftest, wirst du in deinen menschlichen Körper einbinden und im irdischen Dasein leben.
- Ein tiefes Gefühl der Freiheit breitet sich von deinem Herzchakra über deinen gesamten Körper aus.

~ Dein Seraphim-Engel lächelt dich an, umarmt dich und winkt dir zum Abschied.
~ Du schickst ihm einen Liebesstrahl und fängst an, in deiner Zeit ins Hier und Jetzt zurückzukommen.
~ Lass dir Zeit, genieße deine Gefühle, nimm dein Umfeld mit neuem Blick wahr.

Danke

Das Wort DANKE ist wundervoll. Dennoch drückt es nicht im Mindesten aus, was ich empfinde, wenn ich an all die Wesen denke, irdisch und feinstofflich, die mich auf der Erde unterstützen. Ich bin reich mit diesen Wesen gesegnet, und es ist mir eine große Freude, ihnen begegnet zu sein. Es ist spannend zu sehen, wie jeder von uns an seinen Aufgaben wächst und das Wirken alle zusammenbringt. Jeder von uns hat eine Aufgabe, und jeder von uns hat in einer größeren Aufgabe seinen Platz. Manchmal muss man seinen Platz ein wenig suchen, doch letzten Endes nimmt man seine Position ein und fängt an zu handeln. Wenn es an der Zeit ist, kann auch mal eine Veränderung vorgenommen werden, man wächst weiter. In solchen Zeiten ist es von großer Wichtigkeit, Freunde an seiner Seite zu wissen. Menschen, die einem zur Seite stehen und einen auch dann begleiten, wenn nicht immer alles auf Anhieb reibungslos funktioniert, Freunde, die einfach da sind. Ganz gleich, welcher Sturm aufzieht, wir stemmen uns gemeinsam dagegen und geben uns gegenseitig Halt. Ich bin gesegnet, da ich solche Freunde an meiner Seite habe.

Da wären Bashtar Paul Katzlberger, Raphael Stefan Felber, Chamuel Sandra Zottele, Grace Birgit Glowalla, Diana Amalia Skurka Kerl, Aishaniel Kathrin und Johann Witgert, Uriel Daiana Rampott, Zadkiel Köberle und noch viele andere mehr. Sie sind Wesen, denen ich mein Leben anvertrauen würde.

Dann gibt es natürlich noch die ganz wundervollen Menschen, die mich dabei unterstützen, meine Botschaften weiterzutragen, die mir Möglichkeiten bieten, ein breiteres Publikum zu erreichen. Hierzu zählen alle oben genannten sowie Ivana Nikolic und Norbert Brackenwage von TimeToDo, Brita Dahlberg vom Frankfurter Ring, Markus und Heidi Schirner vom Schirner Verlag, Anne Petersen vom Trinity Verlag, und ohne die Bücherläden und Esoterikshops wäre meine Arbeit auch fast nicht möglich, daher an sie alle ebenfalls ein tief empfundenes Danke, besonders an Claudia Esletzbichler und SaAnaris Wolfgang Schett.

Ich danke natürlich ganz besonders ausdrücklich allen wundervollen Teilnehmern meiner Veranstaltungen. Ohne euch könnte ich meinen Auftrag gar nicht erfüllen.

Und ein überaus großes Dankeschön geht an Michael Nagula vom AMRA Verlag. Danke, dass du an mich glaubst und dieses neue Buch verlegst. Ich kann behaupten, dass es wohl deine Bestimmung ist, wenn wir unsere gemeinsame Geschichte betrachten.

Ein herzliches Danke an Renate Schilling, meine Textedakteurin, dafür, dass sie mir geholfen hat, meine Gedanken zu sortieren und so manche Botschaft klarer zu formulieren.

Michael Görden – einfach nur Danke zu sagen, das geht irgendwie nicht. Ohne dich hätte ich kein einziges Buch verlegt. Die Dankbarkeit, die ich empfinde, lässt sich nicht in Worte fassen.

Meine Familie … Ich liebe euch.

Meinen Begleitern aus der feinstofflichen Welt, Seraphim Michael und Seraphim Uriel:

Nachtes silmuan maha liftuam anistom.

All meine Liebe für euch!

Chamuel

Chamuel Schauffert bietet Seminare, Workshops, Channelings und Vorträge in Deutschland, Österreich und der Schweiz an – mit dem Ziel, spirituelles Bewusstsein zur Entfaltung zu bringen. Ihr Anliegen ist es, den Menschen ihr Wissen auf eine liebevolle Art näherzubringen. Sie ist davon überzeugt, dass eine spirituell ausgerichtete Denkweise das irdische Leben vollkommen mit einschließt, und unterstützt Menschen in ihren Seminaren dabei, spirituelle Entfaltung in Freude und Freiheit zu erleben.

~ www.chamuel-world-of-spirit.com ~